바로 보는 한국의 정치사상

바로 보는 한국의 정치사상

바로 보는 한국의 정치사상

지은이 | 김만규
초판 1쇄 인쇄 | 2005년 2월 10일
초판 1쇄 발행 | 2005년 2월 20일
펴낸곳 | 논형
펴낸이 | 소재두
편집 | 박서연
표지 디자인 | 디자인공 이명림
등록번호 | 제2003-000019호
등록일자 | 2003년 3월 5일
주소 | 서울시 관악구 봉천2동 7-78 한림토이프라자 6층
전화 | 02-887-3561
팩스 | 02-886-4600

ISBN 89-90618-06-1 94340
값 22,000원

머리말

　　정치사상을 선명하게 밝히는 일이란 매우 어려운 과제이다. 더욱이 정치학을 포함한 사회과학이란 '누구나 알고 있는 생활의 실상 또는 사실들을 누구도 모르게 설명할 가능성이 있다'는 비판론이 제기되어 왔기 때문에, 정치학의 어느 영역보다도 주관성이 많이 내포된 정치사상의 해명은 더욱 어려운 일이다. 특히 100여 년 전까지의 한국 정치사상관련 문헌들이란 거의 모두 읽기 어려운 한문일 뿐만 아니라, 고전적인 용어와 표현 방식으로 쓰여 있기 때문에, 현대인의 감각이나 시각으로 이들을 이해하기는 더욱 힘들다.

　　따라서 이 책의 독자에게 몇 가지 이해를 구하고자 한다. 첫째 이 책의 서술은 가능하면 옛날의 개념과 용어 및 표현을 현대적인 의미로 개념 정의하고 설명하려고 노력하였다. 그러다 보니 지난날의 어려운 용어나 사상의 개념이 여러 차례에 걸쳐 설명되어 중복되는 부분이 적지 않다. 또한 이 책은 한번에 일관성 있게 쓴 저작이 아니라

대학에서 가르치면서 발표하였던 한국 정치사상 관련 논문들을 다시
풀어 쓴 것이다. 이 논문들을 시대별로 연계시켜 정리한 것이기 때문에,
각 장의 앞뒤 배경 및 사상 사이에 중복이 불가피하다. 둘째 한국의
전통사상을 정치학의 시각에서 해명하려는 데 치중한 나머지, 무리한
해석이나 설명이 있을 수도 있다. 동서고금의 어떠한 사상을 막론하고
정치학적 시각에서 그것을 해명하지 않으면, 제대로 밝힐 수 없다.
국가사회를 비롯한 일체의 변화를 좌우하는 가장 중요한 결정 요인은
인류의 역사 이래로 정치변동이었기 때문이다. 그러므로 정치학적
시각을 떠나서 철학적·형이상학적·윤리적·도덕적 시각 등에서 사상
을 해명하는 경우, 이는 사상의 본질을 올바로 파악하기 어려울 뿐
아니라, 그 사상의 지엽말단(枝葉末端)에 대한 현학적 해설에 빠질
우려가 있다. 이러한 측면에서 필자는 한국의 전통정치사상에 내포된
우주론으로서의 이기론(理氣論), 의식구조론으로서의 인성론(人性論),
정치질서론으로서의 윤리론, 그리고 설정된 윤리의 실현방법론이요
행태론으로서의 도덕론 등에 대하여 정치학적 시각에서 분석하려는
데 치중하였다. 셋째 이 책은 현재 내지 미래의 민주사상과 연계될
수 있는 한국의 정치사상에 높은 비중을 두었으므로, 민주주의 사상과
양립하기 어렵다고 본 제왕학(帝王學) 또는 지배학의 요소가 짙은
유학의 시각을 탈피하려고 한다. 따라서 유학의 원형 내지 신유학으로
서의 주자학을 답습하였거나 재해석에 치중한 사람들의 사상에 대하
여는 부정적이고 비판적인 시각에서, 그리고 유학사상에 회의 내지
비판적이었던 분들의 사상들에 대하여는 긍정적으로 평가하였다.
그러므로 주자학 내지 유학에 대한 비판론이 노골적으로 대두되기
이전까지의 근세 한국의 정치사상을 밝히는 데 있어서는, 유학과
이에 회의하는 정치사상을 대비하여 연대적으로 비교하는 연대비(連

對比)의 방법을 취하였으나, 그 이후의 사상들에 대하여는 주자학 내지 유학에 비판적이면서도 자주적이고 독창적이었던 인물의 사상에 관하여서만 취급하였다.

이 책의 구성은 다음과 같다.

1장과 2장은 한국의 정치사상을 어떠한 시각에서 밝힐 것이냐는 측면에 강조점을 두고, 근세 이래 한국의 정치사상에 매우 큰 영향을 준 중국의 전통정치사상의 원형을 한국 정치사상의 사상적 배경으로 다루었다. 3장과 4장은 주자학 및 유학의 원형이 한민족에게 미친 역기능적인 측면에 강조점을 두었기 때문에, 이들 유학에 회의적이었던 독창적 사상들을 긍정적으로 보려는 뜻에서 정통 유학자들의 사상과 대비하여 다루었다. 5장과 6장은 한국 정치사상의 자주적 발전이라는 측면을 강조하려는 의도에서, 17~18세기 재야(在野) 및 재조(在朝)의 인물들 가운데 한국 정치사상의 미래 발전을 위하여 시사하는 점이 많은 이들의 정치사상을 다루었다. 7장은 인권 존중의 사상을 강조한다는 시각에서, 동학을 비롯한 종교사상의 사회운동적 특성을 부각시키면서 그 밖의 전통사상과 서교사상을 종합적으로 정리하였다. 마지막으로 8장은 1945년 8.15 광복 후의 한국의 정치문화를 재평가하고 미래의 밝은 민주 정치문화를 조성해야 하는 과제를 강조한다는 측면에서, 해방 후 일제 식민지 정치문화의 청산과 앞으로의 과제에 대하여 논하였다.

국민에 대한 봉사가 나라사랑과 민족발전의 기틀임에도 불구하고, 임금에 대한 충성을 애국(忠君愛國)으로 생각해 온 의식구조가 지금까지 이어져오고 있다. 이처럼 아직도 국가수장(國家首長)에 대한 충성을 애국으로 착각하는 한국의 정치문화에서, 국민에 대한 봉사를 애국으로 여기는 새로운 충민애국(忠民愛國)의 정치문화를 조성해야 하는 과제에 직면하여, 조그마한 보탬이라도 되었으면 하는 작은 뜻에서 이 책을 내놓게 되었다. 그러나 필자가 품은 순수한 뜻을 살리려는 데 성급한 나머지, 논리전개나 서술에 있어서 지나친 무리와 부족함이 있을 것 같다. 앞으로 이 책의 독자나 동학 분들의 많은 질정(叱正)이 있기를 바란다.

끝으로 이 책이 나오기까지 출판의 어려움을 떠나 한국 정치문화 개선의 중요성에 대한 깊은 인식에서 이 책의 발행을 기꺼이 맡아준 논형의 소재두 사장과 출간을 도와준 편집부 여러분께 깊은 사의를 표한다.

2005년 1월

차례

표 차례

1장

한국 정치사상에 대한 재조명

1. 한국 정치사관의 문제와
한국 정치사상의 시각

역사란 결국 유물과 유적 그리고 기록물 등 가시적 자료로 남게
마련이다. 하지만 역사는 이들 자료 자체에 대한 신빙성이 어느 정도이
냐에 따라서 그리고 이 역사적 자료를 사용하여 역사를 기술하는
사람의 시각에 따라서 다르게 표현되거나 기술될 가능성이 많다. 더욱
이 정치사 및 정치사상사의 경우, 문화사나 사회경제사에서 중요시되
는 사료(史料)인 유물과 유적 등 가시적 자료보다는 기록에 더 의존할
수밖에 없기 때문에 객관성과 실증성을 강조하는 측면에서는 논란의
여지가 많다. 동시에 주로 기록에 의존하기 때문에 기록자의 주관성과
기록자가 처한 정치 환경의 제약으로 말미암아 기록 자체의 개관적

신빙성에도 한계가 있을 수밖에 없다. 따라서 한국의 정치사 및 정치사상사를 어떠한 시각에서 볼 것이냐에 대해서는 많은 논의가 있어 왔다. 특히 정치사를 민족 주체적 입장에서 파악해야 한다는 민족사관의 정립과 함께 사대사관 및 식민사관의 탈피를 주장하였다.

그러나 그 동안 한국 정치사관의 재정립에 관한 선명한 시각을 제기하는 데는 미흡하였다. 오히려 제기된 이론이 정치사관의 혼란을 더욱 심화 시키는 결과를 가져 왔을 뿐 아니라, 우리의 주체적 입장이 아닌 사대사관 혹은 식민사관을 벗어나지 못하는 어리석음을 범했을 수도 있다. 이 책의 첫 장에서 중국의 전통정치사관의 근본 시각을 살펴보고, 조선왕조 시대의 정치사상을 논의하기에 앞서 조선왕조 시대의 사상에 매우 큰 영향을 준 중국 3대 전통정치사상인 유가(儒家)·묵가(墨家)·도가(道家)의 본질에 대하여 논의한 것도 이러한 시각의 혼동과 무의식을 피하려는 데 있다.

위와 같은 점들을 고려하여 한국 정치사상을 논의하는 경우, 우선 제기될 수 있는 문제점은 다음과 같다.

첫째 서구적 정치제도의 보편적 합리성에 입각하여 한국의 정치사에서 그 제도론적 유사성을 찾아내려는 데서 오는 문제점이다. 서구의 정치사에서 볼 수 있는 대의제나 여론의 정책결정 반영 등 민주정치제도를 기준으로 하여 과거 한국의 정치제도를 분석하려는 시각이다. 이러한 시각은 서구의 대의제가 과연 일반 평민의 대표로 구성된 제도이었느냐, 그렇지 않으면 소수 지배계급의 권익을 옹호하기 위한 제도적 장치이었느냐 하는 문제점을 여기서 논의하지 않더라도, 서양의 민주적 합의제 요소를 한국의 정치사에서 찾으려는 노력에 급급한 나머지 한국 전통정치의 핵심 문제를 소홀히 할 수 있다는 점이다.

예컨대 중앙정부의 양반 집권관료만이 참여하여 정책을 결정할 수 있었던 정책결정의 합좌제(合座制) 형식이나, 재야의 양반 지식계급만이 가능했던 상소(上疏)를 과연 민주적 요소로 볼 수 있을 것인가의 문제이다. 이러한 논리는 도리어 대의제 정치제도라는 형식을 빌려 권위적 정치를 자행하는 현대의 권력 독점체제를 역사적으로 합리화시켜 줄 우려도 있다.

둘째 한국 정치사의 과거 모든 요소를 주체성 개발이라는 입장에서만 보려는 데 치우쳐, 도리어 버려야 할 봉건적 차별의 원리, 특권의 원리, 권위적 지배의 원리를 옹호하고 부각시킴으로써, 민족사를 보잘 것 없는 시대착오적이고 비민주적인 역사로 전락시킬 위험도 있다. 예컨대, 왕조사관(王朝史觀)의 탈피를 주장하면서 도리어 왕조체제를 뒷받침한 유학적 효도와 예식(孝禮)을 강조함으로써 왕조사관을 합리화시켜 주는 결과를 가져올 수도 있다. 또한 일반 서민의 생활 향상이나 국가수호와는 아무런 관계가 없는 임금에 대한 충성을 애국으로 생각한 충군애국(忠君愛國)의 활동이나 모화사대적(慕華事大的) 왕조에 대한 충성을 국난극복으로 미화함으로써, 중국 한족(漢族) 중심의 문화 사대주의가 민족사의 공적으로 찬양 되는 일도 있을 수 있다는 점이다.

셋째 문화 사대주의에 빠진 나머지 한국 역사상 잘못된 정치현실을 외래사상의 책임이 아니라 한국 정치운용자들의 책임으로 돌림으로써, 오히려 한민족의 우수한 민족성을 격하시키는 어리석음을 자초할 수도 있다. 예를 들면, 유학의 본질은 훌륭한 것인데, 우리의 선현들이 한국의 정치현실에 잘못 적용하여 많은 폐단을 낳았다는 논리를 들 수 있다. 이러한 논리는 좋은 사상을 제대로 활용할 줄 모르는 민족이 한국 민족이라는 민족 열등화의 오류를 범할 수도 있다. 도리어 외래사상이 본질적으로 우리에게 필요한 사상이 아닌 그릇된 허위의 이론인데도, 위정자(爲政者)들이 권력욕에 급급한 나머지 근본이 우수한 한민족에게 적용함으로써 그 병폐가 많았다고 볼 수도 있다.

이상과 같은 문제점을 고려하면 근세 한국의 정치사와 정치사상을 보는 새로운 시각의 정립이 중요하고, 우선 동질성이 강한 한민족에게는 지배와 차별원리를 본질로 하는 유학적 사고와 역사관을 벗어나는 일이 무엇보다 선결 문제로 보인다. 이러한 시각은 앞으로 근세 한국의 정치사상을 새로이 조명하는 일차적 관점이어야 할 것이다.

다음으로 한국의 정치사관은 그 시각이 과거와 현재의 정치사회를 설명하고 한민족의 민족자존을 설명하는 데 무리가 없을 뿐 아니라, 미래 한민족의 삶의 터전과 생존권의 신장을 위해서도 필연의 원리가 되어야 한다. 따라서 국제질서에서의 민족의 자존 자립과 동등, 국내 정치면에서의 국민대중의 평등과 자유를 추구하려는 정치사상의 발전과정이라는 측면에서 근세 이래 한국의 정치사상을 재조명해 보고자 한다. 그러므로 한국의 정치사상을 조명하는 경우, 지배와 차별을 근본으로 하는 정치사상에 대해서는 부정적 평가와 비판을 가하게 될 것이고, 지배와 차별의 정치 및 사회적 요소에 회의하고 비판적이면서 자유평등사회로의 전환을 정치원리로 하는 사상들에 대해서는 높이 평가할 수밖에 없다. 이러한 시각은 현실의 정치사회에서도 실현되어야 할 당위의 원리이며 앞으로 미래 사회에도 실현될 당연한 정치원리이므로, 이와 같은 접근방식으로 근세 이래의 한국 정치와 정치사상을 해명해야 한다.

그러나 한국의 정치사상에서 논의될 자유와 평등에 대한 문제를 현대 서구식 민주주의의 제도적 자유 평등론과 유사한 것으로 보려는 것은 아니다. 단지 차별과 지배의 정치 및 사회현실에 회의하고, 국제적 동렬의식, 인권의 평등과 자유에 비중을 두었던 정치사상에 보다 높은 가치 비중을 두고자 한다.

마지막으로 근세 이래의 한국 정치사상을 논의함에 있어서 지나치게 도덕적, 철학적 설명에 치우쳐 정치적 시각을 소홀히 한 종래의 연구태도를 벗어나고자 한다. 한국 근세사에서 각 시대에 큰 영향을 준 인물의 정치사상을 논의하는 경우, 이제까지는 정치사상이라고 보기보다는 철학적, 형이상학적 해명이 많았으므로 그 본질적 의미가 제대로 밝혀지지 않았던 점에 유의하였다. 예컨대, 이기설 혹은 성리학 등이 정치와 어떠한 관계를 갖고 있는가의 문제가 분명치 않거나 관계가 없는 것으로 생각되는 일이 많았다. 이 점에 유의하여 조선조의 정치사상이 현실정치와 깊은 연관성을 지니고 있음을 밝히고, 사상의 형이상학적 측면을 정치사상적 시각으로 설명하려는 데 노력을 기울였다.

여기에 중국 정치사상의 원류를 해명하는 부분을 넣은 것도 근세 이래 한국 정치와 정치사상이 어디에 근거하는가를 알지 못하고서는 그 근본적 의미를 제대로 파악할 수 없기 때문이다. 특히 근세 조선시대의 정치활동과 정치사상에 중국의 정치와 정치사상이 준 영향은 매우 크기 때문이다. 따라서 중국의 3대 전통 정치사상이라 할 수 있는 유학(儒學)·묵학(墨學)·노장(老莊)사상의 원형에 대하여 그 사상의 본질적 핵심만이라도 여기에서 밝힘으로써 근세 이래의 한국 정치사상을 이해하는 데 도움을 주고자 한다.

근세 이래의 한국 정치사상을 연대순으로 살펴보기 위해서는 시대구분이 중요하다. 이 시대구분은 바로 정치사를 어떠한 시각에서 보느냐는 역사관을 나타낸다고도 할 수 있다. 여기에서의 시대구분은 통치사상의 수정과 정치상황의 변동을 상호 연계시켰다. 특히 정치사상에서 가장 중요한 대외적 국제질서관과 국내 통치질서관에 대한 각 정치사상가들이 지녔던 시각의 차이와 변화에 유의하여 시대를 구분하였다. 아울러 국제질서관에서의 한민족의 자존 자립과 국내 통치질서관에 있어서 서민 개체의 자유와 평등의 발전이라는 측면에 비중을 두어 시대를 구분하였다.

2. 근세 이래 한국 정치사의 시대구분

근세 한국의 역사, 특히 정치사 내지 정치사상사의 시대를 어떻게 구분할 것이냐는 많은 논의들이 제기되어 왔다. 이기백(李基白)은 한국사 개설서들에서 구분한 시대구분들을 유형화하여, ① 시대의 원근에 의한 구분법, ② 사회발전의 단계를 기준으로 한 구분법, ③ 민족의 성장과정을 기준으로 한 구분법, ④ 주제별에 의한 구분법, ⑤ 사회발전과 왕조를 혼합한 구분법, ⑥ 지배세력의 변화에 따른 구분법 등으로 나눈다.[1] 그러나 여기서는 정치사상과 정치현실 사이의 상호작용의 불가피성을 전제로 하여 근세 이래 한국의 정치사를 다음과 같이 구분하고자 한다.

제1기는 이성계(李成桂)에 의한 조선왕조의 개국(1392)을 전후로 한 시기부터 성종(成宗, 1470~1494) 말까지의 100여 년간으로서, 조선왕조의 건국이 중심이므로 '건국기'로 볼 수 있다. 이 시대는 새로운

---

1) 李基白, "韓國史의 時代區分問題," 한국경제사학회 편, 《韓國史時代區分論》(서울 : 을유문화사, 1970), 5~26쪽 참조.

정치체제의 확립을 위하여 통치이념으로 주자학(朱子學)을 채용하였으며, 이 주자의 유학사상을 기조로 하여 고려왕조의 기존 모든 정치, 경제, 사회, 문화제도를 개편하여 법제화하였다. 이 주자학의 통치사상을 근간으로 한 법제화의 산물이 바로 ≪경국대전(經國大典)≫이다. 경국대전 제작으로 조선왕조 신체제의 제도화 작업이 일단 완성된 셈이었다. 주자학의 차별원리에 따라 임금과 신하, 양반 지배계급과 노비 및 상민 등 피지배계급, 중앙귀족과 지방민, 집권세력과 재야세력 사이의 차별 불평등이 제도화되었다. 아울러 조선왕조의 건국 및 이성계의 정권 장악에 대한 공로로 막대한 훈공을 받은 새로운 특권 관료세력이 등장하였고, 이들 훈공세력의 특권이 오랫동안 지속되면서 훈구파(勳舊派)를 형성함으로써 기득권을 향유하게 되었다. 한편으로는 이들 새로운 훈공 기득권세력에 대한 재야 양반세력의 도전이 나타났으며, 이들 재야의 양반세력은 대체로 고려왕조의 후예들로서 사림파(士林派)라고도 한다. 건국기는 이른바 이들 훈구파와 사림파의 대립이 나타나기 시작하였을 뿐만 아니라, 새로운 통치이념인 주자학의 수용과 한국의 정치현실 사이에 괴리가 나타나기 시작한 때이기도 하다.

제2기는 주자학의 통치사상이 한국의 현실에 맞지 않아서 여러 가지 사회적 모순과 병폐 및 정치적 갈등 뿐 아니라, 현실과의 괴리가 나타남으로써 이에 대한 수정이 불가피하였던 '통치사상 수정기'라고 볼 수 있다. 따라서 주자학적 통치사상을 고대의 유학사상 및 그 외의 사상으로 수정하려는 정치적 시도가 있었으므로 통치사상의 수정기이다. 즉 주자학을 토대로 한 양반관료제의 여러 가지 모순이 나타났고, 양반 지배계급이 그 특권을 확대함으로써 농어촌의 피폐가 심화되었다. 이 때문에 재야 사림파들에 의하여 주자학을 도학(道學) 정치론으로 수정하려는 정치 및 사상적 시도가 이루어졌으므로 통치사상 수정기로 규정했다. 연산조(燕山朝, 1495~1506) 초기로부터 임진왜란(1592~1598)을 거쳐 선조(宣祖, 1568~1608) 말에 이르는 16세기 100여 년간을 말한다. 이 시기는 양반관료세력과 재야 귀족세력 간의 노골적인 정치 투쟁기로서, 사화(士禍)와 반정(反正) 및 당쟁이 격렬하여 외침과 사회적 불안정이 극심하고, 그로 말미암아 백성들의 생활이 매우 궁핍하였다. 따라서 이러한 정치사회적 불안정과 피폐로 인하여 북방의 야인과 남쪽의 왜구에 의한 변경지방의 약탈이 매우 빈번하였다.

제3기는 남북으로부터의 외침으로 국토가 유린당한 시기로서 '위기극복기'로 보며, 정치사상사로서는 실학사상의 전구기(前驅期)이다. 이 시기는 임진왜란으로부터 병자호란(1636)을 거쳐 현종(1660~1674) 말에 이르는 17세기 약 80년간이다. 정치적으로는 한민족이 유사 이래 최대의 굴욕과 시련을 당하였고, 가까스로 위기를 모면한 정도이었다. 즉 7년의 임진왜란을 겪는 동안 삼국 시대 이래 쌓아온 거의 대부분의 문화재가 소실되거나 강탈되었고, 병자호란을 당하여 조선왕이 청나라 왕에게 치욕적 항복을 함으로써, 남북으로부터 외세의 침략으로 인한 굴욕은 그 때까지 한국사의 최대 시련기이었다. 따라서 뜻있는 재야 학자들이 위기극복의 경륜과 개혁정책을 제기했고 국방력의 강화, 조세제도를 비롯한 경제 제도의 개편 등을 주장했다. 그러나 집권층 내부는 이러한 위기극복의 요구를 외면하고 정치적 대립과 갈등 및 파쟁으로 혈투를 계속하였다. 당쟁이 격화되고 수구파와 경륜파(經綸派)간의 갈등과 항쟁이 극심하였던 시기이기도 하다.

제4기는 병자호란과 임진왜란으로 국토가 황폐화함으로써 백성들의 생활이 극도로 피폐하였으므로, 그들의 생활안정에 대한 사회경제적 요구를 개혁정책으로 구체화하지 않을 수 없었기 때문에 이 시기를 '개혁기'라고 보며, 사상사적 가치면에서는 '실학사상기'라고 할 수 있다. 숙종(1675~1720) 초부터 정조(1777~1800) 말에 이르는 18세기 100여 년간의 시기이다. 이 때 신진학자들에 의하여 여러 가지 개혁책이 제기되었고, 이들 실학자들에 의하여 서양의 문물까지도 자주적으로 받아들이려는 노력이 있었다. 그럼에도 불구하고 집권 양반세력의 수구적 태도로 말미암아 개혁이 제대로 이루어지지 않았을 뿐 아니라 양반 지배세력 사이의 권력투쟁만이 여전했다.

　　제5기는 순조(1801~1834) 초부터 조선왕조가 멸망하기까지의 19세기 100여 년간으로 실학사상의 한계성이 드러나고, 세도정치로 인하여 백성들의 생활이 빈사상태에 이르던 시기이다. 더 이상 버틸 수 없었던 민중을 기반으로 하여 체제에 대한 도전이 종교적 사회운동의 형태로 전개되었으므로, 이 시기를 '종교적 사회운동기'로 규정할 수 있다. 특히 한국의 자생적 종교인 동학(東學)을 중심으로 전개되었으므로 '동학기'라고도 할 수 있다. 이 사회운동은 민중혁명의 양상을 띠었으나 사대주의에 젖은 수구세력과 외세에 의하여 저지되었다. 동학혁명이 좌절되면서 외세 의존적이었던 개화파와 수구파의 항쟁은 국권의 상실을 재촉하였을 뿐이다.

　　제6기는 조선왕조의 멸망 후 3.1 운동(1919)으로부터 1945년 8.15 광복 이후까지로서, '근대국가 건설기'이다. 일제 36년간의 굴욕과 민족적 수난을 겪어야 하였고, 광복과 더불어 남북 분단 그리고 그로 인하여 한민족사에서 유례없는 최대의 전사자를 낸 동족상잔의 6.25 전쟁 등 비극을 겪었다. 이러한 굴욕과 시련을 거치는 동안 한민족은 스스로를 재발견하고 한민족 본래의 자존성을 회복함으로써 근대국가를 건설하는 기틀을 마련하게 되었다. 아울러 지난 500여 년 동안 민족성을 왜곡시켜 온 정치사상과 진정한 의미의 민족사상을 구분하여 재조명함으로써, 앞으로 밝은 미래 한국의 새로운 정치문화를 정착시켜야 할 과제들을 안고 있다.

근세 이래 한국 정치사의 시대구분에서 제1기의 조선왕조 건국기와 제2기 주자학적 통치사상 수정기의 정치사상에서는 보수 정치사상과 개혁 정치사상을 시대별로 연계시켜 비교 논의하였고, 제3기 위기극복기와 제4기 실학사상기의 정치사상에서는 여러 사상 가운데 한국의 현재 내지 미래의 정치 발전을 위하여 중요한 영향을 미쳤거나 전통으로 계승할만한 가치가 있다고 생각되는 정치사상만을 다루었다. 그리고 제5기 종교적 사회운동기와 제6기 근대국가 건설기의 정치사상 내지 정치문화에 대해서는 앞으로 한국의 밝은 정치문화를 형성해 나가야 할 과제에 비추어 종합적으로 재조명하고자 하였다.

3. 중국의 전통적 정치사관

1) 유학의 봉건적 차별도덕의 역사관

본래 유학사상은 중국 본토의 다수민족인 한족(漢族)이 그들의 민족 생존권을 보위하고 더욱 확장하기 위하여 강력한 국가체제를 확보하려는 정치목적에서 형성된 사고의 유산이다. 따라서 유학의 사상적 목표는 강력한 한족국가를 건설하여 유지하기 위한 봉건적 제왕권체제 또는 중앙집권적 왕권체제이었고, 사상의 내용은 대외적

으로 한족의 이민족에 대한 차별적 지배를, 그리고 대내적으로는 왕을
비롯한 지배계급의 노예 및 서민에 대한 권위적 우위성을 합리화하고
이를 근본원리로 하는 지배학이었다. 이러한 정치목표를 달성하기
위한 방법으로 유학은 차별과 불평등을 인간의 본질적 존재원리(인간
성의 본질, 性理)요 숙명이며 우주원리로 규정하였고, 이 원리를 준수하
는 것이 인간으로서는 불가피한 당연한 도리로 여기도록 하는 도덕적
방법을 취하였다. 이로 말미암아 차별질서가 잘 지켜지고 왕권체제가
확립된 역사를 정통적인 역사로, 차별질서를 파괴하고 왕권에 대한
도전의 역사를 패도(覇道)의 역사로 보는 정치도덕의 역사관(정치도덕
사관)도 형성되었다.

우리가 고대로부터 현대까지 중국 본토의 역사를 전체적으로
개관해 보면, 이와 같은 제왕권적 정치원리, 차별 불평등의 사회원리
및 권위적 정치도덕의 역사관을 본질로 하는 유학사상이 형성된 까닭
을 이해할 수 있다. 즉 약 3,000년에 걸친 실질적인 중국의 역사는
다수민족인 한족 지배와 현재의 소수민족인 한족 이외의 다른 민족(非
漢族) 지배의 교체사라고 하여도 과언이 아니다. 전체적으로 보면 1,400
여 년간은 한족이 중국 본토를 지배하였고, 1,800여 년간은 한족이
다른 민족의 침입으로 분열되어 시련을 겪었거나, 타민족의 완전한
지배를 받았다. 특히 북방의 몽고 및 만주족이 중국 본토를 지배하는
일이 많았다.

이러한 점은 중국의 실질적 역사라고 할 수 있는 3,000년간을
돌이켜 보면 더욱 분명하게 알 수 있다. 중국의 역사에서 고대에 속하는
하(夏 또는 華)와 은(殷 또는 商, B.C. 1760~1172)은 제대로 국가형태를
갖추지 못한 부족집단의 시대이었으므로, 실제의 중국 역사에서 논의

하기는 어렵다. 따라서 부족국가이기는 하였을지라도 한족(漢族)이 국가형태를 갖추기 시작한 시대는 주(周)나라 때부터이다. 주는 봉건제 부족국가로서 전기의 서주시대(西周, B.C. 1122~771)와 서쪽 견융(犬戎) 족의 침입으로 도읍을 호경(鎬京)[2]으로부터 동쪽의 낙읍(洛邑, 漢나라 이래로 낙양)으로 옮기게 된 후기의 동주시대(東周, B.C. 770~221)로 나눈다. 다시 동주시대는 제후들 사이에 패권 쟁탈전이 극심하였기 때문에 이른바 춘추전국(春秋戰國)시대라고도 일컬어져 왔다.

중국 통일기의 수도가 고대로부터 당(唐)나라 때까지 1000여 년 간 장안(長安)이었다가 지금의 베이징(北京)이 수도로 굳어졌는가에 대하여도 유의해 볼 필요가 있다. 옛날의 장안 즉 지금의 시안(西安)은 중국대륙 전체로 보면 지리적으로 거의 중심에 위치하며, 기후상으로 도 베이징보다는 온난한 지역이다. 그럼에도 불구하고 북송(北宋, 960 ~1127) 이래로 통일기의 수도가 중국본토 전체적으로 보면 동북쪽에 치우쳐 있는 현재의 베이징이 된 것은 이 시기의 대부분을 북방의 만주족 및 몽고족이 중국을 지배했으므로 북방민족에게는 베이징도 따뜻한 남쪽이었기 때문이기도 하다. 이러한 수도의 변경만 보아도 중국의 역사가 한족과 비한족의 교체사임을 알 수 있다. 고대로부터 중국대륙의 역사를 돌이켜 보면 다음과 같다.

한족이 중국에 건립한 최초의 민족국가인 서주는 350여 년(B.C. 1122~B.C. 770)이나 지속된 안정된 봉건제국가였다. 그러나 서쪽 견융 족(犬戎族)의 침입을 받아 수도 호경을 상실하고 동쪽 낙읍(洛邑)으로

---

2) 호경은 한(漢), 당(唐) 시대까지 중국대륙 통일기의 수도로 장안이라 하였고, 진시왕릉을 비롯하여 중국의 고대 및 중세 유적이 가장 많은 현재의 시안(西安)으로서, 1000년 간 중국 고중세의 중심이었다.

수도를 옮긴 동주 550여 년(B.C. 771~B.C. 221)은 이른바 춘추전국시대로서 사실상 한족이 주변의 이민족에게 시달리던 시대이다. 이 쇠퇴기의 동주시대를 역사가들은 아홉의 오랑캐 종족이 주나라를 정벌하려던 때(九夷伐周下)라고 말한다. 그 뒤 여러 이민족에게 시달리던 한족이 최초의 민족국가로서 중국 본토를 통일하게 되었고, 이것이 이른바 진시황(秦始皇)의 천하통일이다. 진(秦, B.C. 221~206)으로부터 서한(西漢, B.C. 206~A.D. 8)과 동한(東漢, 25~220)을 거쳐 위(魏, 220~265) 및 서진(西晉, 265~316)까지를 합하여 530여 년은 한족 지배의 역사이다. 그러나 다시 이민족의 침략을 받아, 황하(黃河) 유역인 중국의 심장부는 흉노족이 건립한 전조(前趙, 304~329) 북량(北涼, 397~439), 하(夏, 407~431)와, 갈족이 건립한 후조(後趙, 319~352), 그리고 선비족이 건설한 연(燕, 337~394), 서진(西秦, 385~431) 남량(南涼, 397~414)과, 저족이 건립한 전진(前秦, 351~394), 성한(成漢, 303~347), 후량(後涼, 386~403) 그리고 강족이 건립한 후진(後秦, 384~417) 등 한족이 아닌 오호(五胡)족이 세운 16국이 130여 년간 중국을 지배하였다. 그 뒤 남북조시대에 선비족이 건립한 북조의 북위(北魏, 386~534)와 북주(北周, 557~581) 시대까지를 합하면 약 280년 동안 이민족이 중국의 중심부를 지배한 셈이다.

수(隋, 581~618)와 당(唐, 618~907)의 통일기가 300여 년 동안 지속되었으나, 중국은 다시 오대십국(五大十國, 907~ 979)의 분열기를 거쳐 북송(北宋, 960~1127)에 이르렀으나, 한족은 만주족의 끊임없는 침략과 강압으로 150여 년(960~1127) 굴욕과 시련을 겪어야 했다. 결국 한족은 만주 거란족의 요(遼, 907~1125) 및 여진족의 금(金, 1115 ~1234)에 의해 유린당하다가, 드디어 몽고족인 원(元, 1234~1368)나

서주(西周)	350년	한족 지배
동주(東周)	550년 춘추전국기	비한족의 핍박과 한족 분열
진(秦)·한(漢)	500여 년	한족 지배
오호십육국(五胡十六國)·북조(北朝)	300여 년	비한족 지배
수(隋)·당(唐)·오대(五代)·십국(十國)·북송(北宋)	500여 년	한족 지배와 분열
금(金)·원(元)	300여 년	비한족 지배
명(明)	270여 년	한족 지배
청(淸)	270여 년	비한족 지배
중화민국(中華民國)·중공(中共)·홍콩·대만(臺灣)	900여 년	한족의 분열 지배

라가 온 중국을 차지함으로써, 북송의 멸망(1127)으로부터 한족의 명(明, 1368~1644)나라가 건국되기까지 도합 240여 년간(1127~1368), 중국은 한족이 아닌 이민족의 통치 아래 있었다. 그 다음 다시 한족이 세운 명이 중국을 통일하여 276년 동안 지배하였으나, 명은 다시 만주 여진족의 청(淸, 1644~1911)에 의해 멸망하고 270여 년 동안 이민족이 중국을 지배하였다. 1911년 손문(孫文)을 주축으로 한 신해혁명(辛亥革命)으로 한족이 청나라 왕조를 붕괴시켰으나 1949년 모택동(毛澤東)에 의한 중국 본토 지배까지는 분열과 일본의 침략으로 인한 한족의 시련기였다. 현재도 대만을 통일하지 못한 한족 분열기의 지속이라고 볼 수 있다. 이를 연대 순서대로 요약해 보면 표 1처럼 재정리할 수 있다.

이와 같은 중국의 역사를 통틀어 보면, 유학이란 비한족인 이민족에 대한 한족의 지배를 정당화하기 위하여 차별을 본질로 하는 지배학이며, 이러한 대내외적 정치목표 때문에 강력한 제왕권의 확립과 차별통치를 본질로 하는 방법론적 정치사상이다. 특히 이러한 정치사상은 유학의 원형을 이룬 공자(孔子, B.C. 551~479)와 맹자(孟子, B.C. 372~

표 2. 한국·중국 관계사의 변동

한족(漢族) 국가의 변동		한민족(韓民族) 국가의 변동	
국가 창건	서주(西周, B.C.1122~770, 352)	국가 창건	단군 조선(B.C. 2333) 건국
비한족 침략 및 한족 분열 (549년)	동주(東周, B.C. 770~256, 515) 춘추(春秋, B.C. 770~481, 289) 전국(戰國, B.C. 480~221, 259)	한민족의 문화 형성 및 발전	고조선시대 삼한 시대 문화
한족의 대륙 통일 (B.C. 221) (424년)	진(秦, B.C. 221~206, 15) 한(漢, B.C. 206~AD 220, 409) 서한(西漢, B.C. 206~AD 8, 214) 신(新, 9~ 24, 15) 동한(東漢, 25~220, 195)	한족침략~ 한민족의 위기 와 분열(350년)	한족이 침략하여 한사군(漢四郡: 낙랑·임둔·현도· 진번 등 4군)의 설치(B.C. 108/107~AD 313, 420) 고구려(高句麗) 건국(B.C. 37) 신라(新羅) 건국(B.C. 57) 백제(百濟) 건국(B.C. 18) 고구려 요동(遼東) 공격(14), 동옥저 정벌(56)
한족의 분열 과 비한족의 지배 및 분열 (366년)	삼국 서진(三國·西晉, 222~316, 94) 동진(東晉, 317~420, 103) 오호십육국(五胡十六國, 304~420, 116) 남북조(南北朝, 386~588, 202) 북조(北朝, 386~588, 202) 남조(南朝, 420~588, 168)	한민족의 영토 확장 및 민족 문화의 융성 (426년)	고구려의 위(衛) 서안평(西安平) 공격(242) 고구려의 대방군(286) 및 현도군 공격(302) 낙랑군 축출(313), 고구려의 수도 국내성(國內城) 천도(343), 백제에 불교 전래(384) 고구려의 광개토대왕(391~413) 및 장수왕(413~ 491) 때의 번성과 수도 평양 천도(427) 신라의 불교 공인(528)과 황룡사 준공(566)
한족의 대륙 통일 (326년)	수(隋, 581~618, 37) 당(唐,618~907, 289)	한민족의 시련 과 분열 (250년)	고구려의 살수대첩(612) 및 거란 대파(654) 백제 멸망(663), 고구려 멸망(668), 신라의 당과 충돌(671) 및 축출(676) 발해의 건국 및 발전(699~926) 신라의 장보고 청해진 건설(828)
한족의 분열, 비한족의 침략 및 대륙 지배(327년)	오대(五代: 後梁, 後唐, 後晉, 後漢, 後周, 907~960), 십국(十國, 907~ 979): 72 북송(北宋, 960~1127, 167) 남송(南宋, 1127~1279, 152) 요(遼, 907~1125, 218) 서하(西夏, 1032~1227, 195) 금(金, 1115~1234, 119)	고려초·중기의 발전 및 문화 의 융성 (341년)	고려의 건국(918) 및 후삼국 통일(936) 청자 공예 번성(970년대), 요(遼) 침입 격퇴(993~ 4), 고려 철전(鐵錢)의 주조(996), 강감찬의 귀주대첩 (1011), 장성 건설(1033~44), 고려 청자 문화의 형 성(1050) 및 융성(1180년대), 윤관의 9성 설치(1108), 묘청의 서경 천도 주장(1128) 및 반란(1135~6) 정중부의 쿠데타(1170), 최충헌 집권(1196~1258)
비한족 통일 (元) 및 지배/ 한족의 지배 (明)/비한족 의 지배(淸): (677년)	원(元, 1271~1368, 비한족 통일, 97) 명(明, 1368~1644, 한족 통일, 276) 청(淸, 1644~1911, 비한족 통일, 267)	몽고 침략, 저 항(38년), 몽고 지배, 조선조 의 사회불안, 외침, 위기, 굴 욕의 시련기 (686년)	몽고 침입(1231~1239) 및 저항, 고려의 강화 천도 (1232~70), 금속 활자의 간행(1234), 팔만대장경 조 판(1236~51), 고려청자의 전성기, 몽고에 굴복 (1259), 몽고 지배(1259~1380, 121), 이성계의 위화 도 회군(1388), 조선왕조 건국(1392), 임진왜란(1592 ~98), 병자호란(1636~37), 병인양요(1866), 동학 란(1894), 청일전쟁(1894), 을사 보호 조약(1905), 한 일합방(1910), 일제의 식민지(1910~45, 36)

289) 그리고 중용(中庸)의 정치사관에서 비롯하였다.

공자의 역사관은 춘추대통사관(春秋大統史觀)이다. 춘추는 공자가 태어난 제후국인 노(魯)나라의 역사이지만, 춘추 저술의 목적은 주나라 왕통(王統)의 영원한 지속에 있었기 때문에, 춘추대통사관은 주나라 왕조의 영원성을 논리적으로 보장하려는 역사관이라고 할 수 있다. 공자의 역사관에 대하여는 뒤에 논의하겠지만 그의 인간관에 기초한다. 그에 따르면 치자(治者)이든 피치자(被治者)이든 즉 제왕과 귀족 같은 치자이든 또는 서인(庶人)과 노예 같은 피치자이거든, 인간의 본성은 차별적 신분을 법제화한 주례(周禮)를 당위로 여기고 이를 실천하려는 욕구를 지니고 있다는 것이다. 인간의 본질이 불평등 차별적인 법규인 주례의 실천을 당연한 도리로 욕구한다고 보는 한, 이 당위를 실천하는 역사만이 올바른 정의의 역사이게 마련이다. 주나라의 법인 주례가 규정하는 등쇄(等殺)3)의 실현 즉 상하차별 불평등 질서의 실현이 당위인 한, 예법을 위반하는 생리적 식색(食色)의 욕구는 부당할 뿐만 아니라 사악한 욕망이므로 거부 배척해야 한다는 것이다. 따라서 차별적인 예법의 준수라는 당위의 실천만이 사악을 배척하고 정의를 실현한 척사현정(斥邪顯正)의 역사가 된다.

공자는 당위로서의 차별의 실천과 식색(食色) 욕구의 배척(斥邪)으로 형성되는 상하차별의 봉건질서를 하늘이 인간에게 부여한 숙명으로 천명(天命)이고 영원히 지속될 불변의 원리로 보았다. 이는 "공자가 은(殷)나라는 하(夏)나라의 예법을 본 받아 간혹 줄인 것도 있고 보탠 것도 있으며, 주(周)나라는 은나라의 예법을 이어 받았으니 그 보태고

---

3) "親親之殺, 尊賢之等, 禮之所生也" (≪中庸≫, 二十章)에서 보는 바와 같이, 등쇄는 차별의 등급을 의미한다.

던 것은 있을지 모르나 언제나 그 원칙은 변함이 없었다. 따라서 앞으로 주나라를 계승한다면 영원한 후세(百世)까지 지속될 것임을 알 수 있다"4)라고 말한 점에서도 나타난다. 그러나 현실적인 예법은 시대에 따라 변한다고 했으므로, 공자는 "온고이지신(溫故而知新) 즉 옛날의 제도에 비추어 새 것을 알면 남의 스승이 될 수 있다"5)라고 하였다. 이는 역사가 온고지신(溫故知新)의 역사임을 말해 준다. 그렇다면 온고지신은 무엇을 의미하는가? 온고(溫故) 즉 역사적 전통에 대한 회고의 목적이 새것을 알기 위한 지신(知新)에 있음을 뜻한다. 따라서 온고는 계통의 토대이고 지신은 전통을 계승하면서 현재의 봉건체제를 도덕적으로 수정, 유지하는 도덕정치의 수정사가 된다. 그러나 회고해야 하는 옛 것은 근본적으로 상하차별의 봉건질서이기 때문에, 이 차별적 봉건질서만은 인간으로서는 어찌할 수 없는 숙명이요 천명으로 보았다. 따라서 치자 즉 통치자로서의 지위와 그가 수행하는 행정도 그리고 서민에 대한 신분적 차별의 구속도 민중이 감수해야 할 불가피한 숙명이 된다. 즉 역사는 하늘이 인간에게 부여한 숙명으로서의 제왕의 지배를 감수해야 하는 제왕의 도덕정치사라는 의미이다.

주나라 봉건체제의 지속과 주나라 왕실의 지위는 변동될 수 없는 권위로서, 그 지위는 영원히 지속되어야 한다는 것이다. 그럼에도 불구하고 주나라 왕실에 대한 제후들의 반역과 도전이 그치지 않았으므로, 주나라를 재건하려 했던 공자는 주왕조 존속의 당위성을 역사적으로 입증하려는 목적에서 춘추사관(春秋史觀)을 제시하였다. 춘추(春

---

4) "子曰, 殷因於夏禮, 所損益可知也, 周因於殷禮, 所損益, 可之也, 其或繼周者, 雖百世, 可知也"(≪論語≫, 爲政).
5) "子曰, 溫故而知新, 可以爲師矣"(위의 책).

秋)는 공자가 쓴 노(魯) 나라의 역사이다. 노나라는 주나라 건국의 주역인 주공(周公)을 제후로 삼아 봉토를 주어 세워진 제후국일 뿐 아니라, 바로 공자가 태어난 제후국(諸侯國)이다. 공자가 이 노나라의 역사인 춘추를 지은 의도는 무엇인가? 맹자는 공자가 춘추를 쓴 목적을 다음과 같이 설명한다.

　　세상이 쇠퇴하고 척사현정(斥邪顯正)의 봉건도덕이 쇠미하여 간사한 거짓말과 폭행이 일어나고 신하가 임금을 죽이며 자식이 어버이를 죽이니, 공자는 이러한 윤리의 혼란을 두려워하여 춘추를 지었고 춘추는 천자(天子)의 일이다. 공자가 춘추를 지으니 나라를 어지럽히는 불충한 신하와 부모를 죽이는 불효자인 난신적자(亂臣賊子)가 두려워하였다.6)

　　춘추(春秋)에 기록한 역사적 사실 즉 난신적자의 실례는 제(齊)나라 환공(桓公)과 진(晉)나라 문공(文公)이고, 그 문장(文章)은 역사이니, 공자가 말하기를, 그 역사의 옳음(是)과 그름(非)을 논한 것은 내가 한 것이라 하였다.7)

공자는 제나라의 환공을 주나라 왕실을 받드는 정신이 두터운 제후로 여겼으나, 진나라의 문공에 대하여는 주나라 왕실을 받든다는 근왕(勤王)을 빙자하여 패권을 장악하려 한 사기한으로 보았다. 따라서 공자는 "진의 문공은 기만적이고 올바르지 않고, 제의 환공은 바르고 기만하지 않았다"8)라고 기술함으로써, 두 사람의 정치적 업적에 대하여 양자 간의 올바름(正)과 그릇됨(邪)을 구별하였다. 따라서 춘추는 공자가 제후들의 주나라 제왕에 대한 행태의 잘 잘못을 논한 역사기록

---

6) "世衰道微, 邪說暴行有作, 臣弑其君者有之, 子弑其父者有之, 孔子懼作春秋, 春秋天子之事也, 孔子成春秋, 而亂臣賊者懼"(≪孟子≫, 滕文公下).
7) "其事則齊桓晉文, 其文則史, 曰, 其義則丘 竊取之矣"(위의 책, 離婁下).
8) "子曰, 晉文公 譎而不正, 齊桓公 正而不譎"(≪論語≫, 憲問).

이라고 할 수 있다. 그가 위와 같이 제환공을 훌륭한 제후로 그리고 진문공을 패권을 장악하려 한 제후로 역사를 서술한 기록의 목적은, 제후들에게 주나라 왕실을 섬기는 근왕정신(勤王精神)을 고취시킴으로써 주나라 제왕의 왕위를 영원히 보위하려는 데 있었다.

그러나 공자가 논어에서 말한 제나라 환공과 진나라 문공에 대한 기록은 실제의 역사적 사실에서는 공자의 기술과 반대이다. 도리어 제나라 환공이 40여 년이라는 더 오랫동안 주 나라의 왕실을 무시하고 패권을 장악하였고, 진나라 문공은 겨우 10년 정도 패권을 장악하였을 뿐이다. 그럼에도 공자가 실제의 역사적 사실과 다른 역사를 서술한 목적은 주나라 왕실을 보위하려는 그의 정치적 의도 때문이었다. 이와 같이 주나라 왕실의 대통이 영원히 지속되기를 바랐던 공자의 역사론에도 불구하고, 주나라는 쇠퇴를 거듭했고 드디어는 멸망했다. 공자가 역사론을 통해 그렇게도 갈망했던 봉건체제를 도덕적으로 재건하고자 한 그의 정치이상과 정치적 노력은 실패하였다. 그는 이 실패를 스스로 인정하고, "(행운과 번영을 예고하는) 상서로운 새(鳳鳥)도 이르지 않고 하수(河水)에서는 (세상을 다스릴 경륜의 대책을 짊어진) 용마(龍馬)도 나오지 않으니 내 이상은 그만인가 한다"9)라고 탄식하였다. 공자의 이러한 탄식은 자신의 정치론을 실현하지 못한 실패에 대한 한탄일 뿐만 아니라, 변천을 저지하여 봉건사회를 안정시키지 못한 데 대한 절망이며 천우신조(天佑神助)를 기원하는 공자 스스로의 애절한 희망을 나타낸 것이기도 하다. 공자가 죽은 뒤에 이와 같은 그의 실패에 대하여 여러 이론이 제기되었으며 그들이 바로 제자백가(諸子百家)의 사상이

---

9) "子曰, 鳳鳥不至, 河不出圖, 吾已矣夫"(위의 책, 子罕).

다. 이들 제자백가의 사상을 두 방향으로 요약하면, 첫째 이론은 본질적
으로는 공자의 봉건적 차별사상을 계승하면서 그 실현방법만을 수정하
려 한 사상으로서 맹자와 중용(中庸)사상을 들 수 있다. 둘째 이론은
공자의 봉건적 차별사상 및 역사관 자체에 반대한 반봉건적 사상으로
서 그 대표적인 것이 묵자(墨子)와 노장의 사상이다. 우선 공자사상을
계승하면서 방법론적으로만 수정한 맹자와 중용의 역사관을 살펴보고,
다음으로 공자사상과는 본질적으로 상반되었던 묵자와 노장의 역사관
에 관한 개요만을 논의하려고 한다.

공자의 대통(大統) 사관에 대한 대표적 수정론이 맹자의 일치일란
(一治一亂)의 역사관이다. 맹자의 역사관은 안정된 정치(一治)와 혼란의
정치(一亂)가 교체하는 일치일란(一治一亂)의 교체사(交替史)라는 시각
이었다. 맹자가 이러한 역사관을 전개한 것은 그가 살았던 시대의
정치상황 때문이라고 할 수 있다. 맹자의 시대는 중앙왕권인 주나라는
이미 멸망하고, 각 제후들이 독자적인 왕으로서 서로 세력 각축을
하던 시대이다. 그러므로 주나라체제의 재건을 목표로 하였던 공자
역사관의 수정이 불가피하였다. 맹자가 이상으로 여긴 정치체제는
공자와 마찬가지로 제왕권체제이다. 그러나 정치현실은 공자시대에
가능할 것으로 보였던 주나라 제왕의 대통을 유지한다는 것 자체가
불가능하게 되었다. 주나라 제왕의 신하이었던 제후들이 제각각 중국
전체를 장악하려는 천하통일을 꿈꾸는 현실이었으므로, 제후국 왕의
역성혁명(易姓革命)에 대한 역사적 합리화의 문제가 제기되었다. 제후
국 왕들의 주나라 제왕에 대한 반역인 역성혁명이라는 당시의 현실은
공자의 춘추대일통사관(大一統史觀)에 대한 수정을 불가피하게 하였고,
아울러 독자적인 독립국가로서의 제후국의 역사를 어떻게 합리화시켜

주느냐는 문제를 제기하였다. 제후들에게는 그들의 주나라 왕위찬탈
과 주 왕실에 대한 반역이라는 역사적 사실을 합리화시켜 줄 이론이
요청되었다. 맹자는 이러한 역성혁명에 대한 합리화이론으로, 주나라
의 중앙왕권을 무시하고 독자적인 제왕권을 확립하려는 제후국 왕의
반역적 행태에 대하여, 신하로서의 제후가 중앙의 제왕을 제거한 반역
이 아니라 포악한 한 지아비를 벤 것에 불과하다는 주일부(誅一夫)[10]
이론으로 합리화하였다. 즉 제나라 선왕(宣王)의 왕권탈취에 대하여
맹자가 합리화해 준 이론이 바로 주일부이다. 또한 제나라 선왕의
영토확장을 위한 침략전쟁을 하늘의 운명으로 합리화시켜 준 이론이
뒤에 논의할 맹자의 천운전쟁론(天運戰爭論)이라고 할 수 있다. 이러한
측면에서 보면 맹자의 정치론은 제후국 왕을 위한 철저한 어용이론이
라 할 수 있다.

　　또한 맹자는 봉건도덕에 대한 수정을 가하여 공자가 사악한 부도
덕으로 규정한 물질적인 욕구 즉 물욕을 시인하였다. 그는 도덕은
인간에 근거하고 부도덕 즉 사악은 재물에 근거한다고 보았지만, 맹자
는 인간과 사물, 도덕과 부도덕 둘 가운데 어느 것을 선택할 것이냐는
이원론의 모순에 빠졌다. 사악이 근본적으로 인간 밖에 존재하는 재물
에 근거하고 있다고 본다면, 사물은 사악의 근원이지만 봉건노덕징치
론의 입장에서는 치외법권에 속하게 마련이다. 따라서 군주인 제왕은
인간을 지배할 수는 있어도 사물을 지배할 수 없다는 논리에 부딪히게
된다. 도덕정치론의 입장에서 보면 물욕은 제왕의 도덕적 지배권에
대한 방해 요소이고 제왕권의 약화를 초래하는 요소가 된다. 그러나

---

10) ≪孟子≫, 梁惠王下 참조.

맹자는 이 물욕의 추구를 백성을 얻는 방법으로 인정하고 그것의 신장을 주장하였다. 따라서 맹자의 주장은 당시 제후국들이 군웅할거 (群雄割據)하여 중국을 분할 점령한 현실을 시인하는 결과가 되었으며, 동시에 물욕의 시인은 제후국들의 부국강병책(富國强兵策)을 뒷받침해 주었을 뿐, 주나라를 보위하려는 공자의 대일통사관과는 모순이 되었다. 바로 역성혁명론(易姓革命論)과 더불어 이 물욕론을 합리화한 것이 맹자의 일치일란(一治一亂)의 역사관이다.

맹자는 역사의 진행과정에서 당시의 전국기(戰國期)와 같은 한 때의 정치적 혼란(一亂)을 인정했다. 그러나 이러한 정치적 혼란은 새로운 정치적 안정(一治)을 위한 재통합의 한 과정에 불과하다는 것이다. 공자는 차별질서의 재건이 계급 사이의 상호양보 즉 지배계급은 강압적 통치를 그리고 피지배계급은 불복종을 서로 양보함으로써, 본래의 상하계급 간의 통합상태로 되돌려 봉건체제의 재현이 가능하다는 입장이었다. 그러나 맹자는 통합 상태에 있던 주나라의 멸망으로 인하여 일단 분할과 분열은 불가피하고 이런 혼란과정을 거쳐 재통합될 수 있다는 입장이었다. 맹자는 "본래의 통합(原統合)과 안정 → 분열과 혼란 → 재통합과 안정"이 역사의 진행과정이라는 것이다. 이것이 "통합과 안정된 정치로서의 일치(一治) → 분열과 혼란상태의 일란(一亂)"이라는 일치일란의 역사관이다.

그러나 이러한 이론은 재통합된다 하여도 역사과정에서 분열을 전제하고 인정하지 않을 수 없기 때문에, 천하통일국가의 영속성을 보장하는 데는 한계성을 내포한 역사관이었다. 따라서 한(漢)나라 때에 와서는 이러한 분열을 전제로 하는 맹자의 역사관은, 강력한 제왕권의 확립과 봉건적 중앙집권 체제의 건립을 위하여 허용될 수 없는 사상이 되었다. 이 때문에 중용 천도론(天道論)의 역사관이 대두되었다.

우리는 흔히 중용을 극단적인 우(右)도 좌(左)도 아닌 중도적인 노선을 취하는 행태를 말한다. 그러나 유가사서(四書)의 하나인 ≪중용≫의 사상은 강력한 중앙집권적 제왕권을 확립하려는 정치적 목적의 산물이다. 군주권의 도덕적 정통성을 강화할 필요에서 그 권위의 근거를 하늘의 위력에서 구한 정치사상이 ≪중용≫ 저작의 목적이었다. 따라서 ≪중용≫은 인간과 사물 등 우주 전체의 생성자인 하늘의 입장에서, 인간성은 물론 일체의 봉건적 정치사회 체제와 그 역사를 재규정하려 하였다. 제왕은 하늘의 아들인 천자(天子)로서 모든 백성 위에 군림하는 절대 초월적 권위자로 규정한 사상이 ≪중용≫의 본질이다. 즉 제왕이 스스로 만물의 초월자가 되어서 자기가 밟아온 과정을 회고하면, 제왕의 역사는 절대적인 하늘의 도덕성을 실현한 실현사이고, 하늘 자신의 자아실현(self-realization)으로서 천도의 실현사가 된다. 따라서 하늘의 아들인 제왕의 세계지배를 합리화한 역사론을 전개한 것이 ≪중용≫의 천도사관(天道史觀)이다.

따라서 인간은 제왕의 세계지배를 감수하도록 운명 지어진 존재가 된다. 역사는 하늘이 부여한 하사품이며, 인간은 하늘의 명을 받아 봉건도덕을 수행해야 하는 존재이기 마련이다. 제왕인 천사는 천신(天神)의 대행자로서 하늘의 아들이고, 세계를 통치하고 상하차별의 천리(天理)를 현실세계에 실현할 수 있으며, 이와 같은 세계통치권을 부여받은 수명자(受命者)가 현실의 제왕이라는 논리가 ≪중용≫ 정치사관의 근본시각이다. 이러한 제왕은 지(知)·덕(德)·위(位)가 일치한 자이기 마련이다. 따라서 제왕의 행형(行刑)·입법 등 모든 통치권은 우주가 존속하는 한 영원불변이며, 분열과 반역은 있을 수 없다는 것이 ≪중용≫의 천도

정치사상이다. 천자로서의 제왕은 행정권과 형벌권은 물론 입법권을 가진 절대자로서, 제왕만이 모든 규범을 제정할 수 있다는 것이다.[11]

역사는 하늘(天)의 아들(子)인 제왕의 통치사이며, 사회질서는 천자의 법 제정에 의하여 확보되고 발전되어 간다는 것이다. 다시 말하면 제왕으로서의 인간은 자기의 모든 식욕 및 색욕 등 욕정을 자신의 내면으로부터 미연에 억압하여 초월자가 되어서 상하차별의 질서라는 봉건도덕의 원리를 자각하고 그것을 사회에 실현할 때, 비로소 봉건적 정치도덕사관 즉 제왕의 혈통이 영원히 지배하는 만세일계(萬世一系)의 통치사로서의 역사가 형성된다는 것이다. 따라서 ≪중용≫에 이르러 유학의 왕조사관이 일단 완성되었다고 볼 수 있다.

그러나 ≪중용≫의 천도사관에서 만일 인간이 식색(食色)욕구를 초월하지 못하고 차별원리인 천리의 실현을 자각하지 못한다면, 인간에게는 역사가 없게 된다는 결론에 도달한다. 이러한 역사관은 객관적인 현실의 정치사회적 변천 속에서 역사적 변화가 결정된 것이 아니라, 그와는 반대로 봉건도덕정치라는 이미 전제된 정치적 실천규범에 의하여 현실의 역사 변천을 당위적으로 규정한 것이므로, 객관적인 역사적 사실을 날조한 것이며 허위의 역사관이라고도 할 수 있다. 그러므로 ≪공자≫·≪맹자≫·≪중용≫을 통하여 확립된 유학의 차별도덕적 대통 사관의 허위와 날조를 자각하고, 묵자는 생산사관(生産史觀)을 전개하였고 노장학(老莊學)파는 자연사관(自然史觀)을 제시했다.

---

11) ≪中庸≫, 二十八章 참조.

2) 묵자의 생산사관

공자의 정치목표는 서주(西周) 봉건체제의 재건이었으므로, 주나라 봉건체제의 기본적 신분질서를 규정한 예법을 재확립하는 윤리적 방법으로 그의 정치목표를 달성하려 하였다. 따라서 공자에게 있어서 식색(食色)의 욕구는 인간의 본질이 아니고, 차별적 윤리의식만이 인간의 본질적 속성이었다. 그러나 묵자는 인간의 본질을 차별적 봉건윤리를 지키려는 윤리적 존재로 보지 않고, 자신의 식색욕구를 충족하기 위하여 노력하는 이기적 존재로 보았다. 부귀는 뜬 구름과 같다는 공자의 주장과는 반대로, 묵자는 부귀를 인간의 행복을 보장하는 조건으로서 가장 가치가 있는 것으로 생각하였다. 따라서 묵자는 인간이란 생리적 욕구를 충족하기 위하여 쉬지 않고 노동하여 재화를 생산하는 존재라는 것이다. 그럼에도 불구하고 인간사회는 빈부와 귀천의 갈등 속에서 사회혼란에 빠져 있다. 그렇다면 묵자의 이상과 같이 인간은 과연 그가 원하는 대로 행복할 수 있는가? 가난하고 천박해 지는 원인은 무엇이며, 인간은 빈곤과 비천을 극복하고 부귀를 향유할 수 있는가? 역사를 회고할 때 생산과 수탈의 역사를 발견하게 된다는 것이 묵자의 생산사관의 기본시각이다.[12]

그렇다면 묵자의 역사관에서 볼 때, 사악한 차별제도, 이 사악을 위장하여 선악을 혼동시킨 도덕론, 근면을 체념시키고 비생산적 낭비와 빈곤을 초래한 운명론 등을 거부하고, 온 국민의 식색욕구와 재화생

---

12) 묵자는 백성이 빈곤하게 되는 것은 치자의 수탈과 낭비에 있고, 백성의 부유는 치자의 검소와 절약에 있다고 주장하였으며, 이러한 점은 묵자 사과편(≪墨子≫, 辭過篇)의 주거 및 여자에 대한 논의에서 찾아볼 수 있다.

산의 지능을 개방하여 근로생산을 조장함으로써, 서민대중의 부와 이익을 증진시킨 사람은 역사상 누구인가? 묵자는 이러한 생산성을 증진시킨 성군으로 요(堯)왕·순(舜)왕·우(禹)왕·탕(湯)왕·문(文)왕을 들었다. 묵자는 이들 여러 왕들을 백성에게 생산과 근로를 장려했을 뿐만 아니라 왕 자신도 근로에 힘쓴 성군으로 기록하였다.[13]

역사는 "당요(唐堯)와 우순(虞舜), 하(夏)의 우왕 등 성군(聖君)의 치세(治世) → 하(夏)나라 걸왕(桀王)의 폭정(暴政) → 은(殷)나라 탕왕(湯王)의 성군 치세 → 은나라 주왕(紂王)의 폭정 → 주나라 문왕과 무왕의 성군 치세 → 주나라 유왕(幽王)과 려왕(勵王)의 폭정" 등의 과정을 거쳐 왔다는 것이다. 묵자는 역사를 하늘의 뜻에 의한 일성일폭(一聖一暴), 일정일반(一正一反), 일상일벌(一賞一罰), 일득일해(一得一害), 일이일손(一利一損) 등 '수탈과 생산,' '차별과 공평,' '지배와 자유'의 교체사로 보았다.

맹자와 마찬가지로 묵자도 역사를 일치일란의 정치적 안정과 혼란의 반복으로 설명했지만 그 의미와 내용은 정반대이었다. 유학에서의 하늘의 뜻은 차별에 있기 때문에 맹자의 일치일란은 "안정된 차별질서의 확립 → 공평요구에 의한 차별질서의 혼란 → 차별질서의 회복과 재확립 → 또 다시 차별질서의 혼란" 등의 과정을 의미하며, 이 과정을 통하여 차별질서의 제왕권체제를 실현 완성하는 데 있다.

그러나 묵자의 일치일란의 역사관은 "배분의 공평질서 확립 → 차별적 수탈에 의한 공평질서의 교란 → 또 다른 공평질서의 재확립 → 또 다시 차별적 수탈에 의한 공평질서의 교란" 과정을 뜻하며, 이러한 과정을 통하여 공평질서의 평등사회를 구현하는 데 있다. 이와

---

13) ≪墨子≫, 尚賢下 참조.

같은 역사의 진행과정에서 인간이 화를 당할 것이냐 복을 받을 것이냐는 화복, 상을 받을 것이냐 벌을 받을 것이냐는 상벌, 존속할 것이냐 망할 것이냐는 존망의 결과는, 인간이 무엇을 선택하느냐 하는 선택판단의 자유에 있다는 시각이 묵자였으며, 역사를 공평과 자유의 실천을 향한 선택사로 본 것이 묵자의 역사관이다. 그러므로 묵자의 역사관은 공평사회를 구현하기 위하여 인간이 본질적으로 지니고 있는 생리적 또는 물리적 욕구를 충족시켜줄 재화생산의 의욕을 북돋우어 폐쇄된 신분사회를 개방하려는 데 궁극적 목표를 두었었다고 할 수 있다.

이상에서 논의한 것처럼 공자 및 맹자의 유학적 역사관과 묵자의 역사관은 서로 정반대이었다. 두 편은 자기의 가치관과 이론에 대한 당위성에만 집착한 나머지, 다 같이 객관적인 역사적 사실을 있는 그대로 보지 못하였기 때문에, 현실의 역사와 역사관 사이의 괴리와 모순을 초래하였다. 동일한 왕을 공자는 차별적 예법인 효례(孝禮)를 잘 지킨 주례도(周禮道)에 충실한 왕으로, 묵자는 경제적 공평과 생산적 업적을 이룩한 식화도(殖貨道)를 추구한 왕으로 기록하였다. 이는 동일한 왕이 동시에 정반대의 업적을 이룩한 것이 아니라, 두 편의 역사관이 상이한 때문이다.

공자와 묵자 두 편의 역사관이 지닌 모순을 비판하고 또 다른 역사관을 제기한 사람이 장자이었다. 장자에 의하면 공자와 묵자는 자기의 역사관만을 지나치게 믿는 가치욕구에 얽매여, 객관적이고 실제적인 자연변천의 역사를 파악하지 못했다는 것이다. 즉 자신의 가치관에 얽매인 독선적 시각을 벗어나서, 역사과정을 변천의 자연원리에 따라 객관적으로 파악할 것을 주장한 역사관이 장자를 비롯한 노장의 자연사관이다.

3) 노장의 자연주의 역사관

공자는 요왕·순왕·우왕·탕왕·문왕·무왕 등을 모범적으로 효례를 실천하여 차별적인 봉건도덕을 건립한 위인으로 기록하였다. 반대로 묵자는 이들 왕들을 봉건적 차별체제를 타파하고 근로와 생산 즉 식화(殖貨)에 노력한 인물로 기록하였다. 공자와 묵자는 동일한 인물에 대한 역사인식이 서로 정반대의 시각이었다. 두 사람의 역사관이 다른 것은 역사와 역사적 인물이 갑자기 정반대의 입장으로 표변한 것이 아니라, 역사 해석자의 역사인식이 판이하게 달랐음을 의미할 뿐이다. 그러나 공자와 묵자는 역사를 보는 역사인식이 변화하고 있다는 상대성에 대한 자각이 없었기 때문에, 서로 자신이 보는 역사인식만이 절대적 가치를 지닌 것으로 착각하였다. 즉 두 편은 자신의 역사인식만이 확실하고 올바른 판단으로 고집하였다. 그러나 이러한 역사인식은 단지 자신의 가치욕구에 얽매인 독단이고 요청일 뿐이며 객관적인 역사적 사실이 될 수 없다고 본 것이 장자(莊子)와 도덕경(道德經) 등 노장학의 근본시각이었다.

어떠한 선입견이나 가치욕구를 버리고 무욕(無欲)의 입장에서 객관적으로 인간·사물·사회 등을 볼 때 즉 인식자가 자신의 주관적 가치관을 버리고 사물의 입장에서 사물을 보고 사회의 입장에서 사회를 볼 때(以物觀物, 以天下觀天下),14) 각 개체는 각각 고유의 특성을 지니고 자연질서 속에서 차별과 구속이 없이 동등과 자유를 누리면서 독자적인 기능을 하는 존재라는 것이다.15) 이러한 장자의 시각에 따르

---

14) ≪道德經≫, 五十四章.
15) ≪莊子≫, 騈母篇 참조.

면 이들 자연적으로 주어진 각 개체는 그 기능이 상호 전환되기 때문에
상호전환 원리가 곧 자연원리라는 의미이다. 이 자연원리에 의하면
역사란 차별과 지배, 평등과 자유의 질서가 상호 전환하는 과정으로
볼 수 있다.

노장의 정치목표는 치자로 하여금 봉건적 차별과 지배야욕을
포기케 함으로써, 자연적으로 주어져 있는 국민대중의 동등과 자유를
회복하도록 하여 차별 없는 평등과 자유의 사회를 이룩하려는 데
있었다. 이러한 정치목표 때문에 현실에서의 불평등 부자유의 지배체
제가 평등과 자유의 체제로 전환됨이 불가피한 자연원리임을 실증하려
는 사상이 노장학의 본질이라고 할 수 있다. 즉 노장은 동등과 자유
체제로의 전환이 자연원리임을 인간과 사물의 각 현상에서 실증하려
하였고, 그것이 과거 및 현실사회에서의 본질적 원리임을 역사적 사실
을 통하여 입증하려 한 것이 노장의 자연사관이다.

이상과 같은 중국 전통의 유학·묵학·노장 등 3가(三家)의 역사관
에 비추어 볼 때, 지금까지 한국의 정치사 및 사상사를 지나치게 유학의
시각으로 보았던 점을 부인하기 어려울 것이다. 따라서 우리의 정치사
와 진통 정치사상이 현대 내지는 미래와 연계되기 어려운 시대착오적
인 낡은 것으로 여겨지는 일이 많았다. 이러한 문제점들을 고려하여
이 책에서는 가능한 한 유학의 역사관을 탈피하여 근세 이래 한국의
정치와 정치사상을 규명하려고 노력하였다. 아울러 한국의 정치사상
들이 중국의 전통사상들로부터 어떤 영향을 받았고, 또 중국 전통사상
과 다른 점들이 무엇인가를 밝히려는 뜻에서, 한국 근세 이래의 정치사
상들에 영향을 미친 중국 전래의 유학·묵학·노장학의 본질에 대하여
해명하고자 하였다.

2장

근세 이래 한국 정치사상의 배경
중국 전통 정치사상의 원류

앞에서도 말했듯이 근세 한국의 정치사상을 논의하는 경우, 지나치게 유학적 모화사대사상에 젖은 나머지 중국의 전통사상을 한국의 전통으로 착각하여 자신도 알지 못하는 사이 유학적 왕조사관에서 한국의 역사와 사상을 설명할 우려가 많다. 근세 조선시대의 정치사와 정치사상을 서술하는 경우 이러한 어리석음을 범할 가능성은 더욱 크다. 따라서 근세 이래 한국의 정치와 정치사상에 매우 큰 영향을 준 중국 전통사상의 근본적 본질에 대한 이해 없이, 중국의 전통사상과 한국인의 정치적 사고의 차이 및 한국 정치사상을 제대로 밝히기는 어렵다. 그러므로 3대 중국사상이라고 할 수 있는 유가, 묵가, 노장사상의 본질적 핵심을 밝힘으로써, 근세 이래 한국 정치와 정치사상의 특성을 이해하는데 도움을 주고, 중국사상을 한국사상으로 혼동하는 착각을 불식시키려고 한다. 율곡 이이(栗谷 李珥)의 말과 같이 공자라도 지나치게 깎아 내리거나 높일 필요가 없고, 한민족(韓民族)의 입장에서 그 사상의 옳고 그름을 사실대로 밝히어 파악하는 일이 중요하다. 이와 같은 뜻에서 근세 이래 한국 정치사상을 논의하기에 앞서 중국 정치사상의 원류에 대하여 그 요점만을 밝히려고 한다.

1. 공자의 차별도덕의 주례도 정치론

1) 공자의 정치이상과 대동사회

(1) 공자의 정치이상

공자가 이상으로 삼았던 정치체제는 고대 중국 서주(西周)의 봉건체제로 "주는 하나라와 은나라 두 시대를 본받았으니 그 문명이 찬란하였다. 나는 주를 쫓겠다"[1]라고 하였다. 그렇다면 서주는 어떠한 정치사회체제인가? 서주는 상고(上古) 이래로 형성되어 온 가부장제의 계급사회였고, 귀족 서인 노예 간의 차별이 엄격한 신분사회이다. 서주의 행정 조직은 중앙 왕실을 정점으로 하는 봉건제이고, 이것을 법제화한 것이 주나라의 육전(六典)으로서 한(漢)나라 때에 와서 주례(周禮)로 일컬어졌다. '주례'는 서주의 봉건적 계급사회를 존속시키기 위한 법전으로서, 불변의 철칙이었을 뿐 아니라, 하늘의 법칙(天經) 또는 하늘의 질서(天秩)[2]라고 하여 온 세상의 기본법으로 고정화되었었다. 주례는

---

1) "周監於二代, 郁郁乎文哉, 吾從周!"(≪論語≫, 八佾).
2) "禮, 天經地儀, 民行"(≪左傳≫, 昭公二十五年條), "天秩有禮, 自我五禮"(≪書經≫, 皋陶謨).

귀족(貴族)·서인(庶人)·노예(奴隷) 사이의 신분적 차별과 상하간의 항구적 차별을 규정한 법이었다.

제왕의 혈통인 왕종(王種)은 영원히 왕종, 서인과 노예는 영원히 서종(庶種)과 노종(奴種)으로서 신분계급 간의 이동이 폐쇄되었다. 노예가 서인으로, 서인이 제왕 또는 대부 및 선비 등 지배계급이 될 수 없으며, 귀족 사이에도 그 상하의 차별은 엄격하고 불변이었다. 이 때문에 후세의 속담에 왕후장상(王侯將相)에는 '씨'가 있다는 말이 생겼을 정도이다. 이러한 계급 간의 혼혈을 방지하여 계급질서를 영원히 지속하려는 결혼방법으로 양가의 계급을 우선시 하는 중매를 통한 매혼제(媒婚制)가 기본적 사회규범이었다.

오늘의 예(禮)는 개인의 언행(言行) 등 대인관계의 태도를 말하지만, 서주시대의 예(禮)는 여러 가지 사회제도와 규범을 뜻하며, 주례는 바로 주나라 시대의 제도와 규범을 기록한 책이었다. 길례(吉禮)·흉례(凶禮)·빈례(賓禮)·군례(軍禮)·가례(嘉禮) 등으로 분류된 오례(五禮)는 법령(律令)·동맹(會盟)·외교(朝聘)에 관한 정치제도와 의식주생활 및 관혼상제 등 일체의 정치경제생활과 사회생활에서의 차별 불평등을 규정한 법규이다. 이 예법은 만인 평등 아래 모든 사람이 준수해야 할 서로 이익이 되는 호혜적 규범이 아니고, 주로 피지배계급인 서민과 노예계급만이 지켜야 하는 법규이다. 따라서 지배계급인 제왕과 귀족은 이 예법의 구속을 받지 않고 무법지대에 살 수 있었다. 즉 예법의 제정과 예법에 대한 시(是)와 비(非)의 판단은 지배계급의 전유물이고 피지배계급에게는 예법의 이행만이 요구되었을 뿐이다. 그러므로 "예(禮)는 서민에게 내려가 알게 할 수 없으며 형벌은 대부(大夫)에게 올라가 처벌되지 않는다"3)라고 하였다. 공자가 "백성에게는 예를 지키게 할 수는 있어도 이를 알게 할 수는 없다"⁴⁾라고 한 것도 그의 이러한 계급적 차별관을 보여 준다.

서주 때에는 봉건체제의 유지 보위를 위하여 예법의 수호가 정치의 주제이었고, 어떻게 하면 이 예법을 지키게 할 수 있겠느냐는 방법으로 치례(治禮)가 지배자의 주된 관심사였다.⁵⁾ 그러나 주나라 말기에 이르러 외족의 침입과 제후들의 이기적 야망으로⁶⁾ 말미암아 가부장제에 바탕을 둔 봉건제의 붕괴와 예법의 교란으로 정치사회적 혼란이 매우 극심하였다. 공자는 이러한 혼란과 윤리가 파괴되는 시대상을 "임금은 임금답지 못하고, 신하는 신하답지 못하며, 어버이는 어버이답지 못하고, 자식은 자식답지 못하다"⁷⁾라고 하였다. 이와 같은 시대를 맞이하여 공자는 차별적 예법을 바로 잡아 외족의 침입으로 약화된 주나라 왕실을 재건하는 일을 그의 정치이상으로 하였다. 즉 그는 봉건체제 아래에서 임금과 신하, 귀족과 서인 간의 신분적 차별질서가 정연하였던 주나라 초기인 서주의 사회제도를 표준으로 하여, 주나라의 쇠퇴기인 춘추시대의 질서혼란을 바로 잡아 보려는 정치적 야심을 지녔다. 이와 같이 공자는 서주 봉건체제의 재건을 정치의 이상으로

---

3) "禮不下庶人, 刑不上大夫"(≪周禮≫, 曲禮下).
4) "民可使由之, 不可使知之"(≪論語≫, 泰伯).
5) 뒤에 우리나라에서 겉치례라는 말이 생긴 것도 형식적으로만 예법을 지키는 척하고 실제는 예를 지키지 않는 행태를 뜻하게 되었다.
6) 서주는 서쪽 견융족의 침입으로 유왕(幽王)이 살해당하여 수도를 호경으로부터 동방의 낙읍으로 옮기어 새 도읍을 정할 수밖에 없었으므로 이때부터 동주의 춘추전국기가 시작되었다. 주나라의 왕실은 피난으로 말미암아 약화될 대로 약화되고, 주나라에 조공을 하던 제후국 간의 패권 투쟁으로 병합전쟁이 끊일 사이가 없었다. 따라서 군신질서는 파괴되고, 외족(外族)의 침입이 적은 동쪽 끝에 있던 제(齊)나라의 제후 환공(桓公)이 가장 강성한 최초의 패주(覇主)로 등장하였으며, 그 후 진의 문공(晉文公, B.C. 636~628, 8년간 재위), 초의 장왕(楚莊王, B.C. 613~591, 22년간 재위, B.C. 597~591, 6년간 패주) 등이 잇달아 패권을 장악하였다.
7) "君不君, 臣不臣, 父不父, 子不子"(≪論語≫, 顔淵, 齊景公問政於孔子).

삼았으므로, 주나라 왕실을 받드는 존주근왕(尊周勤王), 주나라 왕을 섬기고 오랑캐를 물리치는 존왕양이(尊王攘夷)를 표방하면서 제후국을 돌아다니며 유세활동을 벌였다. ≪논어(論語)≫의 주제는 바로 이러한 주나라 봉건체제를 재현시키기 위한 정치론의 전개라 하여도 과언이 아니다. ≪논어≫의 첫 장 '학이(學而)'는 학문의 본질이 정치문제와 그 방법으로서의 도덕에 있음을 말한 것이고, 2장 '위정(爲政)'은 어떻게 정치를 할 것이냐는 정치의 본질과 목표에 관한 논의이다. 이러한 정치문제들은 정치방법으로서의 위정(爲政), 정치적 쟁점에 대한 질문인 문정(問政) 등의 형식으로 안연(顔淵)·자로(子路) 등 거의 ≪논어≫ 전체에 걸쳐 언급되었다.

공자가 ≪논어≫에서 "정치를 바로 잡는 것"[8]으로 개념 지은 것은, 봉건적 차별체제의 붕괴를 바로 잡는 것 즉 가부장제와 봉건적 군신관계 등 신분질서를 재확립하는 것을 의미한 것이다. 제(齊)나라 경공(景公)이 공자에게 정치에 대하여 질문하였을 때, 그가 "임금이 임금답고, 신하가 신하답고, 어버이가 어버이다우며, 자식이 자식다운 것"[9]이라고 한 것은 이러한 차별윤리를 말하여 준다. 이는 임금이 신하의 처지에서 생각하고 신하가 임금의 처지에서 생각해서도 안 되며, 어버이가 자식의 입장에서 생각하고 자식이 어버이다운 성장을 해서도 안 되는 것을 의미한다. 그렇다면 공자는 주나라의 봉건적 정치체제의 보위와 재확립을 가능하다고 보았는가? 가능하다는 것이 공자의 근본입장이었던 것 같다. 그렇다면 공자는 주나라 정치체제의 재확립이 어떤 방법으로 가능하다고 보았는가? 그는 서주시대의 봉건

---

8) "季康子問政於孔子, 孔子對曰, 政者, 正也"(위의 책).
9) "齊景公問政於孔子, 孔子對曰, 君君 臣臣 父父 子子"(위의 책).

적 사회제도를 봉건도덕적인 윤리사회로 전환시킴으로써 가능하다고 보았던 것 같다. 즉 봉건적 예법을 실천하려는 준수의욕이 인간의 본성이기 때문에, 이 예법을 지키려는 준수욕구 즉 순수의식을 각성시키고 이를 윤리규범화함으로써, 누구나 이를 지키는 것이 마땅한 당위로 여기고 행동하도록 차별윤리사회화하면 가능하다는 것이다.

(2) 차별윤리사회로서의 대동사회의 설정

① 차별윤리규범에 대한 실천의식의 선재설정

봉건적 차별윤리사회로의 전환은 모든 인간이 그 본성 속에 차별윤리규범을 실천하려는 순수한 의식이 앞서 존재하기 때문에 가능하다는 것이 공자의 근본적 입장이었다. 인간본성에는 봉건적 차별윤리규범을 실천하려는 순수한 의욕이 그것의 실천에 앞서 존재하며, 이것을 예의식(禮意識)이라고 말한 것이 공자이다. 따라서 "임방(林芳)이 공자에게 예(禮)의 본질에 대하여 물었더니 공자가 답하기를, '좋은 질문이다. 예는 사치한 형식보다는 검소한 마음이 중요하다. 상례(喪禮)에는 그 형식의 구비보다는 그에 앞서 선재(先在)하는 진심으로 슬퍼하는 애심(哀心)이 중요하다.'"10) 또한 ≪논어≫에는 "세상 사람들은 공자 보고 예를 아는 사람이라고 부르는데, 그가 대묘(大廟)에 들어가서 모든 절차를 물어서 행동하니 누가 공자를 일컬어 예를 아는 사람이라고 하겠는가? 이러한 비난을 들은 공자는 이렇게 예를 실천하려는 의욕의 태도가 바로 예(禮)이다"11)라는 구절도 있다.

---

10) "林放問禮之本, 子曰大哉問, 禮與其奢也寧儉, 喪與其易也寧戚"(위의 책, 八佾).
11) 위의 책.

위의 두 예문은 인간에게는 예의 실천에 앞서 이를 실천하려는 의욕인 예의식이 선재하고 있음을 주장한 것이다. 공자는 차별윤리사회의 확립은 예법을 얼마만큼 알고 있느냐는 지식이 많고 적은 데 있는 것이 아니라, 이를 실천하려는 의욕이 얼마나 강하냐 하는 예법실천의 선재의식에 있다고 본 것이다.

따라서 공자는 인간의식의 본질은 차별윤리규범인 예법에 대한 지식보다는 예법에 대한 지식에 앞서 그것을 지키려는 실천의욕과 욕구가 중요하다고 주장하였다. 이러한 예법을 실천하려는 준수의식을 공자는 가장 순수하다고 보아, 그림 그릴 때의 백지에 비유하였고 이를 소(素)의식으로 나타냈다. 예컨대, ≪논어≫에는 "그림 그리는 일은 백지와 같이 가장 순수한 소(素)가 있은 뒤에 가능하다. 자하(子夏)가 묻기를 그렇다면 예는 뒤입니까? 공자가 이에 답하기를, 나의 참 뜻을 알고 있는 이는 자하 너 뿐이다"12)라는 구절이 있다. 여기에서 소(素)는 흰 색(白色), 비어 있는 상태(空), 질박(質朴) 또는 소박(素朴)의 뜻으로서, 교활한 지식(巧智)에 물들기 이전의 인간의 순수한 본래성 즉 근본 바탕을 말한다. 이것을 공자는 예법을 지키려는 순수한 실천의욕으로서의 순수의식으로 보았다. 바로 ≪논어≫의 위의 대화는 공자가 예법을 실천하려는 순수의식 즉 소의식이 인간의 본성이고 본질로 보았음을 의미한다. 따라서 이 봉건적 차별윤리규범인 예법의 실천의욕은 인간 본래의 순수의식이므로, 어느 시대 어떤 사람을 막론하고 누구나 다 지니고 있는 불변의 보편적인 성품이요, 인간성의 일반 존재원리이며 영원한 일반원리라는 뜻이다. 그러므로 공자는 귀족과

---

12) "繪事後素, 曰禮後乎, 子曰起予者, 商也"(위의 책).

서민 노예 등 상하계급을 막론하고 누구나 이 예법의 실천을 위하여 그에 앞서 인간본성에 선재하는 상호양보의 실천의욕이 요청된다고 생각했다.

② 충례·호양·조화의 실천의식의 선재설정

공자는 봉건적 차별윤리의 실천의욕에 앞서 귀족, 서민, 노예 계급 간 상호양보를 요청했으며, 이것이 그의 충례(忠禮) 사상이다. 《논어》는 다음과 같이 설명한다.

> 정공(定公)이 공자에게 임금이 신하를 부리고 신하가 임금을 섬김에 있어서 어떻게 하여야 하느냐고 물으니, 공자가 대답하기를 임금이 신하를 부리되 예법(禮法)을 기준으로 하고, 또 신하가 임금을 섬김에는 충성을 표준으로 하여야 한다.[13]

공자의 입장에서 본 충성(忠)은 마음으로부터 순종을 다하는 것으로서, 불복종 및 반항의 완전한 양보와 포기를 요청한 것이며, 애당초 예법에 저항하는 거역의 생각조차 품지 말라는 뜻이다. 동시에 지배계급인 귀족도 아무리 권력의 강자일지라도 예법의 실천을 우선하고 강압적 통치를 예법에 양보할 것을 요청한 것이다. 강압적 강제력의 행사는 예법을 교란시키는 부당한 행위이고 과도한 지배욕의 발로이며 자멸을 자초하게 된다는 것이다.

그러므로 공자는 "예법과 상호양보인 예양(禮讓)으로 나라를 다스리면 안전하다. 만일 예양으로 나라를 다스리지 않으면 나라는 다스려지지 않는다"[14]라고 하였다. 따라서 충례는 지배계급이 피지배계급

---

13) 위의 책.

에 대하여 그들에 대한 불손과 반항을 전면적으로 양보할 것을 요구함과 동시에, 지배계급 또한 강압적 강제력의 행사를 포기할 것을 요구하는 상하계급 간 상호양보의 요청이라고 볼 수 있다. 이와 같이 상하계급에게는 예법준수를 위하여 서로 양보하려는 호양(互讓)의식이 선재하기 때문에, 봉건적 차별질서가 유지되는 사회적 조화(調和)가 가능하다는 것이 공자의 입장이었다. 그렇지만 이러한 조화는 불평등 차별윤리 규범인 예법에 따른 상하계급 간의 불평등을 전제로 한 조화이다.

> 유약(有若)이 말하되 예법의 실천에는 조화가 가장 귀중하니, 선왕(先王)의 도(道)도 이것을 아름다운 것으로 삼았다. 그러므로 크고 작은 일을 막론하고 이 예법에 의하였다. 그러나 조화가 이루어지지 않는 일이 있다. 조화할 것을 알기만 하고 예절로서 행동을 조절하지 않으면 조화가 실천될 수 없다.15)

이것은 아무리 조화가 중요하다 하더라도 불평등 차별윤리규범인 예법의 한계를 벗어날 수 없음을 말하여 주는 《논어》의 구절이다. 이와 같이 공자는 봉건적 차별윤리규범에 대한 상하계급 간의 상호양보와 조화의 실천의식이 예법의 실천에 앞서 인간의 본성 속에 선재하고 있음을 주장하였다. 공자가 이렇게 예법실천의식의 선재를 설정한 정치적 목적은 봉건 제도의 사회를 봉건 차별의 윤리사회로 수정함으로써 대동사회(大同社會)를 이룩하여 주나라체제를 재확립하려는 데 있었다. 그러나 그의 이러한 정치적 이상론은 결국 실패하였다. 엄격한 신분적 차별질서의 실천에 앞서 실천의식의 선재를 설정하였음에도 불구하고, 사회현실은 제후를 비롯한 각 개인의 이기적 사욕 때문에,

---

14) "子曰, 能以禮讓 爲國乎, 可有, 不能以禮讓爲國, 如禮何"(위의 책, 里仁).
15) 위의 책, 學而.

서로 배타적이며 갈등하는 반조화(反調和)와 잔인한 만행이 횡행하여
봉건질서는 날로 파괴되어 주나라의 봉건체제는 붕괴하기에 이르렀다.
즉 주나라 예법의 파괴와 차별윤리의 혼란이 당시의 사회현실이었기
때문에 공자의 희망은 이루어질 수 없었다.

따라서 공자가 주장한 윤리사회의 구현은 공자 자신의 요청이고
공상적 이상에 지나지 않았다고 볼 수 있다. 그럼에도 불구하고 공자는
그의 정치사상인 차별윤리사회가 구현되지 못하는 까닭을 이(利)와
예(禮) 즉 이기추구와 차별윤리 준행의 갈림길에 서서 인간이 어느
길을 택할 것인가 하는 도덕론을 제대로 갖추지 못한 데(未備)에 있다고
보았다. 그러므로 그는 차별윤리사회의 실현방법으로 도덕적 정치방
법론을 전개하였다.

2) 도덕정치론의 전개

(1) 도덕성의 정치적 가정

공자는 이욕(利欲)의 추구와 예법의 준행(遵行) 가운데 어느 것을
선택하고 어느 것을 배척할 것인가의 선택 실천의 길을 도덕의 문제로
제시하였다.16) 도(道)라는 글자의 뜻은, 길 즉 네거리인 십자로(十字路)
에서 어떤 방향의 길로 가야 할 것이냐 하는 방법을 의미한다. ≪논어≫
의 도천승지국(道千乘之國)17)에서 도(道)는 다스린다는 치(治)의 뜻이다.
치(治)는 선택의 의미가 있다. 덕(德)은 얻는다는 득(得)의 뜻으로서,

---

16) 공자의 도덕론에 대하여는 具本明, “孔子의 道德的 人間觀의 理解와 意義” ≪人文科學≫,
第14, 15合輯(延世大學校 人文科學研究所, 1966)을 참조.
17) “道千乘之國”(≪論語≫, 學而)은 천승의 나라(제후국)를 다스린다는 뜻이다.

마음으로부터의 깨달음(覺得)에서 얻게 되는 행복의 의미가 있다. 그러므로 이(利)를 추구할 것이냐, 그렇지 않으면 예법을 따를 것이냐는 기로에서, 예법준행의 길을 선택하여 행동할 때 그 결과로서 행복을 얻게 된다는 것이 공자 도덕론의 주제라고 볼 수 있다.

따라서 공자의 도덕정치론에서 인간이 선택해야 할 실천목표는 봉건적 차별윤리사회이고, 행위규범은 주나라의 예법이 정한 차별질서이며, 모든 인간이 실천해야 할 당위는 이욕을 배척하고 불평등규범인 예법을 따르는 척리구례(斥利求禮)이었다. 이 이욕배척과 예법준수의 척리구례를 당위로 규정한 것이 공자의 도(道)이다. 그는 인간을 이 당위를 실천할 수 있는 주체자로 보았으므로, "인간이 도를 넓히는 것이지 도가 인간을 넓히는 것이 아니다"[18]라고 말하였다. 즉 인간이 이 당위 실천의 주체자임을 각성하고 이욕을 배척하고 예법을 지킬 때 도덕인이 될 수 있다는 것이다. 그러므로 공자는 "도에 뜻을 두어야 한다"[19]고 주장했으며, "군자(君子)는 도를 실천하려고 하지, 먹는 일(食)을 추구하지 않는다. 농사를 지어도 굶주리는 수가 있으나 도를 배우고자 학문에 힘쓰면 벼슬을 얻어 봉록(俸祿)을 받게 되니, 군자는 예법실천의 길을 따랐는지를 근심할망정 가난을 걱정하지 않는다"[20]라고 하였다. 이욕을 물리치고 예법을 준수하는 당위를 실천하고 이욕을 물리치는 자기투쟁으로 예법을 준수하였을 때 즉 극기복례(克己復禮)하였을 때,[21] 모든 사람은 반드시 그 소득으로서 행복을 얻을 수 있다는 것이 공자 도덕론의 본질이다. 반대로 그의 도덕론은 이기욕을 추구하

---

18) "子曰, 人能弘道, 非道弘人"(위의 책, 衛靈公).
19) "子曰, 志於道"(위의 책, 述而).
20) 위의 책, 衛靈公.
21) "子曰, 克己復禮爲仁, 一日克己復禮, 天下歸仁"(위의 책, 顔淵).

는 부당한 일을 실천하고 예법준수를 포기할 때 불행에 빠지게 된다는 것을 말해 준다. 인간의 행복은 이기욕의 추구를 배척하고 봉건예법을 준수하는 척리구례라는 당위를 실천한 결과로서 얻어지는 소득이며, 당위실천은 원인이고 행복은 그 결과라는 뜻이 된다. 당위의 실천과 행복 즉 도와 덕은 인과관계가 있다는 말이 된다. 모든 사람이 봉건도덕인이 되었을 때 봉건도덕정치가 구현될 수 있다는 것이 공자의 근본입장이었던 것으로 보인다.

그러나 이욕을 배척하고 불평등규범인 예법을 지키는 척리구례와 이욕을 물리치는 자기투쟁으로 예법을 준수하는 극기복례의 당위는 실현되지 않았고, 도리어 이기욕 추구로 인한 무질서와 불행이 더욱 극심한 사회현실이 공자시대의 실상이었다.[22] 공자가 요청한 척리구례는 당위도 아니었으며, 극기복례의 당위실천과 인간의 행복 사이에는 아무런 인과응보 관계가 성립될 수 없었고, 이러한 도덕론으로는 주나라 봉건체제의 붕괴를 저지할 수도 없었다.

공자는 자신의 도덕정치론을 포기치 않을 수 없었으나 포기하지 않고, 행동, 의욕, 언어, 사고, 심정, 용기 등 인간기능에 대한 가치규범을 구하였으며, 그것은 예(禮, 행동)·의(義, 의욕)·신(信, 언어)·지(知, 판단)·인(仁, 심정)·용(勇, 용기)이고, 이 봉건적 가치규범에 따라 실천해야 하는 당위는 공손(恭)·관용(寬)·신뢰(信)·민감(敏)·은혜(惠)이다.[23] 그러나 공자가 공관신민혜(恭寬信敏惠)를 모든 인간이 실천해야 할 당위로 규정했음에도 불구하고, 인간은 공손하지 않는 불공(不恭), 관용하지 않는 불관(不寬), 서로 신뢰하지 않는 불신(不信), 백성의 요구에 민감하

---

22) 이러한 시대상을 은자(隱者)들은 "滔滔者, 天下皆是也"(위의 책, 微子)라고 하였다.
23) "子張問仁於孔子, 孔子曰 能行五者於天下, 爲仁矣, 諸問之, 曰, 恭寬信敏惠"(위의 책, 陽貨).

지 않는 불민(不敏), 은혜를 베풀지 않는 불혜(不惠) 등 잔인하고 부당한 행위(不當爲)를 실천하는 현실이었다. 예컨대 공손하지 않는 불공(不恭)에 그치는 것이 아니라, 불공을 공손한 것처럼 꾸미는 일이 많았다. 공자는 이러한 거짓된 행동을 "교활한 말과 안색(顔色)을 꾸며서 공손한 척 가장하는 것"24)이라고 말하면서, 공손의 실천의사가 없는 위장적 공손이라고 배척했다. 공자는 공관신민혜를 실천해야할 당위로 보았으나, 현실정치에서 이를 준수하려는 심정(仁)·의욕(義)·행동(禮)·지식(知)·신뢰(信) 등 인의예지신(仁義禮知信)을 실현시키는 데는 실패하였다. 이 실패를 자신의 도덕실천 이론의 결함이라고 생각한 공자는 이론의 정밀성을 구하려는 데서 이기(理氣) 문제를 제기하였다.

주나라 봉건정치체제의 붕괴를 저지하고 그 체제를 강화하기 위해서, 인의예지신용(仁義禮知信勇)이 실천규범이기에 앞서 이 규범을 따를 수 있는 도덕심이 인간의 존재 본질임을 가정한 것이 공자이다. 그러나 현실사회에서 인의예지신용은 실현되지 않았다. 이를 공자는 "전에는 내가 사람에 대하여 그 말을 듣고 그 행위를 믿었더니 이제는 그 말을 듣고도 그 행위를 살펴보게 되었으니, 이는 재여(宰予)같이 낮잠만 자는 사람 때문에 고쳐 생각하게 되었다"25)라고 스스로 탄식하였다. 공자는 다시 불인(不仁)·불의(不義)·불공(不恭)·불신(不信)·민용(蠻勇)을 거부하고, 인의예지신용을 추구하는 도덕심이 인간의 실천원리임을 요청하였기 때문에, 인간성의 원리로서 성리(性理) 및 이를 실천 가능한 성품으로서의 성선(性善)원리를 설정하였다.

---

24) "巧言令色足恭, 左丘明恥之, 丘亦恥之"(위의 책, 公冶長).
25) 위의 책.

(2) 성리 및 성선원리의 설정

이욕의 배척과 예법의 준수 그리고 이욕을 물리치는 자기투쟁으로 예법을 준수하는(克己復禮) 봉건도덕적인 신분사회의 실현을 위하여, 인의예지신 등 오성(五性)을 모든 인간이 소유하는 도덕원리로 설정한 것이 공자이다. 그러므로 그는 "사람의 본성은 서로 비슷하나 습관으로 멀어지게 된다"[26]라고 하였다. 이것은 선천적으로 다섯 가지 성품을 가지고 있다는 점에서 모든 인간은 성품의 유사성이 있으나, 후천적 요건인 습관으로 각자 다르게 되었다는 의미이다. 따라서 모든 인간은 봉건적 도덕사회의 구현을 위하여 "독실하게 믿고 배우기를 좋아하며 죽기로써 도를 따르고 지키는"[27] 수련을 하지 않을 수 없다는 것이다.

인간은 근본적으로 도덕실천원리인 인의예지신 등 오성을 소유하고 있을 뿐 아니라, 이 봉건도덕을 실천하려는 의지를 지니기 때문에, 이 실천의지를 발휘케 함으로써 봉건사회질서를 확립하여 행복을 이룰 수 있다는 것이 공자의 시각이라고 볼 수 있다. 따라서 공자는 이 봉건도덕을 실천하려는 실천의지를 선(善) 의지 즉 인간본성은 본래 선하다는 성선(性善)으로 보았다.

공자는 봉건질서의 재확립과 인간의 행복실현을 인과응보 관계로 보았기 때문에, 모든 인간이 선 의지를 소유할 것을 요청하였고, 이 요청에 의하여 인간성이 본질적으로 착하다는 성선이 인간의 존재원리임을 가정했던 것으로 보인다. 따라서 자장(子張)이 착한 사람이

---

26) "子曰, 性相近, 習相遠也"(위의 책, 陽貨).
27) "子曰, 篤信好學, 守死善道"(위의 책, 泰伯).

되는 길을 물었더니 공자가 대답하기를 "옛 성현의 발자취를 밟지 않더라도 모든 인간은 선천적으로 본성이 선하기 때문에 악인이 될 수는 없으나, 후천적인 이기욕구로 인하여 이 성선(性善) 만으로는 부족하고 성인의 발자취를 따르지 않으면 성인의 경지에 도달할 수 없으니 덕을 닦지 않을 수 없다"28)라고 하였다. 이와 같이 공자는 선천적으로 모든 인간본성에는 착한 성품인 선의지라는 동질성이 있다는 것이다.

공자는 인의예지신 등 봉건도덕적 오성이 인간의 본질이라고 보았으므로, 이기욕구(利己欲求)를 추구하는 불인(不仁)·불의(不義)·비례(非禮)·부지(不知)·불신(不信) 등을 인간본성 속에 내포 시킬 수 없었다. 그는 이들 부도덕한 가치를 허물이라고 평가하였다. 그러므로 공자는 "허물이 있으면 고치기를 주저하지 말고 과감하라"29)라고 주장하였다. 그에 따르면 허물(過)이란 인간이 자기의 도덕적 이상을 실현하려는 과정상의 일시적이고 비본래적인 과오에 불과하다는 의미이다. 이 '과오'의 원인은 감각적인 욕정 또는 이것을 유발시키는 근거인 신체에 있다는 것이다. 공자는 이욕의 배척과 예법의 준수를 인간의 존재본질 또는 존재원리로 실정하였기 때문에, 이기욕과 그것을 유발시키는 감각 및 생리욕구 그리고 육신은 인간의 존재본질일 수 없을 뿐 아니라 본성일 수 없다는 시각이다.

따라서 공자는 감각·생리 등 육체적 욕구를 추구하려는 이기욕구를 인간본성으로 볼 것을 거부하였다. 동시에 그는 인간의 존재본질이며 존재원리(性理)란 이욕을 거부하고 예법의 준수만을 추구할 뿐,

---

28) "子張問善人之道, 子曰, 不踐迹, 不亦入於室"(위의 책, 先進).
29) "過則勿憚改"(위의 책, 學而).

감각적 생리와 육체적 욕구를 충족하기 위한 의식주생활에 대하여 관심을 기울일 필요가 없다는 점을 강조하였다. 이러한 점은 번지(樊遲)가 공자에게 농사에 대하여 알고자 하였을 때, 그가 예(禮)·의(義)·신(信)에 힘 쓸 것을 말할 뿐 농사짓는 것을 배울 필요가 없다고[30] 응답한 대화로도 알 수 있다. 그러나 봉건도덕을 실천하려는 이 선의지의 발휘로 봉건질서가 재확립되고 모든 사람들의 행복이 이룩될 것으로 희망하였던 공자의 요청은 실현되지 않고, 사회는 더욱더 혼란의 소용돌이 속에 빠져들었다. 그러므로 그는 이 봉건도덕을 실천하지 않을 수 없는 인간의 불가피성을 우주원리화 하였으며, 그것이 이(理)와 기(氣)의 문제이다.

(3) 이(理)와 기(氣)

공자에게 있어서 이욕을 거부하고 예법의 준수만을 추구하는 척리구례의 도덕실천은 인간존재의 본질이며, 그것은 모든 인간이 실천해야 할 실천원리로서 성리(性理)이고, 인간에게 부여된 숙명으로서 절대 불변의 천명이었음은 앞서 언급하였다.

인간 본성에는 이러한 봉건도덕원리를 실천할 수밖에 없는 속성이 숙명적으로 선재하기 때문에, 봉건도덕적인 정치체제의 실현이 가능하리리고 본 것이 공자이다. 그러나 공자는 이욕을 배척하고 예법만을 추구해야 하는(斥利求禮) 도덕실천의지가, 생리욕구를 추구하려는 혈기의 침해로 말미암아 이기추구와 부도덕으로 전락한다고 보았

---

30) “樊遲請學稼, 子曰, 吾不如老農, 請學爲圃, 樊遲出, 子曰, 小人哉. 樊須也, 上好禮則民莫敢不敬, 上好義則民莫敢不服, 上好信則民敢不用情, 夫如是則四方之民, 襁負其子而至矣, 焉用稼”(위의 책, 子路).

다. 이 점은 공자가 "군자가 경계할 것에는 세 가지가 있으니, 젊었을 때는 혈기가 아직 정하여지지 않았으므로 여색을 경계해야 하고, 장년이 되어서는 혈기가 왕성하므로 싸움을 경계해야 하며, 노년에 이르면 혈기가 이미 쇠하였는지라 물욕을 경계해야 한다"[31]라고 말한 점에서도 알 수 있다. 이는 봉건사회가 이기욕 추구의 사회로 전락하여 가던 점을 우려하여 경고한 말이다. 본래 혈기(血氣)의 혈은 생명력의 요소이며, 기는 생명력을 일으키는 힘(에너지)을 의미한다. 그러므로 생리욕구인 이욕의 배척(斥利)은 사회의 변천을 저지시키려는 실천원리이고, 반면에 기의 강조는 사회의 변화를 욕구하는 변천력의 주체임을 뜻한다. 공자는 혈기의 발동에 의하여 이기욕을 추구하려는 인간성을 부인하고, 예법준수 의지를 인간의 숙명적인 봉건도덕원리로 설정함으로써, 주나라 봉건정치체제의 붕괴를 저지하려고 하였다.

공자 이후 이기론(理氣論) 전개의 목적은, 공자의 도덕정치론과 같이 이욕을 거부 배척하고 예법을 준수하는 실천원리를 우주원리화함으로써 봉건체제의 붕괴를 저지 재확립하거나, 반대로 기론(氣論)을 중심으로 하여 봉건사회의 변혁을 시도하는 데 있었다.

공자에 따르면 이욕 배척과 예법추구(斥利求禮)가 인간이 준수하지 않을 수 없는 절대불변의 실천원리로 설정되었음에도 불구하고, 현실사회에서는 이기욕구의 발동으로 말미암아 척리구례의 실천이 항상 어려웠다. 따라서 공자는 그것의 실천방법을 여러 가지로 강구했으나 결국 실패하고 말았다. 즉 "예가 아니면 보지도 말고 듣지도 말며 말하지도 말고 행동하지도 말 것"[32]을 요구했으나, 현실은 제후들

---

31) 위의 책, 季氏.
32) "子曰, 非禮勿視, 非禮勿聽, 非禮勿言, 非禮勿動"(위의 책, 顔淵).

의 이기적 야욕으로 말미암아 주 왕실은 멸망하게 되고, 공자의 정치론은 실현되지 못하였다. 그도 자신의 정치론이 실패하였음을 자인하고 포기하기에 이르렀으며, "심하도다 나의 늙음이여! 내 오랫동안 그리던 주공(周公)33)을 꿈에서라도 다시 보지 못하겠구나"34)라고 탄식하였다. 공자가 죽은 약 200년 뒤, 맹자(孟子)는 공자가 실패한 봉건체제 확립을 위한 도덕정치론으로서의 이욕배척과 예법추구의 실천방법론을 수정했으며, 이것이 맹자의 왕도론과 이기론이다.

2. 맹자의 왕도정치론

1) 맹자의 시대배경과 왕도정치론

맹자는 공자가 죽은 약 200년 뒤의 사람이다. 공자시대는 앞서 언급한 대로 주나라 말기인 이른바 춘추시대로서, 주나라의 봉건체제가 불안정한 쇠퇴기이기는 했으나 아직은 중앙정부로서 존립하던 때이다. 따라서 공자는 주나라에 봉사하고 주나라 왕실을 떠받드는 존주근왕(尊周勤王)의 입장에서 제후들의 주나라 왕실에 대한 도전적 태도를 경고하였으며, 이는 논어에서 제후들을 제경공(齊景公)·진문공(晉文公)·노정공(魯定公)·위령공(衛靈公) 등 모두 주나라 제왕에 대한 신하로서의 공(公)이라고 일컫고 있는 점으로도 알 수 있다.

---

33) 주공(周公)은 주나라(西周) 왕조를 건립한 무왕의 동생으로 무왕을 도와 서주 봉건제를 확립한 정치인이다.
34) "甚矣, 吾衰也, 久矣, 吾不復夢見周公"(≪論語≫, 述而).

그러나 맹자시대는 전국(戰國) 말기로서 주나라의 왕실이 멸망하기 직전이었고, 주의 봉건적 행정체제가 이미 붕괴하고 명맥만 유지되고 있던 시기이다. 반면에 각 제후국들이 이미 스스로 제왕을 자처하던 칭왕기(稱王期)이었고, 이는 맹자의 책에서 제후들을 양혜왕(梁惠王)·제선왕(齊宣王) 등 왕이라 부른 점으로도 알 수 있다. 전국기 말의 정치사회 상황은 주나라의 봉건적 행정체제가 이미 붕괴하였으므로, 제후들의 주나라 제왕에 대한 신하로서의 군신관계는 소멸되었고, 제후들은 제각기 제왕으로서의 독자적인 군신체제를 확립하려 했다. 그러나 각 제후국 내의 군신체제 또한 불안정하고 상하계급이 서로의 이익을 위하여 침해하는(上下交征利) 사회상을 나타냈다.[35] 군신질서의 파괴와 아울러 귀족 서민 노예의 신분계급사회 조직까지도 허물어지고 있었다. 이러한 시대상황을 맹자는 "세상이 쇠퇴하고 도덕이 혼미하여 간사한 말과 포악한 행위가 횡행하여 신하로서 임금을 죽이는 자가 있고, 자식이 아버지를 죽이는 자가 있다"[36]라고 하였다. 아울러 이러한 윤리질서의 혼란과 정치불안은 서민의 빈곤을 초래하게 되었다.

이와 같은 시대상황 속에서 맹자의 정치문제는 정치인의 이기욕 추구를 어떻게 바로 잡느냐 즉 정치인인 왕의 정치자세를 바로 잡는 데 있었다. 맹자는 정치인인 제후국 왕과 그 관료귀족에게 정치목표 및 정치방법의 반성을 요청했으며, 이것이 그의 왕도론으로서 왕이 어떠한 길을 가야 하느냐는 방법을 제시한 것이다. 맹자는 정치인인 왕의 정치목표는 이기욕 추구를 지양하고 인의(仁義)정치를 실현하는 데 있다고 보았다. 이는 맹자의 책 첫머리에서 맹자가 양나라 혜왕(梁惠

---

35) ≪孟子≫, 梁惠王上.
36) "世衰道微, 邪說暴行有作, 臣弑其君者有之, 子弑其父者有之"(위의 책, 藤文公下).

王)에게 "왕께서는 하필이면 이익을 말하십니까? 인의의 정치만이 중요할 뿐입니다"[37]라고 말한 점에서 찾아 볼 수 있다. 인의정치의 구현 방법이 맹자의 왕도론이고, 여기에서의 도(道)는 어떻게 하면 백성을 얻느냐(得民)는 방법을 의미한다. 백성을 얻기 위하여 왕에게 정치방법의 반성을 요구한 것이 맹자의 왕도론일 뿐 아니라, 그가 이기론을 전개한 목표이기도 하다.

맹자가 군주에게 정치방법의 반성을 요구한 왕도론을 전개한 동기는 공자의 정치방법론의 실패에서 비롯하였다. 공자의 정치방법론은 봉건적 윤리의식 및 실천원리의 선재설정과 이를 자각시키는 도덕적 감화(感化) 정치론이었다. 이를 공자는 "정치를 함에 있어 덕으로써 하면 북극성이 한자리에 움직이지 않고 있어도 뭇 별들이 그를 떠받드는 것과 같다"[38]라고 하였다. 그러나 공자의 이러한 도덕적 감화정치론은 그 결점이 드러남으로써 실패하였다. 즉 개인의 도덕적 완성이 사회문제를 해결할 수 없었던 점이다. 공자가 바랐던 것과 같은 개인의 도덕적 완성도 어려울 뿐 아니라, 가능하다 하더라도 그것이 사회에서 도적을 없게 할 수는 없는 일이었다. 따라서 맹자는 공자의 비현실적인 도덕적 감화정치론을 수정하여 왕도론을 전개하였다.

맹자의 왕도론에 따르면 "왕이 수행해야 할 길(王道)에는 시작이 있으니, 왕도의 출발은 백성들에게 살길을 마련하여 주고, 죽은 이를 장사 지내는 데 불평불만을 없게 하는 일이다"[39]라고 하였다. 제왕이 하여야 할 정치방법으로서의 왕도란 "백성들이 하고자 하는 것을

---

37) "王何必曰利, 亦有仁義而已矣"(위의 책, 梁惠王上).
38) "子曰, 爲政以德, 譬如北辰, 居其所, 而衆星供之"(≪論語≫, 爲政).
39) "養生喪死, 無憾, 王道之始也"(≪孟子≫, 梁惠王上).

해주고 하기 싫어하는 것을 강요하지 않는 것"40)이며, 민심을 얻고 백성을 얻는 방법으로서 왕이 해야 할 정치방법(治道)이라는 뜻이다. 즉 맹자는 백성들로부터 빼앗는 정치(奪取之治)가 아니라 베푸는 정치(與之之治)를 주장하였다. 그것은 바로 살 길(生道)을 마련해 주는 정치라는 뜻이다. 따라서 맹자는 "살 길은 일정한 생업을 마련해 주는 일(恒産)이며 생업이 없으면 복종심(恒心)도 없게 된다"41)라고 하였다. 이것은 500평의 뜰(五畝之宅)과 1만 평의 전답(百畝之田)42)에 농사짓고 가축을 길러 여러 식구가 굶주리지 않게 하는 일43)이라 하였다. 또한 "형벌을 가볍게 하고 조세부담을 적게 하는 것이 백성에게 인정을 베푸는 일"44)이라고도 했다.

이와 같이 맹자의 백성에 대한 심정(仁)은 공자에게서 보는 것과 같은 단순히 백성을 사랑하는 애민(愛民)의 심정이 아니며, 경제도덕으로서 생업을 마련해 주려는 심정으로서의 인(仁)이었다. 그러나 그가 주장한 백성들에 대한 살길의 기준은, 고작해야 제사에 끌려가는 소를 양으로 바꾸게 한 제나라 선왕(宣王)의 처사를 차마 볼 수 없는 심정(不忍之心)으로 합리화해 주는 정도의 심정에 지나지 않았고,45) 백성의 춥고 굶주림을 면하게 하는 정도의 은혜적 경제도덕에 불과하였음에 유의할 필요가 있다. 왕도로서 제시된 생업의 마련은 귀족과 서민을 엄격하게

---

40) "得天下有道, 得其民斯得天下矣, 得其民有道, 得其心斯得民矣, 得其心有道, 所欲與之聚之, 所惡勿施爾也"(위의 책, 離婁上).
41) "若民則無恒産, 因無恒心"(위의 책, 梁惠王上).
42) 묘(畝)는 고대 중국에서 사용한 면적의 단위로서, 사방 6자의 넓이(1평)를 1보(步)라 하였고, 100 보를 1묘라 하였으니, 5묘는 500평이고, 100묘는 1만평이 되는 셈이다(현대는 100입방미터를 1묘라 한다).
43) 위의 책, 梁惠王上.
44) 위의 책.
45) 위의 책.

차별하는 신분체제에서, 지배계급의 이욕을 충족하기 위하여 서민의 생활권을 최소한으로 인정한 것이라 볼 수 있다. 즉 단지 길에서 굶주려 죽는 시체가 있을 때, 창고의 식량을 풀어 주는데도 인색한 통치자의 이기적 탐욕과 인색을 경고한 것에 불과하였다.

2) 왕도의 실현방법론

맹자는 봉건적 윤리사회의 실현에 대한 공자의 실패를 정치문제에 있다고 보았기 때문에 왕도론을 주장했다. 앞서 논의한 바와 같이 공자는 인간의 이기욕을 부인하고 차별윤리의 예법실천의식만을 요구(斥利求禮) 하였음에 반하여, 맹자는 의식주생활과 직결된 인간의 이기욕을 인정하고 치자(治者)인 왕의 이기욕 즉 물욕과 지배욕을 스스로 자제하는 이기욕의 억제(遏人欲)를 치자의 당위로 보았다.[46]

맹자의 왕도론이란 지배계급인 왕과 귀족이 스스로의 이기욕구를 억제하고 백성에게 살길을 마련해 주는 정치를 실천할 때, 차별신분의 경제윤리사회가 이룩될 수 있다는 정치론이었다. 그러나 이러한 맹자의 왕도론에도 불구하고, 현실사회에서는 부당하게도 제후들이 서로 패권을 장악하려는 패도(覇道)정치를 추구하고 있었다. 왕도를 주장한 맹자의 요구와는 관계없이 각 제후국 왕들은 패도추구에 여념이 없었고, 백성의 살길을 마련해 주는 데 힘을 기울여야 한다(養民)는 주장에도 불구하고, 지배계급은 오히려 짐승을 몰고와 사람을 잡아먹

---

46) 후세 근세 조선조의 정치사상에서는 이기적 물욕과 지배욕을 인욕(人欲) 또는 인심(人心)이라 하였고, 이욕을 배척하고 차별 예법을 준수하려는(斥利求禮) 차별원리의 실천의지를 도심(道心)이라고 하였다. 따라서 인심의 강조는 서민의 의식주생활에 가치의 비중을 두는 사상이고, 도심의 강조는 불평등 차별질서에 보다 큰 비중을 두는 사상이다.

게 하는 것과 같은 백성을 죽이는 정치(殺民政治)를 자행하는 현실이었다. 이러한 당시의 현실을 맹자는, 덕(德)으로서 인(仁)을 행할 것(以德行仁)을 주장하였지만,[47] 제후들은 오히려 힘으로써 인을 가장하는(以力假仁) 무단적 패도정치를 하면서도 인의정치인 양 은폐함으로써, 백성들을 그물로 얽어매는 것(網民)과 같은 억압적 정치현실을 나타낸다고 비판하였다.[48]

왕도정치가 이루어지지 않고 패도정치에 빠지는 원인을 맹자는, 왕과 백성 모두가 이기적 물욕과 지배욕을 스스로 억제할 것을 의식하지 못하기 때문이라고 보았다. 특히 그는 양자(楊子)나 묵자 같은 사람의 간사한 이론(邪說)들이 이런 이기욕을 더욱 도발시키므로 윤리 자체가 막히어서 사람들이 서로 잡아먹는 데에까지 이를 것이라고[49] 주장하였다. 즉 그는 왕과 백성들이 무지하여 왕도가 실현되지 않고 있다고 생각하였다. 따라서 그는 통치자인 왕 자신이 물욕과 지배욕 등 이기욕의 억제를 자각하고 백성에게 살 길(生道)을 마련해 주는 경제정책을 시행할 때, 그리고 백성에게는 스스로 이기욕을 억제하는(遏人欲) 일이 인간의 본성이고 인간성의 선한 바탕(性善)이며 숙명(天理)임을 자각시킬 때, 경제도덕의 윤리사회가 실현된다고 보았다. 따라서 맹자는 통치자와 백성 모두에게 이기욕의 자제가 인간의 존재원리이고 실천원리이며, 본성으로서의 보편적 원리인 성리(性理)임을 자각시키려 하였다. 그러므로 맹자가 말하는 이(理)란 봉건정치를 구현하기 위한 방법론인 동시에 질서의 원리라고 할 수 있다.

---

47) ≪孟子≫, 梁惠王上 및 公孫丑上.
48) 위의 책, 梁惠王上.
49) "邪說誣民, 充塞仁義也, 仁義充塞則率獸食人, 人將相食"(위의 책, 藤文公下).

(1) 논증의 정치방법론

맹자의 왕도정치론에 따르면, 지배계급과 백성 모두는 양자나 묵자 같은 사람의 허위이론에 빠져서 패도를 추구하기 때문에 모든 사람들에게 차별원리의 준수가 인간본성의 원리(性理)임을 자각시키는 일이 무엇보다도 중요하다는 것이다. 그렇다면 우선 통치자와 백성에게 성리(性理)에 대한 무의식을 자각시키기 위한 방법을 논의하기에 앞서, 인간을 계발 즉 자각시킬 수 있는가가 문제이다. 모든 인간은 본질적으로 도덕적 지성을 지니고 있으므로 가능하다는 것이 맹자의 입장인 것으로 보인다. 맹자는 보통 사람(凡人)이나 성인(聖人)이 다 같이 본성에 있어서는 동질성을 지닌다는 범성동류설(凡聖同類說)을 통하여, 이기욕을 자제하려는 도덕지성이 인간의 존재원리요 실천원리임을 논증하려 했다. 그리고 이 원리를 자각시키는 방법으로 이러한 인간본성을 먼저 깨달은 사람(先覺者)이 깨닫지 못한 사람들(後覺者)을 깨우쳐야 한다는 선각후각론(先覺後覺論)을 전개하였다. 맹자는 이러한 선후각론(先後覺論)을 논리적으로 합리화하기 위하여 다음과 같은 귀납적 논리를 전개함으로써 입증하려 하였다.

범인과 성인은 인간본성에 있어서 서로 동질성을 지니고 있으므로, 인간인 이상 범인이거나 성인이거나를 막론하고 모두 봉건도덕을 실천하려는 동질적 속성을 지닌다(가설로서의 대전제).

역아(易牙)라는 요리사가 맛있는 요리를 만들 수 있는 것은, 인간이면 누구나 모든 맛을 아는 유사한 미각을 지녔기 때문이다. 사광(師曠)이라는 음악가의 음악을 듣고 세상 사람들이 모두 음악을 즐거워 할 수 있는 것도 모든 사람들이 청각의 유사성을 지녔기 때문이며, 자도(子都)라는 미남의 아름다움을 세상 사람들이 누구나 아름답다고 느끼는 것도 사람이면 누구나 시각의 상사성(相似性)을 가졌기 때문이다(논증을 위한 입증 사례).
　　　　이렇게 모든 사람에게는 미각·청각·시각의 유사성이 있는데, 마음에 이르러서만 그러한 동질성이 없겠는가? 이와 마찬가지로 보통 사람과 성인 누구를 막론하고 본성에 있어서의 유사성을 지니는 점이 바로 인간본성의 존재원리이며 실천원리이다. 부모를 섬기고 형을 따르는 일이 올바른 것임을 세상 사람들이 다 같이 이해할 수 있는 것은 모든 사람이 의(義)를 실천하려는 선의지(善意志)를 갖고 있기 때문이다. 이 선의지를 지닌 모든 인간은 의(義)를 의(義)로서 이해하고 그것을 실천하려는 상사성이 있으니, 봉건도덕인 인의예지의 실천은 인간이면 누구나 실천해야 하는 불가피한 인간성의 바탕이고 동시에 봉건도덕적 실천원리이다(결론).[50]

이상과 같이 맹자는 인간의 본성이 봉건도덕을 실천하려는 본질적 속성을 지니고 있음(性理)을 모든 사람에게 공통으로 존재하는 감각의 상사성이라는 경험적 사례를 들어 귀납적 논리로서 입증하려 하였다. 맹자 책의 대부분이 바로 이러한 논증에 관한 것이라 하여도 과언이 아니다. 범인과 성인의 동질성에 대한 논증에도 불구하고, 사람마다 성리(性理)의 현실적 행태(行態)는 똑같지 않아서 먼저 각성한 선각자와 뒤에 계도되는 후각자의 차이가 나타나게 마련이고, 이것은 후천적 요인의 결과이기 때문에, 후각자는 선각자 즉 현자에 의해 계도될 수 있다[51]는 것이 맹자의 주장이다. 그러므로 맹자의 왕도론이란 우선 왕인 통치자가 선각자가 되어야 하고 후각자인 백성은 선각자인 군주의 통치를 받아야 한다는 논리라고 볼 수 있다.

---

50) 위의 책, 告子上.
51) "使先知, 覺後知, 使先覺, 覺後覺"(위의 책, 萬章上)

(2) 호연지기의 도덕론

맹자는 봉건도덕을 실천하려는 의지력을 발동시키는 힘을 기(氣)
로 보았다. 이기욕을 억제하려는 도덕지성은 차별원리인 이(理)를 실천
하려는 실천의지의 근거가 되며, 봉건적 왕도정치의 실현을 위해서는
봉건적 차별윤리(禮法)를 실천하려는 의지가 가장 중요하고, 그 의지력
을 발동시키는 힘인 기(氣)가 그 다음이 된다. 이 기를 잘 양성하면
호연지기(浩然之氣)가 되며, 이것은 인욕을 억제하고 봉건적 차별원리
를 준수하려는 의욕(義)과 행동(道)에 부합할 수 있다는 것이 맹자의
기 논리이다. 이 점을 맹자는 다음과 같이 주장하였다.

> 봉건 도덕을 실천하려는 실천의지는 실천력이 발동되는 기(氣)의
> 주재자이고, 기는 몸에 가득 찬 것이니, … 도덕실천의지가 가장 중요하고
> 기는 그 다음이다. 의지가 한결 같이 굳으면 의지력인 기가 발동하고,
> 의지력이 발동하면 의지도 움직이게 된다. 대저 넘어지고 달리는 것은
> 이 기의 발동이지만 도리어 그 의지를 움직이게도 한다. 나는 내 호연지기를
> 잘 양성함으로써, 봉건도덕을 실천하려는 의지력의 발동인 기를 왕도정치
> 를 실현할 의욕(義)과 방법(道)에 부합시키고자 한다.[52]

맹자는 봉건도덕의 실천의지에다 그 의지를 발동시키는 힘인
기를 인정함과 동시에, 봉건도덕을 실천하려는 의지가 물욕으로 이끌
려 가는 비도덕적인 힘(物氣)도 인정하였다. 그는 이기욕의 자제 즉
물욕으로부터 벗어나려는 호연지기의 소유자를 대인(大人) 즉 지배계
급으로, 반봉건적 물욕에 이끌리어 가는 물질적 힘(物氣)의 소유자를

---

52) "… 志至焉, 氣次焉, … 志壹則動氣, 氣壹則動志也, 今夫蹶者趨者, 是氣也而動心, … 我善
養吾浩然之氣, 其爲氣也, 配義與道"(위의 책, 公孫丑上).

소인(小人) 즉 피지배계급으로 차별 지웠다. 따라서 맹자는 다음과
같이 말하였다.

> 도덕 실천의지를 따르면 대인(治者)이 되고, 귀와 눈의 감각적 물욕을
> 따르면 소인(被治者)이 된다. 귀와 눈 등 감각기관을 따르게 되면 생각이
> 없이 물욕에 떨어져서 감각기관을 자극하는 인간 외부의 사물에 접촉하여
> 이것에 이끌리어 갈 뿐이다. 의지 있는 마음은 사고하여 물욕의 억제를
> 깨닫게 되지만, 도덕실천의 의지력을 기르지 못하고 물욕의 유혹에 이끌리
> 면 대인이 될 수 없다.[53]

이것은 인간이란 본래 차별의 신분질서를 준수할 순수한 도덕지
성을 지니고 있는데, 물욕과 같은 외부환경의 유혹에 이끌리어 도덕성
이 훼손되게 마련이라는 맹자의 외인설(外引說)이라고 할 수 있다.

맹자는 이기추구의 부도덕을 억제하고 봉건예법을 준수하는(斥
利求禮) 도덕성으로의 전환을 위하여, 그 실천의지력을 발동시키는
호연지기를 발휘케 함으로써 부도덕한 물욕의 유혹을 거부할 것을
요청하였다. 그러나 사회현실은 그가 요청한 인의를 버리고 이기욕만
을 추구했다. 이 때문에 맹자는 현실적 이욕인(利欲人)으로부터 척리구
례하는 봉건도덕인으로 전환시키기 위한 방법으로 수신(修身)[54]과
양심과욕법(養心寡欲法)[55]을 제시하였다. 특히 맹자의 수신방법으로
는 환경선택을 들 수 있으며, 이는 감각적 물욕이 침입하는 통로인
신체를 외부사물(外物)의 유혹과 자극으로부터 떼어놓기 위하여 환경
을 선택하는 일이다. 그 실례가 맹자 어머니가 맹자의 교육을 위하여

---

53) 위의 책, 告子上.
54) 위의 책.
55) 위의 책, 盡心上.

세 번 이사했다는 맹모삼천(孟母三遷)이라 할 수 있다. 그러나 이 맹모삼
천지교(孟母三遷之敎)의 환경선택은 맹자 어머니가 맹자를 지배계급으
로 만들기 위한 선택이지 서민과 동고동락하는 국민적 지도자로 성장
시키기 위한 선택이 아니었음에 유의해야 한다. 이러한 양육의 사회화
과정 때문에 맹자는 성장하여 비교적 호화롭게 제후국 왕들을 찾아다
니면서 어용정치론을 펼쳤는지도 모른다. 특히 맹자는 80여 세를
살아 장수하였던 것으로 알려져 있으며(B.C. 385~B.C. 303/302), 일생
동안 송(宋)·설(薛)·노(魯)·위(魏)·제(齊)·양(梁) 등 여러 나라의 제후들
을 찾아다니면서 유세행각을 하였고, 제나라 선왕을 섬겨 재상이
된 적도 있었으며 봉급도 풍족했다. 이 점은 그의 제자 "팽경(彭更)이
묻기를 선생님의 뒤를 따르는 수레가 수십 대씩이나 되고, 수행하는
사람도 수백 명에 이르며, 제후들로부터도 환대를 받으시니 너무
지나친 것이 아닙니까?"[56]라고 비판한 점으로도 알 수 있다.

　　동시에 맹자의 기 논리도 봉건정권의 구현을 위하여 척리구례하
는 봉건도덕인을 만들기 위한 의식전환의 방법론이다. 맹자는 이러한
논증을 통하여 왕과 백성 등 모든 인간으로 하여금 봉건질서를 지키려
는 의지력을 양성하고 이기욕을 추구하려는 욕구를 억제하도록(養心寡
欲) 했을 뿐만 아니라, 봉건도덕을 좋아하고 지배욕 충족을 위한 세력추
구를 잊게 할 것(好善而忘勢)[57]을 주장하였다. 이렇게 함으로써 왕을
비롯한 지배계급이거나 피치자인 백성을 막론하고 이욕을 억제하고
예법을 추구하려는 도덕실천 의지가 조장되어 봉건정권이 확립될
수 있다고 믿었던 것 같다. 그러나 그의 봉건도덕적 왕도정치론도

---

56) "彭更問曰, 輪車數十乘, 從者數百人, 以傳食於諸侯不以泰乎"(위의 책, 藤文公下).
57) 위의 책, 盡心上.

역시 실패하였고, 도리어 중국대륙은 맹자의 왕도론이 아니라 부국강
병책을 추구한 진시황의 강력한 군사력에 의하여 통일되었다. 그러므
로 그 후 한나라(東漢) 초의 천하통일기에 맹자정치론의 실패를 수정한
수정론이 대두하였으며, 이것이 곧 중앙집권적 제왕권 확립을 근본목
표로 한 중용의 천도정치론(天道政治論)이다.

3. 중용의 제왕권사상 및 주자의 왕조사상

1) 중용의 천도사상

(1) 맹자 정치론의 논리적 모순과
중용사상의 정치사회적 배경

① 맹자 정치론의 모순

제나라의 선왕이 맹자에게 묻기를 "은나라를 창건한 탕왕이 하나라
의 마지막 왕인 걸왕을 추방하고, 주나라의 무왕이 은의 마지막 왕인
주왕을 제거한 역사적 사실이 있는가?" 이에 맹자가 대답하기를 "옛 글에
있습니다." 선왕이 말하기를, "그렇다면 이것은 임금을 살해한 반역이니,
당신의 왕도정치론상 옳은 일인가?" 하였다. 이에 다시 맹자가 응답하여,
"저는 한 지아비(一夫)인 주(紂)를 베었다는 말은 들었어도 자기의 왕을
살해했다는 말은 듣지 못 하였습니다"라고 하였다."58)

이러한 맹자와 제나라 선왕의 대화에서 선왕이 맹자에게 질문한,

---

58) 위의 책, 梁惠王下.

자기 임금의 살해와 추방은 부도덕한 반역으로서 부당한 역사적 사실일 뿐 아니라, 척리구례(斥利求禮)를 인간본성의 실천원리임을 논증한 맹자 왕도론의 정치도덕사관으로 볼 때도 용납할 수 없는 논리이다. 그럼에도 불구하고 맹자는 이와 같은 엄연한 반역의 사실을 하나의 필부(匹夫)를 베었다는 명목으로 변명해 줌으로써 자신의 왕도정치론을 합리화하려 했다. 이것은 당시 각 제후들이 부국강병책으로 제후 자신의 권력을 확장하려는 이기적 폭력 정치를 왕도정치론으로 변명한 것에 불과하기 때문에, 왕도정치론 자체의 논리적 모순이라고 할 수 있다. 따라서 이러한 논리적 모순을 지닌 맹자의 왕도론은 결과적으로는 전국(戰國) 말기의 제후들에 의한 중국대륙의 분할 지배와 주나라 왕실에 대한 제후들의 반역을 시인한 결과가 되었다.

이러한 왕도론의 논리적 모순은 제나라의 선왕이 연(燕)나라를 침략한 정치적 야욕을 하늘이 부여한 숙명적 전쟁(天運戰爭)으로 합리화시켜준 맹자의 어용적 태도[59]에 잘 나타난다. 특히 연나라는 현재의 만주 요령성(遼寧省)을 중심으로 하북성(河北省)의 북부 및 한반도의 북부지방에 걸친 영토를 지녔고, 전국 말기에는 강성했던 일곱 제후국(戰國七雄) 가운데 하나이며, 지금도 만주족 및 몽고족 자치현(自治縣)이 많은 지역으로서 민족적으로도 한족과는 다른 비한족 제후국이었다. 반면에 제나라는 황하 이남 현재의 산동(山東) 반도를 중심으로 한 지역의 영토를 지녔고, 민족적으로도 한족이고 현재도 소수민족 자치현이 없는 한족 제후국이었다. 한족인 제나라가 비한족인 연나라를 병합한 전쟁을 연나라 국민이 제나라의 정벌을 환영했기 때문에 제나

---

59) 위의 책.

라 선왕이 연나라를 병합했으므로, 침략전쟁이 아니고 하늘이 부여한 불가피한 전쟁이라고 합리화 해 준 맹자의 주장은, 왕의 이기욕구 억제를 주장한 그의 왕도론과 모순되는 맹자 자신의 권력욕에 급급한 정치론이었다고 볼 수밖에 없다. 더욱이 지금까지의 인류역사에서 아무리 못 살아도 다른 민족의 침략을 환영한 국민은 없었기 때문에, 맹자의 천운 전쟁론은 철저한 어용이론이라고 할 수 있다.

이와 같이 치자에게 이기욕의 자제를 요구한 맹자의 왕도론은 결과적으로 그들의 지배야욕의 확장을 합리화시켜 주는 결과를 초래했을 뿐이다. 왕도론을 전개할수록 제후들의 지배야욕이 더욱 도발되었으며, 주나라의 멸망과 더불어 제후들 사이에 매우 잦았던 약소국이 강대국에 병합되는 약육강식의 침략전쟁은 끊이지 않았다.

드디어는 천하패권을 장악하려는 제후들 간의 침략전쟁으로 말미암은 권력의 부침 끝에 무력증강을 통한 지배야욕이 촉진됨으로써, 진(秦)나라에 뒤이은 한(漢)나라의 강력한 군사력에 의한 중국 본토의 통일에 이른다. 이러한 정치변동 때문에 맹자의 왕도론은 실패하고, 그 뒤 왕도론의 수정이 불가피하게 되어 ≪중용≫의 천도론(天道論)이 등장하였다.

② 중용사상의 정치사회적 배경

사마천(司馬遷)의 ≪사기(史記)≫에 따르면 ≪중용≫은 공자의 손자인 자사(子思)의 저작이라고 한다. 그러나 ≪중용≫의 사상내용이나 그 서술방식으로 보아, 진시황(秦始皇)의 진(秦)나라와 한(漢)나라 사이 또는 한나라 초기 맹자 일파의 저작[60]이라 봄이 타당하다. 그렇다면 한나라의 초기는 어떠한 시대이었는가? 당시는 진시황에 이어 한족에 의한 천하통일의 건국 초기로서, 한족 통일체제의 보위를 위하여 강력한 제왕권의 확립과 이를 확고히 할 반역방지의 정치방법론이 강렬하게 요구되던 시대이었다. 한나라의 사회형태는 신분계급체제이며, 가부장제와 군신제를 근간으로 하는 차별적 신분체제였다. 정치체제에 있어서는 당시의 시대적 요구와 건국의 필요상, 분권적 봉건체제를 폐지하고 중앙집권제를 채택하지 않을 수 없었다. 즉 한나라의 국가형태는 한족에 의하여 건립된 최초의 계급적 민족국가로서 전제국가이며, 그 행정체제는 중앙집권적 관료체제이었다. 따라서 한나라 초기의 정치목표는 강력한 제왕권의 확립과 중앙집권적 관료체제의 수립에 있었으며, 봉건적 분권제도를 개혁함으로써 씨족과 종족을 중심으로 한 봉건적 문벌을 약화시키는 일이었다. 나라(國)와 씨족(家)의 제도를 사(社)와 회(會)의 제도로 전환시킴으로써, 봉건귀족들이 소유한 장원(莊園)의 최소화 및 사병권(私兵權)의 폐지 등에 대한 개혁의 요구가 강렬하게 제기되었다. 즉 가부장제의 가족체제를 국(國)의 체제로 연장한 봉건제국가 형태를, 가족 체제를 혼합한 민족적 사회형태로 바꾼 강력한 통치체제로서의 중앙집권체제가 요구되었다. 아울러 제왕권에 대한 반역을 방지하기 위하여 엄벌주의를 취하였고, 외족(外族)에 대한 정벌과 원정[61]으로 한족의식의 앙양과 통일국가체제를 확고히 하려

---

60) 호적(胡適)과 전목(錢穆) 등은 진과 한 사이에 나온 무명씨 저작으로 보며, 풍우란(馮友蘭)은 진·한 시대 맹자 일파 유학자의 소작이라고 봄으로써, 현대 사상가들은 모두 맹자보다 앞선다는 사기의 기록을 인정하지 않고 있다.

61) 한(漢)은 고조(高祖, B.C. 206～195 재위) 이래 흉노족(匈奴族)에 대한 북벌, 동구(東구) 및 남월(南越)의 정복(B.C. 202～110)을 수행하였다. 특히 7대 무제(武帝, B.C. 141～87 재위)가 조선을 침략하여 사군(四郡 ; 낙랑·임둔·현도·진번)을 설치(B.C. 109～100)하였기 때문에, 한민족은 역사상 최초로 중국대륙 국가의 침략을 받는 시련을 겪어야만 했다. 고구려가 이들 사군을 물리치는 데 300여 년 걸렸으며, 그 후 중국이 통일되어 강성해 지면 한국은 언제나 중국의 침략을 받아 시련을 겪어야 했고, 반대로 중국이 분열되

했다. 이와 같은 강력한 제왕권체제를 확립하려는 정치적 요구는 ≪중용≫의 포로(蒲蘆)사상 속에 집약되었다고 할 수 있다.

중용은 정치개념을 포로로 규정하였으며,[62] 공자나 맹자가 '정치를 바로 잡는 것'[63]으로 정의한 개념과는 그 의미가 다르다. 포로라는 글자의 뜻에 대하여 후한 말의 유학자 정현(鄭玄)[64]은 "나나니벌 즉 땅벌(土蜂)을 의미한다"[65]라고 하였다. 포로란 여왕벌에 대한 일벌의 절대복종을 특성으로 하는 땅벌의 생태와 같이, 제왕에 대한 모든 백성의 절대복종과 충성을 뜻한다고 하겠다. 따라서 ≪중용≫의 정치 목표는 바로 제왕권에 대한 절대복종과 충성을 의미하는 포로에 있었다. 이것은 붕괴되어 가는 봉건체제를 바로 잡아 재건하려는 정치적 목적에서 공자나 맹자가 말한 정치의 개념에 대한 수정이다.

따라서 ≪중용≫이 "정치란 포로이다"[66]라고 규정한 정치의 의미는 '바로 잡는 것'이 아니라, 포로 즉 제왕권에 대한 절대복종을 의미한 것이다. 이러한 정치개념의 수정은 한 나라 초기의 시대적 요청에 부응해야 하는 제왕권을 중심으로 한 강력한 전제정치체제를 확립하는 데 정치의 궁극적 목표를 두었기 때문이다. 바로 이러한 강력한 전제적 제왕권체제의 정치를 구현하기 위한 사상이 ≪중용≫의

어 약화되면 한민족은 변영을 구가할 수 있었다.

62) "夫政也者, 蒲蘆也"(≪中庸≫, 二十章).

63) "政者, 正也"(≪論語≫, 顔淵).

64) 중국의 ≪삼국지(三國志)≫에 의하면 정현은 유비가 조조에게 쫓기어 작은 성에 숨어 있으면서 그가 전에 조조와 같이 공격한 적이 있는 원소에게 협력을 구하고자 했을 때에, 유비에게 소개장을 써 주어 원소로 하여금 대군을 동원케 함으로써(편지 한 장으로 10만 군대를 동원) 유비와 협력하여 조조를 공격하도록 한 일이 있는 인물로서, 동한(東漢: 後漢) 말에 고위관직을 지냈고 은퇴 후에도 존경을 받았던 저명한 유학자이자 문장가이었다.

65) "蒲蘆, 蜾蠃, 謂土蜂也"(禮, 中庸注).

66) "夫政也者, 蒲蘆"(≪中庸≫, 二十章).

천도정치론이고, 질서 원리로서의 이기론(理氣論)이라고 볼 수 있다.

(2) 천도정치론과 이기론

제후국간의 영토 분할과 반역을 시인하고 있는 맹자의 왕도론으로는 진시황의 천하통일 요구와, 천하통일 후의 강력한 제왕권체제를 확립하려는 한나라의 정치적 요구에 이론적으로 부응할 수 없었다. 다시 말하면 제왕 스스로 이기욕을 억제하고 자각함으로써 백성에게 살 길을 마련해 주어야 한다는 왕의 정치방법을 주장한 맹자의 왕도론으로는, 폭력이 난무하여 사회질서가 혼란하고 이민족의 외침이 빈번한 전국기 말을 거쳐 중국을 통일한 진나라 및 한나라의 시대적 요구에 부응할 수 없었다. 즉 맹자가 주장한 인간본성의 성선원리에 바탕을 둔 치자의 이기욕 억제에 의해서는 강력한 제왕권을 확립할 수 없었을 뿐 아니라, 제왕권의 강화와 왕의 이기욕 억제와는 양립할 수 없는 이론적 모순을 지니기 때문에, 맹자의 왕도정치사상에 대한 수정이 불가피하였다.

왜 백성은 제왕에게 복종해야 하는가? 맹자의 왕도론에 따르면, 제왕이 이기욕을 억제하고 백성에게 살길을 마련해 준 선각자요 선지자이기 때문에 복종해야 한다는 논리이었다. 그러나 최초로 중국을 통일한 한족왕조의 시대적 요구가 강력한 중앙집권적인 제왕권의 확립이었기 때문에, 제왕에 대한 절대복종과 충성만이 하늘이 인간에게 부여한 숙명적인 삶의 길(天道)이라는 점을 이론화시킬 필요가 있었다. 왕의 자각만으로는 국내외적인 저항을 억제하고 백성의 절대복종을 구하기 어려웠으므로, 제왕권에 대한 복종과 충성이 인간으로서는 거역할 수 없는 불가항력의 운명적임을 사상적으로 확정할 필요성이 있게 되었다. 이러한 천하통일 후 통치자의 전제정치 요구에서 제왕권의 근거를 하늘에서 구한 것이 ≪중용≫의 천도정치사상이다. 다시 말하면 하늘의 위력을 빌어 제왕권의 절대성을 사상적으로 확립하고, 제왕에 대한 순종과 충성이 하늘이 인간에게 부여한 숙명적인 도리임을 합리화한 사상이 중용이다. 따라서 ≪중용≫의 천도론에 대한 정치사상적인 참 뜻은 ≪논어≫, ≪맹자≫, ≪중용≫ 세 책에 나타난 하늘(天)에 대한 사상적 차이점을 비교함으로써 밝혀질 수 있을 것이다.

공자가 말하는 하늘(天)은 봉건적 차별윤리사회의 구현을 정치목표로 했던 공자 자신의 정치적 목적에서 설정된 도덕적 존재로서의 하늘(天)이었다. 논어의 "하늘이 나에게 덕을 주었다,"[67] 또는 "하늘에 죄를 지으면 기도할 데가 없다"[68]에서 보는 것처럼, 공자가 말한 하늘(天)은 그의 정치이상에 대한 도덕적 정당성을 부여하려는 정치적 필요에서 설정한 '하늘'이었다. 즉 공자가 말한 하늘은 서주의 봉건체제를 재확립하려는 자신의 정치이상을 달성하기 위하여 초인적인 하늘의 위력을 이용함으로써, 자기이론의 도덕적 정당성의 근거로 삼으려는 데에서 설정한 하늘이었다.

맹자의 하늘은 제왕의 권위를 필요로 한 데에서 설정한 공자의 도덕적 하늘을 논리적으로 설명한 하늘 즉 하늘이 인간에게 부여한 봉건적 차별원리인 천리(天理)를 논증하려고 한 하늘(論證天)이다. 맹자는 순(舜) 임금이 제왕이 된 것을 하늘이 준 것임을 순의 행적이란 사례를 들어 논증하였고, "하늘이 보는 것은 백성들의 보는 데서 나오고

---

67) "天生德於予"(≪論語≫, 述而).
68) "獲罪於天, 無所禱也"(위의 책, 述而).

하늘의 들음은 백성들의 들음에서 생긴다"[69]라고 함으로써, 인간의 정치적 욕구를 충족하려는 데에서 설정한 하늘을 논리적으로 설명하였다. "인심(人心)이 천심(天心)이다"란 말도 여기에서 연원한 말이다. 인심은 어디까지나 인심이지 천심이 될 수 없는 데도 인간의 필요에 의하여 천심으로 전환시켰다. 후대의 유학사상에서 민심이 천심이라고 말한 것도, 하늘을 빌려 자신의 정치욕구를 합리화하려는 동기에서 설정하여 논리화한 천심일 뿐이다. 본래 천심이란 존재하지도 않을 뿐 아니라, 위정자의 정치적 공과(功過)에 대한 백성들의 현실적 평가인 민심이란, 백성들이 실제생활에서 느끼는 반응이지, 있지도 않은 천심과는 아무런 상관이 없는 일이다. 따라서 공자와 맹자가 말한 하늘은 인간의 입장에서 본 하늘이요, 인간의 요구와 필요에 의하여 설정된 하늘에 불과하기 때문에, 인간과 사물에 대하여 절대 우월한 초월자로서의 위력을 지니기에는 미약한 하늘이라고 할 수 있다.

《중용》은 공자와 맹자의 하늘에 대한 사상을 수정하여 하늘의 위력을 가중시켰다. 즉 하늘이라는 초자연적 입장에서 인간과 사물을 보았고, 사람과 사물을 하늘의 생성물에 불과한 것으로 전락시켰다. 즉 《중용》은 하늘을 인간과 사물을 생성한 생성자로서의 하늘(生成天)로, 그리고 사람과 사물을 포함한 일체의 만물을 생성한 창조주요 지배자로서 강력한 의지의 존재로 승화시켰다.

그러므로 《중용》은 "하늘은 맑음의 총화(總和)이니 그 무궁함에 이르러서는 해와 달, 별이 매달려 있고 만물을 덮고 있는 존재"[70]로서

---

69) "然則舜有天下也, 孰與之, 曰, 天與之, … 泰誓曰, 天視自我民視, 天聽自我民聽, 此之謂也"(《孟子》, 萬章上).
70) "今夫天, 斯昭昭之多, 及其無窮也, 日月星辰繫焉, 萬物覆焉"(《中庸》, 二十六章).

만물의 주재자로 보았다. 이것은 제왕권의 절대권적 위력을 확보해 주는 권위의 근원이 되는 '하늘'로서, 하늘의 아들(天子)인 제왕의 통치권은 어떠한 도전도 허용되지 않는 초인간적인 절대적 존재이었으므로, 맹자가 시인한 영토 분할권을 용납하지 않는 정치적 의미를 지닌 존재라고 볼 수 있다.

《중용》의 "하늘이 만물을 생성함에 있어서는 그 재질에 맞게 만들어서 더욱 배양도 하고 소멸도 시킨다"[71]에서 알 수 있는 것처럼, 인간을 포함한 만물은 하늘이 부여한 천명에 의하여 그 존재와 소멸이 좌우됨을 지적하였다. 환언하면 《중용》의 하늘은 인간에게는 척리구례의 도덕성을 부여하는 부여자이며, 정치적으로는 제왕의 절대권적 권위에 정통성을 부여하는 불가침의 존재임을 말해 준다. "그러므로 하늘의 명을 받아 통치하는 순(舜) 임금과 같은 큰 덕을 지닌 자(大德者)는 반드시 천명을 받은 사람이다"[72]라고 하였다.

따라서 천명을 부여 받은 하늘의 아들인 제왕에 대한 반역은 용납될 수 없고, 하늘의 위력이 미치지 않는 곳이 없으니,[73] 남이 듣거나 보지 않는 곳에 홀로 있을 때라도 제왕에 대한 반역의 마음을 가져서는 안 된다는 점을 "홀로 있을 때도 삼가라"[74]라고 《중용》의 첫 머리에서 요구했다.

인간의 본성은 하늘이 부여한 차별도덕에 따르는 것이며, 이는 당위의 도리일 뿐 아니라 하늘이 인간에게 부여한 숙명인 천명이라는

---

71) "故天之生物, 必因其材而篤焉, 故栽者培之, 傾者覆之"(위의 책, 十七章).
72) "故大德者必受命"(위의 책).
73) 중용은 광대한 하늘의 위력에 대하여, 모든 만물에 보이지 않게 작용한다(費而隱)고 원리화 하였다.
74) "故君子愼其獨也"(《中庸》, 一章).

것이다. 인간에게 주어진 이 천명을 실천하지 않을 수 없다는 것이 《중용》의 기본사상이다. 중용은 이 점에 대하여 "하늘이 인간에게 부여한 것이 본성(性)이요, 이 본성에 따르는 일이 실천해야 할 인간의 길(道)이며, 이 실천(道)을 수련 받는 것이 교육(敎)이다"[75]라고 하였다. 다시 말하면 이는 종속성 차별성을 특성으로 하는 인간의 도덕성(本性)은 하늘이 부여한 것이고, 하늘이 부여한 본성을 따르는 것은 당연한 도리로서 인간으로서는 숙명적 길이며, 이 도리를 수련하는 것이 교육이 된다는 의미이다. 이 성(性)·도(道)·교(敎)는 공자 이래 봉건적 차별질서를 확립하기 위한 유학정치론의 가장 중요한 정치방법론이었다.

또한 《중용》은 "솔개는 하늘에서 높이 날고 고기는 연못에서 뛰어 논다고 하는데, 이는 상하의 차별이 분명함을 말하는 뜻이다. 군자의 도는 부부 사이의 차별질서에서 시작하지만 그것은 온 세상 어디에서나 명백하다"[76]라고 하였다. 이것은 상하차별질서의 실천이 하늘의 원리(天理)이며, 하늘이 만물에게 부여한 숙명의 길(天道)임을 뜻한 말이다. 또한 이욕을 배척하고 봉건 예법을 준수하는 것(斥利求禮)은 하늘도 당연히 실천해야 할 자기실현의 길(天理)일 뿐 아니라, 이 천리를 시대와 장소에 관계없이 보편 타당한 절대적 우주원리로 규정한 것은, 하늘(天)의 아들(子)이 통치하는 제왕권체제를 확립하려는 정치적 동기에서 비롯된 것이다. 따라서 공자와 맹자 이래 상하차별의 봉건정치질서를 목표로 한 척리구례의 실천을, 제왕권 확립에 필요한 절대적 우주원리로서의 천리로 수정한 것이, 《중용》 정치사상의 요지라고 할 수 있다.

---

75) "天命之謂性, 率性之謂道, 修道之謂敎"(위의 책).
76) "鳶飛戾天, 魚躍于淵, 言其上下察也, 君子之道, 造端乎夫婦, 及其至也, 察乎天地"(위의 책, 十二章).

이상과 같은 ≪중용≫의 천도정치사상에서는 제왕권에 대한 불복종 또는 반역과 같은 정치적 변동을 인정하는 변화이론은 인정될 수 없었다. 따라서 중용사상에서는 변화를 일으키는 힘인 기(氣)란 천리의 실현을 방해하는 반도덕적인 요소로서 천도(天道)의 과오에 불과하게 마련이었다.

≪중용≫에서는 차별적 우주원리로서의 천리(天理)를 실천하는 대행자가 하늘(天)의 아들(子)로서 제왕이었기 때문에, ≪중용≫에 이르러 제왕의 강력한 중앙집권적 권위가 정치사상적으로 확립되었다고 할 수 있다. 그러므로 "천자(天子) 즉 제왕이 아니면 예법을 논의할 수 없고, 제도를 만들 수도 없으며, 법령을 발할 수 없다"[77]라고 하였다. 제왕만이 입법 행정 사법권을 전제(專制)할 수 있다는 것이 ≪중용≫의 근본 사상이다. 따라서 중용사상의 본질을 극좌도 아니고 극우도 아닌 중도적 입장의 정치사상으로 보려는 시각은 잘못이다. 즉 정치사상적 측면에서 보면 ≪중용≫의 본질은 중도적 사상이 아니다. ≪중용≫은 중앙집권적 제왕권의 확립을 목표로 하여 이를 합리화한 동양적 전제 정치론이다. 따라서 ≪중용≫에 이르러 비로소 유학의 군주정치사상 즉 왕조사상이 완성되었다고 할 수 있다.

또한 이기론의 측면에서 보면 ≪중용≫에 이르러 완성된 유학정치사상의 원형은, 차별원리만이 유일한 우주의 절대원리로 보는 이일원론(理一元論)이 된다. 중용사상 형성 이후, 남송시대의 주자에 이르러서는 피난정권의 정치적 목적을 위하여, 차별원리가 우선이고 일반백성의 복리는 그 다음이라는 이주기수설(理主氣隨說)로 변질되었다.

---

77) "非天子, 不議禮, 不制道, 不考文"(위의 책, 二十八章).

2) 주자의 이기론적 정치사상

(1) 주자시대의 정치상황

주자(1130~1200)는 12세기 남송(南宋, 1127~1279) 사람이다. 만주 여진족이 세운 금(金)나라의 침입으로 한족국가인 북송(北宋)이 멸망한 뒤, 그 왕족의 일부가 회수(淮水) 이남으로 피난하여 중국 남부에 건립한 피난정권이 남송이다. 본래 송(宋)은 한족 통일국가인 당(唐)나라가 망한 뒤 중국의 대분열기인 70여 년간의 오대십국(五代十國)을 거쳐 한때 중국 일부를 통일한 한족국가이었으나(960년), 40여 년 뒤에 요(遼, 907~1125)나라의 침입을 당하여 단연(澶淵)의 맹(盟)이란 치욕적 화의로 요의 조공국이 되었다(1005~1121: 117).

다시 송나라는 현재의 만주 일대를 석권한 요의 뒤를 이은 금(金, 1115~1234) 나라의 침략을 받아 수도 개봉(開封, 현 河南省 開封縣)을 함락당하고, 휘종(徽宗, 1100~25)과 흠종(欽宗, 1125~27)이 금나라에 잡혀감으로써 멸망하였으며(1127), 이 때까지의 150여 년간을 북송이라고 한다. 북송의 2대 태종의 6대 후손(휘종의 제9자)인 강왕(康王)이 응천부(應天府: 현 河南省 商邱縣)로 피난하여 고종(高宗, 1127~1162)으로 즉위함으로써 송의 명맥을 유지하게 되었으며 이것이 남송이다. 그 후에도 금나라는 계속해서 남송을 침범하였으며, 1153년(주자 24세)에 금은 수도를 송의 연경(燕京: 현 북경)으로 천도하였다. 이에 송의 고종은 1161년(주자 32세)에 회수 이남의 임안(臨安: 현 浙江省 杭州)로 다시 천도 피난하였고, 이 후 남송 피난정권은 1167년(주자 38세) 금나라의 군대가 회수를 건너 남침을 하는 등 여러 차례 계속되는 수모와 위기를 맞이하곤 하였다.

따라서 피난정권인 남송체제는 극도로 약화됨으로써 중대한 정치적 과제에 직면해 있었다. 첫째 과제는 북송의 멸망으로 상실한 북방의 영토를 수복하는 일이었다. 즉 상실한 영토를 수복하기 위해서는 취약한 중앙왕권을 강화하여야 하였고, 그러기 위해서는 강력한 중앙집권적 제왕권체제를 확립해야만 하는 일이었다. 아울러 피난으로 약체화한 왕권을 강화하기 위하여 군신질서와 신분질서를 재확립 강화하여야 하였다.

특히 피난으로 말미암아 북송시대의 차별질서는 극도로 교란되었음은 물론, 쫓겨 온 집권귀족이 남방의 토착세력을 지배하기 어려운 상황이었으므로 신분적 차별질서의 재정비가 불가피하게 되었다. 둘째 과제는 이민족의 침략으로 잃어버린 수도를 중심으로 한 북방의 요지를 수복하는 일이었다. 그러기 위해서는 강력한 왕권을 확립함과 동시에, 한족의 우월성과 비한족의 열등성을 합리화할 중화사상의 강화 그리고 이민족에 대한 복수심의 고취이었다. 이러한 정치적 요구에 부응하려는 사상이 주자의 정치론이었다고 볼 수 있다. 다시 말하면 남송은 대내적으로는 피난정권의 보위를 위하여 강력한 중앙집권적 제왕권이 필요하였고, 대외적으로는 한족의 우월성과 비한족의 열등성이라는 차별적 국제질서관을 합리화할 정치론이 요청되었다. 바로 이러한 남송시대의 정치적 요구를 사상적으로 뒷받침한 사람이 주자이다.

주자는 이러한 남송의 정치적 필요에서 제왕권 강화의 정치론인 중용사상을 재해석하고 정밀화함으로써, 유학정치론의 정통화를 꾀하려 하였다. 이 점을 그는 중용의 서문에서 밝히고 있다. 그는 자사(子思)가 도학(道學)의 전통이 없어질까 우려하여 중용을 지었다[78]라고 함으로써 유학의 정통화를 꾀하였을 뿐만 아니라, 공자 이래 차별도덕론의 핵심인 척리구례의 도심(道心)이, 저항의 바탕이 될 수 있는 이기욕 추구의 인심(人心)을 주재한다는 점을 이론화하였다. 동시에 이러한 봉건적 차별도덕은 요왕·순왕·우왕·탕왕·문왕·무왕 등 성군을 통해서 이어져 왔으며, ≪중용≫의 본 뜻이 바로 이들 성군들의 사상을 계승한 것이라는 점[79]을 지적하였다.

(2) 이기론적 왕조사상

주자의 이기론에서 이(理)의 성격은 ≪중용≫의 천리 및 천도론에서 크게 벗어나지 않았다. 주자는 맹자의 이기이원론을 인정한 후 ≪중용≫의 입장에서 이(理)가 주재하고 기(氣)가 이(理)를 따른다는 이주기수설(理主氣隨說)을 취했다. 이(理)와 기(氣)를 통합하여 주재하는 자를 ≪중용≫에서는 하늘이라 하였으나, 주자는 이(理)를 형이상학적인 사변적 태극(太極)으로 수정했을 뿐이다. ≪중용≫은 제왕의 권위의 근거를 하늘의 절대적 위력에서 구하였고, 하늘의 아들인 제왕에 대한 복종과 충성의 불가피성을 하늘이 인간에게 부여한 숙명으로서의 천리이고 천도라 하였다. 이에 대하여 주자는 제왕권의 권위의 근거를 형이상학적인 태극으로 상징화하였고, 이 태극을 변치 않는 모든 만물을 주재하는 근원적 원인자로 설정하였다. 불변의 태극을 중심으로 음(陰)과 양(陽)의 변화에 의하여 우주의 생성과 소멸이 이루어지는 것으로 형이상학화하였다. 이것은 제왕권을 태극, 양을 지배계급, 음을 피지배계급으로 하는

---

78) 朱子, ≪中庸章句序≫.
79) 위의 책.

차별원리를 사변화함으로써, 제왕에 대한 복종의 불가피성을 음양 우주
원리의 차별성·종속성에서 그 근거를 구한 것이다. 따라서 주자는 다음
과 같이 설명했다.

> 태극(太極)은 천지 만물의 존재원리이다. 천지에 대해 말하면 천지
> 가운데 태극이 있고, 만물에 대해서 말하면 만물 가운데 태극이 있다.
> 천지가 생기기에 앞서 결국은 이 존재원리가 먼저 있었다. 작동하여 양이
> 생기는 것도 이 원리가 있기 때문이며, 정지하여 음이 생기는 것도 이
> 원리가 있기 때문이다."[80]

위 구절의 의미는 천지 만물의 현실적 존립은 그 존재를 가능하게
만드는 근원적 원인자와 존재원리가 먼저 있기 때문에 가능하며, 현실
적인 사물을 존재하게 하는 힘인 기(氣)도 이 존재원리인 태극의 작용
결과임을 말한 것이다. 따라서 이(理)가 있은 후에 생기는 것이 기(氣)라
하였으며,[81] 이(理)와 기(氣)는 본래 선후가 없었다고 말할 수 있지만
꼭 그 유래한 바를 따지려고 한다면, 이(理)가 먼저 있었다고 말할
수 있다[82]고 하였다. 이는 제왕권의 권위가 우주 만물의 근원적 원인자
인 태극에 근기하고 있으며, 태극이 있기 때문에 제왕권체제 하의
군신질서가 불가피하다는 점을 의미한 것이다. 또한 주자는 "제왕권의
군주체제가 있기 이전에 군신 간 지배와 복종의 차별실천원리가 있었
다. 현실의 군신질서가 있기 이전에 이미 군신 간 차별원리가 있었고,
부자 간의 존재가 있기 이전에 이미 부자 간 순종의 원리가 있다"[83]라는

---

80) "太極只是天地萬物之理, 在天地言, 則天地中有太極, 在萬物言, 則萬物各有太極, 未有天地之
先, 畢竟是先有此理, 動而生陽, 亦只是理, 靜而生陰中, 亦只是理"(≪朱子語類≫, 卷一, 理氣上).
81) "有是理後生是氣"(위의 책).
82) "此(理與氣)本無先後之可言, 然必欲推具所從來, 則須說先有是理"(위의 책).
83) "未有這事, 先有這理, 如未有君臣, 已先有君臣之理, 未有父子, 已先有父子之理"(위의

점을 주장하였다. 따라서 주자에 따르면, 선재(先在)원리로서의 이(理)란 제왕권체제의 정당성을 부여하는 원인자로서의 형이상학적 도덕원리이고, 이 원리에 의하여 현실적인 전제적 군신체제가 확립될 수 있다는 것이다. 이 점을 주자는 다음과 같이 말했다.

> 천지 간에 이(理)와 기(氣)가 있으며, 이(理)는 형이상(形而上)의 원인자인 도이고 사물형성의 근본이며, 기(氣)는 형이하(形而下)의 형상이요 사물형성의 구체성이다.[84]

결국 주자의 이기론은 남송 정치체제를 강화하려는 목적에서, 중앙집권적 제왕권체제의 불가피성을 우주원리로 합리화하려는 데서 전개되었고, 그 권위의 원인자를 중용의 하늘에서 사변적 태극으로 수정한 것에 지나지 않았다고 할 수 있다.

이와 같은 의미에서 주자의 이기론은 차별원리가 모든 만물을 주재하기 때문에 그에 따른 현실적인 차별상이 불가피하다는 이주기수설일 수밖에 없었고, 그가 처한 남송 피난정권의 제왕권체제를 강화하기 위한 정책적 목적에서 전개한 우주론이었다고 볼 수 있다. 이 점은 주자 자신이 남송의 영종(寧宗, 1194~1224)때 시강(侍講)이 되어 한택주(韓宅冑)의 권력농단을 왕에게 고발한 점으로도 알 수 있다. 지금까지 논의한 유학정치사상을 단적으로 말한다면, 군신체제를 보위하거나 구현하려는 정책적 목적에서 전개된 왕조사상이라고 할 수 있다.

책, 卷九十五).

84) "天地之間 有理有氣, 理也者 形而上之道也, 生物之本也, 氣也者 形而下之器也, 生物之具也"(≪朱子大全≫, 卷五十八, 答黃道夫書).

4. 묵자의 경제도덕의 식화도 및 상동정치론

1) 상동의 윤리사회와 정치문제

청나라 말기의 묵자 연구학자이었던 손중용(孫仲容)에 따르면, 묵자는 공자가 죽은 약 50~100년 뒤인 열국기(列國期) 사람이라고 한다.85) 이 때 주나라 왕은 낙읍(洛邑)의 한낱 읍장 정도로 그 권력이 쇠퇴하였고, 그 신하이던 제후들이 천하패권을 장악하기 위하여 부국 강병에 여념이 없었다. 이러한 시대상황에 부응한 것이 묵자의 식화도 (殖貨道) 사상이다. 식화(殖貨)란 재화생산을 의미한다.

주나라 말기에 이르러 신분적 차별윤리를 바탕으로 하는 봉건계 급사회는 극도로 부패하여 그 병폐와 모순이 드러나 멸망 직전에 있었다. 이러한 상황 속에서 묵자는 계급 없는 평등사회와 재화증식의 생산사회를 건설함으로써, 사회적 신분이 평등하고 산업이 발전한 윤리사회를 이룩하려 했다. 이것이 묵자의 상동(尙同: 묵자 책의 장 이름) 사회이다. 동(同)은 일동(一同)과 같은 뜻으로서, 모든 사람이 다같이 평등하다는 만민평등(萬民平等)을 의미한다. 따라서 묵자의 상 동사상은 공자의 신분적 차별을 본질로 하는 계급사회에 대한 일대 혁신을 요구한 것이라고 할 수 있다. 묵자는 자신이 바라는 이상사회를 다음과 같이 밝혔다.

---

85) 孫詒讓, ≪墨子閒詁≫(上海: 商務印書館, 1923)의 묵자연표(墨子年表)에 따르면, 묵자의 생존기는 주나라 정왕 원년(B.C. 468)으로부터 안왕 2년(B.C. 376)이라고 하였다. 공자가 B.C. 551~479년 사이의 인물이므로, 묵자의 책은 공자가 죽은 약 50~100년 후의 저작으로 추정할 수 있다.

종래에는 주나라 봉건체제에 충성을 다했느냐 아니냐로 지배계급의 신분에 끼어서 벼슬하였고, 세습적으로 관직에 있었다고 해서 업무를 담당케 했으나, 이것은 커다란 잘못이다. 정치를 함에 있어서 덕 있는 이를 등용하고 관직의 기능에 따라 일을 맡기며, 공로가 있느냐 없느냐로 상을 정하고, 공로를 헤아려서 봉급을 정해야 한다. 관료라고 언제나 귀한 것이 아니며, 백성이라도 죽을 때까지 천한 것은 아니다. 공로만 있으면 천한 신분을 면하고 부귀를 얻을 수 있게 해야 한다. 유능하면 선발하고 무능하면 이미 관직에 있는 사람이라도 면직시켜야 한다."86)

그러나 묵자가 희구했던 공평의 윤리사회는 이룩되지 않고, 도리어 차별이 더욱 심화되고 있었던 상황이 당시의 현실이었다. 이러한 현실을 그는 힘의 논리로 지배하려는 역정(力正)이라 하여 배격하였다.

역정이란 무엇인가? 그것은 큰 나라가 작은 나라를 공격하고, 강자가 약자를 모욕하며, 다수가 소수를 해치며, 간사한 자가 어리석은 사람을 속이고, 부유해지면 가난한 사람에게 교만하며, 젊은 사람이 늙은이의 자리를 탈취하는 일이다. 그러므로 세상의 여러 나라들은 물과 불, 독약과 병기 그리고 군대를 동원하여 서로 해치려 하고 있다.87)

강자가 약자로부터 강제로 탈취하는 것을 역정이라 하였으니, 이 점에서 묵자는 정치의 의미에 대한 근본적인 개념의 혁신을 주장하였다고 할 수 있다. 유학에서와 마찬가지로 묵자도 정치를 바로 잡는 것으로 본 데에는 큰 차이가 없었다. 그러나 묵자는 정치를 의정(義正)이라 개념 지었으며, 이것은 역정을 바로 잡는 것이다. 묵자가 정의한 바로 잡는 정치로서의 의정의 뜻은, 약자를 보호하고 강자를 제약하는

---

86) "故當是時, 以德就列, 以官服事, 以勞殿賞, 量功而分祿, 故官無常貴, 而民無終賤. 有能則擧之, 無能則下之"(≪墨子≫, 尙賢上篇).
87) "曰力正者何若, 曰大則攻小也, 强則侮弱也, 衆則賊寡也, 詐則欺愚也, 貴則傲賤也, 富則驕貧也, 壯則奪老也, 是以天下之庶國, 方以水火毒藥兵刃, 以相賊害也"(위의 책, 天志下篇).

보약제강(保弱制强)을 의미한 것이다.

의정이란 무엇인가? 그것은 큰 나라가 작은 나라를 공격하지 않고, 강자가 약자를 모욕하지 않으며, 다수가 소수를 학대하지 않고, 간사한 사람이 어리석은 사람을 속이지 않는 것이며, 귀족이 천민에게 오만하지 않고, 부자가 가난한 사람에게 교만하지 않으며, 젊은이가 노인의 자리를 빼앗지 않는 일이다. 이렇게 하면 세상의 여러 나라들이 물과 불, 독약과 병기 그리고 군대를 동원하여 서로 해치는 일도 없어질 것이다. 이것은 위로는 하늘을 이롭게 하고, 중간으로는 귀신을 이롭게 하며, 아래로는 사람을 이롭게 할 것이다.[88]

힘으로 바로 잡는 정치로서의 역정은 배분을 차별지움으로써 약자의 권익을 수탈하는 것이고, 의정은 약자를 보호하고 강자를 제약함으로써(保弱制强), 차별에서 오는 수탈을 막고 배분의 공평을 이룸으로써 사회정의를 실현하는 일이다. 이 점에서 묵자가 주장하는 이상사회는 수탈이 제거되고 계급적 차별이 배제됨으로써, 배분상의 공평질서가 유지되고 서민대중의 복리가 보장된 사회라고 볼 수 있다.

그러나 '의정'의 실현은 묵자의 이상이며 요청이었고, '역정'은 당시의 현실이며 실상이었다. 의정 즉 계급 없는 공평사회가 이룩되지 않는 까닭을, 이 상동사회의 실현을 위하여 어떻게 행동해야 할 것인가의 행동의 목표 규범 당위에 대한 자각 즉 인간이 취해야 할 행동의 길(道)에 대한 자각이 없기 때문이라는 것이 묵자의 주장이다. 이 점에서 그는 경제도덕으로서 재화생산의 길(殖貨道)과 평등숭상(尙同)의 정치론을 전개하였다.

---

88) "義正者何若, 曰大不攻小也, 强不侮弱也, 衆不賊寡也, 詐不欺 愚也, 富不驕貧也, 壯不奪老也, 是以天下之庶國, 莫以水火毒藥兵刃相害也, 若事上利天, 中利鬼, 下利人"(위의 책)

2) 식화도 및 상동의 정치론

(1) 정책론으로서의 식화 도덕론

묵자의 도덕론에서 언행(言行)의 세 가지 기준을 삼표(三表)[89]라고
하였다. 삼표란 다음을 뜻한다. 첫째 옛 성왕의 업적에서 그 근거를
구하고(本之者), 둘째 백성의 실제생활을 준거로 하여 목표를 정하고(原
之者), 셋째 백성의 경제적 이익에 부합하는가의 효과에 따라 정책의
결과를 평가하는(用之者) 세 가지 기준을 의미한다. 표(表)란 기준을
뜻하며, 명분보다는 실리가 있어야 한다는 의미이다. 이것은 서민대중
의 경제적 실리를 기준으로 하여 과거 현재 미래에 걸친 서민대중의
실제생활과 정치·경제 등 일체의 인간활동에 관한 가치를 규정한
것이다. 따라서 삼표의 핵심가치인 서민대중의 경제적 실리를 증진하
기 위해서는, 첫째 실리 추구의 실천규범을 때를 맞추어 재물을 생산하
는(以時生財)[90] 물자의 생산에 두어야 하고, 둘째 재물을 절약하고 낭비
하지 않는(節財儉養)[91] 비축(備蓄)을 중요시해야 하며, 셋째 재물을 서민
대중에게 고루 나눠주는(據財分人) 공정배분에 가치비중을 두어야 한다
는 것이다.

서민대중의 경제적 실리를 가치결정의 기준으로 규정하고, 이의
공평배분을 통한 국가부강의 길을 제시한 사상이 묵자의 식화도(殖貨
道)이다. 이는 공평을 배척하고 차별을 추구하며(斥公求別), 이욕을 배척
하고 차별예법을 확립하려는(斥利求禮) 공자의 주례도(周禮道)와는 정

---

89) 위의 책, 非命下篇
90) 위의 책, 七患篇.
91) 위의 책, 辭過篇.

반대의 사상이다. 묵자의 식화도 사상에서의 당위는 차별을 배척하고 공평질서를 추구하려는(斥別求公) 즉 차별규범을 배척하고 경제적 실리를 추구하려는(斥禮求利), 그리고 차별질서보다 경제적 재화생산(斥禮求物)을 더 중요시 한다.

그러나 묵자의 이러한 논리체계(立論)와 당위는 실현되지 않았다. 따라서 그는 더욱 구체적인 인의예지(仁義禮智)의 가치기준에 대한 혁신을 요청하였고, 이것이 공자가 규정한 가치기준에 대한 개념의 재규정이다.

(2) 인의예지론의 재규정과 감고흑백(甘苦黑白)의 구별

묵자는 인의예지에 대한 공자의 개념정의가 불평등 차별체제를 구현하기 위한 목적에서 허위로 규정되었기 때문에, 이 허위의 개념정의를 바로 잡아 그 본래의 올바른 뜻을 밝혀야 한다는 의도에서 이에 대한 개념의 재규정을 주장하였다.

우선 지식(知)의 개념에 있어서, 공자가 다른 사람을 아는 지식(知人之知) 또는 자기 자신을 아는 지식을 주장하였음에 반하여, 묵자는 재화생산에 필요한 사물에 대한 지식(知物之知)을 중요하게 여겼다. 공자가 주장한 다른 사람을 아는 지식이란 그 사람의 신분계급상의 지위를 알고 교제하라는 뜻이고, 자기를 아는 지식(知己之知)이란 자신의 신분상의 계급을 알고 처신하라는 의미이기 때문에, 묵자가 추구하는 평등사회 구현에 필요한 사물에 대한 지식과는 양립하기 어렵다.

묵자가 추구한 지식은 사물에 접하여 그것이 인간의 생리적·물리적 요구에 부합하는가를 살피는 객관적 지식이며,[92] 이 지식은 경험적 지각(知覺)의 지식(知)[93]을 뜻한 것이다. 이 때 그 지식의 목표는 다른 사람의 이익을 위한 이타(利他) 즉 사회대중의 이득을 추구하는 데 있다. 묵자에게 있어서는 이러한 지식이야 말로 참된 지식이며, 이러한 지식을 추구하는 행위만이 선행이다. 그는 경험적 지각의 지식만이 확실한 지식[94]이라고 보았다. 따라서 경험적 지각은 대중의 복리를 위한 이타적 목표를 실천하지 않을 수 없으며, 그러므로 생각한다는 것은 구(求)하는 것[95]이라고 하였다. 그 결과 묵자학도들은 더욱 서민대중의 경제적 복리를 위한 생산과 공평배분을 강조하였으며, 심지어 묵자를 혹독하게 비판한 맹자도 묵자의 영향을 받아 백성에 대한 경제도덕으로서의 왕도론을 주장하게 되었다. 특히 청나라 말기의 손중용(孫仲容)은 묵자의 경 상하(經 上下)편 및 경설 상하(經說 上下)편에는 기하학(geometry)·역학(力學: dynamics) 이론이 있고 매우 정교하면서도 간결하다고 주장하였다.

또한 묵자는 모든 진리라고 해서 반드시 선한 것은 아니고 그 참된 지식은 유용성이 있어야 한다는 시각을 지녔다. 묵자에 따르면, 유용성은 실천적 생각을 통하여 기술적(技術的) 지식을 얻을 때 진리일 수 있다는 것이다. 따라서 묵자는 어떻게 성문을 잘 쌓느냐는 비성문(備城門), 어떻게 수리(水利) 시설을 갖추느냐는 비수(備水) 등 여러 편(chapter)에서 공수(攻守) 전략 및 축성(築城)의 토목기술 등을 제시하였다. 그러나 그 기술이 백성에게 이익이 되는 이타적일 때는 진리이고

---

92) "知也者, 以其知過物, 而能貌之若見"(위의 책, 經說上).
93) 위의 책, 經上篇.
94) "必知若明"(위의 책, 經上篇 및 經說上篇).
95) "慮, 求也"(위의 책, 經上篇).

선행이며 이로운 것일 수 있지만, 만일 그 기술이 어떤 특정한 제후 또는 봉건귀족의 이기적 이익을 위한 통치 수단일 때는 그 기술은 사악한 수단일 뿐이라는 것[96]이 묵자의 시각이었다.

인(仁)의 문제에 있어서도 묵자는, 공자가 주장하는 인이란 서민의 희생으로 귀족의 사리사욕만을 옹호하고 일방적으로 지배계급 한쪽만의 이익을 도모하려는(偏利) 심정이기 때문에, 도리어 귀족과 서민, 강자와 약자, 얻은 자와 잃은 자 사이의 증오감과 적대감만을 촉진시킨다고 주장하였다.[97] 묵자에 따르면 공자가 말하는 지배계급 한쪽만의 이익을 도모하려는 심정으로서의 인이란 인간으로서 인간다운 심정이라고 할 수 없는 불인의 심정(不仁之情)에 불과하다는 것이다. 따라서 묵자는 한쪽만의 이익을 도모하려는 불인의 심정을 배격하고, 치자나 피치자를 막론하고 양쪽의 이익을 다 같이 도모하고 존중하는 겸애(兼愛)를 주장하였다. '겸애'는 위아래 계급이 서로 애호하는 사랑(兼相愛)이며,[98] 귀족과 서민이 서로 상대의 이익을 도모하려는 심정으로서, 서로 증오감을 불러일으키지 않으면서, 서로가 서로를 사랑하는(相愛) 인간으로서 지녀야 할 인간다운 심정이라는 것이다.

묵사가 추구하는 상동사회에서는 서로 이익을 도모하고 서로를 아끼려는 상리상애(相利相愛)의 심정이 지배하기 때문에, 신분과 계급에 관계없이 유능한 인재가 존중될(尙賢) 뿐만 아니라, 서로의 인격을 숭상하는(尙同) 평등사회가 이루어질 수 있다는 것이다. 동(同)은 앞서 말한 것처럼 평등의 뜻이고, 평등하기 때문에 계급 없는 협동도 가능하

---

96) "明是非之分, 審治亂之紀, 明同異之處, 察名實之理, 處利害, 決嫌疑"(위의 책, 小取篇).
97) 위의 책, 兼愛下篇.
98) 위의 책, 兼愛上篇.

다는 의미이다. 현(賢)은 도덕인이 아니라 기능인(技能人)의 의미이다. 신분에 관계없이 모든 사람의 기능을 숭상하고 조장함으로써, 치자와 피치자가 서로 협동하여 아끼고 이익을 도모하기 때문에 부강한 나라를 이룩할 수 있다는 것이 묵자의 시각이다.

이와는 반대로 공자는 차별과 차별질서의 유지가 귀족과 서민 간의 상호 이익과 애호함을 초래한다고 보아 차별적 계급 간의 조화심을 주장하였고, 이러한 조화심의 교란은 사사로운 이익을 촉발시키고 사람을 해치는 불인(不仁)의 심정이라고 하였다. 이와 같이 공자와 묵자, 두 사람의 인과 불인에 대한 개념정의는 정반대이다. 공자가 주장한 사람을 사랑하는 애인(愛人)의 인정(仁情)은, 묵자에게서는 서로를 해치는(害仁) 불인정(不仁情)이었고, 공자가 주장한 사람을 해치는 불인의 심정은 묵자에서는 사람에게 상호 이익이 되고 애호하는 인정이다. 공자학도와 묵자는 서로 정반대의 입장에서 상대편의 부당성을 공격하였다. 묵자는 공자가 말한 인정이란 사람을 해치는 불인정을 사람들이 서로 애호하는 인정과 같이 위장한 것이라고 공격하였다. 반대로 공자사상을 신봉한 맹자는 계급에 관계없이 서로 사랑할 것을 주장한 묵자의 상리상애의 인정은, 어버이와 자식의 구별이 없고(無父) 임금과 신하의 구별도 없는(無君) 동물과 같은 욕정으로서[99] 차별질서를 해치는 것이라고 공격하였다.

예(禮)에 대하여도 공자와 묵자 둘의 시각은 정반대이었다. 공자에서 예 즉 사람다운 행동은 차별의 질서를 준행하는 것인데 반하여, 묵자의 예는 재화생산을 위하여 모든 사람이 다 같이 노동하는 국민개

---

99) "墨氏兼愛是無父也, 無父無君是禽獸也"(≪孟子≫, 藤文公下).

로(國民皆勞)이다. 즉 차별의 행위가 공자에서는 선행이고 옳은 정의의 행동이었으나, 묵자에게 있어서는 노동의 공평이 선행이고 정의로운 행위이었다.[100] 두 편은 행동의 가치관에 있어서, 선행과 악행 그리고 시(是)와 비(非)가 정반대이었다.

묵자는 공자가 단 것(甘)과 쓴 것(苦), 흰 것(白)과 검은 것(黑)의 구별을 혼동시켰다고 비판하였다.[101] 묵자에 의하면 백성 개개인 사이의 살인은 국가가 금하고 벌하면서, 민첩하고 용맹스런 병사가 전쟁에서 이웃 나라의 죄 없는 사람들을 무수히 죽이어도 죄악으로 생각하지 않고 도리어 대의(大義)라고 칭찬한다. 이것은 검은 것을 흰 것이라 하고, 단 것을 쓴 것이라고 한 흑백감고(黑白甘苦)의 구별을 혼동시킨[102] 개념의 혼란이라는 것이다. 묵자는 공자의 가치관은 차별을 겸애로, 악행을 선행으로 그 의미를 혼동한 개념의 혼란이고, 사물의 의미에 대한 진실과 허위의 혼동이며, 허위를 진리로 위장한 것이라 보았다. 따라서 그는 허위를 허위로, 진실을 진실로 구별해 사물의 의미에 대한 개념 자체를 재규정하려 하였다. 즉 그는 자기 논리의 정당성을 합리화하기 위하여 사물의 의미에 대한 개념을 새로이 정의하였으며, 이것이 바로 묵자의 명학(名學)이다. 닝학이런 감고흑백(甘苦黑白)의 구별을 재정의하려 한 논리학이라고 할 수 있다.

(3) 명학 및 천론

묵자의 명학이란 봉건적 차별사회가 개인적 이익사회로 전환하

---

100) 方授楚, ≪墨學源流≫(臺北: 臺灣中華書局, 1957), 111쪽 참조.
101) ≪墨子≫, 非攻上篇.
102) 위의 책.

지 않을 수 없다는 추리적 논리를 통하여 사회혁신의 필연성을 확신시
키려 한 논리학이었다.[103] 그러므로 묵자의 명학은 인의예지에 대한
개념의 혼란을 구별하고, 봉건적 차별사회로부터 개인적 이익사회로
의 전환의 필연성을 논증하려고 한 논리학이라고 할 수 있다. 그러나
당시의 현실은 차별적 신분사회로서 지배계급의 수탈이 날로 극심하였
기 때문에, 묵자가 바라던 차별 없는 공평하고 부강한 사회는 실현될
수 없었다.

　　또한 묵자는 권익 및 재화의 차별배분과 그것의 수탈은 하늘이
싫어하여(天志所惡) 벌을 내리는 악행이고, 모든 서민대중에게 권익과
재화를 공평배분하는 것은 하늘이 바라는 것(天志所欲)이라고 함으로
써,[104] 수탈의 배제와 공평사회의 실현을 위하여 차별질서를 배척하고
공평사회 실현의 근거를 하늘의 뜻에서 구하는 종교정책으로서 천론
(天論)을 전개하였다.

　　묵자 책의 천지(天志)편은 바로 이 종교정책에 관한 것이라고
할 수 있다. 또한 이 천지편은 공평하고 생산적인 경제도덕을 실천하지
않을 수 없는 당위성을 하늘의 뜻으로 합리화한 것이라고도 볼 수
있다. 즉 묵자는 공평을 실천한 사람에게는 상을 주고, 차별에 이바지한
사람에게는 벌을 주는 것이 하늘의 뜻이라는 필상필벌(必賞必罰)을
규정함으로써, 공평하고 생산적인 경제도덕을 실천하지 않을 수 없는
불가피한 하늘의 뜻으로 합리화하였다.

　　아울러 고대 중국 역사상의 성군들을 공평하고 생산적인 공적을

---

103) ≪墨子≫ 책의 경상하(經上下), 경설상하(經說上下) 편은 명학 즉 묵자의 명제(命題)
논리학이며, 경(經)은 날줄 즉 정의(定義)의 뜻이고, 설(說)은 정의에 대한 부연 설명이다.
104) ≪墨子≫, 天志上篇.

이룩한 제왕으로 기록한 것도, 하늘의 뜻을 빌어 그의 경제도덕론을 역사에서 실증하려는 경제도덕사관을 의미한다. 묵자는 하늘을 절대 의지를 지닌 결정 의지적 존재로 규정함으로써, 차별을 인간의 숙명으로 규정한 공자의 천론이, 인간사회에 근면역행(勤勉力行)을 체념시키는 결과를 초래하였다고 비난하였다. 이에 반하여 묵자의 천지설(天志說)은 인간이 얼마만큼 근면하게 생산활동을 하고 공평한 사회를 이룩하느냐에 따라 하늘이 상도 주고 벌도 준다는 하늘에 대한 자유의지설(自由意志說)이라고도 할 수 있다. 그러나 이러한 종교정책도 그 현실성을 갖지 못하였기 때문에, 그 뒤의 묵자학도들은 약한 자를 보호하고 강한 자를 억제하는 보약제강의 투쟁을 전개하였고, 이 투쟁을 위하여 사회운동을 펴나간 것이 일부 묵자학도들의 거자(巨子)[105] 조직이라고 할 수 있다.

그러나 묵자가 살던 시대는 그의 혁신정치론에도 불구하고 더욱더 무질서와 혼란으로 빠지는 사회현실을 초래하였다. 이러한 점에서 그의 정치사상은 실패한 사상이라고 할 수 있다. 그의 주장에 따른 부강한 생산사회도, 경제적 공평의 상동정치도 실현되지 못하였고, 도리어 공자학파와 묵자학파간의 내립만 격렬해졌을 뿐이다.

3) 묵자 정치론의 모순

서로 상반된 공자학도와 묵자학도들의 가치관은 끊임없이 대립하면서 서로 필연적인 승리를 이루기 위하여 날카롭게 투쟁하였다.

---

105) "南方之墨子, 苦獲已齒鄧陵子之屬, 俱誦墨經, … 以巨子爲聖人, 皆願爲之尸"(≪莊子≫, 天下篇).

공자학도는 차별체제를 이룩하려는 욕구에서 봉건적 차별윤리의 정치사상과 그 실현방법론으로서의 봉건도덕론을 전개하였음에 반하여, 묵자는 생산적이고 공평한 경제 사회를 이룩하려는 요청에서 경제적 평등의 정치사상과 그 구현 정책론으로서의 경제도덕적 가치관을 제시하였다. 그러나 두 편은 봉건적 차별체제의 확립 요구와 반봉건적 이익추구의 요청이 공존하는 현실의 혼돈을 도외시하였기 때문에, 그들의 정치사상과 정책론은 각기 자기편의 이기욕을 충족하려는 수단과 방법론에 그치고 말았다.

따라서 묵자는 지배계급의 포악한 수탈을 배제하고 공평한 상동 사회를 이룩하려고 하였으나 현실적인 수탈의 위험 때문에 실패하고 말았다. 도리어 이익만을 추구하려는 치자계급의 폭정이 가중됨으로써, 묵자의 이론과 현실 사이의 괴리가 드러났으므로 묵자학 자체에 대한 회의와 비판이 일게 되었다. 묵자가 주장한 반봉건적 공평사회의 실현이란 한낱 인간의 요청이고 이상에 불과하다는 비판을 면할 수 없었다.

인간사회 및 사물 등을 인식하는 지식적 가치인 진위(眞僞)와, 행동에 대한 실천적 가치판단인 선악, 그리고 사물의 유용성에 대한 경제적 가치인 이해(利害) 등은 항상 변하게 마련이다. 그러나 묵자는 진위, 선악, 이해 등 가치관의 변화에 대한 변천의식이 없었다. 이 점에 대하여는 그의 제자인 정번(程繁)이 스승인 묵자의 이론적 모순을 다음과 같이 지적한 것으로도 알 수 있다.

정번이 묻기를 선생님은 항상 성왕(聖王)은 음악을 즐겨하지 않았다는 점을 강조하셨습니다. 그러나 옛날의 제후들은 권태로우면 종과 북을 치며 안식을 구했습니다. 사대부들 또한 정치하는 데 피로하면 음악을 연주케 하면서 안식을 구했다고 합니다. 농부 또한 밭 갈고 김매기에 피곤하면 질그릇이나 밥그릇을 두드리면서 노래를 불러 안식을 취했다고 합니다. 그러므로 안식은 인간의 불가피한 욕구일 것입니다. 따라서 선생님이 노동을 인간의 행동규범으로 규정하면서, 음악을 부인하고 안식을 거부하는 것은 선생님 이론의 모순입니다. 이것은 말이 멍에를 메고 끌지 않는다거나, 활을 당긴 채 시위를 놓지 않는다는 것과 같은 모순입니다.[106]

이에 대하여 묵자는 다음과 같은 반론을 폈다.

> 요 임금과 순 임금도 음악을 연주하면서 검소한 생활로 정치를 잘 하였다. 은나라를 세운 탕왕도 폭군인 걸왕을 추방하고 천하를 장악하는 데 성공한 뒤 선왕의 음악에 근거하여 음악을 만들었다. 주나라를 세운 무왕도 은나라의 마지막 왕인 주왕을 죽인 뒤에 왕이 되어 대업을 이룩하였고, 선왕의 음악에 의거하여 음악을 만들고 그것을 상(象)이라고 이름지었다. 주나라 성왕 역시 음악을 만들었다고 한다. 그러나 성왕(B.C. 1115~1079)의 정치는 무왕(B.C. 1122~1116)만 못하였고, 무왕의 정치는 탕왕(B.C. 1766 ~?)의 정치만 못하였으며, 탕왕의 정치는 요(B.C. 2367~2417?)와 순의 정치만 못하였다. 따라서 음악은 점점 번성하였으나 그때의 정치업적은 그 만큼 점점 부실하였고 뒤떨어졌다. 이것으로 미루어 보면 음악은 천하를 다스리는 데 꼭 필요한 것이 아니며 정치적 가치도 없다.[107]

이상의 예문에서와 같이 묵자의 음악 무용론은 음악 자체를 부인한 것이 아니라, 음악의 정치적 가치를 부인한 것이라고 할 수 있다. 공자는 음악의 정치적 가치를 시인하였으나, 묵자는 그것의 가치를 인정하지 않았다. 묵자의 시각에서 보면 공자는 정치적 가치가 없는 음악을 가치가 있다고 한 허위를 저질렀는데도 그것의 가치를 주장하

---

106) ≪墨子≫, 三辨篇.
107) 위의 책.

였기 때문에, 이것은 음악에 대한 가치 규정의 혼동이고 개념의 혼란이라는 것이 묵자의 시각이다. 따라서 묵자는 가치의 혼동에 대하여 없는 것을 없다고 하는 즉 허위를 허위로 확정하려 하였던 것 같다.

그러나 묵자의 제자 정번은 위에 인용한 것처럼 묵자의 음악 무가치론에 대하여 역사적 사실을 들어서 다시 음악의 가치를 인정하였다. 음악의 유용성에 대하여 그 무용성을 주장한 묵자의 이론은, 정번에게는 가치규정의 재혼동이요 개념정의의 혼란으로 보였다. 정번은 스승이 가치의 재규정으로 개념의 혼란을 제거하려고 하였지만, 그 이론이 또 다시 혼동을 초래하고 있다는 것을 묵자 자신이 인식치 못한다는 점을 지적하였다.

이상 세 사람의 논리를 보면, 음악의 존재에 대한 유무가 아니라, 음악에 대한 가치 인식에 있어서 가치가 있느냐 없느냐의 인정과 부인 즉 시(是)와 비(非)가 달랐음을 나타낸 것이다. 다시 말하면 위의 예문은 세 사람의 정치적 욕구가 달랐기 때문에 그들의 음악에 대한 가치관도 상이하였음을 보여 준 것이다.

공자는 봉건적 차별체제를 재확립하려고 하였으므로 음악의 정치적 가치를 주장하였고,[108] 묵자는 음악의 정치적 가치를 부인하였으며, 정번은 권태와 인식을 속성으로 하는 인간을 기준으로 하여 음악의 정치적 가치를 인정하였다. 환언하면 이것은 어떤 사물을 인식하는 사람의 입장 기준 방법 상황이 상이함에 따라, 각 자의 음악에 대한 가치관도 달랐음을 보여 준 예이다. 공자학도와 묵자학도 두 편은 자기

---

108) 후세 유학에서 군자가 습득해야 할 중요한 자격 요건으로 예악(禮樂)을 중요시하였으니, 예법의 준수 다음으로 음악을 중요한 가치로 본 것도 이러한 음악의 정치적 가치에 대한 공자의 귀족적 시각에서 비롯된 것이라고 볼 수 있다.

편의 가치관을 진리라고 주장하고 상대방의 가치관을 부인하면서, 자기 이론이 옳고 상대방의 이론이 그르다는 것만을 서로 고집하였다.

이러한 점은 앞서도 논의했듯이 역사인식에서도 같았다. 공자학도는 요왕·순왕·우왕·탕왕·문왕·무왕 등의 성군을 효도에 힘쓰고 예법을 잘 준행한 임금으로서 차별적인 봉건도덕 사회를 건립한 위인으로 기록하였다. 반면에 묵자는 요왕·순왕·우왕·탕왕·문왕·무왕을 봉건적 차별체제를 타파하고, 백성을 사랑하여 서민의 권익을 도모하기 위한 식화(殖貨) 즉 생산과 노동을 장려한 정치지도자로 기록하였다. 공자와 묵자 둘은 동일인에 대한 역사인식에 있어서 서로 정반대의 입장에 있었다. 이것은 역사적 사실과 역사적 인물이 갑자기 정반대의 입장으로 변화한 것이 아니라, 역사인식자의 역사인식이 서로 달랐고 변화한 것을 의미한다. 그러나 공자와 묵자는 역사인식의 상대성에 대한 자각의식이 없었기 때문에, 서로 자신의 역사인식의 가치관만이 절대적 가치가 있음을 주장하였을 뿐이다.

이상과 같이 공자와 묵자는 사물·사회 및 정치 인식에서 자신의 지식적 가치인 진위, 실천적 가치인 선악, 경제적 가치인 이해 등이 상대적으로 변화한다는 점을 의식하지 못하였기 때문에, 자신이 규정한 의미와 개념이 그 자체로서 혼동을 일으킨다는 점을 스스로 인식하지 못했다. 그렇다면 그들이 가치관의 변화에 대하여 의식하지 못한 무의식의 근거는 어디에 있는가? 다시 말하면 공자와 묵자 두 편은, 사물과 사회에 대한 인식에서 자신의 가치판단인 진위·선악·이해 등의 의미 규정에 대한 혼동의 원인이 바로 진실과 허위, 선행과 악행, 유익과 해악의 혼동을 구분하려는 그들의 욕구 그 자체에 있음을 의식하지 못하고 있었다.

공자가 선악의 혼동을 바로 잡아 그 개념을 분명하게 구분하여 확정하려한 방법이 숭덕변혹(崇德辨惑)이고,[109] 묵자에게는 흰 것과 검은 것, 단 것과 쓴 것(白黑甘苦)의 혼동을 구분 확정하는 방법이 백흑감고지변(白黑甘苦之辨)[110]이었다. 그러나 이러한 개념과 의미의 혼동을 구분하여 확정하려고 한 방법(辨法) 즉 구분 판단법이 도리어 개념의 혼란과 분쟁의 근거이며, 이론의 모순과 괴리 및 실패의 원인이었음을 그들 스스로가 의식하지 못한다는 점을 지적한 것이 전국 중기의 장자(莊子)이었다.

장자는 공자와 묵자 두 학파의 주장에 대하여 방법론적 비판을 가함으로써, 두 학파가 수립한 가치관 특히 정치관이 각자의 이기욕 충족의 수단에 불과하였음을 주장하였다. 그는 공자와 묵자가 개념의 혼동을 구분 확정하려 하여도 다시 혼동을 일으키게 되는 것이 혼동을 구분하여 확정하려는 방법론자인 그들 스스로의 가치욕구에 얽매여 있음을 의식하지 못했기 때문이라고 보았다. 따라서 장자는 바로 이러한 공자학도와 묵자학도에 대하여 그들의 이러한 무의식을 지적한 후, 그 무의식의 근거를 스스로 깨닫고 인간과 역사에 대하여 재규정함으로써, 자연주의적 시각에 바탕을 둔 자연주의 정치론을 전개하였다.

---

109) "子張問崇德辨惑"(≪論語≫, 顔淵)에서, 혹(惑)은 선(善)과 악(惡)의 혼동을 뜻하며, 변(辨)은 그 혼동을 구분하여 확정하는 방법으로서의 가치판단을 의미한다.
110) ≪墨子≫, 非攻上篇.

5. 노장의 자연주의 자유 평등사상

1) 자연주의 윤리관

(1) 장자와 도덕경의 시대적 배경

노장의 정치사상과 그 정책론을 규명하기 위하여서는 노자(老子), 열자(列子), 장자(莊子)가 살았던 시대의 사회성격을 규명할 필요가 있고, 이를 통해서 그 인물과 그들의 저술 연대를 상정하여야 할 것이다. 이 문제에 대하여는 다음과 같은 추정이 가능하다.

≪사기(史記)≫에 따르면 노자, 열자, 장자 세 인물의 연대순은 노자 → 열자 → 장자의 순이다. 즉 노자는 공자보다 약 20년 나이가 많은 사람으로서 주나라 말기의 인물이고, 장자는 공자가 죽은 약 200년 뒤에 출생한 맹자와 같은 시대의 사람으로 전국기 사람(약 2300년 전)이며, 열자는 노자와 장자의 중간 시대 사람이다. 장자에 대한 인물과 그의 생존 연대에 관하여는 이론이 거의 없다. 그러나 노자와 열자 두 사람의 인물 및 생존 연대에 대하여는 학자들의 이론이 분분할 뿐 아니라, 사기도 정확하지 않다. 따라서 현재까지는 이를 확증할 만한 자료가 없다. 그리고 노자·열자·장자에게는 각각 ≪도덕경(道德經)≫, ≪열자≫, ≪장자≫ 등 저서가 있으나, 그 저자의 생존시대와 저서의 사상내용이 부합하지 않는 경우가 많다. 예컨대 ≪열자≫에는 불교사상의 영향을 엿볼 수 있으므로, ≪열자≫는 위(魏)나라와 진(晉)나라 또는 그 이후의 저작이 아닌가 하는 의문이 있다. ≪도덕경≫은 장자 책보다 그 사상의 내용이 더욱 정교하고 표현 방법이 세련된

점으로 미루어 보아, ≪도덕경≫을 전국(戰國) 말기 또는 서한(西漢, 前漢) 말기의 저작으로 추정하기도 한다.[111]

이러한 점에 비추어 보면, ≪도덕경≫과 ≪열자≫는 인물로서의 노자, 열자와 분리해서 논의해야 한다. 그러나 ≪장자≫는 그 저자의 생존시대와 저서의 내용 및 시대성이 일치하므로 장자의 저술임을 의심할 수 없다. 따라서 세 책의 저술 연대순은 ≪장자≫가 전국기이고, ≪도덕경≫이 전한 말기이며, ≪열자≫는 위 및 진 시대(A.D 250년 전후)의 저작으로 추정된다. 이러한 추정으로 미루어 보면 ≪장자≫는 ≪도덕경≫보다 그 저작 연대가 앞선 시대라 할 수 있다. 따라서 첸무(錢穆)는 종래 노장철학(老莊哲學)이라고 일컬었던 보통의 통칭을 장노철학(莊老哲學)이라고 바꾸어 부르기도(改稱) 하였다.[112] 이상과 같은 노장사상(老莊思想)의 시대배경에 대한 논의들을 고려 할 때, 노장사상은 장자에서 비롯하였고 장자사상의 배경은 전국기라고 할 수 있다.

전국기는 종래의 봉건적 지배체제가 붕괴하는 시기이었다. 봉건 귀족은 자신들의 지배수단을 여러 가지 방법으로 강화하려 하였기 때문에, 서민은 개인의 자유와 개성을 더욱 억압받는 현실에서 살아야만 하였다. 그러나 이러한 개인에 대한 탄압이 심해질수록 오히려 각 개인의 자유와 개성이 더욱 많이 요구되었으며, 이러한 요구와 더불어 각 개인은 자신의 자유와 개성에 대하여 각성하기에 이르렀다. 지배자는 각 개인의 자유와 개성에 대한 요구를 여러 가지의 정치적 수단으로 은폐시키고 위장했지만, 도리어 그것이 폭로되고 노출됨으

---

111) 具本明, "老莊의 意識構造論," ≪人文科學≫, 第31輯(서울: 延世大學校 人文科學硏究所, 1974), 76쪽.
112) 具本明, "老莊哲學," ≪哲學≫(서울: 서울대학교 교양과목교재출판위원회, 1958), 348~349쪽.

가치관을 둘러싼 상쟁에 대하여, 장자는 다음과 같이 그 모순을 지적하면서 자연주의적 시각과 윤리관을 제기하였다.

> 따라서 유학과 묵학 사이에는 시와 비의 논쟁이 있으니, 서로 상대가 그르다는 것을 옳다고 하고, 상대가 옳다는 것을 그르다고 한다. 상대가 그르다는 것을 옳다 하고 상대가 옳다는 것을 그르다고 하려면, 차라리 이러한 시비를 가리려 하는 욕구를 버리고 순수한 무욕(無欲)의 태도를 취하는 것이 좋을 것이다.113)

공자학파의 보수사상과 묵자학파의 혁신사상으로 대표되는 보수와 진보의 두 정치세력은 그들의 실천적 가치관을 둘러싸고 항쟁하였으며, 이들은 상대편의 정치적 가치관을 서로 용납하지 않으면서 상호 이단시하였다. 즉 공자학도는 공자의 정치적 가치관(A)에 대하여 묵자의 그것(B)을 반대가 아니라 전면 부정함으로써(non A로 여겨) 그 존재 가치를 허용하지 않았고, 동시에 묵자학도는 묵자의 정치적 가치관(B)에 대하여 공자의 그것(A)을 전면 부정함으로써(non B로 여겨) 그 존재 가치를 용납하지 않았다. 따라서 두 편은 서로 상대편의 가치관을 이단시하여 용납하지 않는 불상용(不相容)의 관계였으며, 이러한 불상용은 논리의 갈등으로부터 사실의 대립 항쟁으로 확대되어 갔다.

상호 이단시하였던 두 정치세력은 정치·경제·사회 문제 등에 대한 가치관을 둘러싸고 자기편 승리의 당위성만을 고집하면서 끊임없이 항쟁하였다. 그러나 이러한 항쟁은 인간사회가 필요로 하는 정치활동의 본질이 아니고, 단지 자기 가치체계의 정당성만을 고집하는 가치욕구의 결과이다. 따라서 정치의 본질 문제를 둘러싼 대립이라기보다

---

113) "故有儒墨之是非, 以是其所非, 以非其所是, 欲是其所非, 而非其所是, 則莫若以明"(《莊子》, 齊物論).

는, 자기 가치관의 당위성만을 고집하는 가치욕구가 그 대립과 항쟁을 전개하는 근거이었다. 장자는 이러한 대립과 항쟁의 근거를 해명하는 문제를 제기하였고, 이를 그는 막약이명(莫若以明)[114]이라고 표현하였다. 그리고 장자는 공자학도와 묵자학도가 왜 이렇게 자기 가치관의 당위성만을 고집하게 되었는가의 당위형성과정을 추적하려 하였다.

(3) 당위 형성과정, 생의 욕구주체, 고유의 개성 및 상반적 자연기능체로서의 개체에 대한 장자의 추론

당위 형성과정에 대한 장자의 사상체계를 그 요지만 밝히면 다음과 같다. 공자와 묵자 두 학파는 각각 자신의 가치관만이 실현되어야 한다는 당위성만을 주장하였다. 그러나 현실은 그들의 주장과는 반대되는 요소들이 존재함으로써, 도리어 그들의 가치관이 실현될 가능성이 적었다. 따라서 공자학도와 묵자학도가 주장하는 당위성이란 단지 그들의 가치관을 형성한 사람의 사견일 뿐이며, 이기적 사욕의 결과이고 희망에 지나지 않았다고 평가할 수 있다. 그러나 자신의 가치관을 형성한 사람은, 자신의 사견과 사욕을 은폐하고 부인하려는 허위를 범하였다. 이것은 자신의 가치관만을 정당한 것으로 고집하여 실현하려는 가치욕구 때문이라고 할 수 있다. 그럼에도 허위가 폭로되자 그 허위가 허위 아닌 진실 같이 위장함으로써, 자기의 가치관을 인간의 존재본질(性理), 또는 존재원리로서의 천리(天理) 그리고 역사원리(史觀) 등으로 허구화하였다. 이 허구 속에 가치관 주장자의 이기적 사욕이 은폐되게 마련이다. 그러나 이러한 은폐와 위장은 결국은 폭로되게

---

114) 위의 책.

마련이고, 은폐되었던 이기적 사욕도 노출되기 때문에, 위장과 폭로, 은폐와 노출은 불가피한 인간성의 현상일 수밖에 없다. 따라서 장자는 이러한 이기욕구의 폭로를 인간성 속에 은폐 위장된 난폭성의 폭로로 표현하였으며, 이것을 "예로서 술을 마시는 사람은 처음에는 예의를 잘 지키지만 술이 취하면 본성이 드러나 난동을 부리게 된다"[115]라고 하였다. 그러나 공자는 "술을 양 없이 마시지만 예의를 지키기 때문에 난동에 이르지 않는다"[116]라고 함으로써, 예(禮)의식을 빌어 인간의 본래성 자체를 부인하고 인간의 본연성을 억압하려 하였다.

장자에 따르면, 인간이란 아무리 스스로를 위장하고 은폐하려 하여도 결국은 그 본성이 폭로, 노출되기 때문에, 진실은 진실로, 허위는 허위로, 선행은 선행으로, 악행은 악행으로, 옳은 것(是)은 옳은 것(是)으로, 그른 것(非)은 그른 것(非)으로 밝혀져서 선과 악, 진실과 허위의 혼동이 구별되게 마련이라는 것이다. 따라서 자기의 주장만을 정당시하는 당위론적 가치관은 그 가치관 형성자의 이기적 지배욕구의 충족수단에 불과하며, 이러한 가치관을 형성하는 사람의 정치활동은 일차적으로 그 가치관 형성자의 이기욕구 충족의 수단으로 전락하지 않을 수 없다는 것이다. 이상의 논리는 당위 형성과정에 대한 장자 사상체계의 요지이다.

이와 같이 가치관자의 당위 형성과정을 추적하여 보면, 정치활동을 하는 인간은 자기 자신이 이기적 욕구주체임을 스스로 의식하게 되고, 이러한 자기이익만을 추구하려는 이기성(利己性)이란 삶의 욕구에 근거한다는 것이 장자의 시각이다. 다시 말하면 인간은 자신의

---

115) "以禮飮酒者, 始乎治, 常卒乎亂"(위의 책, 人間世).
116) "唯酒無量, 不及亂"(≪論語≫, 鄕黨).

삶을 위하여 이기를 추구하고, 이기를 위하여 이기적 가치를 선택하지 않을 수 없으며, 이러한 삶의 욕구주체인 인간은 삶의 영위를 위하여 외부세계의 변화와 지리적 특수성에 순응함으로써, 인간 및 모든 사물 등 각 개체가 각자 자기의 고유성 즉 개성을 구성하게 된다는 것이 장자의 시각이다.[117]

또한 각 개체에 대한 장자의 주장에 따르면, 각기 개성을 지닌 삶의 욕구주체인 각 개체는, 자신의 삶을 유지 보위하기 위하여 자신도 모르는 사이에 위장과 폭로, 은폐와 노출이라는 상반된 작용을 하는 자연기능체라는 것이다. 이러한 점을 장자는 다음과 같이 설명했다.

자연적으로 굽어 있는 물체 예컨대 칡덩굴 같은 것은 그 개성이 굽어지도록 되어(자연 기능) 있기 때문에, 그림쇠와 같은 구부리는 도구를 사용하여 인위적으로 구부리지 않아도 자연적으로 굽어지게 마련이다. 대나무 같은 것은 그 고유의 개성이 곧기 때문에, 일부러 바로 잡지 않아도 자연적으로 곧게 성장한다. 자연적으로 부착하여 있는 것은 아교나 칠로 붙이지 않아도 자연히 붙게 된다. 그러므로 나무도 접목접지(接木接枝)할 수 있는 것이다. 다만 접목접지는 봄에 해야 하는 시기가 있을 뿐이다.[118]

위의 ≪장자≫의 구절은 각 개체가 각각 고유의 개성 즉 자연적 특성을 지니고 있음을 지적한 것이다. 아울러 장자는 인간의 억측과 관계없이 각 개체가 독자적인 개성을 갖고 있음을 다음과 같이 지적했다.

어떤 개체는 어째서 사람이 생각하는 것과 같기도 하며, 어떤 것은

---

117) 장자의 사상에 대해서는 金萬圭, "老莊의 政治思想," (연세대학교 대학원, 석사 학위 논문, 1966), 42~69쪽 참조.
118) ≪莊子≫, 騈拇.

어찌하여 사람이 생각하는 것과는 다르냐? 사람이 억측하는 것과는 관계없이, 사물은 자연적으로 그렇게 되었으니까 그런 것이고, 그렇게 되어 있지 않으니까 그렇지 않은 것이다. 사물은 진실로 자기의 독특한 개성을 지니고 있다.119)

이것은 고유의 자기성을 가진 모든 사물은 긍정과 부정이라는 서로 상반된 자연기능을 가진 자연운동체임을 주장한 것이다. 이러한 상반된 기능을 동시에 지닌 자연기능체인 각 개체는 자연주의 윤리사회를 형성하게 마련이라는 것이 장자의 근본적 시각이다.

(4) 자연주의 윤리사회의 형성

상반된 기능을 지닌 각 개체가 자연주의적 질서체계를 형성하는 자연계와 마찬가지로, 각자 개성을 지닌 사람들로 이루어진 인간사회도 서로 상반된 기능을 지니지만 자신의 개성을 살리면서 자유롭고 동등하게 질서를 형성하여 살아 갈 수 있다는 것이 장자가 정치사회를 보는 시각의 출발점이라고 할 수 있다. 따라서 장자는 자신이 본 자연계의 기능주의적 질서를 다음과 같이 말하였다.

얽혀있는 것은 일부러 얽지 않아도 자연히 얽히게 된다. 무리 지어 사는 동물은 인위적으로 무리를 짓도록 하지 않아도 자연적으로 무리 지어 산다. 따라서 온 세상의 생물들은 모두 자연적으로 자신의 삶을 살면서도 그렇게 사는 까닭을 알지 못하며, 자기 고유의 삶을 얻게 되었지만 그러한 삶을 얻게 된 까닭을 모른다. 사물과 사람을 막론하고 온 세상의 만물은 모두 각자 고유의 개성을 지니며, 삶과 죽음(生死)에 있어서도 자연적으로 생성되고 또 소멸되기도 하면서, 각 개체 간에는 질서와 혼란이

---

119) "惡乎然, 然於然, 惡乎不然, 不然於不然, 物固有所然"(≪莊子≫, 齊物論).

교차하는 치란(治亂)의 자연질서를 이룬다. 각 개체의 고유한 자연적 개성과 그들 간의 자연질서는 인위적인 도덕으로서는 어찌 할 수 없다. 이것은 인위적인 당위를 넘어선 필연적 자연이다.[120]

장자에 따르면, 모든 개체는 자연질서 속에서 차별, 지배 및 구속이 없는 평등[121]과 자유를 누리는 동시에 행복할 수 있다는 것이다. 이 자연성은 순수감각에 의하여 감지된 객관적 자연성을 의미한다. 그러므로 그는 도덕이 도리어 각 개체의 자연성과 사회의 자연질서를 파괴한다고 보았다. 즉 그릇된 도덕이 도리어 인간의 본래성을 빼앗아버리게 된다(削其性)는 것이, 장자가 당시의 봉건적 질서관을 비판한 윤리관의 기본시각이다. 이 점을 그는 다음과 같이 지적했다.

오리 다리가 비록 짧으나 사람이 불편할 것이라고 억측하고 이어 준다면 오리는 도리어 괴로워하고, 반대로 학의 다리가 비록 길지만 인간이 너무 길어서 불편할 것이라고 억측하고 잘라 준다면 학은 슬퍼한다. 이것은 인간의 쓸데없는 억측이다. 모든 사물은 각각 고유한 자기성을 지니며, 각각 고유의 개성을 지닌 각 개체 간에는 자연질서가 있다. 불필요한 억측으로 온 세상에 우환(憂患)이 많아졌다 …

오늘날의 어진 사람은 고달픈 눈으로 근심 걱정하여 세상을 도덕적으로 바로 잡기를 욕구하며, 어질지 못한 사람은 본래부터 지니고 태어난 본성과 운명을 버리고 자기 욕망에 따라서 부귀를 탐한다. 어진 사람과 어질지 못한 사람 둘은 다 같이 자기의 욕망을 관철하려는 점에서는 같다. 인(仁)과 불인(不仁) 사이에는 가치의 구별이 없다. 구별이 없는데도 불구하고 인위적으로 도덕적 구분을 하려고 애쓰는 것은, 각자가 지닌 고유의

---

120) 위의 책, 駢拇

121) 장자는 모든 만물이 각기 자신의 개성을 지니고 독특한 기능을 하면서 공존의 자연질서를 이루고 있는 평등질서를 동균(同均)이라 하였으며, 동균이란 모든 개체가 고루고루 동등하다는 의미이다.

개성을 훼손시키는 데 불과하다. 요(堯)·순(舜)·우(禹)왕 3대 이후 온 세상은 어찌하여 이다지도 시끄러운가? 갈고리 먹줄 자 같은 것으로 즉 법률예의 인의 도덕 같은 것으로 사람을 바로 잡으려 하기 때문이다. 그러나 이러한 것을 내세우는 것은 각자의 본성을 빼앗는 것(削其性)에 불과하다. … 인의 도덕으로 천하를 고치려고 하는 것은 자연적으로 주어진 본성을 억지로 바꾸려는 것(易其性)과 같다.[122]

이상과 같이 장자에 따르면, 도덕은 그 도덕론자 자신의 가치욕구의 충족수단이며, 도덕적 가치욕구는 자기의 이기적 욕구를 충족하려는 수단으로서, 자연성과 사회의 자연질서를 삭제 파괴한다는 것이다. 그 결과 사회의 자연질서는 파괴되고, 각 개체는 자신의 개성을 구속당하게 되고 자기성을 상실하여 불행에 빠지고 만다는 것이 장자의 시각이다.

그러나 자연주의 윤리관이 형성되고 그리고 모든 개체가 다 같이 동등한 동균(同均)과 자연질서를 회복하면, 모든 개체는 동등과 자유의 체제 속에서 행복할 수 있다는 것이 장자의 주제이다. 바꾸어 말하면 장자사상의 주제는 강렬한 가치욕구를 스스로 진정하고, 스스로 억제 진입힐 때 그리고 가치욕구를 충족하려는 요청이 강세(+)에서 약세(-)로 전환될 때, 자연주의 윤리질서가 형성되고 모든 개체는 동등 자유 및 행복을 향유할 수 있다는 것이다. 반대로 그는 이 가치욕구 충족요청이 약세(-)에서 강세(+)로 역전되어 강렬할수록 지배 윤리가 횡행하여 자연질서가 파괴되고 차별과 지배체제 속에서 모든 개체는 불행에 빠지게 된다고 보았다. 가치욕구 충족요청이 강세(+)에서 약세(-)로 전환하여 약세화 할 수 있는 즉 차별과 지배체제가 동등과 자유의

---

122) ≪莊子≫, 騈拇.

체제로 전환할 수 있는 자연전환의 객관적 시기가 언제인가 하는
문제는 노장의 활자시(活子時) 문제이다. 이 시기의 파악 방법은 귀납적
추리법이 아니며, 자기검증(自證)에 의한 실증적 방법이다.[123] 앞서
논의한 공맹(孔孟) 유학의 지배주의적 윤리관에 반대하여 자연주의적
윤리관을 주장한 노장사상의 정치관은 어떠하였으며, 자연주의 윤리
관의 과제는 무엇이었는가?

(5) 노장의 정치관 및 자연주의 윤리관

≪도덕경≫은 "성인(聖人)의 정치란 허영심을 없이 하여 (백성의)
배를 채워 주고, 지배욕구를 약화시켜 (백성의) 육신을 강하게 하는
일이다. 그래서 백성으로 하여금 헛된 지식적 가치에 대한 욕구도
그리고 지배하려는 욕구도 없게 해야 한다 … 즉 정치를 하되 지배욕구
를 없이 하면 다스려지지 않는 일이 없을 것이다"[124]라고 하였다.
이것은 정치의 본질이 지배욕의 억제를 통한 행정(無欲之治)에 있음을
말한 것이며, 치자와 피치자 모두의 무욕(無欲)을 요구한 것이다. 무욕의
내용은 지배와 차별을 자기의 가치욕구 충족을 위한 수단으로 삼지
말아야 된다는 뜻이다. 특히 노장은 치자의 무욕을 요구하였다. 치자로
서 얼마만큼 공적을 세우느냐가 중요한 것이 아니라, 자연적으로 주어
져 있는 백성의 동등과 자유 및 복리를 얼마나 증진시켰는가의 문제가

---

123) 활자시(活子時)란 달력에서의 자시(子時: 子正)가 아니라, 지구와 달의 자전과 공전에
따른 실제의 자시(子時)를 뜻하는 것으로서, 추리적 이론이 아니라 실증적 현실을 의미할
때 사용한다(具本明, 앞의 논문, 36~38쪽 참조).
124) "聖人之治, 虛其心 實其腹, 弱其志 强其骨, 常使民無知無欲, 爲無爲則無不治"(≪道德
經≫, 三章).

노장(老莊)정치사상의 주제이다. 따라서 ≪도덕경≫은 이러한 정치를 구현하지 못하는 현실을 다음과 같이 비판했다.

> 정치를 함에 있어서 지배욕구를 억제하지 못하니 그 심정이 답답하고, 백성들은 순박하지만 그 정치가 지나치게 시비를 밝히게 되니 복리와 안녕을 누리지 못하고 있다.[125]

여기에서 민민(悶悶)은 지배욕을 억제하여 다스리려는 심정이 답답한 상태를 의미하며, 백성들에 대한 치자로서의 지배욕과 이기적 욕구를 완전히 포기하지 못하기 때문에, 백성의 동등 자유 복리를 향상시키지 못한 것을 애절하게 생각하는 심정을 표현한 것이다. 순순(淳淳)은 백성의 마음이 순박하다는 뜻이다. 만일에 치자가 이렇게 지배욕을 억제하지 못하여 애절하게 생각하는 심정을 지니면, 백성의 마음(民心)도 자신만의 이기적 욕구를 충족하려는 데에 급급하지 않고, 인간 본연의 자연성인 동등과 자유를 추구하려는 심정으로 돌아가서, 치자와 피치자 그리고 백성 상호간의 협력질서가 가능한 상태가 된다는 의미이다. 찰찰(察察)은 밝히고 밝힌다는 뜻으로서, 치자가 상벌과 선악의 구별을 엄격히 한다는 것을 의미하며, 이것은 치자의 자기 선택이지만 가혹한 정치의 선택을 배제한다는 뜻이다. 그러나 선택의 표준이 치자의 통치질서에 대한 백성의 순종과 무저항에 둘 경우에는, 치자의 선택에 의한 상벌은 치자 자신의 이기적 지배야욕의 충족수단이 되게 마련이라는 의미이다. 따라서 그 결과로 민심의 안정과 백성의 안녕이 결여될 수밖에 없다는 것이다. 즉 결결(缺缺)에서 '결'은 결여의 뜻이고 안녕과 질서의 감정이 결여된 불안한 심정을 말한 것이다.

---

125) "其政悶悶, 其民淳淳, 其政察察, 其民缺缺"(위의 책, 五十八章).

치자로 하여금 지배계급 중심의 차별적 통치와 지배야욕을 포기하고, 자연적으로 주어진 백성의 동등 및 자유에 대한 요구를 회복시켜 줌으로써, 차별이 없고 자유스러운 사회질서 즉 착취와 수탈이 없는 부강하고 평화가 보장되는 사회를 이룩하려는 것이 노장의 정치목표이었다고 할 수 있다. 그러나 이러한 정치적 이상 즉 자연주의 윤리사회는 실현되지 않았으며, 이 점에서 노장의 정치방법론이 제기 되었다. 노장의 정치방법론 가운데 중요한 특징적인 요소만을 지적하면 다음과 같다.

2) 노장의 정치방법론

(1) 최대한의 지배욕 억제로서의 지정(至靜)과
이를 수련하기 위한 자활적 훈련

공맹(孔孟) 유학은 차별적 예법의 회복 즉 지배와 차별질서의 붕괴를 막고 이를 재확립하기 위하여 자기반성(修己)을 요청하였으니, 그것이 이른바 극기(克己)이다. 따라서 공자는 자연적으로 주어져 있는 이기욕을 억제하고(克己) 봉건적 예법의 재확립(克己復禮)을 주장하였다. 이러한 극기복례(克己復禮)의 심정을 논어에서는 말없이 실천하려는(剛毅木訥) 의지라 하였고, 맹자는 이 의지의 양성을 양지(養志)·양심(養心)이라고 하였으며, 《중용》은 봉건예법을 파괴하려는 마음을 바로 잡아 정성껏 가다듬는 자세(正心誠意)라 하였다.

그러나 묵자에게는 수탈하지 않고 지배하지 않는 공평배분의 사회를 건립하려는 심정과 의지가 양지(養志)이다. 앞서 논의한 대로 유학과 묵학의 정치론은 다 같이 그들 자신의 가치욕구 충족을 위한 수단으로 전개한 정치방법론이다. 그러나 이것이 도리어 자연질서를 교란함으로써 백성을 빈곤과 불행에 떨어지게 하였다는 것이 노장(老莊)의 근본 시각이다.

따라서 노장은 인간이 이러한 가치욕구나 지배욕의 충족 요청을 스스로 진정시키고 억제할 때, 모든 인간이 평등하면서도 자유를 누리는 정치질서와 사회안정이 이루어 질 수 있다고 보았다. 지배하려는 욕구를 억제하게 되면 각 개체가 자신의 기능을 자유롭게 발휘함으로써, 사회가 자연적으로 안정될 것이라고 보아 이를 천하자정(天下自定)이라고 하였다.

도(道, 정치방법)란 항상 욕구를 지니지 않고 일[정치]을 하려는 것이기 때문에 이루어지지 않는 일이 없을 것이다. 만일에 제후나 제왕이 이러한 지배욕구나 가치욕구를 버리고 정치를 한다면, 만물이 스스로 자신의 기능을 모두 발휘하여 온 세상이 안정될 것이다.126)

나 자신부터 욕구를 끊어 버리면 백성은 저절로 욕심이 없어질 것이고, 나 자신이 안정을 좋아하면 백성들이 저절로 바르게 될 것이며, 나 자신이 업적을 내세우려 하지 않으면 백성들은 저절로 부유해질 것이고, 나 지신부터 욕구를 없이 하면 백성들은 저절로 검소 근면하게 될 것이다.127)

《도덕경》의 위의 두 구절은 자연적으로 주어진 동등과 자유의 질서를 회복하고 행복한 사회를 이루기 위해서는, 치자와 피치자 모두가 자기 자신의 이기욕(利己欲)을 버리려는(至靜無欲) 의식개혁이 필요

---

126) "道常無爲而無不爲, 侯王若能守之, 萬物將自化"(위의 책, 三十七章).
127) "我無爲,而民自化, 我好靜, 而民自定, 我無事, 而民自富, 我無欲, 而民自撲"(위의 책, 五十七章).

하다는 의미이다. 그렇다면 인간이 본질적으로 그의 본성 속에 지닌 이기욕을 버릴 수 있을까? 완전히 버릴 수는 없지만 스스로의 자기반성과 욕구억제의 훈련과정을 통하여 최소화할 수 있다는 것이 노장의 시각이다. 이러한 욕구를 없게 하는(至靜) 이차적 실천방법으로 도사(道舍) 도관(道觀)을 건립하여, 치자와 피치자가 다 같이 자율적으로 욕구를 다스리는 훈련을 받아야 한다는 것이 그 후 노장학도의 태도이다.

(2) 전환 촉진책의 조성

자신의 욕구를 다스리는 치욕(治欲)을 한다고 해서 지배와 차별체제가 평등과 자유의 체제로 전환될 수 있는가? 이 문제에 대하여 노장은 지배와 차별은 평등과 자유에 대한 불평등 부자유라는 상반적 기능이기 때문에, 상호 자연전환이 가능하다고 보았다. 따라서 치자는 자기가 원하는 방향으로, 환언하면 어떠한 방향으로나 사물 및 사회의 전환을 조장 촉진시킬 수 있다는 것이 노장의 정책적 시각이다. 이러한 전환의 촉진방법이 노장의 정치방법론이며, 이것은 사회 전환의 촉매제를 의미한다. 전환 방법으로 노장은 자연계에서 실증적으로 나타나는 양(+)과 음(-), 생성과 소멸의 상호 전환구조와 기능을 이용하여 사회를 개조하고, 백성의 복리 즉 이용후생(利用厚生)을 위하여 자연계의 사물을 활용할 것을 주장하였다. ≪장자≫의 대부분은 자연과 사물의 상대적 현상을 비유하여 이러한 사회개조의 논리를 전개한 것이라 하여도 과언이 아니다. 이는 자연원리에 입각하여 사회와 사물을 재창조하려는 과학적 개조론[128]이라고 한다. 따라서 노장의 전환촉진의 정치방법

---

128) 具本明, 앞의 논문, 137쪽 참조.

론은 바로 이용후생을 위한 과학적 사회개조론이라고 할 수 있다.
≪장자≫의 첫 장 '소요유(逍遙遊)'에 있는 다음의 대화는 이러한 이용후
생의 사회개조정책을 가장 잘 시사한 구절이라고 할 수 있다.

혜자(惠子)가 장자에게 말하기를 "위(魏)나라 왕이 큰 박(大瓠)의 씨를
나에게 보냈다. 나는 그것을 심었더니 다섯 섬(五石)이 들어갈 만큼의
큰 박을 얻었다. 물이나 장(漿)을 넣으니 너무 무거워서 들 수가 없었고,
이것을 작게 쪼개서 바가지(瓢)를 만들었으나 너무 얕아서 아무것도 담을
수가 없었다. 그리하여 쓸모없는 물건(無用之物)으로 생각해서 버리고 말았
다." 이에 대하여 장자가 말하기를, 다섯 섬들이 큰 박을 쓸모없는 물건이라
고 버릴 것이 아니라, 쓸모없는 것도 쓸모 있는 물건으로 쓸 수 있는
방법이 있다. 그 실례를 들면 다음과 같다. 송나라의 어떤 사람이 겨울에
손이 트지 않는 약(不龜手之藥)을 만들어서 대대로 찬물에 솜을 세탁하는
일로 가업을 삼아 몇 푼씩 벌어서 생계를 이어갔다. 한 나그네가 이 소문을
듣고 그 약의 제조법을 백금(百金)에 사기를 청하였다. 송나라 사람은
부자가 될 수 있는 좋은 기회라고 생각하여 친족을 모아 상의한 뒤에
그 비방을 백금을 받고 그 나그네에게 팔기로 하였다. 백금을 주고 비법을
구입한 나그네는 오(吳)나라 왕에게 그 약을 활용하기를 설득하였다. 때마
침 겨울에 월(越)나라가 오나라에 쳐들어와서, 오나라와 월나라 사이에
수전(水戰)이 벌어졌다. 오나라 왕은 나그네를 장군으로 임명했는데, 오나
라 군사는 이 약을 써서 크게 승리하고 월나라 군대는 대패하여 오나라
군대에게 땅을 빼앗겼다. 그러자 오나라 왕이 크게 기뻐하여 그 나그네에게
땅(封土)을 주어 대부로 삼았다. 송나라 사람과 그 나그네가 손 트지 않는
약을 이용한 점은 같았으나, 한 사람(宋人)에게는 그 약이 몇 푼 정도의
가치로 거의 가치가 없었고, 다른 사람(나그네)에게는 봉토(封土)를 받을
만큼의 가치가 있었다. 혜자, 당신은 큰 박을 쓸모없는 물건이라고 하지만
그것을 배를 만들어서 강이나 호수에 띄우면 얼마나 유용하겠는가? 그것의
쓸모없음을 걱정할 필요가 없다. 쓸모없음을 근심하는 것은 아직도 잡념(雜
念: 蓬心)이 있기 때문이다.129)

지금까지의 정치나 정치방법론은 초인간적 힘을 비는 종교적이기도 하였고, 추리에 의한 논증 혹은 신비의 직관력에 의한 방법, 불확실하고 결함이 많은 해석학적 방법, 분석적 방법 등 신비성에 의존하거나 불확실한 방법론에 의거하여 왔다. 그러나 노장의 정치론은 공맹 유학도의 도덕적 추리법이나 논증적 방법, 또는 묵자의 경제지식에 의한 논증주의 등 불확실한 방법을 거부하고, 사회전환의 자연적이며 객관적 시기를 파악한 후, 이 시점과 환경을 활용하여 자신이 원하는 방향으로 사회의 전환을 인위적으로 촉진·조성시키려는 방법을 취하였다.

(3) 개조주의 사회정책론

위에 언급한 여러 가지 전환촉진 방법론의 최종목표는 사회정책에 있었으며, 노장의 사회개조주의 정치론이라고 할 수 있다. 이러한 노장의 정치방법론은 주나라체제의 재현을 위하여 차별윤리 확립의 도덕적 방법론을 전개한 공자학도의 이론을 거부하였을 뿐 아니라, 차별적 주나라의 예법(禮法)을 낡은 것이라 거부하고 새로운 것을 추구하는(廢舊置新) 묵학도의 정치방법론에도 반대한 정치론이라고 할 수 있다. 그렇다면 노장의 정치방법론이 주장하는 대로 사회는 차별과 구속의 지배체제로부터 평등과 자유의 자연주의체제로 개조되었는가? 이 점이 바로 노장사상의 문제점이다.

주나라 차별체제의 재현을 위하여 주례(周禮)를 당위로 보았던 공자는 묵자 정치론의 초점인 평등체제를 인정할 수 없었고, 반대로

---

129) ≪莊子≫, 逍遙遊.

평등사회 실현을 정치의 궁극적 목표로 했던 묵자는 공자가 말하는 차별체제를 도저히 시인할 수 없었다. 이러한 공자와 묵자의 상반된 정치체제론은 서로 불상용의 가치관이었기 때문에 상호 존립을 허용할 수 없었다. 따라서 공자학도와 묵자학도는 자기 가치관만의 필승을 원했다. 그러나 이들 두 가치관을 사회 자체의 입장에서 객관적으로 보면, 공자학이 추구하는 차별과 구속, 묵자학이 추구하는 동등과 자유의 개념은, 인간과 사회에 주어진 불가피한 현실이며 두 가치관이 상호 전환될 수 있는 자연기능이라는 것이 장자이다. 차별과 구속에 대한 평등과 자유는 서로 용납될 수 없는(不相容, non의) 가치관이 아니며, 인간과 사회에 존재하는 상반적 반대기능(反機能, anti)일 뿐이고, 두 가치의 공존은 불가피한 사실이라는 것이 장자의 시각이다. 즉 자신의 가치관을 넘어서서 보면, 어느 한 체제를 거부하여 척결치 않고서도 그리고 자신의 존립을 위하여 상대편에 대한 필승을 도모하지 않고서도, 자신이 원하는 자유롭고 평등한 사회로의 전환이 가능하다고 본 것이 노장이다. 이것이 바로 노장의 개조주의 사상이다. 이 경우에 있어서의 개조는 복수가 아니고 상호 공존하에서 자기가 원하는 방향으로 수정·보완하는 것이며, 이른바 혁명적 쇄신 혹은 보복적 파괴도 아니다.

《도덕경》과 《장자》는 정치적 혁명이나 권력 추구의 갈등은 인간이면 누구나 지니고 있는 권력욕과 이기욕에서 나오기 때문에, 인간이 이러한 욕구를 지닌다는 점에서는 같다고 하였다. 즉 《도덕경》은 "참된 사람(정치인 포함)은 자신의 주장만을 내세우지 않고, 자신의 주장만을 내세우는 자는 참된 것을 모르는 사람이다. 그러므로 자기 주장만이 옳다는 시각을 버리고 권력욕과 이익을 포기하면(塞其兌, 閉其

門, 挫其銳), 널리 화합하고 분쟁이 해결되어 남의 허물도 함께 나누게 될 것이니, 이 점을 검칙한 이기욕을 가지고 있다는 점에서 인간은 동등하다고 일컫는다"130)라고 하였다. 장자가 "온 세상 모든 사람들의 자각과 화합은 누구나 이기욕을 지니고 있다는 점에서 평등하다(玄同)는 시각에서 출발해야 한다"131)고 한 말도 같은 의미라고 할 수 있다.

따라서 장자는 "자신의 주장을 포기하고 화합하려는 것을 어리석고 우둔한 행위로 보지만, 이러한 자세야말로 상호 갈등과 보복의 요인이 권력욕과 이기욕에 있다는 점을 각성한 도덕(玄德)이다. 이러한 덕이 지배해야만 온 세상 사람들이 다 같이 순응하게 된다"132)라고 하였다. ≪도덕경≫은 이러한 자각을 "자신이 만들고도 소유하지 않으며, 자신이 이룩하고도 자랑하지 않고, 자신이 성취하고도 통제하지 않는 자세가, 권력욕과 이기욕이 바로 갈등과 투쟁의 요인이라는 점을 각성한 도덕이다"133)라고 하였다.

3) 노장학의 미래문제

불평등한 지배와 억압적 차별체제로부터 평등과 자유의 사회체제로의 전환이 자연원리임을 실증하려 한 사상이 노장의 정치적 시각이었다. 이러한 사회로의 전환이 자연원리인 이상, 그 전환은 과거 현재는 물론 미래의 원리이어야 할 것이다. 노장학은 이러한 평등과 자유에로의 전환이 자연원리임을 사물의 각 현상에서 실증하려 했을

---

130) "知者不言, 言者不知, 塞其兌, 閉其門, 挫其銳, 解其紛, 和其光, 同其塵, 是謂玄同"(≪道德經≫, 五十六章).
131) "天下之德, 始玄同矣"(≪莊子≫, 胠篋).
132) "其合緡緡, 若愚若昏, 是謂玄德, 同乎大順"(위의 책, 天地).
133) "生而不有, 爲而不恃, 長而不宰, 謂之玄德"(≪道德經≫, 十章).

뿐 아니라, 그것이 과거의 사회원리이었음을 역사를 통하여 실증하는 데 노력하였는데, 이것이 노장사상의 역사관이기도 하다.

이러한 전환이 과거와 현재에 걸친 자연원리인 이상 그것은 미래에도 실현되어야 할 필연의 원리이어야 한다. 그러나 노장사상에서 이러한 미래학의 문제는 하나의 과제로 남겨졌다. 이와 같은 과제에 대한 정치사상적 발견과 사상적 발전이 근세 이래 한국 정치사상들에서 이루어졌으며, 이 점이 근세 이래 한국 정치사상의 특성이라고 할 수 있다.

근세 즉 조선왕조 이래 한국의 정치와 정치사상의 배경은 직접적으로는 중국 송나라와 명나라 시대의 사상이다. 그러나 송과 명 시대 정치사상의 원형은 고대 공자의 유학이었으므로, 공자 유학의 본질에 대한 규명 없이는 송과 명 시대의 유학을 이해할 수 없다. 동시에 묵자학과 노장학도 공자 유학과는 상반된 사상이었으므로, 묵학과 노장학에 대한 이해 없이 유학사상을 완전히 이해할 수도 없다. 따라서 근세 이래 한국의 정치와 정치사상을 규명하기 위해서는 유학·묵학·노장학의 원류에 대한 그 본질적 이해가 필요하다. 이러한 측면에서 한국의 정치와 정치사상을 논의하기에 앞서, 근세 이래 한국의 정치와 정치사상에 가장 큰 영향을 준 유가·묵가·노장 등 3가(三家) 정치사상의 요지에 대하여 살펴보았다.

3장

조선왕조 건국기의 정치와 주자학의 수용 및 제도화

1. 조선왕조 건국기의 정치 및 사회상황

1) 고려 말 조선왕조 초의 대내외 정치 및 사회불안

고려 말 조선왕조 초인 14세기 후반부터 15세기 초에 이르는 시대는 한민족에게 많은 시련과 핍박 그리고 대외적으로 불안정한 때이었다. 고려는 13세기 말(1273) 이래로 약 100년간 몽고족 원(元)의 지배에 들어가면서 원의 내정 간섭과 인적 물적 자원의 요구로 말미암아 심한 핍박을 받았다. 따라서 백성의 생활은 국내외의 극심한 수탈 속에서 도탄에 빠지게 되었고, 이러한 수탈로 인한 국력의 약화와 민생의 불안정을 이용한 외적의 크고 작은 약탈과 침범으로 민생은 더욱 곤궁해만 갔다.

무엇보다도 왜구(倭寇)의 침범과 약탈이 극심하여 수도의 천도론
까지 대두되기에 이르렀고, 특히 1350년대 이래 고려가 망할 때까지의
40여 년간은 연평균 약 12회 즉 매월 한번 꼴로 왜구의 약탈이 혹심하였
다.[1] 왜구와 함께 서북방의 홍건적(紅巾賊)이 두 차례에 걸쳐 대규모로
침입하여 파괴와 약탈을 하였을 뿐 아니라, 서경(西京: 현 평양)과 수도
개경(開京: 현 개성)을 점령함으로써 공민왕(恭愍王)이 경상도 안동(安東)
까지 피난해야만 했다. 또한 동북지방으로부터는 심양을 근거로 활약
하던 납합출(納哈出)이 침입하여 한민족은 시련과 함께 국력을 소모했
다. 그러나 무엇보다도 고려를 핍박하고 수탈한 외적은 중국 본토를
통일 지배한 몽고족 원(元)나라와 한족국가인 명나라이다.

고려 말 한족(漢族)의 반란에 직면한 원(元)은 한족의 반란을 진압
할 정벌지원군(助征軍)의 파병을 요구함과 아울러, 공민왕의 반원(反元)
정책에 핍박을 가하기도 하고 회유하기도 하는 등 고려가 망할 때까지
괴롭혔다. 다른 한편 1368년에 건국한 명(明)은 건국 초기에는 고려에
군대와 말 및 조공을 요구하였고, 중국 본토 대부분을 어느 정도 평정한
뒤에는 한반도에 침입하여 철령(鐵嶺) 이북의 땅을 점령하는 야욕을
드러냈다. 조선 건국 이후에도 명은 조선에 대하여 사람과 말(人馬),
농사소(耕牛), 처녀(處女) 등 과중한 인적·물적 자원을 요구하여 차출해
갔다. 특히 이러한 인적 물적 자원을 차출하기 위하여 원 또는 명나라
황제의 칙사로 오는 관리들의 농간(弄奸)이 매우 혹심하였으므로, 고려
말 조선 초의 위정자들은 많은 시달림을 당하였다. 이러한 원과 명나라
의 핍박을 줄이기 위하여, 인적·물적 자원을 수탈하여 가는 중국의

---

1) 李鉉宗, "高麗後期의 對外關係," 《한국사 8》(서울: 국사편찬위원회, 1974), 210～215쪽
참조

칙사에게 극진한 환대를 하지 않을 수 없었고, 이 때문에 후히 대접하는 일상용어로 "칙사 대접한다"는 말까지 나왔다. 또한 정도전(鄭道傳)이 소장관리였을 때는 친원정책에 반대하여 친명정책을 주장하다가 귀양을 가기도 하였으나, 조선 건국 후에 요동정벌론(征遼論)을 주장한 것도 명나라의 핍박이 극심하였던 데 연유했던 것으로 보인다.

따라서 우리는 중국의 다수민족인 한족(漢族)에 대하여는 호의적 모화사대의 관념을 지니고, 한족 이외의 다른 민족(非漢族)에 대하여는 비호의적 적대적으로 보는 시각을 벗어나야 한다. 앞서도 논의한 대로 고대로부터 이제까지의 전체 한국과 중국의 관계사를 보면, 중국 본토를 지배하던 민족이 한족이든 몽고족 또는 만주족이든 간에 강성한 통일국가를 형성하였을 때에는, 중국이 한민족에 대하여 무력침략 또는 강압적 수탈과 핍박을 가하였으므로 한민족이 위기와 시련을 겪어야 했으며, 반대로 중국의 다수민족인 한족 또는 중국을 지배한 민족이 분열되어 각축함으로써 약체화하거나 중국이 불안정할 때에는, 한민족은 정치 경제적 안정과 사회 문화적 번영을 구가할 수 있었다. 즉 고대 중국대륙에 최초의 한족 통일국가인 진(秦)에 이어 한(漢)나라가 건국되자, 7대 무제(漢武帝)는 한반도에 침입하여 사군(四郡)을 설치함으로써 고구려를 핍박하였다. 그 뒤 한 나라가 멸망하고 중국이 한족의 분열과 다섯의 비한족인 오호족(五胡族)에 의하여 분할 지배됨으로써, 이른바 5호16국(五胡十六國) 및 남북조시대를 맞이하여 360여 년 간 분열과 갈등을 겪는 동안(222~588: 366), 우리 한민족은 고구려·백제· 신라 등 삼국이 정립하면서도 강성하고 문화가 번창한 삼국시대 문화의 꽃을 피울 수가 있었다. 특히 고구려는 한사군을 수복하고(313) 요동반도를 포함한 만주 일대로 영토를 확장함으로써, 광개토대왕(廣

開土大王, 391~413년 재위)과 장수왕(長壽王, 413~491년 재위) 시대의 강성한 대국으로 발전할 수 있었다.

중국대륙이 수(隋)나라로 통일되자 한민족은 또 다시 침략을 받았지만, 을지문덕 장군이 살수대첩(612)에서 대승하여 이를 방어하였다. 그 뒤 거란의 침입에도 크게 승리하여 국가를 수호하였으나(654), 수나라[2]를 이은 통일국가인 당(唐)의 침략으로 고구려가 멸망함으로써, 한반도의 북부 및 요동지방을 상실하는 위축을 당해야만 하였다. 그러나 다시 당의 멸망으로 중국이 5대10국(五代十國, 907~979), 북송(北宋, 960~1127), 요(遼, 907~1125), 서하(西夏, 1032~1127), 금(金, 1115~1234), 남송(南宋, 1127~1279) 등으로 이어지는 분열과 혼란기를 맞았기 때문에, 한민족은 고려의 초, 중기를 맞이하여 대외적으로는 강감찬 장군의 귀주대첩(1011), 천리장성의 축조(1033~1044), 윤관 장군의 여진족 정벌과 9성(九城)의 구축(1108) 등 영토를 확충하고 외적을 방어하였다. 대내적으로는 정치경제의 안정과 더불어 청자문화의 창조(1050)와 번성(1180년대)을 이루었다. 그 뿐 만 아니라 국력의 신장으로 강대한 몽고의 침략에 항거하여 왕이 강화도로 피난하여 약 30년(1231~1259) 저항하면서도, 금속활자의 간행(1234), 팔만대장경(八萬大藏經: 1236~51)의 조판, 고려청자의 번성 등 한민족 역사상 괄목할만한 불후의 문화적 업적을 남겼다.

그러나 그 후 중국이 몽고족의 원(元, 1271~1368), 한족의 명(明, 1368~1644)으로 통일되면서, 한민족은 고려 말 이래로 중국의 침략과 핍박 그리고 인적 물적 수탈의 시련기를 맞았다. 한편 고려 말 조선

---

2) 수(隋)나라가 고구려에 대한 대규모의 침략전쟁으로 국력을 소모하여 단명(短命) 왕조로 망한 사실은 한민족의 역사에서 특기할만한 일이다.

초는 중국이 원의 멸망과 명의 건국이라는 본토 지배세력의 교체로
인하여 혼란과 불안정한 때이었고, 명나라가 중국을 통일한 1421년까
지는 한민족에 대하여 대규모 무력 침략을 감행하기는 어려웠을 것이
다. 명나라 태조 주원장(朱元璋)이 죽은 후, 명은 국내 불안정과 북경으로
의 천도(1403)를 전후한 여러 차례에 걸친 몽고 타타르(韃靼) 정벌전에서
의 일진일퇴의 공방전으로 말미암아, 아직은 고려 및 조선 침략의
여력이 미약하였던 것으로 추정된다. 이와 같은 형편이었음에도 불구
하고 명나라는 조선왕조의 정통성에 대한 승인 또는 조공을 구실로
한 여러 가지 핍박을 통하여 명의 대외 정벌전에 필요한 인적 물적
자원을 요구 수탈하여 갔다.

따라서 고려 말 요동정벌을 위한 출병(우왕 14년/1388)과 위화도
회군에도 불구하고, 조선왕조 초(조선 태조 5년/1396) 정도전이 요동정
벌론을 제기한 것은, 명의 조선에 대한 횡포와 고구려의 옛 땅을 수복하
려는 민족의식이 작용했을 것으로 보인다. 이와 같은 중국에서의 지배
세력의 교체와 불안정 그리고 한민족이 직면한 중국의 핍박과 수탈
등에 대하여 당시의 정치 지도자들은 어떠한 시각과 사상적 입장을
취하였는가를 알아보는 일은 중요한 과제이다.

2) 고려 말 정치세력의 형성과 갈등 및
조선왕조의 건국

조선왕조의 건국(1392)을 전후한 고려 말 조선 초(麗末鮮初)로부터
성종(成宗, 1470~1492) 말에 이르는 100여 년의 정치사는, 수양대군(首
陽大君: 세조)의 왕권장악(1455)을 전후하여 단종까지의 전반기(1392~

1455)와 세조로부터 성종 말까지의 후반기(1455~1494) 두 시대로 나누어 볼 수 있다. 이 시대는 고려왕조의 구귀족세력과 조선왕조 건설에 유공한 신흥 귀족세력 사이의 정쟁기(政爭期)로 특징지울 수 있으며, 그 후 조선왕조가 망할 때까지 근세 이래 한국의 정치적 성격에 결정적 영향을 준 시기이기도 하다. 조선왕조 500여 년간에 걸친 양반귀족세력 간의 계속적인 정쟁은 이 시기에 불교 통치론을 폐지하고 주자학적 유학정치론을 국가의 기본이념으로 채택한 데서 연유하였다.

어느 민족보다도 동질성이 강한 한민족(韓民族)을 유학의 본질인 차별원리에 따라 정치 및 사회체제를 양반, 상민, 노예의 신분상 차별이 엄격한 계급체제로 제도화하였기 때문에, 서로 차별 받지 않으려는 욕구에서 통치권을 비롯한 관권장악을 위한 정쟁이 심화될 수밖에 없었다. 즉 양반관료귀족의 특권이 보장되는 정치제도 아래서는 관권을 둘러싼 양반귀족세력 간의 파벌과 권력투쟁이 심할 수밖에 없었을 것으로 보인다. 또한 이와 같은 관권장악을 위한 대립과 갈등은 고려 말기의 정치사회적 모순의 연장이었다고도 할 수 있다. 특히 고려 중기 이래로 관료귀족 및 사원을 근거지로 한 승려들이 토지를 겸병(兼倂)하여 농장(農莊)을 확대함으로써 본래의 토지국유제는 극도로 문란해지고, 대토지를 소유한 관료귀족과 승려의 가혹한 수탈 때문에 각지에서는 민란이 끊일 사이가 없었다. 즉 토지사유화가 늘어남에 따라 농민에 대한 경제적 수탈과 핍박은 가중되게 마련이었고, 이로 말미암아 민란이 일어날 수밖에 없었다. 동시에 토지 사유화로 조세권(租稅權)을 가진 사원과 대귀족들이 대토지를 소유함으로써, 국고가 비고 국력도 날로 약화하기에 이르렀다. 이러한 국내의 학정(虐政)과 수탈의 틈을 이용하여 왜구가 각지에 침범하여 약탈을 자행하였고, 북방으로부터는 두 차례에 걸친 홍건적의 침입으로 수도 개경이 함락 당하는 일(1361)까지 있었다. 더욱이 1350년대 이래 헤아릴 수 없이 잦은 왜구의 침범과 약탈은 귀족의 학정과 수탈에 시달리고 있는 백성을 더욱 극심한 곤궁으로 몰아넣었다.[3]

이와 같은 외족의 침입과 약탈 그리고 국내 귀족의 수탈과 정치사회의 불안에 직면하여, 고려 말의 귀족 정치세력은 그들의 시국관과 이기적 권익에 따라 분파를 형성하기에 이르렀고 극심한 권력투쟁을 하게 되었다. 즉 대지주이며 고급관료로서 기득권을 향유하던 대귀족들은, 일찍이 중앙 정계에 진출하여 두각을 나타냄으로써, 고급관료로서 확보한 기득권과 고려체제를 유지하면서 국내외의 도전을 극복하려는 수정보수파를 이루었다. 반면 소지주이며 하급관료이던 새로운 사대부들은 고려왕조를 붕괴시키고 새로운 정치체제를 건립하려는 급진개혁파를 형성하기 시작하였다.

그러나 이들 두 정치세력의 근본 목적은 국가의 수호나 백성의 생활안정에 있었다기보다는 자기 파벌의 세력확충에 더 큰 비중을 두었기 때문에, 이들의 정치목표는 반대세력에 대한 필승과 반대파를 제거하는 데 더 큰 힘을 기울였던 것으로 보인다. 이들 두 정치세력 사이의 권력투쟁에서 이성계, 정도전 등을 주축으로 한 급진개혁파가 승리하였고, 이들 급진개혁파는 고려왕조를 붕괴시킨 후 고려의 왕족과 수정보수파에 대한 가혹한 살육의 자행[4] 및 왕씨일문(王氏一門)을 비롯

---

3) 이와 같은 역사적 사실에 비추어 볼 때, 중국은 통일되어 강성해지면 한반도를 침략하거나 핍박해 왔고, 일본은 한반도가 불안정하거나 약화되면 약탈하거나 침략해 왔던 점에 유의하여, 앞으로도 중국과 일본 두 나라는 언제나 한민족이 경계해야 할 국가라는 점을 상기할 필요가 있다.
4) 姜志元, ≪近代朝鮮政治史≫(서울: 대학생활사, 1950), 39쪽 참조.

한 고려를 보위하려는 세력의 철저한 제거5) 등 반대세력에 대한 혹독한 탄압을 자행하였다. 이와 같은 현실은 한족(漢族)의 비한족(非漢族)에 대한 우월적 지배와 복수심을 본질적으로 내포하고 있는 주자학을, 동질성이 강한 한민족(韓民族)에게 적용함으로써 나타난 필연적인 정치적 결과이었다고 볼 수 있다. 환언하면 한민족에 대한 주자학의 수용은 유학이 본질적으로 내포하고 있는 비한족에 대한 차별적 복수의 요소 때문에,6) 도리어 동족에 대한 보복과 탄압으로 나타나 한민족의 동질성을 파괴하는 모순을 드러냈으며, 이 점이 바로 조선왕조 건국 초부터 한민족에게 준 유학의 역기능이었다고 할 수 있다.

이러한 수정보수파와 급진개혁파의 대립 항쟁에서, 자기 파벌의 권익 확보를 위한 사상의 차이는 양파의 대표적 학자요 정치인인 사람들에 의하여 나타났다. 두 파의 대표적 인물들을 들면 다음과 같다.

수정 보수파에 속하는 인물로는 이색(李穡, 1328~1396), 정몽주(鄭夢周, 1337~1392), 이숭인(李崇仁, 1349~1392), 권근(權近, 1352~1409) 등을 꼽을 수 있다. 이들은 대체로 고려왕조의 고위관직에 재임하던 인물들로서 주자학을 수용 또는 보급한 사람들이지만, 정치태도에 있어서는 보수적이고 고려체제를 보위하려 하였다. 특히 이색과 정몽

---

5) 고려의 마지막 왕인 공양왕(恭讓王)과 두 아들의 교살, 왕강(王康)·왕승보(王承寶)·왕승귀(王承貴)·왕격(王隔) 등 왕씨 일문(一門)에 대한 바다에서의 침몰 살해, 그리고 고려 말 수정보수파의 거두(巨頭)인 이색의 횡사와 이숭인(李崇仁) 및 이색의 아들 이종학(李種學)의 비명횡사(非命橫死) 등은, 바로 이러한 급진개혁파에 의한 가혹한 탄압상을 말해 주는 예이다.
6) 공자 유학이 동주(東周) 춘추시대에 서쪽의 비한족인 서융(西戎)족의 침입으로 망한 서주(西周) 봉건체제의 재건을 이상으로 하였기 때문에, 근본적으로 그의 국제질서관에는 비한족에 대한 복수와 차별을 내포하고 있으며, 주자 유학 역시 주자 자신이 만주족인 금(金)나라에 의하여 북송(北宋)이 망한 뒤 피난 한족이 그 명맥을 유지한 피난정권인 남송(南宋) 시대에 태어나 살았었기 때문에, 그의 국제질서관 속에도 한족의 우월성을 이론화함으로써 비한족에 대한 복수심이 내포된 사상이라고 할 수 있다.

주는 새로운 조선왕조 건립에 끝까지 저항하던 대표적인 인물이다.

이들과 대립한 급진개혁파에 속한 인물로는 이성계(1335~1408), 정도전(1337~1398), 조준(趙浚, 1346~1405), 하륜(河崙, 1347~1416), 남은(南誾, 1354~1398) 등을 들 수 있다. 이들은 모두 고려왕조를 붕괴시키고 조선왕조를 건설하는 데 주역을 담당한 공로자들로 건국과정에서 막대한 포상을 받고 새로운 집권귀족이 된 사람들이었다. 특히 정도전은 건국 후 ≪조선경국전(朝鮮經國典)≫을 제작하여 건국이념의 확립과 그에 따른 신체제의 법제화에 기여하였고, 조선경국전은 그 뒤 세조 때에 편찬한 ≪경국대전(經國大典)≫의 모체가 되었다. 조준은 과전법(科田法)으로의 토지제도 개편에서, 그리고 태종 이방원(李芳遠)의 심복이던 하륜은 ≪경제육전(經濟六典)≫을 편찬함으로써, 건국기 경제분야의 개편에 크게 공헌하였다.

고려 말의 이 두 정치세력은 끊임없이 정치사상 및 정책에 대한 대립과 갈등을 나타냈다. 결국 급진개혁파의 승리로 조선왕조가 건립됨으로써, 새로운 집권세력은 새로운 통치체제 확립을 위한 중앙집권적인 정치 경제 제도를 비롯하여 관료제도·교육제도·토지제도·신분제도 등의 개편을 서두르게 되었다. 즉 고려를 무너뜨리고 새로운 왕조를 건립한 이성계, 정도전 등 급진개혁파는, 새로운 정권을 달갑게 생각하지 않는 수정보수파의 저항과 위험 속에서도[7] 체제 정비와 제도 개편에 착수하였다.

우선 새 왕조의 확립에 필요한 체제정비를 위하여 통치사상으로 주자학을 수용하였고, 이에 따라 통치체제를 중앙집권적 관료 제도로

---

7) ≪조선왕조실록≫은 "왕씨의 잔당이 각 지에 모여 예측할 수 없는 반란을 일으킬지도 모를 만큼 위급함이 있다"(太祖實錄, 卷五 三年 四月)고 기록하였다.

개편하여 재정비함과 아울러 새로운 관직을 만들어서 이씨왕조 건국의 유공자들에게 재분배하였다. 조선왕조 개국 2년 전에 개편한 과전제(科田制)는 바로 이러한 정치적 목적에서 추진된 권력 재분배정책이다. 동시에 신체제에 대한 저항을 예방하기 위하여 고려 말에 고급관료가 된 수정보수파와 왕씨에 대한 탄압 및 학살을 감행하였고,[8] 반역 방지를 위하여 종래 권문세력자들에게 허용되었던 사병제(私兵制)를 폐지함으로써 군사제도를 중앙집권적으로 개편하였다. 이러한 통치질서의 개편은 주로 정도전에 의하여 이루어졌고, 동시에 지나친 권력집권화의 추진은 새로운 집권세력 내에 우월한 권력자와 권력에서 소외된 자들 사이의 내부갈등과 권력투쟁을 초래하게 되었다.

특히 여러 가지 제도개편 가운데 가장 중요한 것은 과전제로의 토지제도 개편이었다. 그러나 이 과전제는 고려왕조를 존속시키려는 권문(權門)세력자들의 토지사유의 확대를 방지함으로써, 그들의 권력을 약화시키려는 목적에서 추진한 권력 재분배 방식이었을 뿐이다. 과전제 실시의 명분은 고려 말기에 크게 확대된 대귀족의 사전(私田)을 몰수하여 본래의 국가소유로 환원시켜서, 이 몰수 토지를 관직의 직급에 따라 현직관리에게 재분배한 뒤에 소작자에게 조세를 징수함으로써 국가재정을 충실하게 한다는 것이다. 동시에 새로운 집권세력은 이 과전제로의 토지제도 개혁의 목적이 토지국유제의 문란과 지배계급의 부패를 제거하여 사회정화를 이룩하려는 데 있음을 내세웠다. 그러나 결과적으로는 과전제가 조선왕조의 건국과정에서 공이 있는 급진개혁

---

8) 고려의 구귀족에 대한 제2차의 숙청으로 정몽주를 암살하고, 이숭인(李崇仁)·김진석(金震錫) 등 다수의 저항 위험성이 있는 학자와 정치가를 유형(流刑) 또는 살육하였으며, 그 범위가 넓고 그 방법이 잔인하였다(姜志元, 앞의 책, 41쪽).

파와 건국공신 등 새로운 집권층에 대한 몰수토지의 재분배 정책에 불과하였고, 고려의 집권세력이 소유한 토지를 몰수함으로써 이들의 경제적 세력기반을 박탈한 데 그쳤다는 비판을 벗어나기 어렵다. 이 점은 고려 말 유력한 관료 권력자들이 차지한 막대한 농장을 몰수하여 조선왕조 건국에 공이 있는 개국공신 58명에게 지급한 6,870결의 공신전(功臣田)만 보아도 알 수 있다.[9] 일등 개국공신의 경우 세습이 가능한 220결(220결 × 약 3,000평 = 60여만 평의 면적에, 수확량으로는 220결 × 30석 = 6,600석의 전답)의 토지를 분배받음으로써 일시에 대토지 소유자가 되었다.

따라서 관권을 둘러싼 극심한 권력투쟁은 과전제로부터 비롯했다고 하여도 과언이 아니다. 더욱이 임진왜란 이전까지는 세 정승 등 오늘의 총리급인 정1품직(正一品職: 영의정, 좌의정, 우의정)은 110결(면적으로 치면 110결 × 4,000평 = 44만평이고, 수확량으로 치면 110결 × 40석 = 4,400석의 농경지)을, 그리고 장관급인 정2품직(正二品職: 6曹의 判書)은 95결(면적: 95결 × 4,000평 = 38만평, 수확량: 95결 × 40석 = 3,800석의 농경지)의 직전(職田)을 지급 받았으며, 최하위 관직인 종9품직 관리도 10결(면적: 4만평 = 150마지기, 수확량: 10결 × 40석 = 400석)의 농경지를 지급 받았으니, 근세 조선왕조, 특히 왕조 전기에

---

9) 1결의 면적은 그 수확량의 정도에 따라 차이가 있었지만, 세종 26년 이전에는 대체로 비옥한 상전(上田) 1결의 면적은 1846평, 중간 정도의 토지 중전(中田) 1결은 2892평 그리고 척박한 하전(下田) 1결의 면적은 4182평이었다고 하니(李相佰, ≪韓國史 近世前期篇≫, 393~398쪽 참조), 대략 1결을 면적으로 환산해 보면 평균 3000평 정도로 추정할 수 있다. 그러나 세종 26년 이후의 전분육등법(田分六等法)에 따르면, 1결의 면적은 3등전(3931.9평)을 기준으로 하여 대략 4000평이었다. 결을 수확량으로 환산해 보면, 20말(斗)의 조를 받는 토지를 1결이라고 하였으니, 세종 26년 이전까지는 수확량의 1/10을 조로 받았으므로 1결의 수확량은 20말 × 10 = 200말 = 20석이었고, 세종26년 이후에는 수확량의 1/20을 조로 받았으므로 1결의 수확량은 400말(斗) = 40섬(石)이 되는 셈이다.

간혹 검소한 생활을 한 재산 많은 청부리(淸富吏)는 존재했을지도 모르나,[10] 참된 의미의 청백리(淸白吏)란 존재하지 않았던 것으로 보인다.

다음 표 3의 조선왕조 건국 초부터 임진왜란 후 선조말(1392~1604)까지의 공신들에게 지급한 농경지(功臣田)와 각종 포상을 보면, 정권장악의 결과로 얻는 특전이 매우 막대하였음을 알 수 있다.

---

10) 우리는 흔히 한국의 역사에서 대표적인 청백리로 황희(黃喜, 1363~1452)를 예로 들지만, 그가 과전 지급을 거부하였다거나 받은 과전을 반납하였다는 기록을 발견할 수 없는 점으로 미루어 보아, 그 자신은 검소한 생활을 하였을는지 모르나 황씨 일문을 먹여 살린 재산 많은 청부리(淸富吏)에 지나지 않았을 것 같은 생각이 든다. 더욱이 황희가 죽은 뒤 그의 행적에 대한 ≪문종실록≫의 기록에, "장차 세자를 북경에 보내는 사신의 일원으로 황희를 수행시키려 할 때, 사헌부는 황희가 동산역(東山驛) 관리의 뇌물을 받았다고 탄핵하면서 그의 세자 수행을 반대하였으나 왕이 받아들이지 않았다. (중략) 세종이 중년(中年) 이후에는 새로운 제도를 많이 제정하니, 황희가 '조상(祖宗)의 구제도(舊制度)를 경솔하게 변경할 수 없다'고 반박하는 의논을 올림에, 세종이 비록 이를 모두 따르지는 않았지만 중지시켜 막은 일이 많았다. (중략) 또한 그는 성품이 지나치게 관대하여 제가(齊家)에 단점이 있었고, 청렴결백한 지조가 모자랐을 뿐 아니라, 정권을 오랫동안 잡고 있었으므로 자못 청렴하지 못하다는 비난을 받았다. 그의 처 형제인 양수(楊修) 양치(楊治)의 불법 행위가 발각되자, 황희는 이 일이 풍문(風聞)에서 나왔다는 글을 임금에게 올려 변명을 구하였다. 아울러 관청에 몰수된 그의 아들 황치신(黃致身)의 과전을 되돌려 주기를 청하는 글을 임금에게 올리기도 하였다. 또한 황중생(黃仲生)이란 자를 서자로 삼아서 그의 집에 드나들게 하였다가 뒤에 중생이 죽을 죄를 지으니, 자기 아들이 아니라고 하면서 그(仲生)의 성(姓)을 바꾸어 조(趙)라고 하였으므로, 이를 애석하게 여기는 사람이 많았다"(≪文宗實錄≫, 卷十二, 文宗 二年 二月 八日 壬申)고 한 점으로 보아, 황희를 청백리나 바람직한 공직자상으로 보는 것은 무리일 것 같다.

표 3. 조선 건국(1392년)초 ~ 선조 말(1604년)의 역대 공신수 및 특전지급 상황

공신구분 (功臣區分)	포상구분 (포상자수 및 종류)	1등 공신	2등 공신	3등 공신	합 계
개국공신 <開國功臣: 조선왕조 건국에 기여한 포상>	공신수(人)	19	24	15	58
	토지(結) <세종 26년 이전 과전법에 의하면, 1결은 3,000평 또는 30석 수확>	220結 × 2인 = 440결 200결 × 5인 = 1,000결 170결 × 9인 = 1,530결 150결 × 3인 = 450결 19인 지급계 = 3,420결	100결 × 24인=2,400결 <1인에게 영구 세습 가능한 3,000석 수확 사유토지를 지급한 셈>	70결 × 15人=1,050결 <1인에게 영구 세습 가능한 2,100석 수확 사유토지를 지급한 셈>	6,870 결
	노비(名) <丘史 + 直拜把領 포함>	47명 × 4인 = 188 42명 × 3인 = 126 37명 × 9인 = 333 32명 × 3인 = 96 19인 지급 = 743	23명 × 24인 = 552	16명 × 15인 = 240	1,535
정사공신 <定社功臣: 1차 왕자의 난에 대한 포상>	공신수(人)	12	17		29
	토지(結)	200결 × 12인=2,400결	150결 × 7인 = 1,050결 100결 × 10인 = 1,000결 17인 지급계 = 2,050결		4,450 결
	노비(名) <丘史 + 直拜把領 포함>	42명 × 12인 = 504	28명 × 7인 = 196 23명 × 10인 = 230 17인 지급계 = 426		930
좌명공신 <佐命功臣: 2차 왕자의 난에 대한 포상>	공신수(人)	9		12+22=34	46
	토지(結)	150결 × 9인 = 1,350결	100결 × 3인 = 300결	80결 × 12인 = 960결 4등: 60 × 22인 = 1,320결	3,930 결
	노비(名) <丘史 + 直拜把領 포함>	30명 × 9인 = 270	23명 × 3인 = 69명	17명 × 12인 = 204 4등:11명 × 22인=242	785
	백은(白銀:兩)	50냥 × 9인= 450냥	25냥 × 3인– 75냥	25냥 × 12인= 300냥 4등:25냥 × 22인=550냥	1,375 냥
정난공신 <靖難功臣: 수양대군 정권 장악 포상>	공신수(人)	11	11	20	42
	토지(結) <세종26년 이후 新貢法에 의하면, 1결은 약 4,000평 또는 40석 수확>	200결 × 11인=2,200결 <1인에게 영구세습이 가능한 8,000석 수확 사유토지를 지급한 셈>	150결 × 11인=1,650결 <1인에게 영구 세습 가능한 6,000석 수확 사유토지를 지급한 셈>	100결 × 20인=2,000결 <1인에게 영구 세습 가능한 4,000석 수확 사유토지를 지급한 셈)	6,050 결
	노비(名) <丘史+伴倘포함>	42명 × 11인 = 462명	28명 × 11인= 308명	16명 × 20인= 160명	972 명
	백은(白銀:兩)	50냥 × 11인= 550냥	25냥 × 11인= 275냥	10냥 × 20인= 200냥	1,025 냥
좌익공신 <佐翼功臣: 세조 왕위 옹립포상>	공신수(人)	7	13	25	45
	토지(結)	150결 × 7인=1,050결	100결 × 13인=1,300결	80결 × 25인=2,000결	4,250 결
	노비(名) <근수+伴倘포함>	30명 × 7인 = 210명	23명 × 13인 = 299명	17명 × 25인 = 425명	934 명

공신	항목				
	백금(白金:兩)	50냥×7인= 350냥	25냥×13인= 325냥	25냥×25인= 625냥	1,300 냥
적개공신 <敵愾功臣: 이시애 난 평정포상>	공신수(人)	10	23	12	45
	토지(結)	150결×10인=1,500결	100결×23인=2,300결	80결×12인= 960결	4,760 결
	노비(名) <丘史+伴倘포함>	30명×10인 = 300명	23명×23인 = 529명	17명×12인=204명	1,033 명
	백금(白金:兩)	50냥×10인= 500냥	25냥×23인= 575냥	10냥×12인= 120냥	1,195 냥
익대공신 <翊戴功臣: 南怡 제거에 대한 포상>	공신수(人)	5	10	22	37
	토지(結)	150결×5인= 750결	100결×10인=1,000결	80결×22인=1,760결	3,510 결
	노비(名) <丘史+伴倘포함>	30명×5인 = 150명	23명×10인 = 230명	17명×22인= 374명	754 명
	은(銀: 兩)	50냥×5인= 250냥	25냥×10인= 250냥	25냥×22인= 550냥	1,050 냥
좌리공신 <佐理功臣: 龜城君 浚 제거 포상>	공신수(人)	9	12	3등:18+4등:35=53	74
	토지(結)	40결×9인= 360결	30결×12인= 360결	3등:20결×18인=360+ 4등:10결×35인=350	1,430 결
	노비(名) <丘史+伴倘포함>	20명×9인 = 180명	16명×12인= 192명	3등:12명×18인=216+ 4등:8명×18인= 144	732 명
정국공신 <靖國功臣: 중종반정에 기여한 포상>	공신수(人)	8	13	3등:30+4등:54=84	105
	토지(結)	150결×8인=1,200결	100결×13인=1,300결	3등: 80결×30인=2,400 +4등:60결×54=3,240	8,140 결
	노비(名) <丘史+伴倘포함>	30명×8인 = 240명	23명×13인= 299명	3등:17명×30인=510+ 4등:12명×54인=648	1,697 명
	은(銀:兩)	50냥×8인= 400냥	30냥×13인= 390냥	3등:20냥×30인=600 4등:10냥×54인=540	1,930 냥
정난공신 <定難功臣: 李顥 역모 고발 포상>	공신수(人)	5	5	12	22
	토지(結)	150결×5인= 750결	100결×5인= 500결	80결×12인= 960결	2,210 결
	노비(名) <丘史+伴倘포함>	30명×5인 = 150명	23명×5인= 115명	17명×12인= 204명	469 명
	은(銀:兩)	50냥×5인= 250냥	25냥×5인= 125냥	25냥×12인= 300냥	675 냥
보익공신 <保翼功臣: 을사사화 고발포상>	공신수(人)	4	8	16	28
	토지(結)	150결×4인 = 450결	100결×8인= 800결	80결×16인=1,280결	2,530 결
	노비(名) <丘史+伴倘포함>	29명×4인 = 116명	23명×8인= 184명	17명×16인= 272명	572 명
호성공신 <扈聖功臣: 임진왜란시 선조 호위 피난 포상>	공신수(人)	2	31	53	86
	토지(結)	150결×2인= 300결	80결×31인=2,480결	60결×53인= 3,180결	5,960 결
	노비(名) <丘史+伴倘포함>	30명×2인 = 60명	19명×31인= 589명	13명×53인= 689명	1,338 명
	은자(銀子:兩)	10냥×2인= 20냥	7냥×31인= 217냥	5냥×53인= 265냥	502 냥
선무공신<宣 武功臣: 임 진왜란시 국 가수호포상>	공신수(人)	3	5	10	18
	토지(結)	150결×3인= 450결	80결×5인= 400결	60결×10인=600결	1,450 결
	노비(名)	30명×3인 = 90명	19명×5인= 95명	13명×10인= 130명	315 명

	<丘史+伴倘포함>				
	은자(銀子:兩)	10냥×3인= 30냥	7냥×5인= 35냥	5냥×10인= 50냥	115 냥
청난공신 <淸難功臣: 李夢鶴 반란 진압 포상>	공신수(人)	1	2	2	5
	토지(結)	150결×1인= 150결	80결×2인= 160결	60결x 2인= 120결	430 결
	노비(名) <丘史+伴倘포함>	47명×1인 = 47명	19명×2인= 38명	13명×2인= 26명	111 명
	은자(銀子:兩)	10냥×1인= 10냥	7냥×2인= 14냥	5냥×2인= 10냥	34 냥
전 체 < 조 선 건 국 (1392)~선 조 말(1604), 단광국, 평난 공신 제외>	공신수(人)	105	177	358	640
	토지(結)	16,330 결	17,000 결	22,540 결	55,870결
	노비(名) <丘史+伴倘포함>	3,522	3,925	4,688	12,13명
	금,은(金銀:兩)	2,780 냥	2,281 냥	4,110 냥	9,171냥

따라서 조선왕조가 건국되기 이전의 수정보수파와 급진개혁파
의 갈등과 세력투쟁은 두 정파가 처했던 정치 및 사회경제적 지위의
차이에서 연유하였던 것으로 보인다. 이들 두 정파의 정치적 투쟁은
관권 연장을 통한 토지경제권의 유지, 또는 관권의 장악을 통한 새로운
토지경제권의 확보를 위한 통치체제의 장악에 있었으며, 그들의 정치
사상도 이러한 정치욕구와 현실을 반영한 것이었다고 볼 수 있다.
따라서 두 정파는 정치적 목적이 근본적으로 다르기 때문에, 그 목적을
달성하기 위한 정치사상과 정책도 상이하였다.

두 정파의 정치적 목적과 사상적 시각의 차이점을 들면 다음과
같다. 우선 수정보수파의 정치노선이다. 첫째 수정보수파는 고려왕조
의 정치체제를 보위 강화하는 데 그들의 정치적 근본의도를 두었다.
그들은 이미 확보한 정치적 권익과 경제적 부를 유지하는 것이 무엇보
다도 중요하고 체제변동으로 이러한 기득권을 잃어버리지 않으려
했기 때문이다. 둘째 그들은 고려체제의 존속과 보위를 전제로 한
개혁을 추구했기 때문에, 고려의 통치사상인 불교사상을 재확인하고

보강하려 하였다. 셋째 수정보수파는 주자학을 수용하고 보급시킨 선구자들이지만, 그들이 주자학을 수용한 목적은 어디까지나 고려왕조의 통치이념인 불교사상을 보강하기 위한 수단이었고, 주자학으로 체제의 근본이념을 삼으려는 데 있었던 것은 아니었다. 이는 수정보수파의 대표 인물인 이색의 불교사상에 대한 긍정적 시각과 주자학을 체제보강의 방법론으로 본 데서도 알 수 있다.

이들 수정보수파와는 대조적으로 급진개혁파는 고려체제를 붕괴시키고 새로운 정치체제를 수립하기 위한 개혁이념으로 주자학을 수용하였다. 따라서 이 정파의 정치적 목표와 입장은 수정보수파와는 근본적으로 달랐다. 첫째 그들의 정치목표는 고려체제의 유지나 보강이 아니라 기존체제를 폐기하고 새로운 체제를 건설하는 것이다. 그들 중에는 정치적 지위나 출신 배경이 보잘 것 없는 사람이 많았기 때문이다. 따라서 보위할 만한 기득권도 별로 없었다. 둘째 급진개혁파는 고려의 통치사상인 불교사상을 거부하고, 이를 주자학적 통치이론으로 대치시키려 하였다. 불교 통치론의 수정이나 보완 정도가 아니라 이를 폐기하고 주자학을 통치이념으로 한 신질서를 건립하려 하였다. 셋째 그들이 수립하려 했던 정치체제는 중앙집권적 관료체제였다는 점이다. 그것은 고려 말기의 분권적 정치현실의 폐해에 대한 개혁의식을 활용하고자 하였기 때문이다. 즉 당시 고려왕조의 중앙 정계는 왕실과 혼인 관계로 연결된 권문귀족이 왕권을 뛰어 넘어 도평의사사(都評議使司)라는 합의제를 구축함으로써 지배되었고, 사회경제적으로는 사원과 토호(土豪)세력이 토지를 겸병하여 백성을 소작인과 노비로 전락시키는 상황이었기 때문이다.

이상에서 본 바와 같이 고려 말의 두 정파는 각자의 정치목표와 입장이 달랐기 때문에, 두 파가 다같이 주자학을 수용하였지만 그것의 수용태도나 적용방법 및 그것을 토대로 전개한 정치사상과 정치노선은 매우 판이하였다. 물론 이들 두 정파의 정치목적이 고려체제의 유지와 보강에 있었건 또는 새로운 통치체제의 수립에 있었건 간에, 주자학적 유학사상이 고려 말의 정치적 부패와 대내외적인 위기와 혼란을 구제할 수 있는 정치사상이요, 정책적 방편으로 보여졌던 점을 부인할 수는 없을 것이다.

동시에 이와 같은 통치사상으로서의 주자학의 본격적인 수용은, 삼국 시대이래 고려 말에 이르기까지 불교라는 종교를 통치의 수단으로 삼아 백성을 구체적인 통치에 대항할 필요가 없는 비현실적인 인간으로 전락시켜 왔던 사고를 전환시키는 계기가 되었다. 주자학을 비롯한 유학이란 도덕·학문·윤리·교육·사상이 중심인 것처럼 오해하는 일이 많지만, 그 본질이 정치사상이며 학문 및 사상 전개의 근본목표도 정치질서의 확립에 있었다. 따라서 유학을 지배학(支配學) 또는 제왕학(帝王學)이라고 일컫는 것도 이러한 정치적 목표가 주자학을 비롯한 유학의 근본사상이기 때문이다.

고려 말과 조선왕조 초에 급진개혁파가 주자학을 통치의 기본사상으로 채택하게 됨으로써, 그 후 조선왕조 500여 년간 주자학을 중심으로 한 유학적 논쟁이 정치적 권력투쟁의 쟁점이 되었던 것은 불가피하였다. 즉 유학이론은 정파형성의 매개가 되었고 파쟁의 도구로 전락하였다. 그렇다면 조선조 전체에 걸쳐 어떤 이론적 측면에서 체제 유지세력과 변동세력 또는 집권세력과 도전세력 사이에 그 사상의 기본적 시각이 달랐는가? 시대에 따라 우주변천론으로서의 역(易) 이론, 역사관, 인간성론, 및 윤리와 도덕론 등이 그 이론을 전개하는 사람의 정치적 목적과 시각이 상이하였기 때문에 그들이 주장한 정치사상도 달랐다. 따라서 이들 여러 사상들이 어떠한 정치문제에 이론 전개의 근본목적을 두고 있으며, 정치적 상황과 이론전개자의 정치적 입장에 따라 어떻게 그의 사상 내용이 달라졌는가를 해명할 필요가 있다. 앞으로 조선조의 정치사상을 규명함에 있어서 위의 여러 측면 가운데, 각 시대 정치사상가가 초점을 두고 다루었던 정치적 시각을 밝히는 일이 필요하다. 그리고 이들 정치사상적 시각에 대한 중요한 이론적 쟁점을 들면 다음과 같다.

첫째 우주변천론으로서의 역 이론의 전개이다. 기존의 정치질서를 재확립 존속시킬 것이냐 그렇지 않으면 새로운 정치질서의 형성을 추구할 것이냐는 정치적 목적에서, 우주의 변화에 대한 이론 즉 역 이론의 차이가 나타나게 된다. 중국문화권에서는 우주변화이론으로서의 역 이론을 책수(策數) 또는 책론(策論) 등으로[11] 전개하였으며, 역 이론이란 사회체제 변동의 근거를 우주의 자연변화에서 찾으려는 체제의 유지 또는 변경을 위한 정책적 의미를 지닌다고 할 수 있다. 본래 역(易) 또는 우리에게 잘 알려진 주역(周易) 이론이 형성된 것은 정치문제에서 비롯하였다. 즉 주나라의 역(易)인 주역 이론은 주나라 봉건체제의 정통성을 우주변화에서 그 합리성의 근거를 찾으려는 정치적 목적에서 형성된 이론이다. 본래 주역은 봉건적 통치체제 및 차별적 신분체제의 정당성을 우주원리로서의 양(+)과 음(-)의 이원론에 근거한 불가피한 불변의 차별원리로 규정하려는 정책적 저의에서 만들어진 우주론이다. 이 점은 주역에서 역의 개념을 사업을 이루는

---

11) 율곡 이이는 정치변동론의 우주론적 근거를 역수책(易數策)으로 전개하였고(≪栗谷全書≫, 卷十四 雜著 易數策), 전한(前漢) 시대의 동중서(董仲舒)는 이를 천책론(天策論)으로 전개하였다.

것[12]이라고 표현한 데서도 알 수 있다. 이 때의 사업은 우주의 자연변화를 이해하고 그 이치를 추리하여 백성을 다스리는 활동임을[13] 의미한다.

역(易)이란 글자는 일(日)자와 월(月)자를 합한 글자이며, 해와 달의 운행과 같이 자연변화 즉 우주의 변화를 설명하려는 목적에서 만들어진 것이다. 그러나 생성과 소멸이라는 우주의 변화란 집권자에게는 원하지 않는 고통이게 마련이다. 이러한 우주변화론은 권력 장악자의 소멸과 집권체제의 자연붕괴를 의미하기 때문이다. 따라서 주역의 목적은 변화 가운데서도 변화하지 않는 정치원리를 찾아내는 데 있었다.[14] 체제유지를 위한 정치적 목적에서 생성과 소멸이라는 자연변화를 합리적으로 설명하면서도, 변화 가운데 변화하지 않는 근원적 원인자로서의 질서원리를 설정함으로써, 주나라의 봉건체제를 영원히 존속시키려는 데 주역의 근본적 목표가 있었다. 이러한 정치목표를 달성하기 위하여 주역은 만물을 주재하는 근원적 원인자를 태극(太極)이라 하였고, 변화하지 않는 체제질서의 우주원리를 천리(天理)라 하였다. 따라서 주역은 주나라의 봉건정치체제를 보위 합리화하려는 정치사상의 산물일 뿐, 우주변화와 우주 속에 생존하는 인간을 비롯한 만물의 운명을 설명하고 예측할 수 있는 신비(神秘)의 이론이 아니다.

---

12) "夫易, 開物成務"(≪周易≫, 繫辭上, 第十一章).
13) "化而裁之謂之變, 推而行之謂之通, 擧而措之天下之民, 謂之事業"(위의 책, 第十二章).
14) 고대 그리스의 소크라테스에 이르기까지의 철학도, 상업귀족이 지배하는 도시국가의 차별적 정치체제를 유지하려는 정치적 목적에서, 만물 변화의 근원적 원인자(Arche)를 설정하였다. 헤라크리토스(B.C. 500년경의 철학자)는 불(fire)을 우주의 근원적 원인자로 설정하고 이 불이 만물 유전의 원리이고 소멸 없이 계속해서 만물을 생성하는 이법(理法, Logos)이며, 우주 안에 있는 인간 생물 등 일체의 만물은 이법(Logos)의 합리적 작용 결과라 하였다. 이러한 우주원리로서의 로고스의 설정은 우주의 변화 속에서 변하지 않는 원리를 설정함으로써 기존의 정치체제를 보위하려는 정치적 목적에 있었다.

현존 정치체제 아래서 기득권을 향유하는 집권 보수세력은 기존 체제의 변동을 거부하고 그 체제의 재확립을 요구한다. 그러므로 이들은 대체로 우주 및 자연현상에서 소멸을 거부하고 생성 변화만을 지속하는 불변의 원리를 찾아내려고 하였다. 따라서 기득권을 보위하려는 보수세력은 태극을 생성의 근원이요 기저(基底)로 설정함으로써, 소멸없이 생성만을 지속하는 우주의 변화를 역 이론으로 설명하였다. 생성만을 지속하는 자연원리 아래에서 현존 정치체제가 영원히 존속될 수 있다는 것이 보수파의 역 논리이다.

이와는 대조적으로 기존의 정치체제를 거부하고 새로운 체제를 수립하려는 개혁파의 역 이론은 그 반대 입장을 취하였다. 개혁파는 소멸 없는 생성이라는 우주변천론을 거부하고, 우주 현상 즉 자연변화를 기존의 삶이 소멸하고 새로운 삶이 창조됨으로써 끊임없이 생성과 소멸이 이루어지는 생멸(生滅) 현상으로 보았다. 생성은 반드시 소멸을 수반하며 자연현상에서 영원한 지속이란 없다는 것이 개혁파의 논리이다. 이러한 생성과 소멸이라는 자연변화의 근거를 기(氣)라 하였고, 기(氣)를 변화의 기저로 하는 이기론(理氣論)을 전개하였다. 기존체제의 소멸과 새로운 체제의 탄생이 불가피한 우주원리요 자연현상이라는 주장이 개혁파의 역 논리이다. 따라서 우주변천론으로서의 역 이론은 기존 정치체제의 보위가 목적이냐, 그렇지 않으면 기존체제를 부인하고 새로운 정치체제를 건립하는 것이 목적이냐는 사상정책의 차원에서 전개되었다고 볼 수 있다.

둘째 역사를 사회체제를 혁신한 역사로 볼 것이냐, 그렇지 않으면 기존의 사회체제를 수정하여 지속시킨 역사에 불과한 것으로 볼 것이냐 하는 역사관은, 역사이론을 전개하는 역사론 전개자의 정치적 의도에 따라 다르게 마련이다. 따라서 역사론이란 사회체제의 보위 또는 혁신 가운데 그 하나를 합리화하기 위한 이론정책의 일환에 지나지 않는다고도 볼 수 있다.

앞서도 논의한 대로 중국 고대의 요왕·순왕·우왕·탕왕·문왕·무왕을 그들 스스로 효도와 차별예법을 가장 잘 실천하고, 이것을 사회에 잘 준행하도록 힘쓴 성군으로 기록한 유학의 역사관은, 그 역사론 전개의 궁극적 목적이 봉건적 차별체제의 확립에 있다. 반면에 동일한 왕들을 성왕으로 기록하되 그들을 재화생산과 공평한 배분에 힘써 백성의 복리를 위한 경제적 공적을 이룩한 성군으로 보는 묵학의 역사관은, 차별 불평등의 비생산적 봉건 통치체제를 타파하고 혁신하려는 정치목적에서 전개되었다. 동일한 왕들이 정반대의 치적을 동시에 이룩한 것이 아니라, 그들 왕의 치적을 기록하는 역사론 전개자의 정치목적이 정반대였기 때문에 서로 다른 역사를 기록한 것이다. 따라서 대체로 기존 정치체제를 존속시키려는 보수파는 그들이 지닌 기득권을 보위할 필요에서 역사를 수정적 지속의 역사로 기록하게 마련이고, 기존체제를 거부하고 신체제를 건립하려는 개혁파는 기존의 정치 사회 체제가 끊임없이 변화하여 새로운 체제를 형성하게 된다는 역사 이론을 전개하게 마련이다. 그러므로 근세 이래 한국의 역사론도 이러한 정치적 시각에서 보아야만 그 본래의 의미를 밝힐 수 있다.

셋째 인간성을 어떻게 규정하는가 하는 인성론(人性論)은, 인간 자체 구조의 심층적 분석보다는 인성론 전개자의 정치적 욕구에 따라서 다르게 전개되어 왔다. 대체로 보수파는 기득권과 기존질서를 수호하기 위하여 자연 및 사회 환경 등 외부환경(外界)의 변동은 물론 그 변동을 감수(感受)하는 감성적 인간성을 부인하게 마련이다. 즉 보수파의 인성론은 정치 및 사회경제적인 기득권과 자기세력이 지배하는 기존 정치체제를 보위하려는 욕구에서, 감각을 통하여 환경의 변화를 감수함으로써 얻는 경험적 지식의 가치를 부인한다. 그런가 하면 이러한 환경 변화에 대한 감각의 감수기능을 마비시키려는 데서, 이 감각적인 감수기능을 인간성에서 제외하려는 방법을 취하였다. 동시에 보수파는 그들의 인성론에서 추리하는 사고만을 인간의 존재 본질로 규정하였고, 사고를 통하여 변화 속에서 변치 않는 불변의 원리를 찾아내려고 함으로써, 인간의 본성은 본질적으로 실제의 변화를 거부하게 되어 있다는 이론을 이끌어 내려고 했다. 보수파는 우주란 소멸 없이 일정한 생성원리에 의하여 끊임없이 지속되는 영원한 생성이라고 판단하였고, 인간성 또한 이러한 영원한 생성을 감수한다고 보았다. 그러나 그들은 기득권을 보위하려는 지나친 욕구에 얽매인 나머지 변화 자체를 객관적으로 파악하지 못하는 무의식상태 즉 방향감각의 상실이라는 자기미망(自己迷妄)에 빠지는 일이 많았다. 고려 말기의 수정보수파와 조선왕조 가운데 후기 주자학파의 인성론은 대체로 이런 시각이었다고 할 수 있다.

그러나 개혁파들은 보수파와는 정반대의 입장에서 인성론을 전개하는 경우가 많았다. 개혁파는 외부환경의 변화를 받아들이게 되는 인간의 감수기능을 인간성에서 제외시킬 수 없는 본질적 속성으로 인정하였다. 따라서 그들은 인간을 이성적 존재로 보기보다는 현실의 변화를 감지하는 감각적 존재로 보며, 감각적 경험을 통하여 감지되는 정치사회 현실을 중요시하였고, 현실의 경험과 유리된 당위론적 원리를 중요하게 생각하지 않았다.

넷째 조선조의 정치와 사상 논쟁에서 가장 큰 쟁점이 된 문제는 윤리론이다. 보수파는 기존체제를 유지 및 보위하려는 정치목표를 실현하기 위하여 기존질서의 절대 불변을 요구하였다. 반대로 개혁파는 기존체제의 혁신을 바랐기 때문에 새로운 질서의 형성을 추구하였다. 따라서 보수와 개혁의 두 정파는 어떻게 하면 자기 정파에게 유리한 정치 및 사회질서를 확립할 수 있을 것이냐는 정책수단으로 질서에 대한 원리인 윤리론15)을 쟁점으로 삼았다. 이것이 곧 조선왕조 전체에 걸쳐 권력투쟁의 쟁점이 되었던 예(禮)에 관련된 논쟁이다. 이 때 윤리문제에 대한 보수파와 개혁파의 태도는 판이하였으며, 윤리문제를 둘러싸고 혈투를 벌이는 예송(禮訟)을 전개하였다. 보수파는 영원불변의 개념윤리로서 유학의 차별윤리를 진리로 하는 예론(禮論)을 전개하였고, 개혁파는 시대의 현실적인 사회적 필요에 따른 상황 윤리를 추구함으로써 유학적 차별윤리에 대한 회의와 비판적 태도를 보였다. 따라서 보수파의 윤리론은 기존질서를 재확립하려는 정치목적에서, 그리고 개혁파의 윤리론은 새로운 질서를 추구하려는 목적에서 주장된 정책수단이었다고 할 수 있다.

다섯째 보수파이든 개혁파이든 자신의 윤리론이 실현되지 못할 때에는, 그 실패의 원인이 자신들이 추구하는 실천목표, 행위규범 및 실천해야 할 당위 등에 대하여, 백성들이 자각하지 못하기 때문이라고 보게 마련이다. 따라서 자기 정파의 정치목표와 정당성에 대한 실현방법으로 이것에 대한 백성의 무지를 자각시키는 의식투쟁이 필요하다고 보았으며, 이것이 곧 각 정파의 도덕론이었다. 보수파는 그들의 기득권과 기존질서를 보위하기 위하여 기존질서의 파괴를

---

15) 윤리란 질서의 원리 또는 질서에 대한 가치관이고, 도덕은 이 질서의 원리를 어떻게 실현할 것이냐는 방법론이다.

막고 새로운 질서에로의 변혁을 배격하는 것이 정당한 행동의 길임을
자각시키고 그 길을 따르도록 하는 도덕론이 필요하였다. 이와 반대로
개혁파는 기존질서를 파괴하고 자기편의 권익이 보장될 새로운 질서를
따르는 것이 인간이 실천해야 할 바른 행동의 길이라는 도덕론을
전개하였다. 도덕론에 있어서 보수파와 개혁파는 서로 상반되는 입장
에 서 있었다.

3) 조선왕조 초기의 정치사회적 모순과 새로운 정치세력의 형성 및 각축

고려 말 수정보수파와 급진개혁파의 권력투쟁에서 개혁파가 승
리함으로써 조선왕조의 건국을 보게 되었다. 그러나 그것은 한민족의
생활영역 신장이나 민족 구성원의 복리와는 거리가 먼 것이었고, 단지
신·구 집권귀족세력의 교체에 지나지 않았다. 따라서 그들 귀족세력
간의 권익배분을 둘러싼 권력투쟁은 계속될 수밖에 없었고, 동시에
차별원리를 본질로 하는 주자학적 통치이념에 따라 사회경제적 배분과
신분의 차별이 이루어졌기 때문에, 새로운 집권세력 내부의 권력투쟁
도 불가피하였다. 더욱이 조선왕조는 중앙집권적 관료체제를 통치의
기본 틀로 채택하였으므로, 권력의 정점인 왕권을 둘러싸고 귀족세력
사이에 피 흘리는 혈전이 전개될 수밖에 없었다. 이러한 혈투는 건국
초부터 이씨 왕가 내 육친 간의 왕권쟁탈전의 형태로 나타났다. 즉
태조 이성계와 다섯째 아들 방원(芳遠, 훗날 태종) 부자간의 권력투쟁,
방원과 그의 형 방간 및 아우 방석 등 형제 간의 왕위 싸움, 그리고
숙부 수양대군(훗날 세조)과 조카 단종 사이의 왕위를 둘러싼 살육의

혈투가 조선왕조 건국 초기에 빈번하게 일어난 정쟁들이었다. 이들 육친 간의 골육상쟁(骨肉相爭)은 매우 처참하였으며, 왕권을 둘러싼 귀족세력 간의 정쟁의 여파도 실로 광범위하였다. 이러한 집권욕에 어두운 정권쟁탈전은 원과 명의 교체라는 국제정세의 변동기를 맞아 싹튼 민족적 자각의식과 개혁요구를 외면하는 결과를 가져왔으며, 이는 모화사대를 표방한 조선왕조 성립의 정치적 취약성이었고, 조선 왕조가 건국기부터 내포한 체제의 모순이기도 하였다.

따라서 고려 말기 권문귀족의 사전(私田) 확대를 개혁하여 정치경제적 부패를 혁신하겠다는 개혁파에 의한 과전법의 실시도 그 실효를 거둘 수 없었다. 특히 조선왕조의 건국과 건국 초의 여러 차례에 걸친 정쟁으로 말미암은 공신전의 증가는, 중앙집권적 양반관료체제 자체를 약화시켰고, 토지 국유제를 기본으로 하여 관직에 따라 토지를 지급하는 관수관급제(官收官給制)의 본 뜻을 혼란시키기에 이르렀다. 즉 과전법의 실시는 새로운 집권세력이 고려 말 기득권세력의 권익을 탈취하여, 그들로부터 몰수한 토지를 신왕조 건국의 유공자들에게 재분배하는 데 그치는 결과를 가져왔을 뿐, 도리어 과전법 실시 이전 못지않게 백성들의 생활을 곤궁하게 만들었다. 이런 연유로 세종은 전제상정소(田制詳定所)를 설치하여(세종 25년/1443), 토지 및 조세제도를 재정비하려는 개혁을 단행함으로써 백성의 복리를 도모하려고 하였다. 그러나 이러한 개혁도 결국 실효성을 거두지 못하고 오히려 세제상의 혼란과 그로 인한 관리의 부패만을 심화시켰을 뿐이다.

고려 때는 흉년과 풍년에 따른 세제의 차등이 없었으나, 세종조에는 그 해가 흉년이냐 풍년이냐를 조사하여 9등급의 해(年)로 나누어 토지의 생산현황에 따라 세율을 정하는 답험손실법(踏驗損實法)을 실시하였으나 도리어 그 폐단만 더욱 심하였다. 생산현황인 작황(作況)의 조사에 있어서, 현직 관리에게 지급된 과전과 공신 등에게 지급된 개인소유 사전(私田)의 경우, 토지 소유자가 고급관료이기 때문에 전주(田主)가 임의로 조사하거나, 중간관리의 농간과 협잡으로 운용상의 부정이 많았기 때문이다.[16] 이로 인하여 도리어 양반귀족과 노서상민(奴庶常民) 간의 차별이 더욱 더 벌어지는 사회모순만이 심화되었을 뿐이다. 특히 세종 26년(1444)에 실시한 신정공법(新定貢法)은 흉년과 풍년에 따라 토지를 6등급으로[17] 나누어 전세(田稅)를 납부토록 함으로써, 일률적인 세금 징수로 인한 세제의 차별 불평등을 재정비하려는 세제개혁이었다. 즉 농경지의 토질을 6등급으로 구분하여 납세에 차등을 둠으로써 세제상의 모순을 시정하려 한 것이다. 그리고 20년마다 전국의 농경지를 측량하여 토지의 등급을 결정하고, 그 때마다 토지대장을 개편하도록 하였다. 이와 같은 새로운 공법(貢法)의 제정목적은

---

16) 李相佰, ≪韓國史 近世前期篇≫(서울: 을유문화사, 1962), 388~389쪽 참조.
17) 세종은 25년에 전제상정소(田制詳定所)를 설치하고, 책임자인 도제조(都提調)에 수양대군(首陽大君, 뒤에 세조)을, 그리고 위원인 제조(提調)에는 하윤(河崙)·박종우(朴從愚)·정인지(鄭麟趾)를 임명하여 본격적으로 조세제도를 연구하도록 하였다. 1년간의 연구 작업 끝에 세종 26년(1444) 11월에 신공법(新貢法)을 공포하였으니 즉 전분육등법(田分六等法, 토질의 비옥한 정도에 따라 전답 1결의 면적을 6 등분으로 구분한 제도)과 연분구등법(年分九等法, 그 해가 흉년이냐 풍년이냐를 가려서 매년을 9등급의 해 가운데 어느 해인가를 정하여 그 해의 수조액[收租額, 소작료]을 정하도록 한 제도)이다. 전분육등법에 따른 1결(結)의 실 평수는 1등전 2753.1평, 2등전 3246.7평, 3등전 3931.9평, 4등전 4724.5평, 5등전 6897.3평, 6등전 1만 1035.5평이었으며(6개 등급 평균 1결의 면적은 5431.5평), 연분구등법에 의한 각 등급별 농경지 1결에 대한 소작료인 수조액(收租額)은 上上年 = 20두(斗), 上中年 = 18두, 上下年 = 16두, 中上年 = 14두, 中中年 = 12두, 中下年 = 10두/, 下上年 = 8두, 下中年 = 6두, 下下年 = 4두이다(위의 책, 396~400쪽 참조). 그리고 과전법(1390년 제정)에서는 수확량의 10분의 1을 수조율(收租率)로 했으나, 세종 26년(1444)에 시행한 신공법에서는 20분의 1을 수조율로 정하였다. 과전법에서는 30 두의 조(租, 소작료)를 받는 수조지(收租地)가 1결이었으니, 1결의 전체 수확량은 30 두 × 10 = 300두 = 30석(石)인 셈이고, 신공법에서는 20두 수조지가 1결이었으니, 1결의 전체 수확량은 20두 × 20 = 400두 = 40석인 셈이다.

세원(稅源) 파악의 정확성을 기하고, 과전법으로의 토지제도 개혁 뒤에
초래된 모순을 재정비하려는 데 있었던 것으로 보인다.[18] 그러나 이러
한 신공법의 시행에도 불구하고 잦은 정변(政變)과 유교주의적 차별체
제로 말미암아 정치세력은 항상 토지배분을 불공평한데로 빠뜨리고
말았다. 그 결과 세조의 집권 뒤 건국기 후반에 이르러서는 농민의
참상이 더욱 극심하였고, 이러한 서민의 생활상에 대하여 뒤에 논의할
김시습(金時習)은 신랄하게 고발하였다.

조선왕조 건국 초의 사회경제적인 모순과 아울러 정치세력은
권익배분을 둘러싸고 재편성되었고, 왕권쟁탈을 중심으로 귀족계급
내의 분파 현상을 빚기에 이르렀다. 물론 이러한 정파의 형성은 보잘
것 없는 신분계급의 출신이었던 고려 말의 급진개혁파가 정권을 탈취
하여 관권을 장악한 데서 비롯하였다. 이들은 조선왕조의 건국에 대한
논공행상(論功行賞)으로 하루 아침에 집권 대귀족이요 대지주가 되었으
며, 포상 받은 훈공(勳功)이 오랜 동안 지속됨으로써 건국기 전반의
훈구파(勳舊派)를 형성하게 되었다. 한편 논공행상에 참여하지 못하였
거나 보잘 것 없는 배분을 받은 지방의 하급 관리, 고려 말 관료이었으나
왕조의 교체로 인하여 관직을 잃었거나 관직을 버린 사람들, 또는
학자로서 변절한 사람들이 이른바 재야 사림파(士林派)를 형성하였다.
이들 두 정파는 유학사상의 정책화로 말미암아 정파인 동시에 학파를
형성하여 갔다. 물론 두 정파를 명백하게 구분하기는 힘들며, 조선왕조
건국 초의 훈구파 가운데는 왕권을 둘러싼 정변으로 신분이 전락하여
재야 사림파가 된 사람 또는 사멸한 사람도 있고, 반대로 재야의 양반계

---

18) 千寬宇, "韓國土地制度史 下," ≪韓國文化史大系 II: 政治 經濟史≫(서울: 高麗大學校
民族文化硏究所, 1965), 1475쪽 참조.

층이 집권 고급관료로 부상한 사람도 있었다. 여하간 조선왕조의 건국으로 훈공파와 재야파 즉 집권 훈구파와 재야 사림파가 극단적으로 갈등하는 두 정치세력을 형성하였고, 유학을 매개로 한 학파의 형성과 더불어 정파와 학파가 중첩됨으로써, 고려시대보다도 더욱더 정치적 세력투쟁의 양상을 광범위하게 확대 심화시켰다.

4) 세조의 집권과 정치세력의 재편성

조선왕조 건국기 전반의 훈구파와 사림파의 대립은 수양대군(세조)의 왕권장악을 계기로 또 다시 재편성되기에 이르렀다. 세조의 왕권장악(1455)을 그 근본동기라는 측면에서 보면, 단종의 유약(幼弱), 훈구세력의 우유부단과 문약화 등을 기회로 한 재야 사림세력의 집권 투쟁이었다고 할 수 있다. 이 점은 세조의 왕권장악 과정 중 두 차례의 공신으로 집권세력이 된 한명회(韓明澮)·신숙주(申叔舟)·정인지(鄭麟趾)·이계전(李季甸) 등 요인들이 조선왕조 건국으로 몰락한 고려의 귀족 가문 출신이거나 하급관리 출신인 것으로도 알 수 있다. 즉 정인지는 고려왕조에서 첨의찬성사(僉議贊成事, 정2품/현 장관급) 정지연(鄭芝衍)의 후손으로서, 조선왕조에서는 하급 관리에 불과한 석성현(石城縣, 현 충남 부여군 석성면)의 현감(縣監) 정흥인(鄭興仁)의 아들이고, 신숙주는 조선왕조 태종 때 이조정랑(정5품/현 과장급)이었다가 탄핵을 받아 파면된 신색(申穡)의 아들이며, 한명회는 고려의 상신 한수(韓脩)의 아들로 조선조 태종 때 예문춘추관 태학사(從二品職)를 지낸 한상질(韓尚質)의 손자이지만, 그의 아버지 한기(韓起)가 무명인이기 때문에, 명회는 어릴 때 가난한 집에서 성장하였다. 그리고 이계전은 조선왕조 건국 후 실각한 이색의 손자이다.

　　권력욕에서 정권을 장악한 왕권쟁취 세력은 그들의 집권을 정당
화하기 위한 방법으로 세조의 왕권장악을 선위(禪位)란 명목으로 합리
화하였다. 한편 세종의 총애로 중앙정계에서 두각을 나타냈던 기존세
력은 왕권쟁탈을 위한 권력투쟁 과정에서 기득권 수호를 위하여 세조
에게 끝까지 저항하였다. 이들이 사육신(死六臣)으로 대표되는 사람들
이다. 사육신을 비롯한 저항세력도 단종에 대한 충절은 명분일 뿐,
그보다는 자신들의 기득권을 보위하려는 데에 도전의 근본목적이
있었다고 볼 수 있다. 이 점은 세조가 집권한 뒤에 사육신 등 단종의
복위를 꾀했던 사람들의 토지를 몰수하여, 그를 지지하여 공을 세운
훈공자에게 포상한 농경지의 지급으로도 알 수 있다. 다음의 표 4와
표 5가 보여 주는 것처럼, 세조의 집권에 공을 세운 자들이 얻게 된
훈공과 이에 반대하여 실각한 사육신이 잃은 기득권을 비교해 보면
더욱 분명하게 알 수 있다.

　　앞서 본 것처럼 1결의 면적은 그 수확량의 정도에 따라 차이가
있었지만, 과전법 시행(1390)으로부터 세종 25년 신공법 시행 이전
(1443)까지 평균 1결의 면적은 약 3000평 정도이었으나,[19] 세종 26년
(1444)에 시행한 신공법의 전분육등법(田分六等法)에서는 1결의 평균면
적이 약 4000평 정도였다.[20] 따라서 신공법이 시행된 이후인 세조
때 주요 공신들이 여러 차례 지급 받은 공신전을 보면, 한명회(540결
× 4000평 = 216만평), 신숙주(490결 × 4000평 = 196만평), 정인지(410결

---

19) 李相佰, 앞의 책, 393쪽.
20) 세종 26년에 시행한 신공법의 전분육등법에 따른 6등급의 토질 가운데, 평균 1결의
면적은 5431.5평이지만, 여기서는 3등전(3931.9평)과 4등전(4723.5평)을 기준으로 산정해
본 것이다.

표 4. 세조~성종 초(1455~1471)의 주요 집권 공신의 공신전 현황

훈공자	채록 공신별 등급에 따른 포상 토지					합계
	정난 공신 (단종 1년/1453)	좌익 공신 (세조 2년/1455)	적개 공신 (세조 13년/1467)	익대 공신 (예종 1년/1469)	좌리 공신 (성종 2년/1471)	
한명회(韓明澮) 성종 18년/1415~1487	200결(1등)	150결(1등)		150 결(1 등)	40결(1등)	540결
신숙주(申叔舟) 성종 6년/1417~1475	150결(2등)	150결(1등)		150 결(1 등)	40결(1등)	490결
정인지(鄭麟趾) 성종 8년/1411~1478	200결(1등)	100결(2등)		80 결(3 등)	30결(2등)	410결
권남(權擥) 세조 11년/1465 사망	200결(1등)	150결(1등)				350결
한확(韓確) 세조 2년/1456 사망	200결(1등)	150결(1등)				350결
조석문(曹錫文)		80결(3등)	150결(1등)	80 결(3 등)	40결(1등)	350결
최항(崔恒) 성종 5년/1407~1474	200결(1등)	100결(2등)			40결(1등)	340결
이계전(李季甸) 세조 5년/1459 사망	200결(1등)	100결(2등)				300결
홍달손(洪達孫) 성종 3년/1415~1472	200결(1등)	100결(2등)				300결
홍윤성(洪允成) 성종 6년/1424~1475	150결(2등)	80결(3등)			40결(1등)	270결
양정(楊汀)	150결(2등)	100결(2등)				250결

× 4000평 = 164만평), 권남(350결 × 4000평 = 140만평), 조석문(350결 × 4000평 = 140만평), 한확(350결 × 4000평 = 140만평), 최항(340결 × 4000평 = 136만평), 이계전과 홍달손(각각 300결 × 4000평 = 120만평), 홍윤성(270결 × 4000평 = 108만평), 양정(250결 × 4000평 = 100만평) 등 공신들은 어마 어마한 농경지를 지급 받았다. 이것을 다시 세종 26년에 개정한 신공법(新貢法)에 의한 수확량으로 계산하면, 20말(斗)의 수조지(收租地, 소작료를 받는 농경지)가 1결이었으므로, 1결의 실제 수확량은 40섬(石)인 셈이었으니,21) 한명회는 2만 1600석(540결 × 40석

---

21) 세종 26년에 개정한 신공법(新貢法)에 의하면, 과전법에서는 수확량의 10분의 1을

= 2만 1600석), 신숙주는 1만 9600석, 정인지는 1만 6400석, 권남, 한확 및 조석문은 각각 1만 4000석, 최항은 1만 3600석, 이계전과 홍달손은 각각 1만 2000석, 홍윤성은 1만 800석, 양정은 1만 석 등의 조(租, 소작료)를 거둘 수 있는 세습 사유지를 포상 받았다. 따라서 이들은 정권 장악의 결과 당대에 만석군(萬石君)이 되었다.

한편 이들에 의하여 권력을 잃은 사육신 가운데 대표 인물이라고 할 수 있는 성승(成勝), 성삼문(成三問) 부자는 충청도(천안, 홍주, 예산, 당진), 경기도(양주, 원평, 고양, 금천), 전라도(낙안, 함열), 황해도(평산) 등 당시 조선 전체 8도 가운데 4개 도 11개 군(郡), 현(縣)에 걸친 전답을 소유하였고, 박중림(朴仲林)과 박팽년(朴彭年) 부자는 충청도(신창, 아산, 온양, 전의, 연기, 천안, 석성), 경기도(과천, 삭녕), 전라도(해남) 등 3개 도 10개 군 현에 걸친 대토지 소유자들이었다. 지금의 기준으로 보면 부동산 과다 보유자라고 볼 수 있다.

또한 이들 단종복위를 꾀했던 자들로부터 몰수한 전답을 재분배 받은 훈공자들 가운데 특히 공이 컸던 도승지 한명회는 8개 지역, 이조판서(吏曹判書, 정2품/현 행정자치부 장관) 권남은 6개 지역, 이계전은 8개 지역, 윤사로(尹師路) 8개 지역, 윤자운(尹子雲)은 6개 지역, 한확(韓確)은 4개 지역 등의 군(郡)과 현(縣)에 걸친 대토지를 분배 받았다.[22]

이러한 공신전 외에도 현직 관료에게는 직급에 따라 직전(職田)이 지급되었다. 즉 최하위 관직인 종9품에게 10결(400석/ 4만평 = 200마지기)의 직전(職田)을 지급하였고, 최고위직인 정1품직(의정부의 3정승/현

수조율(收租率)로 하였으나, 신공법에서는 20분의 1로 했고, 과전법에서는 30말(斗)의 수조지(收租地)가 1 결(結)이었으나, 신공법에서는 20 말(斗)의 수조지가 1결이었으므로, 1결의 실 수확량은 세종 26년 이후에는 20 말(斗) × 20= 400 말(斗)÷10말= 40섬(石)인 셈이다.
22) ≪世祖實錄≫, 卷七 三年 三月.

총리급)에게는 110결(4,400석/ 44만평 = 2200마지기)을 지급하였으므로, 관직은 한 가문의 경제적 부를 보장하는 제도적 수단이었다. 지금의 서기관급에 해당하는 6품직 관리만 되어도 25결(25결 × 40석 = 1,000석)의 직전을 받았기 때문에, 조선왕조에서 중급관리에 이르기만 하면 최소한 천석군(千石君)이 될 수 있었다. 조선시대보다 단위당 수확량이 크게 증가한 현재에도 쌀 1,000석을 생산하는 부농(富農)이 거의 없는 현실이라는 점을 고려하면, 조선왕조에서의 관직은 막대한 특권의 장악을 의미하였다고 볼 수 있다. 따라서 조선왕조 전체적으로는 물론 적어도 임진왜란이 일어나기 이전까지의 조선왕조에서, 막대한 재산을 소유했으되 인색하거나 검소한 생활을 한 관리로서의 청부리가 간혹 있었을지는 몰라도 청백리란 존재하지 않았다고 볼 수 있다.

한편 세종 때 중앙정계에 영향력을 미쳤던 기득권자들이었으나, 왕권 쟁탈과정에서 실각한 사육신으로 대표되는 자들도 단종에 대한 충성이란 명분을 내세워 자신들의 기득권을 보위하려는 데에 세조정권 거부의 근본목적이 있었던 것은 아닌지 의심스럽다. 사육신 가운데 대표적인 인물들이 막대한 토지를 소유한 대토지 소유자로 추정되기 때문이다. 표 5가 보여 주는 것처럼, 단종의 복위를 추진하다 사전에 발각되어 제거된 피화자(被禍者)의 토지 소유현황을 보면 알 수 있다. 더욱이 국가관리 능력이 없는 소년인 단종(즉위 당시 12세)을 복위시키고자 획책한 그들의 저의는 기득권 보위에 여념이 없었거나, 맹목적으로 유학적 사고에 젖어 역사의식이 없었던 것이 아닌가 의심스럽다.

표 5. 단종 복위 추진 주모자급 피화자의 토지소유 현황

주모자급 피화자		몰수당한 토지(괄호 안은 현 행정 구역)
성승(중추원 지사), 성삼문(승정원 좌승지) 일가	성승(父) 정2품	① 천안전(충남 천안시) ② 홍주전(충남 홍성군) ③ 양주전(경기 양주군) ④ 원평전(경기 파주시) ⑤ 고양전(경기 고양시) ⑥ 낙안전(전남 승주 낙안면) ⑦ 금천전(서울 금천구)
	성삼문(子) 정3품	① 평산전(황해 평산군) ② 양주전(경기 양주군) ③ 고양전(경기 고양시) ④ 당진전(충남 당진군) ⑤ 예산전(충남 예산군) ⑥ 함열전(전북 익산 함열읍)
	성삼빙(子)	① 함열전(전북 익산 함열읍)
	계	전국 8도 중 4도 11군 14개 지역
박중림(예문관 대제학, 정2품), 박팽년 중추원 부사, 종2품) 일가	朴仲林(父)	① 천안전(충남 천안시) ② 아산전(충남 아산시) ③ 전의전(충남 연기 전의면) ④ 연기전(충남 연기군) ⑤ 과천전(경기 과천시) ⑥ 신창전(충남 아산 신창면) ⑦ 해남전(전남 해남군) ⑧ 석성전(충남 부여 석성면)
	朴彭年(子)	① 천안전(충남 천안시) ② 온양전(충남 온양시) ③ 신창전(충남 아산 신창면) ④ 삭령전(경기 연천 북면/삭령면)
	朴永年(子)	① 전의전(충남 연기군) ② 신창전(충남 아산 신창면)
	朴耆年(子)	① 전의전(충남 연기군) ② 신창전(충남 아산 신창면)
	朴引年(子)	① 신창전(충남 아산 신창면)
	朴大年(子)	① 신창전(충남 아산 신창면)
	계	3도 10군 18개 지역
이개 (집현전 부제학)	李塏 정3품	① 충주전(충북 충주시) ② 한산전(충남 서천 한산면) ③ 한산전(충남 서천 한산면) ④ 여산전(전북 익산 여산면) ⑤ 함열전(전북 익산 함열읍) ⑥ 임피전(전북 옥구 임피면)
	계	3도 5군 6개 지역
유성원 (사헌부 집의)	柳誠源 종3품	① 광주전(경기 광주군) ② 청주전(충북 청주시)
	계	2도 2군 2개 지역
유응부 (중추원 동지사)	兪應孚 종2품	① 포천전(경기 포천시) ② 배천전(白川田, 황해 배천군)
	계	2도 2군 2개 지역
하위지 (예조 참판)	河緯池종2품	① 선산전(경북 선산군)
	계	1도 1군 1개 지역
김문기 (공조 판서)	金文起 정2품	① 옥천전(충북 옥천군) ② 옥천전(충북 옥천군) ③ 영동전(충북 영동군) ④ 안동전(경북 안동시)
	계	2도 3군 4개 지역
이휘	李徽	① 평산전(황해 평산군) ② 평산전(황해 평산군) ③ 평산전(황해 평산군) ④ 원평전(경기 파주시) ⑤ 영평전(경기 포천 영중면)
최사우	崔斯友	① 홍주전(충남 홍성군) ② 천안전(충남 천안시) ③ 해미전(충남 서산 해미면) ④ 면천전(충남 당진면천면) ⑤ 덕산전(충남 예산 덕산면)
최득지	崔得池	① 수원전(경기 수원시) ② 은진전(충남 논산 은진면) ③ 은진전(충남 논산 은진면)
최치지	崔致池	① 은진전(충남 논산 은진면) ② 은진전(첩 德非 소유) ③ 은진전(첩 地莊非 소유)

표 6. 수양대군(세조)의 정권 장악 및 왕위 즉위 유공자들에 대한
단종 복위 추진 피화자의 몰수토지 재분배 상황(세조 3년 3월)

주도자급 유공자	재분배 받은 피몰수자의 토지(괄호 안은 현재의 행정구역)
한명회(韓明澮) <수양대군의 정권장악 (정난1등)및 세조 즉위 (좌익1등)공신/ 도승지>	①이개(李塏)의 礪山田(전북 익산 여산면) ②박팽년(朴彭年)의 溫陽田(충남 온양시) ③유성원(柳誠源)의 淸州田(충북 청주시) ④심 신(沈愼)의 尙州田(경북 상주시) ⑤조청노(趙淸老)의 淸州田(충북 청주시) ⑥허 조 (許慥)의 河陽田(경북 경산 하양읍) ⑦정 종(鄭悰)의 平山田(황해 평산군) ⑧이 문(李聞)의 安山田(경기 안산시)
	전국 8도 중, 4 도 7 군 8개 지역
권남(權擥) <정난 1등 및 좌익 1등 공신/ 이조판서>	①성 승(成勝)의 楊州田(경기 양주) ②아 지(阿只)의 安東田(경북 안동시) ③아가지(阿可之)의 延安田(황해 연안) ④김문기(金文起)의 安東田(경북 안동시) ⑤장귀남(張貴男)의 安東田(경북 안동시)
	3도 3군 5개 지역
한확(韓確:사망) <정난 1등 및 좌익 1등 공신/ 좌의정>	①하위지(河緯池)의 善山田(경북 선산) ②김한지(金漢地)의 선산전(경북 선산) ③최시창(崔始昌)의 林川田(충남 부여 임천면) ④김 감(金堪)의 선산전(경북 선산)
	2도 2군 4개 지역
신숙주(申叔舟) <정난 2등, 좌익 1등 공신/ 우찬성>	①유응부(兪應孚)의 抱川田(경기 포천) ②아가지(阿加之)의 金浦田(경기 김포)
	1도 2군 2개 지역
윤사로(尹師路) <좌익 1등 공신/ 衿川府院君>	①박중림(朴仲林)의 新昌田(충남 아산 신창면) ②박팽년(朴彭年)의 신창전(아산 신창면) ③박기년(朴耆年)의 〃 ④박인년(朴引年)의 〃 ⑤박대년(朴大年)의 〃 ⑥박영년(朴永年)의 〃 ⑦봉여해(奉汝諧)의 신창전(충남 아산 신창면) ⑧박 수(朴遂)의 廣州田(경기 광주)
	2도 2군 8개 지역
계양군 증(桂陽君 璔) <세종 子, 좌익 1등 공신>	①성 승(成勝)의 高陽田(경기 고양) ②유성원(柳誠源)의 廣州田(경기 광주) ③금성대군(金城大君 瑜)의 廣州田(경기 광주)
	1도 2군 3개 지역
익현군 곤(翼峴君 ?) <세종 子, 좌익1등 공신>	①권 저(權著)의 星州田(경북 성주) ②조청노(趙淸老)의 通津田(경기 김포 통진읍) ③허 조(許慥)의 通津田(경기 김포 통진읍) ④최사우(崔斯友)처 石乙今의 眄川田(충남 당진군 면천면)
	3도 3군 4개 지역
정인지 (鄭麟趾) <정난1등, 좌익 2등 공신/ 영의정>	①김문기(金文起)의 永同田(충북 영동) ②최윤석(崔閏石)의 公州田(충남 공주시)
	1도 2군 2개 지역
이계전(李季甸) <정난 1등, 좌익 2등 공신/이색의 손자, 前 判院事>	①성삼문(成三問)의 禮山田(충남 예산) ②이 개(李塏)의 韓山田(충남 서천 한산면) ③최사우(崔斯友)의 海美田(충남 서산 해미면) ④박중림(朴仲林)의 牙山田(충남 아산) ⑤윤영손(尹令孫)의 懷德田(충남 대전 대덕구) ⑥이유기(李裕基)의 豊德田(북한 황남 개성) ⑦이 개(李塏)의 臨陂田(전북 옥구 임피면) ⑧봉 뉴(奉紐)의 溫陽田(충남 온양시) ⑨이 오(李午)의 풍덕전(북한 황남 개성시)
	3도 8군 개 9지역
홍달손(洪達孫) <정난 1등, 좌익 2등 공신/병조판서>	①박팽년(朴彭年)의 朔寧田(강원 철원 삭녕면) ②아 지(阿只)의 高陽田(경기도 고양시) ③박중림(朴仲林)의 石城田(충남 부여 석성면) ④성삼문(成三問)의 高陽田(경기도 고양시)
	2도 3군 4개 지역

양 정(楊汀) <정난 2등, 좌익 2등 공신/공조판서>	①이 휘(李徽)의 永平田(경기 포천 영중면)　②아 지(阿只)의 開寧田(경북 금릉 개령면) ③이유기(李裕基)의 川寧田(경기 여주 천녕)　④김 용(金龍)의 楊州田(경기 양주) ⑤)고 보(高)의 長湍田(경기 장단군)　　⑥성문치(成文治)의 楊根田(경기 양평 양평읍)
	2도 6군 6개 지역
강맹경(姜孟卿) <좌익 2등 공신/좌의정>	①성삼문의 咸悅田(전북 익산 함열읍)　②성삼빙(成三聘)의 함열전(전북 익산 함열읍) ③이 개의 함열전(전북 익산 함열읍)　④이 호(李昊)의 龍仁田(경기 용인시)
	2도 2군 4개 지역
황수신(黃守身) <좌익 3등공신/ 좌참찬 황희(黃喜)의 子>	①이개의 忠州田(충북 충주시)　　②심 신(沈愼)의 충주전 (충북 충주시) ③송석동(宋石同)의 충주전(충주시)　　④최득지(崔得池)의 水原田(경기 수원시) ⑤박중림(朴中林)의 果川田(경기 과천시)　⑥조청노(趙淸老)의 陽川田(서울양천구)
	2도 4군 6개 지역
홍윤성(洪允成) <정난 2등, 좌익3등 공신/예조판서>	①김문기(金文起)의 沃川田(충북 옥천군)　②이 개(李塏)의 한산전(충남 서천 한산면)
	1도 2군 2개 지역
박중손(朴仲孫) <정난 1등공신/ 우참찬>	① 성삼문(成三問)의 平山田(황해 평산군)　②이말생(李末生)의 평산전(황해 평산군)
	1 도 1 군 2개 지역
전 균(田畇) <정난, 좌익2등공신/ 판내시부사>	①이석정(李石貞)의 延安田(황해 연안)　②최면(崔沔)의 양주전(경기 양주) ③ 최시창(崔始昌)의 양주전
	2도 군 2개 3지역
조석문(曺錫文) <좌익 3등공신/ 좌승지>	①이유기(李裕基)의 玄風田(경북 달성 현풍면) ②이 휘(李徽)의 原平田(경기 파주시) ③송 창(宋昌)의 원평전(경기 파주시) ④윤영손(尹永孫)의 積城田 (경기 파주시 적성면)
	2도 3군 4개 지역
윤자운(尹子雲) <좌익 3등 공신/ 우승지>	①박중림(朴仲林)의 全義田(충남 연기 전의면) ②박중림의 燕岐田(충남 연기군) ③박중림의 天安田(충남 천안시)　　　④박기년(朴耆年)의 전의전(충남 연기 전의면) ⑤박영년(朴永年)의 전의전　　　　⑥박팽년(朴彭年)의 천안전 ⑦성 승(成勝)의 천안전　　　　　⑧최사우(崔斯友)의 천안전
	1도 3군 8개 지역
한계미(韓繼美) <좌익 3등 공신/ 좌부승지>	①성 승(成勝)의 樂安田(전남 승주 낙안면) ②성 승의 衿川田(서울 금천구) ③성 승의 原平田(경기 파주시)
	2도 3군 3개 지역
영응대군(永膺大君 琰)	①아 지(阿只)의 洪州田(충남 홍성)　　②권자신(權自愼)의 홍주전 ③조청노(趙淸老)의 홍주전　　　　④황선실(黃善實)의 홍주전 ⑤윤영손(尹令孫)의 홍주전　　　　⑥권 저(權著)의 豊基田(경북 영주시 풍기)
	2도 2군 6개 지역
임영대군(臨瀛大君)	①금성대군(金城大君 瑜)의 唐津田(충남 당진) ②성삼문의 당진전 ③성삼문의 楊州田(경기 양주)
	2도 2군 3개 지역
영해군 당(寧海君 瑭)	①아가지(阿加之)의 富平田(인천시 부평구) ②아가지의 白川田(황해 배천) ③유응부(兪應孚)의 白川田　　　　④김순선(金珣琁)의 陽智田(경기 용인시 양지)
	2도 3군 4개 지역
청평위 공주 (淸平尉公主)	①아 지(阿只)의 靈巖田(전남 영암)　②윤영손의 영암전 ③박중림의 海南田(전남 해남군)　　④최사우 처 石乙今의 德山田(충남 예산군 덕산)
	2 도 3군 4개 지역

전순의(全循義) <대호군>	①엄자치(嚴自治)의 楊州田(경기 양주)　②이보인(李保仁)의 豊壤田(경북 예천 풍양면)
	2 도 2군 2개 지역
의창군 공(義昌君 玒)	①최사우(崔斯友)의 洪州田(충남 홍성)　②성 승(成勝)의 홍주전
	1 도 1군 2개 지역
밀성군 침(密城君 琛)	①윤영손의(尹令孫)의 瑞山田(충남 서산시)　②이 호(李昊)의 連山田(충남 논산 연산)
	1 도 2군 2개 지역
청성위 옹주 (靑城尉翁主)	①정 관(鄭冠)의 文化田(황남 신천군 문화면)　②권 저(權著)의 義城田(경북 의성군)
	2 도 2군 2개 지역
최 항(崔恒) <정난1등 좌익2등 공신 / 대사헌>	①유 한(柳漢)의 海州田(황해 해주)
박종우(朴從愚) <정난 1등공신>	①유 한(柳漢)의 해주전
봉석주(奉石柱)<정난 2등 공신/ 중추원동지사>	①유 한의 해주전
조득림(趙得琳) <좌익 3등공신/ 상호군>	①박 쟁(朴)의 수원전(경기 수원시)
김 질(金礩)<동부승지>	①최치지(崔致池)의 恩津田(충남 논산 은진면)
윤사혜(尹士) <전 중추원 첨지사>	①천임진성(천任進誠)의 수원전(경기 수원시)
박 형(朴炯) <중추원부사>	①정 종(鄭悰)의 衿川田(서울시 금천구)
양녕대군(讓寧大君) <태종의 장자>	①이 휘(李徽)의 평산전(황해 평산)
효령대군(孝寧大君 補) <태종의 2자>	①이 휘(李徽)의 평산전(황해 평산)
연창위 공주 (延昌尉公主)	①이 휘(李徽)의 평산전(황해 평산)
파평군 윤암 (坡平君 尹巖)	①김문기(金文起)의 沃川田(충북 옥천군)

　　이와 같이 수양대군의 왕권장악은 지배계급 내의 세력판도를 바꾸어 놓았으며, 조선왕조 건국 초의 훈구파와 재야파가 바뀌게 된 듯 하였다. 고려왕조에서 대귀족이던 보수파의 후예들이 조선 건국 초에는 재야세력으로 전락하였으나, 몇 차례의 정쟁으로 집권귀족으로 부상하기 시작하더니 세조의 집권을 계기로 주도적 관료세력으로 등장하였다. 정쟁의 결과 막대한 포상을 받은 이들 훈공 관료파와 재야 사림파 간의 권력투쟁이 그 후 조선왕조 정쟁사의 성격을 좌우하

였으며, 특히 세조 집권으로 재편성된 정치세력(훈공파와 재야파)과 학파(훈구 주자학파와 사림 도학파)의 대두 그리고 그 이합집산 관계는 지배계급 내의 사화(士禍)와 당쟁 등 혈투의 요인이 되기도 하였다.

집권세력이 된 훈공파 즉 훈공으로 받은 포상의 특권을 오랫동안 지녀 구파(舊派)가 된 훈구파(勳舊派)는, 수양대군의 집권과정에 직접적으로 참가하여 성공함으로써 그 논공행상에 따라 막대한 훈공을 받은 사람들이었다. 대체로 이들은 고려왕조에서 고위관료를 지낸 귀족의 후예들로서, 세조의 집권과정에 참여하여 집권관료 귀족이 되었으며 세조의 총애를 받은 사람들이었다. 집권관료들이므로 법제화에 치중하였으며 국가의 편찬사업과 행정에 참여하여 절차와 기록을 중시한 관료파들로 정인지·신숙주·한명회·최항(崔恒) 등이다. 이들은 많은 공신전을 지급받아 대토지 소유자로서의 기득권세력이 되었으므로, 그들에게 도전하는 세력을 제거한 사화(士禍)의 가해자가 될 수밖에 없었다. 표 4에서 알 수 있듯이, 대체로 300~500여 결의 공신전을 받았으므로 세종 때의 토지제도 개편에 따른 6등급의 경작지 구분에 따른 1결의 면적을 평균 4,000평으로 잡는다 하더라도 120~200여만 평의 막대한 전답을 소유하였고, 수확량으로 치면(1결 40석으로 환산하면) 만석군 이상의 대지주가 된 셈이다.

이들과는 대조적으로 수양대군의 정변에 참가하지 못했거나 저항한 재야의 양반세력이 광범위하게 형성되었는데, 이를 사림파(士林派)라고 한다. 이들 사림파를 세조 집권에 대한 태도의 차이에서 절의파(節義派)·청담파(淸談派)·사림파로 구분하기도 한다. 절의파는 단종에 대한 절의와 세조에 대한 반감에서 형성된 나약한 정치세력이었고 현실적인 정치적 영향력을 행사하지는 못하였던 것 같다. 성삼문을 비롯한 사육신(박팽년, 이개, 하위지, 유응부, 유성원)과 김시습 등 생육신(남효온·원호·이맹전·성담수·조여)을 들 수 있다. 청담파는 관직을 포기한 비관료파로서 자연을 일시적 안일(安逸)로 삼아 음주·가무·시사평론으로 욕구불만을 토로한 사람들이며, 남효온(南孝溫)·홍유손(洪裕孫)·조자지(趙自知)·한경기(韓景琦)·우선언(禹善言) 등 이른바 죽림칠현(竹林七賢)을 자처한 사람들이었다.[23] 사림파는 영남지방을 중심으로 한 재야의 양반세력으로서, 성종조 이후에 관료세력으로 등장했을 때의 사림파란 바로 이들이다. 이들 정치세력으로서의 사림파 영도자가 김종직(金宗直, 1431~1492)이었으며, 그는 고려 말 수정보수파로 조선왕조 건국 후 고향인 경상도 선산으로 은퇴한 야은 길재(野隱 吉再, 1353~1414)의 제자 김숙자(金叔滋, 1389~1456)의 아들이다. 훈구파가 주로 왕조교체 후에 변절한 사람의 자손임에 반하여, 이들은 조선왕조 건국 초에 관직을 버린 사람들의 후예였고 세조의 집권과정에도 참여하지 못한 사람들이다. 그러나 이들은 세조의 집권체제를 시인하고 점차 중앙 정계로 진출하여 자파의 세력을 확장하면서 훈구파에 사상적으로 대항하였다. 즉 그들은 주자학적 통치이념의 모순이 점차 드러나자 이를 도학정치론으로 수정함으로써, 새로운 학파를 형성하여 훈구파에 대항하기 시작하였다. 김종직의 제자들인 김굉필(金宏弼, 1454~1504)·김일손(金馹孫, 1464~1498)·정여창(鄭汝昌, 1450~1534)·조위(曹偉)·유호인(兪好仁)·박한주(朴漢柱)·홍유손(洪裕孫)·표연수(表沿洙) 등이 이 정파의 인물들이며, 모두 무오사화(戊午士禍, 연산조 4년/1498)와 갑자사화(甲子士禍, 연산조 10년/1504)에서 훈구

---

23) 무오사화(戊午士禍, 연산조 4년/1498)에서 훈구파 유자광 등에 의하여 화를 당하였다(≪燕山君日記≫, 卷三十一 四年 八月).

파에 의하여 제거되었다.

이와 같이 재야 사림파가 유학이론을 매개로 하여 중앙정계에 등장함에 따라 학파에 따른 관료 정치세력이 형성되기 시작하였고, 정파가 학연, 지연, 혈연과 중첩되면서 그 뒤 권력투쟁이 장기화·고질화하는 계기가 되었다.

조선왕조 건국 전반기의 정치사상은 불교통치론에 주자학을 배합하려 했던 타협론자인 이색과, 불교 통치이념을 배척하고 주자학을 신체제의 이념으로 제도화하려 했던 배불숭유론자(排佛崇儒論者)인 정도전의 사상을 대표적으로 볼 수 있다. 그리고 건국 후반기 즉 세조 집권 이후의 정치사상은 훈구파는 아니지만 현실주의자인 사림파의 김종직과, 반체제적이었고 주자학적 유학 통치이념에 대한 회의론자인 김시습의 사상을 대표적으로 생각할 수 있다. 특히 건국 후반기의 정치사상에서 훈구파에는 정치사상면에서 세조체제의 정당성에 대한 이론적 정통성을 마련한 인물이 거의 없었고 행정인의 범주를 벗어나지 못했으므로 대표적인 인물을 들 수 없다.

2. 건국 전반기 이색의 유불동화론과 정도전의 배불론

1) 이색의 유불동화론

(1) 이색의 정치적 입장과 태도

조선왕조 건국 초 신체제에 대한 도전세력의 태도에 가장 깊은 영향을 준 인물은 이색(1328~1396)이다. 이색의 사상은 고려 말 기득권 세력인 수정보수파의 정치적 입장을 대표한 것이라고 볼 수 있다. 그를 수정보수파의 대표 인물이라는 것은 그의 출신 배경과 경력 및 영향력에서 잘 드러난다.

이색은 고려 말의 정치가요 대학자로 고려왕조와 운명을 같이하였다. 호는 목은(牧隱)이며, 고려왕조에서 40여 년간 중요한 고위관직을 역임한 고려 말의 대표적인 관료귀족이었다. 그의 가계(家系)를 보면 할아버지는 한산군(韓山郡)의 아전 이자성(李自成)이고, 아버지는 원나라에서 여러 관직을 역임했고 고려에서는 첨의찬성사(僉議贊成事, 정2품/현 부총리급)란 고위관직에 재임한 이곡(李穀, 1298~1351)[24]이다. 이색은 14세에 지금의 대학 입시와 같은 성균관(成均館) 입학시험에 합격하였고, 21세(충목왕 4년/1348)에는 그의 아버지가 원나라에서

---

24) 이곡(李穀)의 호는 가정(稼亭), 그는 원나라의 휘정원(徽政院) 관구(管句), 정동행중서성(征東行中書省, 고려 등 동부지역을 관활하기 위한 원나라의 행정기구)의 좌우사원(左右司員)·좌우사랑중(左右司郎中)·중서사(中瑞司) 전부(典簿) 등을 역임하였고, 고려 조정에서는 정당문학(政堂文學, 종2품), 도첨의찬성사(都僉議贊成事, 정2품)에까지 올랐고, 한산군(韓山君)이라는 귀족 작위를 받은 인물이다(≪高麗史≫, 列傳 卷二十二 참조).

중서사(中瑞司) 전부(典簿) 벼슬을 했으므로 원나라의 국립대학격인 국자감(國子監) 생원(生員)으로 유학할 수 있었다. 그는 24세(충정왕 3년/1351)에 그의 부친이 죽자 귀국하였고, 26세(공민왕 2년/1353)에 고려의 과거시험에 장원으로 뽑혔다. 같은 해(1353) 가을에 원나라의 정동성(征東省) 향시(鄕試)에 급제하였고, 다음 해(공민왕 3년/1354) 그의 나이 27세에 그는 원나라의 회시(會試)에서 1등으로 그리고 전시(殿試)와 정시(庭試)에서 2등으로 합격해, 원의 국사원(國史院, 현 국사편찬위원회) 편수관(編修官)이 되었다. 이색은 29세 되던 1356년(공민왕 5년)에 그의 어머니가 늙었다 하여 고려로 귀국한 뒤부터 개혁파에 밀려 유배된 1389년(공양왕 원년)에 이르기까지 30여 년 간 중요한 고위관직을 두루 역임하였다. 그는 재상직에 만도 8년이나 있었으며, 34세인 1361년(공민왕 10년) 홍건적이 침입했을 때는 왕을 따라 호위하면서 피난한 공로로 1등 공신의 포상을 받기도 하였다. 36세(공민왕 12년/1363)에는 원나라의 정동행중서성 유학제거(征東行中書省 儒學提擧)와 고려의 밀직제학(密直提學)에 동시 임용되었고, 40세(공민왕 16년/1267)에는 원의 정동성(征東省) 낭중(郎中)과 고려의 개성부 판사겸 성균관 대사성(현 국립대학 총장)으로 동시 임명되었다.25) 특히 성균관 대사성으로 10여 년 재임하면서 당시 학관인 정몽주(鄭夢周)·이숭인(李崇仁)· 김구용(金九容)·박상충(朴尙衷)·박의중(朴宜中) 등 소장 학자에게 준 교화의 힘이 매우 컸으므로, 이들로 하여금 고려왕조의 체제 유지에 끝까지 몸을 바치게 하였다. 그도 고려왕조의 보위를 위하여 버티다가 급진개혁파에게 추방되어 3년 귀양살이를 한 뒤, 여흥(驪興, 현 여주)의

---

25) ≪朝鮮王朝 太祖實錄≫, 九卷 五年 五月 七日(癸亥) 韓山伯 李穡의 卒去 참조.

신륵사(神勒寺)에서 사망하였다.[26]

이와 같은 이색의 성장과정과 경력으로 미루어 보아, 그의 의식 심층에는 관료귀족으로서 그가 향유하던 기득권을 유지하겠다는 욕구가 잠재해 있었을 것이고, 고려왕조의 존속을 통하여 자신의 기득권을 유지하려 했을 것이다. 따라서 그의 사회현실관도 관료귀족으로서의 특권에 젖어 내우외환의 급박한 위기상황을 외면하고 안일을 구가하였다. 이 점은 공민왕 20년(1371) 평양부윤(平壤府尹)이 화려한 풍월루(風月樓)를 짓고, 그 누각에 걸 찬사의 글(記)을 청탁했을 때, 그가 이를 극구 찬양하고 다음과 같이 당시의 시대상을 낙관적으로 보았던 데서도 알 수 있다.

이제 중국대륙이 안정되고 사방에 걱정이 없으니 세상이 잘 다스려지고 있다. 우리나라가 이러한 한가한 때를 맞이하여 정치와 형벌을 닦아 백성과 재물이 풍족하고 강산이 맑고 아름다우니, 어느 곳을 가든지 풍월을 읊으면서 즐기지 못할 곳이 없다.[27]

그러나 공민왕 20년(1371)을 전후한 그 당시는 특권층인 이색이 보는 시대와는 판이하게 달리 국내외적으로 위기와 혼란의 불안정한 시대였다. 국내는 중 신돈(辛旽)이 권력을 장악하고 국제정세의 변동을 이용한 북방 진출을 주장하기도 했으나 권력의 남용이 심하였다. 대외적으로는 100여 년 동안 고려를 통제하여 온 원나라가 1368년 명나라의 건국과 함께 북방으로 물러났지만(北元이라고 함) 아직도 고려에 영향

---

26) ≪太祖實錄≫에는 이색이 여흥(驪興, 현 여주) 신륵사에서 사망하여 왕(태조 이성계)이 조회를 정지하고 부의를 보냈으며 문정(文靖)이라는 시호를 내려주었다고 기록되어 있으나, 일설에는 그가 여강(驪江, 현 여주 부근 남한강)에서 뱃놀이하던 중 이성계가 보냈다는 술을 마시고 배 안에서 의문의 급사를 하였다고도 한다.
27) 李穡, ≪牧隱文藁≫, 卷一 西京風月樓記.

력을 행사하려 하였고, 명나라는 명나라대로 고려에 조공을 요구했으므로, 고려 조정에도 친원파(親元派)와 친명파(親明派)로 갈리어, 어떠한 대외 정책을 취해야 할지를 모르는 매우 불안정한 정세였다. 1368년 1월에 명 태조 주원장(朱元璋)은 응천(應天, 현 南京)을 수도로 삼아 황제를 자칭하고 국호를 명(明), 연호를 홍무(洪武)로 정한 뒤, 바로 다음 해인 1369년(고려 공민왕 18년) 4월에 고려에 사신을 보내어 황제로서의 즉위를 통고하고 조공을 요구하였다. 따라서 고려는 그 해 5월에 명나라에 사신을 파견하였고, 12월에는 북원(北元)과 절교하기로 하였다. 그러나 다음 해인 1370년(공민왕 19년) 2월에 북원의 장수 납합출(納哈出)이 조공을 받으러 왔기 때문에, 그를 삼중대광사도(三重大匡司徒)로 임명하였다. 그런가 하면 그 해(1370) 4월 명나라가 도사(道士)를 고려에 보내 명나라의 건국을 축하하는 산천의 제사를 요구하였고, 5월에는 고려를 명나라의 조공국으로 책봉한다는 책봉사(冊封使)가 오는 등 중국대륙에서의 원과 명의 교체라는 국제적 변동은[28] 고려에 심각한 대외적 불안을 초래하였다.

그런가 하면 각지에서는 왜구의 침입과 약탈로 외환이 끊이지 않았다. 1369년(공민왕 18년) 11월에는 왜구가 충청도의 화물운송선을 약탈했으므로, 신돈이 왕을 대신하여 출정하기도 하였고, 다음 해인 1370년(공민왕 19년) 2월에는 왜구가 평안도 선천(宣川) 지방을 약탈하였으며, 1371년 3월에는 해주에 침입하였을 뿐 아니라, 7월에는 심지어 수도를 지척에 둔 예성강에 침입하여 병선 40여 척을 불사르는 등

---

28) 명나라는 건국 후 내분으로 대륙을 통일하지 못하다가 3대 성조(成祖, 1402~1424 재위) 때에 이르러 요동을 정벌하고 1403년에야 수도를 북경(北京)으로 옮겼던 상황이었음에도 고려 말의 위정자들은 안일과 갈등으로 허송세월하였다.

만행이 극심하였다. 다시 말하면 국제적으로도 원과 명이 번갈아 사신을 보내어 고려를 핍박하던 시대였다.

그럼에도 이색이 이러한 국내외의 불안정한 정치사회 현실을 평온한 시대로 구가한 것은, 그가 누리던 기득권에 젖어 있었기 때문이었던 것으로 볼 수 있다. 따라서 그는 주자학을 수용하여 연구하였지만, 그의 저의는 고려의 기본 통치이념인 불교사상의 정치적 결함을 보완하기 위하여 주자학을 그 수단으로 이용하였던 것으로 보인다. 이색의 정치목표는 고려왕조의 보위이었으므로 체제안정을 위한 정치방법으로 윤리질서의 확립을 주장하였다. 그는 권문세가를 높이 대접할 것을 공민왕의 말을 빌려 주장하였고, 귀족은 그 대가로 임금에게 충성을 다함으로써 체제보위가 가능함을 지적하였다.

권문세족을 잘 대접하면 이방직(李邦直)의 자손들로 하여금 임금에 충성하고 부모를 섬기는 충효의 마음을 날로 분발시킴으로써 조금도 이런 마음이 약해지지 않을 것이다. 현능(玄陵, 공민왕의 호)이 인재를 장려하되 어버이는 어버이답고 자식은 자식다우며, 임금이 임금답고 신하가 신하답도록 끝없이 강조하였으니 그 도리가 어찌 더욱 빛나고 크지 않겠는가.29)

그러나 이색이 충효도덕을 강화함으로써 확립하고자 한 체제는, 고려의 군신체제이었을 뿐 새로운 군신질서가 아니었으며, 이 점에서 정도전의 정치목표와는 서로 판이하게 달랐다. 따라서 그는 임금을 섬기는 일과 부모를 섬기는 일을 윤리질서 확립을 위한 같은 수준의 도덕적 당위로 인식함으로써, 부모를 섬기는 효도와 마찬가지로 임금에 대한 충성에 있어서 관직에 있거나 관직을 떠났을 때를 막론하고

---

29) "至於禮貌世臣, … 其事君事親, 忠孝之心, 當日奮而不少衰矣, 玄陵奬誘人材, 父父子子君君臣臣, 垂裕無疆, 其道豈不愈益光大也哉"(≪牧隱文藁≫, 卷十二 義谷淸卿四字讚幷序).

한결 같은 자세를 지닐 것을 요구하였다.

　　　대저 부모를 섬기는 일과 임금을 섬기는 일은 그 도리가 같다. 자식이 부모를 섬김에 그 도리를 다할 수 있고, 신하가 임금을 섬김에 그 도리를 다할 수 있다면, 이는 충효로 그 이름을 세운 것이다. 그러한 까닭에 신하가 되어 자기의 도리를 다하면 이는 조정의 관직에 있을 때의 효이다. 자식이 되어 부모에 대한 효도의 도리를 다하면 이는 가정에서의 임금에 대한 충성이다. 그러나 벼슬하여 관직에 있으면 기뻐하고 그만두었을 때 노여움을 품는다면 이는 임금에게 자기의 도리를 다했다고 할 수 없다. 가까이 있을 때는 버릇없이 가볍게 여기고 멀리 있을 때는 잊어버린다면, 이는 부모에게 자기의 도리를 다했다고 할 수 없다. 효도란 멀리 있거나 가까이 있거나 다르지 않으며, 충성은 벼슬자리에 있거나 그만두었을 때나 바꾸어서는 안 된다. 자기의 도리를 다하지 않은 자가 어찌 충효를 다할 수 있겠는가?[30]

　　이것은 급진개혁파에 의한 체제혁신의 반역을 방지하여 고려왕조를 보위하려는 이색의 정치태도를 말해 주는 것이기도 하다. 환언하면 이와 같이 충효도덕을 강조한 그의 근본의도는 고려의 기존윤리질서를 강화함으로써, 신구 정치세력의 변동으로 인한 고려왕조 붕괴의 위험성을 방지하려는 데 있었다. 따라서 그가 주자학을 수용하여 정치론으로 활용한 목적은, 불교 통치이념을 보강하기 위한 정치방법론일 뿐이다. 즉 불교사상에 주자학을 동화시켜, 주자학과 불교를 사상적으로 타협시키려는 입장이었다고 할 수 있다. 이 점은 불교에 대한 그의 태도에서도 찾아 볼 수 있다.

---

30) "夫事親事君, 其道則同, 子之於父母 事之能盡其道, 臣之於君 事之能盡其道, 是忠孝之立名也, 爾然則, 爲臣而盡己 在朝之孝也, 爲子而盡己 在家之忠也, 仕而喜 己而온則, 必不能盡己於君, 近而押 遠而忘則, 必不能盡己於親, 孝不以遠近異, 忠不以仕己易, 非盡己者 能之乎"(위의 책, 卷七 送朴中書歸觀序).

이색은 불교사상을 배척하는 척불론(斥佛論)이 높았던 당시에, 유학자임을 자처하면서도 불교사상이 유가사상 못지 않다고 주장함으로써 불교 통치체제의 유지를 다음과 같이 완곡하게 나타냈다.

나는 석가모니의 학문을 배우지 못했지만 유학의 학문을 끌어서 말하겠다. … 우리 유학에서 사물에 대한 올바른 지식을 파악하여 성심을 다하고 정직한 마음으로 가정을 다스리고 나라를 통치할 것을 말한다. 이것이 어찌 석가모니가 맑은 마음과 헛된 생각을 하지 않고 천진난만한 인간 본래의 성품에 돌아가게 하려는 일이나, 부처님이 인간을 생사의 소용돌이에서 구제하여 열반에로 귀의케 하려는 일과 다르겠는가?[31]

또한 그는 "성품은 자신이 스스로 가꾸어 나가는 일이므로, 유학과 불교는 다 같이 조금도 다르지 않다"[32]고 함으로써, 인간성을 보는 유학과 불교의 사상에는 차이가 없음을 주장하였다. 더 나아가서 이색은 35세 때(공민왕 11년/1362)에 "불교의 도(道)가 세상에서 존중됨을 보는 것은 이상할 것이 없다. 나는 이 때문에 석가모니를 심하게 배척하지 않으며 불교도와 더불어 서로 좋아하기도 한다. 이는 대개 취할 바가 있기 때문이다"[33]라고 불교를 좋아하는 태도를 밝혔다. 특히 그는 "석가모니가 대성인(大聖人)으로서 가장 성스럽고 공평하다"[34]라고 함으로써, 불교사상을 옹호하는 태도를 나타냈다.

따라서 이색이 원나라에 유학한 뒤에 원의 관직에 재직한 경력의 소유자일 뿐 아니라, 귀국하여 성균관 대사성으로 재직하면서 주자학

---

31) "吾未之釋學也, 姑引儒言之, … 吾儒以格致誠正 而致齊平則, 釋氏之澄念止觀, 以見本源自性天眞, 佛道人於生死波浪, 而歸之寂滅 豈有異哉"(위의 책, 卷三 澄泉軒記).
32) "性吾所當養, 儒與釋 共無少異焉(위의 책, 卷六 雪山記).
33) "無怪其道之見尊於世也, 餘是以不拒釋氏之甚, 或與之相好, 盖所取焉耳"(위의 책, 卷一 麟角寺 無無堂記).
34) "佛大聖人也, … 佛者 至聖至公"(≪高麗史≫, 列傳 卷二十八 李穡).

의 보급에 주력한 것은, 불교 통치사상을 보강하여 고려왕조를 보위하
려는 정치적 의도가 강하였던 것으로 볼 수 있다. 즉 그는 이와 같은
정치적 태도와 입장 때문에 기존체제를 유지하기 위한 정책수단으로
우주변천론과 인성론을 전개하였고, 토지제도의 개혁과 같은 현실의
제도에 대하여서는 보수적 태도를 지녔다.

(1) 차별원리로서의 우주론과 인성론

이색의 우주론과 인성론은 유학의 본질인 차별원리를 그대로
따랐다. 그가 유학의 본질인 차별원리를 신봉한 이유는 고려왕조의
군신체제를 보위함으로써, 반역을 예방하려는 정책적 의도 때문이었
던 것 같다. 그는 "솔개는 하늘에서 높이 날고 물고기는 연못에서
뛰어 논다고 하는데, 이는 상하의 차별이 분명함을 말한 것이다"[35]라는
≪중용≫에 있는 시경(詩經) 구절을 인용하여, 우주원리로서의 차별이
숨길 수 없는 분명한 진리임을 밝혔다.[36] 이러한 차별원리를 양과
음의 논리로 전개한 것이 주지학이었으며, 양(+)은 지배를 뜻하고
음(-)은 피지배를 의미하였다. 따라서 이색은 고려왕조의 군신체제를
보위하기 위하여, 지배와 피지배의 차별질서가 불변의 진리임을 뜻한
유학이론을 인용하였다. 그는 "양은 홀수이고 음은 짝수로서 양이
변함에 따라 음이 이루어지는 원리를 알게 되면, 우주생성의 근거인
무극(無極)의 진리에 도달한 것이다"[37]라고 하였다. 특히 그는 양(+)

---

35) "鳶飛戾天, 魚躍于淵, 言其上下察也, 君子之道 造端乎夫婦, 及其至也 察乎天地"(≪中
庸≫, 十二章).
36) ≪牧隱文藁≫, 卷一 陽村記.
37) "求其陽奇陰耦 陽變陰化之原, 則歸於無極之眞而已矣"(위의 책, 卷三 養眞齋記).

즉 지배는 어리석은 남자나 여자라도 누구나 다 같이 알아야 한다[38]는 점을 지적함으로써, 차별적 지배권이 사회 및 정치원리로서도 명백한 진리임을 주장하였다.

그렇다면 이 음양의 차별원리를 어디에 근거하고 있다고 보았는가? 그에 의하면 무극(無極)에서 나오고, 무극이 곧 태극(太極)이라고 하였다. 이것은 차별원리의 근원인 무극은 음양현상 즉 모든 만물의 지배와 피지배 현상이 일어나기 이전의 근원적 원인자이며, 이 원인자에 의하여 마련된 차별의 원리가 사물의 차별과 정치사회적 차별을 불가피하게 하는 선재원리라는 의미이다.

시경(詩經)에 이르기를 하늘 위에 있는 것은 소리도 없고 냄새도 없다고 하였는데, 이는 무극이 있는 곳인가? 그러므로 주렴계(周濂溪)가 태극도(太極圖)를 지었는데, 거기에서도 무극이 곧 태극이라고 하였다. 대체로 이는 태극이 하나의 무극임을 밝혔을 뿐이다. 하늘에 있으면 흐려서 구별할 수 없을 뿐이니, 천둥을 움직이기 이전이다. 사람에게 있어서는 고요함을 의미할 따름이니 사물에 접촉하여 감응되기 전이다.[39]

바꾸어 말하면 이것은 사물 및 사회 등 일체의 변화현상이 그 변화를 일으키는 기틀인 무극에서 기인함을 말한 것이다. 그러므로 이색은 정치사회에서 임금을 섬겨 충성을 다하는 것도 이러한 차별의 불변원리에 따르는 것일 뿐 아첨이 아니라고[40] 주장하였다. 차별원리야말로 우주의 진리이고 모든 사물변화의 근원이라는 것이 이색의

---

38) "若夫陽也, 愚夫愚婦之所共知也"(위의 책).
39) "詩曰, 上天之載, 無聲無臭, 其無極之所在乎, 故周子作太極圖, 亦曰, 無極而太極, 盖所以贊太極之一無極耳, 在天則渾然而已, 發風動雷之前也, 在人則寂然而已, 應事接物之前也"(위의 책).
40) "事君盡禮, 非諂也 眞也"(위의 책).

입장이었던 것으로 보인다.

하늘과 땅의 차별은 모든 변화의 출발이니, 하늘과 땅이 닫히면 변화를 볼 수 없다. … 하늘과 땅(乾坤)에 대하여 말한다면 하늘의 확고함은 큰 것이고, 땅에 이르러서는 암말과 같이 유순한 순종을 말하는 것이니, 이는 높이 존경해야 할 것에 둘이 없다는 뜻이다. … 따라서 이러한 이치(차별원리)를 가르치는 것은 하늘과 땅의 차별을 올바로 보는 시각이 된다.[41]

이러한 차별원리를 준수하여 행동하는 길의 근원은 하늘에서 나온 숙명적 사실이기 때문에 모든 사람이 날마다 지킬 수밖에 없으며, 공자 이래 유학자들이 그 계통을 이어왔다는 것이다. 이 점을 이색은 "대저 도의 큰 원리는 하늘에서 나왔다. 이것은 사람들이 날로 쓰는 가운데 성현들의 공로와 교화의 지표에도 합치하게 된다"[42]라고 하였다. 이 도는 일상생활 규범의 기준이 되므로 임금과 신하, 어버이와 자식, 지아비와 아내, 형과 아우, 벗 사이 등 오륜의 차별질서를 형성하며, 이는 하늘이 만든 법칙이므로 사람이 사람 노릇하는데는 이 숙명적인 하늘의 법칙을 따라야 한다는 것이다.[43]

그렇다면 인간성품은 하늘이 부여한 이 차별원리를 따를 수 있는 소질이 있는 것일까? 이색은 하늘이 부여한 법칙을 따라야만 하는 인간성이론을 말하였다. 즉 인간이란 하늘이 만든 법칙을 감수해야 하고 그 규제에서 벗어날 수 없다는 것이 그의 입장이다.

푸르고 푸른 것은 하늘이며, 사회의 규범과 사물의 법칙이 하늘에서

---

41) "豫曰, 乾坤易之門也, 乾坤廢 易不可見, 且就乾坤言之, 乾之貞 大也, 至於坤則如牝馬焉, 尊無二上也, … 故其理教, 如天地貞觀焉"(위의 책, 卷四 朴子虛貞齋記).
42) "夫道之大原出於天, 而淪於民生日用之間, 着於聖賢功化之表"(위의 책, 卷十 仲至說).
43) "人之倫也其五, 其名曰五典, 天所敍也, 而人之所以爲人者也"(위의 책).

나온 것을 알지 못하고 전체를 하늘이라 한다. 따라서 하늘이 곧 모든 만물의 근본원리라고 생각한 뒤에야 비로소, 인간은 인간사회의 모든 일들이 하늘이 아닌 것이 없음을 알게 된다. 대체로 성품이란 사람과 사물에 있게 마련이며, 사람과 사물을 가리켜서 '사람이다,' '사물이다'라고 이름 붙이는데, 이는 하늘의 발자취에 지나지 않는다. 그렇게 된 까닭을 찾아서 말한다면, 사람에게 있는 성품도 하늘이 부여한 숙명적인 것이고, 사람이 지닌 성품도 하늘이 부여한 숙명적인 것이다. 같은 숙명적 성품이라면 다같이 하늘이 부여한 것이니 어찌 의심하겠는가.44)

이 논의는 인간을 비롯한 모든 사물은 하늘의 피조물이기 때문에, 그 성품은 하늘에서 받은 것이며, 모든 인간은 상하차별의 천리 즉 우주원리를 받아들이지 않을 수 없다는 뜻이다. 이는 기존의 군신 차별질서를 따르는 것이 인간의 불가피한 도리이고 숙명적임을 주장하려는 정치적 의도가 내포된 것이라고 할 수 있다. 이와 같은 정치사상적 논리전개의 목적은 붕괴과정에 있는 기존의 고려귀족 정치체제를 유지 존속시키는 데 있었던 것으로 보인다.

이러한 이색의 우주론적 시각은 '현실은 가상의 세계이고 죽은 뒤의 극락세계만이 진실의 세계'라고 가르침으로써, 피지배계급으로 하여금 현실사회에서의 핍박과 착취를 허구로 여기도록 하여, 기존 통치체제에 참고 복종케 하려는 불교의 정치사상과 합치하는 것이다. 또한 이것은 "현실만이 진실의 세계"라 하여 불교 통치이념을 배척한 급진개혁파 정도전의 정치사상 목표와는 판이하게 다른 시각이다.

따라서 이색은 현실의 구체적인 정책에 대하여도 급진적 혁신보

---

44) "蒼蒼者 天也, 而不知民彝物則之出於此, 而全體是天也, 於是乃曰, 天則理也, 然後人始知 人事之無非天矣, 夫性也在人物, 指人物而名之曰, 人也 物也 是跡也, 求其所以然而辯之則, 在人者 性也, 在物者 亦性也, 同一性也則同一天也, 亥疑焉"(위의 책, 卷十 直說).

다는 현상유지의 보수적 태도를 지녔다. 그는 당시의 재상들이 한꺼번에 광대한 토지와 백성을 차지하여 착취하는 사회현실을 개탄하고 토지제도 개혁의 필요성을 인정하기는 하였다. 즉 우왕 14년(1388)에 그는 "병을 구실로 출근하지 않으면서 말하기를, 수상 이성림(李成林)은 낮고 작은 집(矮屋)에서 성장했음에도 재상이 되어서는 광대한 토지와 백성을 차지하였고, 한 때 함께 출세한 염흥방(廉興邦) 또한 가렴주구(苛斂誅求)를 일삼으니, 나라를 그르치는 사람은 바로 이 두 사람이다"[45]라고 비난하였다. 동시에 "얼마 안 되는 농토를 가지고 1년 내내 열심히 일하여도 부모와 처자를 먹여 살리기에도 넉넉하지 못한 형편에, 소작료를 거두어 가는 지주(地主, 收租者)가 한 사람이면 다행이지만, 어떤 때는 세 네 지주 심지어는 일곱 여덟 지주나 되어서 힘써 서로 빼앗아 가려고만 하고 권세를 가지고 서로 다투어 착취하려고 하니 누가 양보하기를 즐기겠는가? 이 때문에 소작료로 내는 조(租)를 물기에도 모자라서 또 다시 빚을 더욱 져야 하니, 어떻게 그 부모를 봉양하고 처, 자식을 먹여 살릴 수 있으랴. 백성들의 곤궁과 생계의 막연함은 형언할 수 없을 정도이다"[46]라고 하여, 이색은 불합리한 토지제도를 개탄하기도 하였다.

그러나 이와 같은 사회현실에 대하여 "이성계와 대사헌 조준(趙浚) 등 급진개혁파가 사전(私田)을 혁파하고자 도평의사사(都評議使司)에서 토지제도의 개혁을 논의했을 때, 이색은 구법(舊法)을 가볍게

---

45) "穡稱病不出曰, 侍中李成林 生長矮屋 及爲宰相 廣占田民, 一時竝起 三第左使廢興郡, 亦以取斂爲事, 誤國家者必此二人也"(≪高麗史≫, 列傳 卷二十八 李穡傳).
46) "數畝之田 終歲勤動, 父母妻子之養, 猶且未贍, 而收租者已至, 若其田之主一則幸矣, 或有三四家者, 或有七八家者, 苟力焉而相牟, 勢焉而相敵, 孰肯讓哉, 以是供其租而不足, 則又稱貸而益之, 於何而養其父母, 於何而育其妻子, 民之窮困職此之由詩不云乎"(위의 책).

고쳐서는 안 된다고 주장하면서 개혁론을 따르지 않았다"[47]고 한다. 이로써 보면 그는 토지제도의 개혁을 사실상 반대하고 현상 유지의 보수적 태도를 취하였음을 알 수 있다. 토지제도의 개혁에 대한 이러한 그의 태도는 불교 통치이념과 주자학적 통치론에 대한 타협적 자세와도 연관성을 갖는다고 하겠다. 따라서 이색의 정치사상은 고려왕조의 보위를 위하여, 자기 파벌세력의 기득권을 유지하려는 데서 유학을 수용하였다고 볼 수 있다.

2) 정도전의 배불론

(1) 현실관과 정치시각

정도전(鄭道傳, 1337~1398)은 이성계가 고려왕조를 붕괴시키고 조선을 건국하는 과정에서 주역을 담당한 급진개혁파의 대표적 정치인이요 사상가이었다. 그의 급진적 태도와 정치사상은 출신배경과 경력을 통하여 형성되었다.[48] 한영우(韓永愚)는 정도전이 급진적 개혁주의자로 명분론을 거부하고 보다 자유분방한 태도로 신왕조의 문물제도를 재정비하는 데 거침이 없었던 성격형성의 요인으로 다음과 같은 점들을 지적하였다. 우선 정도전 자신이 서자일 뿐 아니라, 그의 아버지는 비록 형부상서까지 지냈지만 본래는 서리(胥吏)라는 가난하고 미천한 가문의 출신이고, 그의 어머니는 우연(禹延)이라는 사람과 우연의 첩

---

47) "太祖與大司憲趙浚 欲革私田, 都評議使司議田制, 穡以爲不可輕改舊法, 持其議不從"(위의 책).
48) 韓永愚, ≪鄭道傳思想의 研究≫(서울: 서울대학교 한국문화연구소, 1973), 21~32쪽 및 韓永愚, "鄭道傳의 人間과 思想," (제8회 한국고전심포지움, 1981) 참조.

김 씨 사이에서 낳은 서얼(庶孼)이며, 김 씨(정도전의 외할머니) 또한 중(僧) 김진(金珍)과 여종 수이(樹伊) 사이에서 출생하였다. 정도전의 처 최 씨 또한 최습(崔隰)이란 사람의 첩 소생으로 서얼이라고 한다.[49]

따라서 이러한 정도전의 출생에 따른 신분상 약점으로 말미암아 그가 관직에 오를 때 문제가 되었고, 곤궁한 환경 속에서 성장하였을 뿐 아니라 장성하여 정계에 진출하여서도 유배와 유랑의 정신적 고독감에서 9년이나 시련과 고난의 시간을 보냈기 때문에, 그의 급진적 태도의 성격이 형성되었다.[50] 그의 일생은 굽히지 않는 신념의 실천과 그로 인한 시련과 유랑생활 그리고 새로운 조선왕조체제 정비 과업에 정열을 쏟다가 권력투쟁의 제물이 되는 파란만장의 생애였다.

정도전은 서리 출신으로 형부상서(정3품, 현 법무부 장관)에 오른 정운경(鄭云敬)의 서자이고, 단양의 외가에서 출생하여 단양의 도담삼봉(島潭 三峯)을 사랑했기 때문에 호를 삼봉(三峯)이라고 하였다.[51] 그는 26세(고려 공민왕 11년/1362)에 진사(進士) 시험에 급제한 후, 35세(공민왕 20년/1372)에 성균관 박사가 될 때까지 등용의 시련기를 거쳤다. 그 뒤 그는 38세까지 5년간 당시 성균관 대사성이던 이색 밑에서 학관으로 있으면서, 동료이던 정몽주·김구용(金九容)·박상충(朴尙衷)·박의중(朴宜中)·이숭인(李崇仁) 등과 정주학(程朱學)을 연구 토론하는 학문적 연찬기를 가졌다. 그러나 그의 나이 39세 되던 해(우왕 2년/1375)에 당시 권력자이었던 이인임(李仁任)·경복흥(慶復興) 등의 친원(親元) 정책을 반대하다가 회진(會津, 현 나주)으로 귀양 가게 되었고, 그 뒤

---

49) 위의 책.
50) 위의 책 및 ≪朝鮮王朝 太祖實錄≫, 卷十四 七年 八月 二十六日(己巳) 참조.
51) 韓永愚, 위의 책.

47세가 되던 1383년(우왕 9년)까지 10년 가까운 장년기를 유배와 유랑의 은둔생활로 보내는 시련을 겪었다. 그러나 정도전은 47세에 동북면도지휘사(東北面都指揮使)로 함주(咸州, 현 함경남도 함흥)에 주둔하던 이성계의 막하에 들어감으로써, 조선왕조 건국 과업의 대부분이 그의 손에 의해 마련되었다. 그는 48세(우왕 10년/1384)에 명나라 황제의 생일을 축하하기 위하여 파견된 하성절사(賀聖節使) 정몽주의 천거로 서장관(書狀官)에 임명되어, 그를 따라 명나라를 다녀 온 뒤에 성균관 사성(司成, 종3품/현 관리관급)으로 중앙정계에 재진출하게 되었다.

특히 그는 불교를 배척하고 유학을 숭상하는 배불숭유(排佛崇儒)의 건국이념을 제시한 ≪심기리(心氣理)≫ 3편(태조 3년/1394)과 ≪불씨잡변(佛氏雜辨)≫ 19편(태조 7년/1398)을 저술하였고, 국가를 통치하는 치국(治國)의 기본 요강과 관제 등 법제적 기틀이 된 ≪조선경국전(朝鮮經國典)≫(태조 3년/1394), ≪경제문감(經濟文鑑)≫(태조 4년/1395) 및 ≪경제문감별집(經濟文鑑別集)≫(태조 5년/1396) 등을 차례로 지어 태조 이성계에게 받쳤다. 따라서 대부분의 조선왕조 건국의 골격이 정도전에 의해 이루어졌다 하여도 과언이 아니다. 그도 술에 취하면 종종 중국 고대사를 인용하면서, "한(漢)나라 고조(高祖)가 장자방(張子房)을 써서 한나라를 건국한 것이 아니라 자방이 한나라 고조를 부렸다"[52]는 식으로, 스스로를 한나라 건국의 공로자 장자방에 비유하였다고 한다.

그러므로 정도전이 이색의 문하에서 정몽주 등과 더불어 정주학(程朱學)을 연구하고 이를 발전시키는 데 주력하였지만, 그의 정치목표

---

52) "往往醉中微誦曰, 不是漢高用子房, 子房乃用漢高"(≪朝鮮王朝 太祖實錄≫, 卷十四 七年 八月 二十六日).

는 그들과는 판이하게 달랐다. 물론 이색과 마찬가지로 그가 추구한 정치질서는 봉건적 차별윤리질서의 확립이었다. 이 점은 그가 부자(父子)·군신(君臣)·부부(夫婦)·장유(長幼)·붕우(朋友) 사이의 차별질서를 하늘이 인간에게 부여한 당위의 길로 규정한 것으로도 알 수 있다.

차별의 준수는 곧 우주의 일반원리로서 초자연적인 이성적 진리이며, 현상계 즉 사물현상은 형체가 있는 것이다. 대체로 인간 도리의 큰 원칙(여기서는 차별원리)은 하늘에서 나왔으므로, 상하의 차별이 있지 않은 사물이 없으며 차별이 이루어지지 않는 때가 없었다. 즉 인간의 몸과 마음에도 그 심신의 도리가 있으니, 가깝게는 부자·군신·부부·장유·붕우간 차별의 도리이고, 멀리는 온 누리의 천지만물 사이의 차별질서이므로, 모든 사물에는 차별이 아닌 것이 없다.[53]

그러나 정도전이 목표로 한 차별윤리의 정치질서는 조선이라는 새로운 왕조체제의 군신질서이었지, 고려왕조의 군신질서가 아니었다는 점에서 이색 등과는 그 정치적 목적이 달랐다. 그는 사회 및 정치현실관에 있어서 이색, 정몽주 등 수정보수파와는 근본적 차이가 있었다. 이색 등은 내우외환(內憂外患)으로 고려 귀족사회의 붕괴위기에 직면하여 이를 뒷받침했던 불교사상에 유학사상을 수단으로 수용함으로써 체제유지의 보강을 꾀하였다. 그러나 정도전은 불교사상과의 타협을 통해서 고려왕조를 존속시킬 수는 없고, 불교사상 대신에 주자학적 유학사상을 통치의 근본이념으로 하는 새로운 왕조의 건립이 불가피하다고 믿었다. 그가 주자학 가운데서도 체제 질서의 확립을 위한 사상적 뼈대로 이기론(理氣論)을 가장 중요시한 것은 이러한 정치현실관에서 연유한 것이다. 정도전이 불교 및 도교 등에 대한 이해가 있었음에도

---

53) 鄭道傳, ≪三峯集≫, 卷九 佛氏雜辨 佛氏昧於道器之辨.

이를 이단으로 배척한 것은 고려 귀족 사회를 붕괴시키려는 그의 정치적 목적 때문이었다. 이는 그가 정몽주에게 보낸 편지에서도 잘 나타난다. "이단(異端)이 날로 번성하고 유학이 날로 쇠퇴하여 백성들을 새와 짐승의 세계로 몰고 도탄에 빠뜨림으로써, 온 세상이 무질서한 탁류에 휩쓸리기 끝이 없다. 오오! 슬프다 이것을 누가 바로 잡을 것인가? 학술을 바로 잡아 덕 있는 사람이 벼슬자리에 나아가 사람들이 믿고 순종한 뒤에야 무질서가 바로 잡혀질 수 있다"[54]라고 주장하면서, "정몽주가 대승불교의 경전인 능엄경(愣嚴經)에 빠져 불교에 아첨하고 있는 것 같다"[55]고 경고하였다.

따라서 정도전은 고려왕조를 붕괴시키고 세운 조선왕조의 정착을 위하여, 왕조교체로 교란된 윤리질서를 재확립하려는 정책적 목적에서 고려왕조를 뒷받침한 불교사상을 거부하고 주자학의 근간인 이기론을 전개하였다. 그는 주자학의 이기론을 통해서 신체제의 기본 이념을 정립하려고 ≪심기리편(心氣理篇)≫을 저술했을 뿐 아니라, 뿌리 깊은 정신적 고질이라고 본 불교사상의 근본 싹을 제거하려는 의도에서 그 뒤 ≪불씨잡변(佛氏雜辨)≫을 저술하였던 것 같다. [56]

(1) 정책적 배불론, 이기론 및 인성론

정도전의 불교 배척론은 그가 죽기 직전에 저술한 불씨잡변을 통하여 전개되었고, 불교의 윤회설(輪廻說)에 대한 비판으로부터 시작

---

54) 위의 책, 卷三 上鄭達可書.
55) 위의 책.
56) 정도전의 불교 등 이단에 대한 배척이 말년에 더욱 강경해진 요인이, 이성계의 숭불(崇佛)과 무학대사(無學大師) 등 승려세력의 정치적 지위향상과 함수관계를 갖는다(韓永愚, 앞의 논문)고 한다.

하였다. 그는 "불교에서 현세의 인간은 죽더라도 그 정신이 죽지 않아서 다시 다른 형상을 받고 태어난다고 하니, 이 때문에 윤회설이 홍행하게 된다"[57]고 지적하면서, 주역의 변화론으로 이를 반박하였다.

본래 불교의 윤회설은 인간이 육신은 죽지만 정신은 영원불멸하여 다시 다른 형태의 생명체로 태어나는 순환논리가 본질이다. 이를 정치적 시각에서 보면 현재의 신분체제에서는 귀족에게 핍박을 받는 하층 서민이지만, 죽은 뒤에 다시 태어날 때는 귀족 지배계급으로 태어날 수도 있다는 논리가 된다. 이는 현세만을 인생의 전부로 생각하여 귀족 지배계급에게 저항할 것이 아니라, 윤회설을 믿고 다시 태어날 때 귀족이 될 수 있으리라는 희망을 갖고 현재의 순종에 만족할 것을 요구하는 기존체제 옹호의 논리라고도 할 수 있다.

불교의 윤회설은 기존 고려왕조를 붕괴시키려는 급진개혁파에 대항하여 이들을 사상적으로 이길 수 있는 논리로서, 고려왕조를 보위하려는 수정보수파에게는 변화를 수용하는 것 같지만 근본적으로는 변화를 거부하는 이론이었다. 따라서 그들은 주자학의 정치방법론을 수용하여 불교 통치이념을 보강하는 데 이용하려는 보수적 태도를 취하였다. 그러나 고려왕조를 무너뜨리고 새로운 왕조의 정착을 목표로 했던 정도전에게 있어서, 윤회설은 그의 정치목표와 양립할 수 없는 이론이었다. 조선왕조 건국 초는 아직도 반체제세력이 이미 멸망한 고려왕조를 멸망한 것으로 보지 않고, 조선왕조에 대한 순종을 거부하는 저항의 위험성이 있었기 때문에, 정도전이 불교사상을 사상적으로 극복해야 할 필요성은 매우 컸었다. 그가 조선왕조 건립 초에

---

57) 鄭道傳, ≪三峯集≫ 卷九 佛氏雜辨 佛氏輪廻之辨.

적극적으로 불교의 윤회설을 비판한 데에는 이러한 새 왕조의 체제를
정착시키려는 정책적 목적과 뗄 수 없는 관련성을 지닌다고 볼 수
있다.

> 시작이 있으면 종말이 있게 마련이다. 그러므로 삶과 죽음에 대한
> 이론을 알아야 한다. 삶이 있으면 죽음이 있고, 죽은 것은 썩게 마련이며
> 지나간 것은 다시 오지 않는다.[58]

이는 이미 멸망한 고려왕조의 재건이 불가능하다는 정치사상적
논리이며, 새로운 이씨왕조의 정통성을 마련하려는 데 그 근본의도가
있었던 것으로 보인다.

불교에서는 소멸이 없는 끝없는 생성(生成) 즉 모든 만물이 죽은
뒤에도 다른 생명체로 다시 태어남으로써 죽지 않는다는 영생불멸(永生
不滅)을 주장한다. 정도전은 삶과 죽음, 생성과 소멸은 별개이고, 죽은
것과 소멸한 것이 다시 태어날 수 없다고 주장하였다. 이는 고려왕조의
멸망이 다시 돌이킬 수 없는 역사적 사실이며, 조선왕조의 건립이
일시적이고 순간적인 것이 아니기 때문에, 윤회설을 믿고 고려왕조의
재건에 연연하는 것은 무모하다는 사상정책적 논리라고도 볼 수 있다.
그렇다면 무엇이 우주만물의 삶과 죽음을 좌우하는가? 그는 기(氣)가
변화의 근본적 힘이라고 보았다. 따라서 그는 다음과 같이 주장하였다.

> 무릇 초목은 뿌리로부터 줄기가 생기고 가지와 잎이 나고 꽃이 피어
> 열매를 맺게 되는데, 이는 하나의 기(氣)가 관통하기 때문이다. 봄과 여름이
> 되어 그 기(氣)가 번창하여 잎과 꽃이 무성해지며, 가을과 겨울에 이르면
> 그 기(氣)가 약해져서 잎이 시들고 꽃이 떨어진다. 그 다음 해 봄과 여름이

---

58) 위의 책.

되면 다시 잎과 꽃이 무성하게 되는데, 이것은 이미 떨어진 잎이 그 근원으로 되돌아가 다시 소생하는 것은 아니다.[59]

정도전은 현실세계는 가상의 세계요 진실의 세계가 아니라는 불교의 윤회설을 부정하였다. 그 이유는 조선이라는 새로운 현실의 정치체제를 일시적인 가상으로 돌리려는 보수파에 사상적으로 대항하려는 데 있었다. 그는 고려왕조가 조선왕조로 바뀐 정치체제의 변동을 합리화하기 위하여, 변천의 근원적 힘인 기설(氣說)을 주장하였고, 만물 즉 인간과 동식물이 서로 순환한다는 불교의 윤회설을 부정하였다. 다시 말하면 그는 만물의 형상이 서로 바뀔 수 있다는 순환설에 반대하여 비순환적인 전진적 발전설을 주장하였다. 이 발전설의 경험적 사례로 여러 가지 곡식의 생육(生育)과 결실의 예를 들었다.

> 곡식이란 봄에 10섬(石)의 씨를 파종하면 가을에 100섬의 낱알을 거두게 되기도 하고, 천섬, 만섬으로 늘어나 이익이 여러 갑절 되기도 한다. 이것이 바로 곡식들의 거듭되는 생육의 생태이다.[60]

이는 새로운 조선왕조가 고려왕조보다도 몇 배나 더 훌륭한 정치체제로 발전한 형태임을 말하는 변동이론이기도 하다. 이 발전의 근원력을 기(氣)로 본 것이 정도전의 입장이었고, 그는 변동을 저지하기 위한 원리인 윤회설을 부정하였다.

변화를 인정했을 때, 변화된 정치형태를 지배하는 원리는 무엇인가? 정도전에 의하면 그것은 엄격한 군신 및 신분적 차별질서를 규정하는 오륜(五倫)이었다. 따라서 조선왕조의 새로운 군신질서는 고려왕조

---

59) 위의 책.
60) 위의 책.

의 군신질서를 파괴하고 형성된 역성혁명(易姓革命)의 산물이지만, 우주원리 즉 차별이 본질인 하늘의 원리를 실현한 것이기 때문에 조선왕조도 그 정당성을 지닌다는 것이 그의 사상적 논리였다

앞서 1장에서 이기론의 본 뜻을 밝힌 데서 논의한 대로, 정치적 시각에서 보면 유학에서의 이(理)란 온 세상 모든 만물을 지배하는 차별원리이고, 기(氣)란 이 차별원리가 구현된 현실적 형태로서의 정치체제 즉 군신질서를 의미한다. 이 점을 정도전도 "기 즉 형이하(形而下)의 현실적 형태는 형이상(形而上)의 근본원리가 있기 때문에 그 존재가치가 있다. 기(氣)를 말하면서 이(理)를 말하지 않는 것은 끝만 있음을 알고 그 근본이 있음을 알지 못하는 것이다"[61]라고 하였다.

이는 새로 형성된 조선왕조의 군신질서가 근본적인 우주원리에 따라 건립된 것이므로, 그 존립의 정당성이 부여된 것임을 말하려는 정책적 이론이라고 볼 수 있다. 즉 정도전이 이기론을 전개한 목적은 고려왕조를 제거하고 역성혁명으로 건립된 조선왕조를 확고하게 정착시키려는 정책적 목적에 있었다. 그리고 그는 새로운 체제의 군신질서를 확립함으로써, 신하는 신하로서의 도리를 다하고 군주는 군주다운 도리를 다 하도록 하려는 정책적 목적에서 ≪조선경국전(朝鮮經國典)≫을 만들어 신체제의 안정을 위한 법제화에 주력하였다. 아울러 ≪경제문감(經濟文鑑)≫과 ≪경제문감별집(經濟文鑑別集)≫을 저술함으로써, 새로운 왕조를 역사적으로 합리화하였다. 특히 ≪경제문감별집≫은 고대 중국의 하, 은, 주나라로부터 원나라 때까지와, 고려왕조의 역대 왕들의 행적을 유학적 도덕사관의 시각에서 기술함으로써, 조선왕조

---

61) 위의 책, 卷十 心氣理篇 氣難心.

성립의 역사적 당위성을 입증하려 한 것이다.

신체제에 대한 사상 및 역사적 당위성을 이론적으로 확립했을 때, 과연 모든 백성이 이 체제를 따를 것인가? 즉 어떻게 하면 백성들로 하여금 새 왕조를 따르게 할 것이냐가 정도전의 정치사상적 과제였다. 이러한 과제에 직면하여 그는 이기론을 토대로 한 인간성론을 전개함으로써 해결하고자 하였다. 그는 기존의 정치, 사회체제가 변경될 때, 변동으로 형성된 새로운 상황을 받아들일 수 있는 인간의 감수(感受) 기능을 인정하였다. 그는 인간성에 대한 절대불변의 이성설(理性說)에 반대하고, 변천을 감수하게 되는 감성적 인간성론을 주장하였다. 왜 인간은 정치사회의 변화를 받아들이는가? 변화된 체제가 우주의 근본 원리인 차별원리에 따라 형성된 체제이고, 인간성도 이 원리를 따를 수 있는 본질적 속성을 지녔기 때문이라는 것이다. 정치적 변동에 대한 이러한 변화 수용의 인간성론을 다음과 같이 설명했다.

유학에서 마음의 고요함이란 조용히 사색하지만 감응하고자 하는 마음이고, 불교에서 마음의 고요함이란 생각을 없이 하는 것을 말한다. 유학은 어떻게 행동할 것인가를 아는 일(知行)을 말하지만, 불교는 수련해서 깨닫는 것(悟修)을 말한다. 따라서 유학의 지식은 만물의 원리가 내 마음 속에 갖추어 있음을 아는 것이고, 불교의 깨달음은 자기 마음을 근본적으로 비게 하여 어떠한 사물도 생각하지 않는 상태이다. 유학에서 말하는 행위란 만물의 원리에 따라 이 원리를 실천하는 것이므로 어긋나거나 잃어버리는 것이 없다. 그러나 불교에서의 마음의 수련은 만물의 변동과 작용을 끊어 버리고 내 마음 속에 어떠한 생각도 갖지 않는 폐단이 있다. 유학은 마음에 온갖 만물의 원리를 갖추고 있다고 하지만, 불교는 마음이 모든 법칙을 낳는다고 한다. 만물의 원리를 갖추고 있다는 것은 마음 가운데 근원적으로 이 만물의 원리가 있기 때문이다[62]

간략하게 말하면 불교에서의 인간성론은 마음의 절대성을 규정함으로써 인간이 외부세계의 변화를 받아들여서는 안 된다는 것을 주장하지만, 유학의 인간성론은 외부세계 즉 정치사회적 환경을 지배하는 원리를 마음 자체가 지니고 있으므로, 외부의 변화를 받아들이지 않을 수 없게 되어 있다는 뜻이다. 따라서 그는 유학의 인간성론과 불교의 인간성론 사이의 차이를 다음과 같이 결론짓고 있다.

　　　유학은 인간의 본질인 마음(心)과 우주원리를 같은 하나로 보지만, 불교는 마음과 우주원리가 별개인 둘이라고 한다. 불교에서는 마음은 비어 있어서 우주원리와 합할 수 있는 이(理)가 없다고 하는데 반하여, 유학에서는 마음은 비록 비어 있지만 만물의 변천을 경험적으로 느껴 받아들일 수 있는 감수기능을 갖추고 있다.63)

인간성을 비롯한 우주 만물을 지배하는 원리는 주자학적 유학의 본질인 차별원리이었고, 이것은 정치사회 현상을 비롯한 모든 현상에 앞선 원리이었다. 따라서 "이는 천지보다 앞서 존재한 것이므로 현실적인 기(氣)는 여기에서 생긴 것이다. 그러므로 인간의 마음 또한 이 원리를 내포함으로써 자신의 갈 길을 얻게 된다"64)고 하였다.

따라서 정도전은 "이(理)는 인간과 모든 사물 변화 현상의 근원이므로 이(理)가 있은 뒤에 변화의 힘인 기(氣)가 있게 되고, 기(氣)가 있은 뒤에야 가볍고 맑은 볕이 위로 올라가 하늘이 되고, 무겁고 혼탁한 어둠이 아래로 내려가 땅이 되는 음양 천지의 차별질서가 형성된다"65)라고 주장하였다. 그럼에도 "도가(道家)와 불교 등 이단(異端)의 사상이

---

62) 위의 책, 卷九 佛氏雜辨 儒釋同異之辨.
63) 위의 책.
64) 위의 책, 卷十 心氣理篇 理論心氣.
65) 위의 책.

횡행하여 훌륭한 정치가 이루어지지 않고 도덕과 학문이 어둡게 되었다. 따라서 노자는 기(氣)가 이(理)에 근본을 두고 있음을 알지 못하고 기(氣)로서 도덕을 삼으며, 석가모니는 이(理)가 마음에 갖추어 있음을 알지 못하고 마음으로 그 근본을 삼는다"[66]고 유학 이외의 사상을 비판하였다.

이상과 같이 정도전은 왕조의 변경에 대하여 그 변화를 받아들일 수 있고 그 변화에 순응할 수 있는 인간성론을 전개함으로써, 구체제 고려왕조를 포기하고 신체제인 조선왕조에 적응할 것을 요구하였다. 다시 말하면 그의 인간성이론은 역성혁명에 의한 조선왕조의 건립이라는 변화에 순응하는 것이, 인간의 존재본질에 어긋나지 않는 보편적 진리이므로 누구나 반역적인 생각이나 행위를 해서는 안 된다는 논리이며, 신왕조를 정착시키려는 정책적 목적을 내포한 것이다. 이와 같이 이기론과 인성론을 통하여 정도전은 조선왕조의 새로운 윤리질서를 확립하기 위한 우주론적 근거 즉 정당성을 마련하려 하였고, 새로운 왕조에 대한 백성들의 순종을 정당화하는 인간성 이론의 토대를 마련하였다고 볼 수 있다.

그럼에도 불구하고 조선왕조가 망할 때까지 정도전의 사상이 빛을 보지 못하였을 뿐 아니라, 정치적으로나 학문적으로 그의 공적에 대한 올바른 평가와 복권이 이루어지지 못한 이유는 무엇일까? 도리어 유학의 본질에 대하여 애매모호한 태도를 보이었고, 조선왕조 성립을 거부하고 저항하였던 인물인 이색·정몽주·길재 등 삼은(三隱)을 조선유학의 정통으로 여겨온 까닭은 무엇일까? 그것은 유학의 본질인 차별

---

66) 위의 책.

원리에 따라 인물을 평가하였던 조선 사회의 신분 사상에서 연유하였다고 볼 수 있다. 즉 정도전의 출신 성분이 유학의 차별사상에서 매우 중요시되는 적자 소생이 아닐 뿐만 아니라, 모계는 물론 처가까지도 철저한 서얼계통이었기 때문일 것이다. 결국 정도전은 그가 이룩한 조선왕조체제의 기틀이 그를 제거한 태종 이방원에 의하여 거의 채택되었고, 또 500여 년간 조선왕조를 지탱한 법체계인 ≪경국대전(經國大典)≫이 그가 지은 ≪조선경국전(朝鮮經國典)≫을 모체로 하였음에도 불구하고, 도리어 그가 철저하게 신봉했던 주자학적 유학사상 때문에 인물로서나 사상면에서 역사적 평가를 받지 못하였다.

3. 건국 후반기 김종직의 체제보강론과 김시습의 중민사상

1) 김종직의 체제보강론

(1) 정치적 태도와 현실관

김종직(金宗直, 1431~1492)의 정치사상은 그의 출신배경과 당시의 정치상황에 대한 태도 등으로 미루어 보아 알 수 있다. 그의 호는 점필재(佔畢齋)이었고, 그의 아버지는 고려 말 수정보수파이던 길재(吉再, 1352~1418)의 제자로 세종 때 중급관리이던 김숙자(金叔滋, 1389~1456)이다. 길재는 이색의 제자로 공양왕 2년(1390)에 문하주서(門下注書, 종7품/현 사무관급)라는 관직에 있었으나, 이성계가 조선왕조를 건립하자 관직을 버리고 죽을 때까지 벼슬을 하지 않았다.

김종직의 아버지 김숙자는 호를 강호(江湖)라 하며, 경상도 선산에 낙향하여 칩거하고 있던 길재에게 학업을 닦았다. 그러나 그의 스승과는 달리 그는 관직에 나아가 세종 때에 성균관 사예(司藝, 정4품/현 이사관급)에 이르렀으나 정무관급 고위관료는 되지 못하였다. 그러나 그의 아들이었던 김종직은 28세 되던 세조 4년(1458)에 과거 중문과(中文科)에 급제하여 벼슬길에 나아갔으나, 세조 때(1455~1468)에는 사헌부 감찰(司憲府 監察, 정6품/현 서기관급)에 지나지 않았다. 그 뒤 성종 때(1470~1494)에 와서 비교적 순탄한 관료생활로 함양군수(종4품/현 이사관급), 선산 군수(종3품/현 관리관급), 이조참판(종2품/현 차관급) 및 전라도 관찰사(종2품) 등 내외직(內外職)을 두루 역임하였고, 성종 20년(1489)에 이르러서는 지금의 법무부장관격인 형조판서(정2품)에 이른 인물이다.67)

이로 미루어 보아 그는 세조의 왕권장악 이후, 정권에 순응한 인물로 보인다. 다음에 논의할 김시습(1435~1493)이 수양대군이 왕권을 장악하여 세조가 되자(1455), 20세의 젊은이로 울분에서 삭발하고 중이 되었음에 반하여, 그는 세조 집권 당시 24세의 약관이었고, 28세 되던 세조 4년(1458)에 과거시험에 응시하여 급제함으로써 관직에 나아가 신정권에 순응하였다. 김종직과 김시습은 수양대군이 왕권을 장악했을 당시 다 같이 약관의 청년이었으나, 두 사람이 선택한 정치적 태도와 노선은 정반대였고, 사상적 입장과 시각도 판이하였다.

김종직은 관료직에 충실히 종사하여 성종(成宗) 때에는 고위관료

---

67) 金宗直, ≪佔畢齋集≫, 附錄 年譜 및 張志淵, ≪朝鮮儒敎淵源≫(서울: 아세아문화사, 1973), 7~8쪽 참조.

가 되어 영남 사림파의 영수로서 추앙을 받았고, 그의 가르침으로 많은 신진관료들이 배출되었다.

김종직은 경상도 사람으로 많은 글을 읽고 시문(詩文)을 공부하여 후진을 가르치고 깨우치기를 즐겨하였으므로, 그에게 배운 제자들 가운데 많은 사람이 과거에 급제하였고, 이 때문에 경상도의 유학자로 조정에서 벼슬하는 사람들이 그를 우두머리로 떠받들었다. 스승은 제자를 아끼고, 제자는 그 스승을 기리는 일이 너무 지나치고, 조정에 있는 젊은 관료들 또한 이러한 잘못을 깨닫지 못하고 이들에게 붙어 다니는 사람이 많았으므로, 당시의 사람들이 그들을 경상도 패거리라고 비난하였다.[68]

그러나 이와 같이 김종직이 관직에 투신하여 조정에 한 패거리의 세력을 형성하였던 시기는 불안정하고 민생이 매우 어려웠던 때이기도 하다. 즉 세조의 왕권장악 과정으로 인한 군신질서의 재편과 잇따른 반란 및 정변의 결과, 수많은 공신전의 지급 등으로 민생은 더욱 더 피폐하여 갔다. 즉 세조 집권과정에서의 2차에 걸친 정변(수양대군의 정권 장악과 왕위 즉위), 이시애(李施愛)의 반란(세조 13년/1467), 남이(南怡) 제거(예종 1년/1469) 및 귀성군(龜城君)의 제거(성종 2년/1471) 등 불과 20년도 채 안 되는 동안에 다섯 차례 정변이 있었으니, 평균 4년에 한번 꼴로 권력투쟁이 일어난 셈이다. 그 때마다 조세를 납부하지 않는 수많은 토지가 공신전으로 지급되었으니, 땅 없는 백성들의 곤궁함이 날로 심하여 질 수밖에 없었다.

이와 같은 토지제도의 문란으로 말미암아 땅이 없는 백성이 10분의 3에 이르렀으며(세조 4년/1458),[69] 세조 11년(1463)에는 각지에 도적

---

68) ≪成宗實錄≫, 卷一百六十九 十五年 八月 六日(庚申).
69) 千寬宇, "韓國土地制度史", ≪韓國文化史大系 II≫(서울: 고려대학교 민족문화연구소,

이 그치지 않았다.[70] 특히 성종 말기에 이르러서는 황해도 일대에 강도들이 대낮에 횡행하여 민가를 불사르고 인명을 살상하는 일이 비일비재하였고, 김일동(金一同)이라는 무리가 7년간이나 도적질을 해도 이들을 체포하지 못하는 형편이었다.[71]

백성들의 생활이 날로 궁핍하여 가던 당시의 사회현실에서 김종직은 정치의 일차적 과제를 무엇으로 보았을까? 그의 주된 관심사는 백성의 생활안정을 위한 사회경제적 대책이 아니라, 장자(長子)계승 왕위상속제의 파괴와 그로 인한 정치세력의 교체로 빚어진 군신질서의 혼란을 바로 잡는 일이었다. 즉 그의 정치사상적 과제는 왕권의 파행적 변경으로 인한 새로운 체제의 윤리질서를 재확립하는 것이었다. 동시에 신체제의 윤리적 정통성을 마련함으로써, 자신의 세력기반인 재야 사림파의 정계진출을 보장받으려는 저의가 컸던 것 같다. 다시 말하면 김종직은 세조의 집권 뒤 신정권에 대한 저항과 반란 등 정치 불안정을 시인하고, 윤리질서를 바로 잡아 왕권체제를 재확립하기 위한 이론적 토대를 마련하는 데 주력하였다. 이 점은 그가 정치의 제일차적 과제로, 교란된 군신(君臣)·부자(父子)·장유(長幼)·부부(夫婦)·붕우(朋友) 사이의 차별윤리인 오륜(五倫)을 바로 세울 때, 사농공상(士農工商) 등 온 국민이 사회경제적 안정을 이룰 수 있다고 본 데서도 알 수 있다. 그는 다음과 같이 말하였다.

마을의 풍속이 경박해지고 조정의 정치적 교화가 막히게 된 까닭은,

1965), 1434쪽.

70) ≪世祖實錄≫, 卷三十六 十一年 五月 二十四日(庚午).

71) ≪成宗實錄≫, 卷二百三十四 二十年 十一月 二十一一(乙亥) 및 卷二百三十五 十二月 二十七日(庚戌).

그 근본적인 병폐가 오로지 학교 교육이 제대로 이루어지지 않는 데 있다. 교육을 올바로 하려면 부모에게 효도하고 윗사람을 공경하고 임금에게 충성하며 친구에게 신뢰를 다하는 효제충신(孝悌忠信)을 가르쳐, 사람들로 하여금 학교로부터 동네 마을에 이르기까지 그 훈훈한 기운을 창달시킴으로써 이를 끊임없이 익히고 따르게 해야 한다. 이렇게 오륜질서를 확립하면 온 국민이 각자 사회경제적 안정을 이룩할 수 있을 것이다.[72]

이는 왕권질서의 혼란인 세조반정(世祖反正)으로 교란된 군신질서를 재확립하여 반정체제의 정당성에 대한 이론적 토대를 마련하려는 데 주장의 근본동기가 있었다고 볼 수 있다. 물론 그도 백성에 대한 가혹한 수탈과 폭정을 거부하고 자애로운 정치를 주장하였다. 즉 공자의 말을 빌려 가혹한 정치란 맹호보다도 더 혹심한 것이므로 맹호와 같은 폭정으로는 서민을 보전할 수 없다[73]고 하였다.

그러나 김종직의 이러한 어진 정치로서의 인정론(仁政論)은 양반귀족의 입장에서 통치질서의 불안정을 막기 위한 수단이었지, 서민의 입장에서 그들의 삶을 위한 사회경제적인 대책을 제시한 것은 아니었다. 뒤에 논의할 김시습의 현실관과 같은 당시 양반귀족의 수탈로 농민 등 일반 백성들이 혹독한 참상을 겪고 있는 현실고발을 찾아볼 수 없을 뿐 아니라, 사상적 개혁성을 발견할 수 없기 때문이다. 그의 사상은 단지 조선왕조 건국 이래 소외되어 온 사림파의 정계진출을 보장받으려는 욕구에서 유학의 본질인 차별질서 확립의 당위성만을 주장하였을 뿐이다.

---

72) ≪佔畢齋集≫, 卷一 與密陽鄕校諸子書.
73) 위의 책, 卷一 論議政府施別守令敎.

(2) 체제보강의 정책론

김종직의 사상체계에서 군신질서 확립을 위한 우주론적 바탕은
비교적 미약한 것 같다. 그것은 그의 학문적 관심이 주로 시문(詩文)에
치우쳤기 때문이기도 하다. 또한 그는 세조 집권에 공이 있는 훈구파에
의해 지배되는 정치상황에서 관직생활을 하였으므로, 그 자신의 정치
적 토대를 마련하는 데 더 큰 비중을 두었기 때문이다. 따라서 그는
단지 인재등용과 윤리질서 강화의 교육론을 주장함으로써, 집권체제
의 보강에 치중하는 차별윤리론을 강조하였다. 이는 훈구파의 지나친
권익추구를 저지하여 자기세력의 정계진출을 보장받으려고 한 데
있었다고 볼 수 있다. 이러한 정치적 저의는 놀고 먹었던 계급인 재야
사림의 세력기반인 유향소(留鄕所)의 부활을 끈질기게 주장한 그의
태도에서도 나타났다. 그는 유향소의 부활을 여러 차례 왕에게 건의함
으로써 수령들을 감시할 것을 주장하였다. 즉 그는 성종 임금에게
다음과 같이 진언하였다.

유향소를 폐지한 뒤부터 간악한 관리들이 방자하기 때문에, 비록
풍속을 파괴하는 일이 있어도 이를 조사하여 규제할 검찰자(檢察者)가
없으므로, 관리들이 방자한 행위를 거리낌 없이 하고 있습니다. 고려 때는
사심관(事審官)[74] 제도가 있어서 500년 간 풍속이 유지되었습니다. 이제

---

74) 본래 사심관(事審官)은 고려 태조 왕건이 신라왕 김부(金傅)를 경주의 사심관으로 삼아
그 주(州)의 부호장(副戶長) 이하의 직을 감독하는 권한을 부여한 데에서 비롯하여, 다른
공신들도 이를 본받아 각기 자기 출신 주의 사심관을 겸하였으므로 그 수가 너무 늘어나
폐해가 커서 고려 성종 10년(1019)에는 그 수를 제한하였고, 그 뒤 선거에 의하여 인망
있는 사람을 임명하도록 규정하여 사심관의 직책으로 해당 지방의 부호장 이하의 향직(鄕職,
지방직 공무원)을 추천 감독하고 지방민의 신분사정·부역 균등·풍속교정 등을 맡도록 한
제도인데, 그것이 차차 본 뜻을 잃고 권력을 남용하는 폐해를 일으켰다(李丙燾, ≪韓國史
中世篇≫(서울: 을유문화사, 1961), 120~121쪽 참조)고 한다.

만일 유향소를 부활시켜 지역 내에 유능한 사람을 한 사람 뽑아서 검찰하게
한다면 풍속이 각박해지는 일이 그칠 것입니다.[75]

이에 성종은 "유향소를 다시 설치하는 일을 이미 대신들과 논의해
본 결과, 모두들 그것을 부활하면 폐단만 더욱 심할 것이라고 하였으므
로 중지한 것"[76]이라고 답했고, 좌승지 성건(成健)도 "폐단이 없다
하더라도 유향소의 검찰자로 사람을 얻으면 잘 되겠지만, 만일에 사람
이 나쁘면 그 작폐(作弊)만 더욱 심할 것"[77]이라고 반대하였다. 이에
다시 김종직은 이렇게 말하였다.

10집의 작은 마을에도 충성스럽고 믿을 만한 충신이 있다고 하는
데, 아무리 작은 고을(小邑)이라도 한 두 사람의 지성인이 없겠습니까?
만일 사람을 뽑아 검찰시킨다면 윤리질서를 파괴하는 무리가 거의 줄어들
것입니다. 만일 검찰자가 폐해를 끼치는 부정을 하면, 관찰사(觀察使, 현
도지사)와 수령(守令, 현 시장 혹은 군수)이 검찰하게 하면 될 것입니다.[78]

그러나 유향소는 고려 때의 사심관제도를 기준으로 하여 조선왕
조 건국초에 제도화하였으나, 그 폐단이 많아 태종 6년(1406)에 일시
폐지하였다. 세종 때 다시 부활했지만, 세조 13년(1467)의 이시애난(李
施愛亂)이 유향소를 기반으로 한 반란이었기 때문에 다시 폐지키로
하였다. 그러나 완전히 없어지지 않고 재야 및 은퇴한 양반계급의
소굴로 그 폐단이 컸다고 한다.[79]

본래 유향소는 수령과 대립되는 재야 정치세력의 기반으로서,

---

75) ≪成宗實錄≫, 卷一百七十二 十五年 十一月 十二日(乙未).
76) 위의 책.
77) 위의 책.
78) 위의 책.
79) 李相佰, 앞의 책, 206쪽 참조.

또 양반 지배계급이 놀고, 먹으면서 백성을 수탈하는 부정과 부패의 온상이었던 실패한 제도였다. 그럼에도 불구하고 지방관을 여러 차례 역임한 김종직이 그 부활의 필요성을 역설한 이유는 무엇일까? 그것은 김종직이 훈구파가 전횡(專橫)하는 권력구조에서 재야 사림파의 정치적 세력기반을 마련하려 한 것이지, 유향소가 백성들의 생활안정을 위한 여론의 창구역할을 할 수 있으리라고 본 것은 아니다.

이 점은 그가 양반 유식자(有識者)의 본업이 무엇인가를 지적한 점에서도 알 수 있다. 김종직은 관리의 부정과 부패를 감시하고 고발하는 사헌부 감찰에 있을 때, 서민생활과 직결된 천문(天文)·지리(地理)·음양(陰陽)·의약(醫藥)·음악(音樂) 등을 잡학(雜學)이라 하여 유학자가 힘써 배울 것이 못 된다고 도외시하고, 오직 시문(詩文)과 역사만이 유학자의 본업일 뿐이라고 주장하였다.[80]

그러나 김종직이 양반의 본업이라고 주장한 시사(詩史)는, 당시 양반의 착취로 말미암아 사회경제적으로 빈곤에서 허덕이던 백성에게는 하등의 도움이 되지 못하는 지식이었고, 오직 놀고먹는 양반 지배계급의 향락과 공리공론(空理空論)의 도구에 불과하였다. 대부분의 서민이 농민인 당시의 백성에게는 농사짓는 데 유용한 기후와 관련된 천문지식, 토지와 관련된 지리, 계절의 변화를 예측하는 음양, 그리고 질병예방과 건강에 관련된 의약이 중요한 학문이고, 시사는 백성의 사회경제적 요구와는 관계가 없는 무용한 지식에 불과하였다. 그럼에도 불구하고 백성의 곤궁과 피폐가 날로 심해지던 당시의 사회현실을

---

80) 김종직이 아뢰기를 "지금 문관(文官)에게 천문(天文)·지리(地理)·음양(陰陽)·율려(律呂)·의약(醫藥)·복서(卜筮)·시사(詩史) 등 7학을 나누어 익히도록 하고 있습니다. 그러나 시사는 본래 유학자의 본업이지만, 나머지 잡학(雜學)이야 어찌 유학자들이 힘써 배워야 할 학문이겠습니까?"(≪世祖實錄≫, 卷三十四 十年 八月 六日(丁亥)).

외면하고, 지방관으로서의 경험이 많은 그가 헛된 공리공론을 양반의 본업이라고 하였으니, 그의 정책론은 양반 지배계급의 입장에 철저하였던 것으로 볼 수 있다.

그의 교육론도 양반과 상민 사이의 신분질서를 강조한 유학적 봉건윤리에 초점을 두었다. 앞서 언급한 대로 그는 풍속이 각박해지고 정치가 편협한 원인이 학교에서 효도·공경·충성 등 효제충신(孝悌忠信)의 봉건윤리 교육을 제대로 하지 않는데 있다고 돌리고 있다.[81] 이러한 교육론은 차별 신분의 반상(班常)질서를 강화하기 위한 주장일 뿐, 백성의 입장에 서서 그들의 현실적 복리를 도모하기 위한 정책론이라고 보기는 어렵다.

따라서 김종직과 그 제자들의 정치론은 도리어 훈구파에게 권익 침해의 우려를 자극시킴으로써, 백성들의 사회경제적인 복리와는 거리가 먼 권력투쟁의 도구로 전락하는 결과를 가져왔다. 세조의 왕권 탈취를 시인하고 젊은 나이에 관직에 연연했던 김종직은 고작 조의제문(弔義帝文)으로 자신의 권력욕을 합리화하거나, 유학적 봉건도덕론을 정치론의 주제로 보았던 인물 이상의 평가를 받기 어려울 것 같다.

이에 비하여 훈구파의 지나친 권익추구 및 세조의 왕권장악 과정에 대한 반감 등에서 정치에 회의를 느껴 일생을 서민 속에서 살면서, 백성들의 핍박받는 사회경제적 현실에 대하여 신랄하게 고발하였을 뿐 아니라, 유학에도 회의하여 개혁사상을 제기한 인물이 김시습이었다.

---

81) ≪佔畢齋集≫, 卷一 與密陽鄕校諸子書.

2) 김시습의 중민사상

(1) 비판적 사회현실관과 중민론

김시습(1435~1493)의 호는 동봉(東峰) 또는 매월당(梅月堂)이다. 그가 사회현실을 날카롭게 고발하고 서민의 입장에서 전개한 중민사상(重民思想)은 몰락한 양반출신인데다 세조의 집권과정의 참화에 불만을 품고 중이 되어, 끝내 벼슬을 하지 않으면서 훈구파의 수탈하에 있는 서민 속에서 일생을 보낸 그의 삶에서 형성되었다고 볼 수 있다. 그는 한양의 몰락한 양반가문의 출신으로서, 다섯 살에 신동으로 소문나 세종의 부름을 받고(세종 17년) 시를 지었으므로 세종으로부터 비단 50필을 하사 받은 천재이었다. 그는 20세 때(1455) 수양대군이 왕위에 오르자 관직에 나아갈 것을 포기하고 중이 되어 일생을 방랑생활로 보냈다. 생육신(生六臣)의 한 사람으로 알려져 있으며, 중으로서의 방랑생활을 통하여 서민의 고난을 체험하면서 일생을 보냈다. 48세(성종 13년)에 한때 결혼하여 환속한 일도 있으나, 부인이 그 해에 병으로 죽자(48세), 다시 중이 되어 무량사에서 일생을 마쳤다.[82]

특히 세종의 기대가 컸고 세조의 집권에 반대하였음에도 세조의 아낌까지 받았던 그가 일체의 관직을 포기하고, 서민의 입장에서 훈구파 지배하의 사회현실을 신랄하게 고발한 점으로 미루어 보면, 앞서의 김종직과는 매우 대조적인 인물임을 알 수 있다. 그는 효령대군(세종의 친형)의 추천으로 원각사(圓覺寺, 현 종로 2가 파고다 공원 자리)의 신축 낙성식(세조 11년 4월)에 찬양의 시를 지어 세조에게 바쳤으므로,

---

82) ≪梅月堂集≫, 附錄 卷二 本傳 및 靖義諸臣列傳 참조.

세조가 이를 매우 칭송하여 여러 차례 불렀으나 응하지 않았다.[83] 만일 그가 벼슬을 하려고만 하였더라면, 그에 대한 세조의 애착으로 미루어 보아 고위관직에 오를 수 있는 기회는 많았을 것으로 여겨진다. 이러한 그의 생애와 태도에 비추어 보면, 앞서의 김종직과 김시습은 비슷한 연령으로서 세조 집권 당시 20대의 약관이었고, 김시습이 김종직 사망한 다음해에 죽음으로써 생존기간도 거의 같지만, 두 사람의 사회현실관과 정치사상은 판이하게 달랐다.

김종직은 권력욕구 때문에 그가 강조한 유학적 윤리를 파괴한 세조체제를 긍정하고, 관직에 나아가 신체제를 확립하는 데 필요한 유학적 윤리론의 강화를 주장하였다. 그러나 매월당 김시습은 세조의 왕권 탈취를 통분히 여겨 벼슬길을 포기하고, 유학적 통치체제와 그 윤리의 강화에 반대하여 비판적이고 반봉건적인 사상을 전개하였다. 이러한 그의 개혁적인 태도는 당시 농민의 참혹한 생활상에 대한 다음과 같은 비판적 현실관에서 비롯하였다.

메마른 밭에 곡식의 싹이 돋으면 노루와 산돼지가 파먹고, 엉성한 조단을 타작마당에 올리면 새와 쥐가 훔쳐 먹는다. 관청에 조세를 다 바치고 나면 농사비용조차 남는 게 없는데다가, 빚으로 소까지 빼앗기니 이 어찌 견딜소냐?[84]

비바람 치는 한 해 동안 갖은 고생을 다했으나, 추수한 뒤 조세를 바치고 나니 나머지는 겨우 한 고리의 종자 밖에 안 된다. 무당은 귀신에게 제사 지내라 하고, 중은 착한 일에 시주하라 하니, 비용만 번거롭게 많아서 다음해 봄에는 별 수 없이 굶을 수밖에 없다.[85]

---

83) 李丙燾, ≪資料韓國儒學史草稿≫(서울: 서울대학교 문리과대학 국사연구실, 1959) 참조
84) ≪梅月堂文集≫, 卷十三 咏山家苦.
85) 위의 책.

위의 산촌 농민의 고통을 읊은 두 수의 시는 당시 조세의 과중과 여러 가지 제반 비용의 지출로 말미암아 빈곤에 허덕이는 농민의 참혹한 생활상을 그대로 나타낸 것이다. 그리고 다음의 시는 여러 가지 부역의 과중 때문에 피폐한 농촌의 현실을 고발한 글이다.

오두막 한 집에서 열 식구가 함께 생계를 이어 가는 데 장정은 끝내 하루도 집에서 쉬는 날이 없다. 장정은 국역(國役)과 읍역(邑役)에 끌려가 갖은 고생을 다하고, 봄은 왔으나 허약한 남자와 아녀자만이 호미를 잡을 수밖에 없다.86)

김시습의 이러한 사회현실관은 농민의 입장에서 양반 지배계급의 각종 수탈을 폭로한 것이고, 농민의 고통에 대한 동참적 태도를 나타낸 것이라고 할 수 있다. 그렇다면 그는 당시의 수탈적 사회체제와 정치현실에 대하여 어떠한 태도를 취하였는가? 즉 보수적 수정이냐 또는 근본적 혁신을 요구했는가? 그는 당시 양반 지배계급이 농민을 수탈하고 있는 사회경제적 현실과 훈구파의 비열한 권력탈취에 대하여 는 비판적 내지 반성권적 태도를 취하였지만, 반상 차별윤리질서의 본질적 혁신을 요구한 것은 아니었다. 물론 이것은 그가 생존했던 시대의 사상적 한계 때문에 불가피하였을 것이다. 그러나 그는 양반 지배층의 입장에서 유학적 차별윤리를 강조하지는 않았다. 그는 명분 설(名分說)에서 다음과 같이 말함으로써 유학의 본질인 신분적 차별을 시인하였다.

인간에게 있어서 명분은 대원칙이다. 주역(周易)에 하늘은 존귀하고 땅은 낮은 것이라 하여 하늘과 땅을 고정시켰다. 높고 낮은 고하(高下)는

---

86) 위의 책.

귀한 것과 천한 지위를 말하는 것으로서, 명분이란 어길 수 없는 것이다. 명(名)이란 천자(天子)·제후(諸候)·공경(公卿)·대부(大夫)·서인(庶人) 등의 신분을 말하며, 분(分)이란 상하(上下)·존비(尊卑)·귀천(貴賤) 등 신분 차별을 일컫는다.87)

그러나 그는 일반 백성의 입장에서 이러한 차별윤리를 인정했을 뿐이다. 그는 차별윤리보다도 정치에서 가장 중요한 것은 백성에게 사회경제적인 복리를 도모해 주는 것으로 보았다. 이러한 점을 그는 재물의 생산을 중요시한 생재설(生財說)과 백성을 사랑하는 근본에 관한 애민의(愛民義) 등에서 밝혔다.

특히 김시습은 정치의 근본이 백성들의 경제적 수요를 충족시킬 재화의 생산(殖貨)에 있음을 주장했다. 그는 왕에게 중요한 것은 차별적 봉건윤리의 확립에 있는 것이 아니라, 백성을 위한 생산과 절약하는 마음을 실천의 지표로 삼아 백성의 복리를 도모하는 데 있다고 보았다. 따라서 유학이 인간의 본성에 없는 것으로 부인하는 이욕(利欲)의 추구를 그는 인간의 본질적 속성으로 강조하였다.

인간으로 누가 재물을 늘리려는 식화(殖貨)를 욕구하지 않겠는가? 그러므로 이러한 생산에 주력하는 마음으로 백성을 다스리면, 백성들 또한 이러한 마음으로 임금을 섬길 것이다. 인간이라면 누가 물질적 이익을 추구하지 않겠는가? 이런 이익추구의 마음으로 백성을 다스리면, 백성들 또한 이런 마음으로 임금을 이롭게 할 것이다. 치자(治者)가 덕으로 다스리면 피치자 백성도 진실로 섬길 것이며, 치자가 학정(虐政)을 하면 백성도 원망으로 대할 것이다. 덕으로 다스리면 성실로 갚고, 잔학하게 다스리면 원망으로 갚는 것은 당연한 우주원리로서 속일 수 없는 진리이다. 따라서 임금이 진심으로 이 점을 잘 살피면, 그것은 백성에게 재물을 생산하는

---

87) 위의 책, 卷五 名分說.

방법을 마련해주는 일이 될 것이다.[88]

대저 세상에서 생산되는 모든 재화와 물건들은 각각 한도가 있으므로 헛되이 낭비해서는 안되며, 만일 아껴 쓰지 않는다면 숲을 불태워 새를 잡아먹고 연못을 말려 물고기를 잡아먹는다 하더라도 앉아서 피폐함을 보는 듯 넉넉하지 못할 것이다. 하물며 힘써 일하는 백성들을 해쳐서 재화를 늘리려는 일이 얼마나 쓸데없는 일인가? 임금된 자가 진실로 재화생산을 백성 다스리는 심정으로 삼고, 절약해서 쓰는 일을 행위의 지표로 삼는다면, 백성의 저축이 곧 임금의 저축이 되고, 임금의 창고가 곧 백성의 창고가 될 것이다. 이렇게 되면 임금과 신하가 서로 돕고, 윗사람과 말단에 있는 사람이 서로 의지함으로써, 곡식 든 궤가 빌 걱정이 없고 원수저서 혐오하는 일이 없을 것이다.[89]

유학에서의 인(仁)과 의(義)는 차별윤리를 지키려는 심정과 이를 실천하려는 의욕이지만, 김시습이 말하는 인의(仁義)는 경제적 생산력을 증강시키려는 심정이 인이고, 아껴 쓰려는 절약의 의욕이 의이다.

임금된 자라도 그에게서 민심이 떠나면 하루 저녁을 지나지 않아 필부(匹夫)가 될 것이니, 군주(君主)와 필부의 사이는 아주 작은 차이에 지나지 않으므로, 군주된 자는 백성을 수탈하지 않도록 삼가야 한다. 그러므로 군주의 곡물창고는 백성의 신체이고, 의상과 관복은 백성의 피부이며, 술과 음식 및 반찬은 백성의 살이고, 궁궐과 마차는 백성의 힘이며, 공물과 그릇은 백성의 피이다. 백성의 생산물 가운데 10분의 1을 조세로 거두어 군주에게 바치도록 한 것은, 군주로 하여금 그 총명을 다하여 백성을 다스리게 하려는 데 있다.[90]

그러므로 김시습은 왕으로서 가장 중요한 정치의 요체는 군신

---

88) 위의 책.
89) 위의 책.
90) 위의 책, 卷五 愛民義.

간의 차별이 아니라, 백성들로 하여금 의식주생활을 충족케 하는
데 있으므로, 번거로운 부역과 과중한 조세로 수탈해서는 안 된다는
것이다.91)

　　이것은 백성들의 현실적인 사회경제적 안정을 정치의 본질로
보는 중민사상의 발로이며, 서민의 실제적인 복리를 확보하기 위한
정치관이라 할 수 있다. 김시습은 이렇게 백성들의 생활안정을 중하게
여기는(重民) 합리적 사상체계로, 우주변천론으로서의 이기론과 역사
론 및 사회개혁책을 제시하였다.

(2) 우주변천론으로서의 일기설(一氣說)과 진화주의 역사론

　　김시습은 세조의 집권체제를 부인하였기 때문에, 주자 유학의
우주론인 이일원설(理一元說)에 반대하고 기일원설(氣一元說)을 주장하
였다. 주자학에서는 현실의 군신체제는 그에 앞선 지배와 피지배의
차별적 우주원리에 의하여 그 정당성을 지닌다고 본다. 그리고 이러한
차별의 우주원리는 태극(太極)이라는 변치 않는 근원적 원인자에 근거
한다는 것이다. 따라서 이러한 불변의 원리에 의하여 형성된 현실의
왕권체제는 영원히 지속될 수 있는 당위성을 지닌다는 의미가 된다.
이러한 시각에서는 정치체제의 변혁을 뒷받침할 참된 의미의 변화론은
허용될 수 없게 마련이다. 그러나 체제의 변동을 원하는 입장에서는
변화를 인정하는 기설(氣說)을 주장하게 된다. 이러한 점을 1장에서
지적하였다.

---

91) 위의 책.

그는 우주의 변천을 양(+)과 음(-)의 끊임없는 교체현상으로 보았다. 우주는 근본적으로 변화한다는 입장에서 당시 훈구파 집권체제의 변경을 바랐던 것 같다. 그는 역(易)이란 변혁을 의미하고 변혁이 이루어지는 것은 하늘과 땅 즉 양(+)과 음(-)이 있기 때문이며 이것이 만물의 시초라고 했다.[92] 변역(變易) 즉 변화의 결과는 확정된 것 같으면서도 다음의 변화가 예상되는 미확정 상태라 하였다. 이 점을 그는 "이루어진 것(旣濟)과 이루어지지 않은 것(未濟)을 보는 것이 변화의 결론이므로, 온 천지 간에 있는 만물의 존재원리는 상하(上下) 존비(尊卑)의 차별이 끝없이 순환 교체되는 것"[93]이라고 하였다. 김시습의 이러한 순환설은 불교의 윤회설과는 그 의미가 전혀 다르다. 불교의 윤회설에서는 하나의 생명체가 죽으면 다른 형태의 생명체로 태어나는(他形現顯) 영생불멸의 순환을 주장하기 때문에, 양(+)과 음(-) 즉 지배와 피지배의 교체를 말하는 우주론으로서의 그의 변역론과는 판이하게 다른 차이가 있다.

김시습은 주자학에서 보는 것과 같이 태극을 우주를 생성하는 태초의 근원적 원인자 즉 근원으로 보지 않았다. 그는 우주의 본질을 음(-)과 양(+)의 교체현상으로 보았으며, 음양운동의 원리를 우주변천의 원리로 생각했으므로 태극을 음양이라 하였고, 음양을 태극 즉 우주생성의 근원이라 하였다.

태극은 무극(無極)이니, 태극(太極)은 본래 끝(極)이 없다. 태극이 음양(陰陽)이고 음양이 태극이다. 음과 양 이외에 별개의 태극이 있다면 음과 양이라고 할 수가 없고, 태극 속에 별개의 음과 양이 있다면 이를 태극이라고 말할 수 없다. 음(-)이면서도 양(+)이고 양(+)이면서 음(-)이며,

---

92) 위의 책, 卷五 易說.
93) 위의 책.

운동 가운데 정지가 있고 정지 가운데 운동이 있으니, 이렇게 극이 없는
무극의 원리가 곧 태극이다.[94]

여기에서 태극은 인간과 사물 등 모든 개체를 말하며, 음과 양은
각 개체의 순(+)기능과 역(-)기능을 의미한다. 따라서 태극은 개체
수만큼 많이 있기 때문에 극이 없는 무극이라고 말한 것 같다. 개체
가운데 절대 우월한 존재인 태극 즉 지극(至極)은 없고, 음(-)의 기능과
양(+)의 기능이 상호 교체 변동하는 운동만이 있다는 뜻이다. 매월당이
말하는 태극은 단지 각 개체의 음양 기능을 말하며, 이는 개체의 자존(自
存)원리를 의미한다. 이것은 한 개체이면서 둘의 기능이 있고, 두 개의
기능을 지닌 한 개체를 뜻한 것이다. 이러한 그의 우주론은 율곡 이이의
하나이면서 둘이고 둘이면서 하나(一而二, 二而一)라는 우주론에도 시사
점을 주었던 것 같다. 율곡이 매월당을 높이 평가한 데는 이러한 그의
우주론적 이기설에서 시사점을 받은 때문이었던 것 같다.[95]

주자(朱子) 유학에 따르면 개체의 존재를 부여하는 근원적 원인자
인 태극이 있으므로 개체가 존립하며, 모든 개체는 이 태극이 부여하는
존재원리 즉 음양 차별원리에 의하여 좌우된다는 것이다. 그러나 매월
당은 이(理)가 있기 때문에 개체의 존립이 가능하다는 이일원론의
태극설을 반대한 입장이었다. 개체로서의 백성의 현실적인 사회경제
적 생활을 중요시한 매월당의 중민론 입장에서는 개체인 백성의 생존
원리가 곧 이(理)이고, 이(理)를 초월한 이성적 절대자로서의 태극을
인정할 수 없게 마련이다.

제왕권의 면면한 지속을 요구하여 이에 대한 일체의 도전을 예방

---

94) 위의 책, 卷五 太極說.
95) 李丙燾, 앞의 책, 37쪽 참조.

하려는 데서, 제왕권을 절대 불변의 태극으로 상징화한 것이 유학적 우주론의 본질이다. 단지 지배계급을 상징하는 양(+)과 피지배계급을 의미하는 음(-)의 교체만을 인정하여, 우주의 변화를 이론화한 것이 유학적 우주변화론으로서의 이기설이다. 이러한 우주론은 왕조 혈통의 지속성을 보장하려는 정책적 우주론이므로, 그것은 왕조사(王朝史)를 합리화하는 사상체계이기도 하다.

그러나 매월당은 세조의 집권 자체를 거부했고, 백성의 현실적 생활을 중요시하는 입장이었기 때문에, 왕권을 상징하는 주자학적 태극론을 부인하고 태극을 음양의 기능으로 파악했다. 앞에서도 논의한 것처럼 군주와 필부인 백성 사이의 차이는 아주 작은 것이고,[96] 군주는 백성의 복리를 증진시키려고 노력하는 기능을 수행할 때만이 그 지위를 유지할 수 있는 것으로 보았다. 따라서 군주가 총명한 정치를 할 때 그 기능이 인정되는 것이고,[97] 만일 그렇지 못할 때는 교체되어야 하는 것이 당연하다는 논리였다. 그러므로 매월당은 변동을 통한 교체를 사물현상의 자연원리이고, 우주변화의 근본원리로 보았다.

해가 지면 달이 뜨게 마련이니, 해와 달이 교체함으로써 밤과 낮이 이루어진다. 추위가 가면 더위가 오는 것이니, 추위와 더위가 서로 밀어냄으로써 한 해가 이루어진다. 하늘이 어찌 말하는 것이겠느냐? 네 계절이 움직임에 따라 생물이 생성되는 것은 오직 하나의 자연원리인 태극일 뿐이다. 소리개가 하늘 높이 날고 고기가 연못에서 노는 것도 부부의 차이에서 발단하는 것이니, 사람이 실천해야 할 길 또한 들리지도 보이지도 않는 것이다. 음과 양의 두 기능이 있지 않은 데가 없고 그렇지 않은 때가 없는 것은 오직 이 하나의 자연원리가 통하기 때문이다. 따라서

---

96) ≪梅月堂文集≫, 卷五 愛民義.
97) 위의 책.

태극의 원리란 음과 양의 기능일 뿐이다.[98]

그는 여기에서 음과 양을 각각 선후관계가 아니고 각 사물 개체마다 지닌 자연원리로 파악했다. 매월당은 태극을 개체의 자존성(自存性)이요 독자적 특성으로 보았기 때문에 하나의 태극(一太極)이라 했고, 개체는 두 기능 즉 정치적으로는 치자로서의 기능과 피치자로서의 두 기능을 지녔다고 보았기 때문에 음양일 뿐이라고 하였다.

매월당은 세조 집권체제에 대한 변동을 바랐기 때문에 주자학의 이일원적 태극설 대신에 노장학적 색채가 농후한 기능적 우주론을 전개하였다. 그러나 그는 음양운동의 원동력으로 하나의 기(一氣)를 설정함으로써, 노장사상의 본질에서는 벗어났고 유학에서의 일이(一理)를 일기(一氣)로 대치시킨 것 같다. ≪도덕경≫에서는 "천지 사이에는 오직 풀무(橐)와 피리(籥) 같이 비어 있는 가운데 양(+)과 음(-)의 운동과 작용이 이루어진다"[99]고 함으로써, 만물의 생성과 변화의 원동력으로 유일의 기(一氣)를 설정하지 않았다.

그러나 매월당은 "천지 사이에는 오직 하나의 기(氣)가 있어서 풀무나 피리와 같은 작용을 일으킨다"[100]고 함으로써, 변화와 운동을 일으키는 모체 즉 원인자로 하나의 기(一氣)를 설정하였다. 이렇게 하나의 기(氣)를 설정한 것은 도덕경의 중심사상인 개체의 자력운동과 작용을 오해하고, 단순히 유학의 이일원설에 반대하려는 데서 만물현상을 기(氣)의 작용 결과로 보려고 한 것 같다. 그러나 그는 변화를 시인하고 생성과 소멸을 자연원리로 보아, 개개 사물과 개인의 주체성

---

98) 위의 책, 卷五 太極說.
99) ≪道德經≫, 第五章.
100) ≪梅月堂文集≫, 卷五 神鬼說.

을 인정함으로써 서민복리를 위한 개혁을 요구하였다.

변화의 원리는 기(氣)의 작용이지만 그것을 나누면 서로 다른 형태가 된다. 따라서 가고 오는 순환(循環), 번영과 쇠퇴를 낳는 변화의 자취는 두 개 기(氣)의 작용이 아닌 것이 없다. 따라서 만물은 소멸과 생성(消長)이 있을 수밖에 없다.101)

이것은 영구불멸의 왕권체제를 합리화하기 위하여 설정된 태극과 개체를 초월한 봉건적 지배원리로서의 이(理)를 부인하는 반봉건의 정치적 의미를 띤 것이기도 하다. 아울러 매월당은 사회변혁과 개혁을 원했으므로 진화론적 역사관을 지녔었다. 그는 불변의 고정적 차별원리에 의하여 봉건체제의 지속을 보장하려는 유학적 복고주의 역사관을 벗어나, 진화론적 입장에서 사회현실의 개혁을 요구하는 역사론을 전개하였다. 그는 중국의 상고(上古) 자연사회가 중고(中古) 은과 주 시대의 봉건사회보다 더 태평성세이었다는 유학적 복고주의 이론에 반대하여, 중고시대는 상고시대의 동굴에서의 야만적 생활로부터 점차 발전하였다102)는 진화주의 역사관을 지녔다.

또한 유학의 역사관에서 가장 잘 정치를 하였던 성군으로 꼽고 표준으로 삼는, 중고시대의 우왕·탕왕·문왕·무왕의 치적을 전적으로 찬미하는 것을 반대하고, 본 받을 만한 것만을 본 받고 그렇지 못한 것은 버리고 개혁할 것을 주장하였다.

옛 것을 본 받으려는 치자는 본 받을 만한 것을 가려 본 받을 것이며, 하·은·주 3대의 정치 전부를 찬미해서는 안 된다. 본 받을 만한 것은

---

101) 위의 책.
102) 위의 책, 卷二 雜著 第二 上古 참조.

본 받아야 하겠지만, 용렬하여 어리석고 어두운 난폭한 정치를 본 받을 필요는 없을 것이다. 우, 탕, 문, 무왕의 정치를 본 받을 경우라도, 우왕·탕왕·문왕·무왕의 치적 가운데도 역시 채택하여 본 받아야 할 것도 있고 본 받아서는 안 될 것도 있다.103)

이와 같은 역사관은 그의 비판적 사회현실관에 비추어 볼 때, 불합리한 현실정치에 회의하여 개혁을 요구하는 진보적 시각에서 나온 것이라고 볼 수 있다. 또한 김시습은 변혁이론의 시각에서 변천을 거부하는 영혼불멸설을 부인하였으며, 삶과 죽음을 초인간적인 힘의 작용으로 보지 않고 소멸과 생성의 자연기능으로 보았다. 귀신도 변화의 자연현상이고 기(氣)의 작용으로 보았으며, 더위와 추위, 해와 달, 밤과 낮의 교체와 같은 현상도 자연원리이며 기(氣)의 변화작용이라고 하였다.104) 이와 같은 변혁관에서 김시습은 백성들의 사회경제적인 빈곤을 조장하는 여러 가지 폐풍(弊風)을 근절시킬 사회개혁책을 제시하였다. 다음은 그 대표적인 예들이다. 첫째 하늘에 제사 지내는 허망한 제천(祭天)행사에 반대하였다. 즉 "하늘을 존경하는 것은 예(禮)이지만 하늘에 제사 지내는 것은 예가 아니며, 별을 존중하는 것은 예이지만 별에 제사 지내는 것은 예가 아니다"105)라고 함으로써, 하늘과 별에 대한 존경의 의사가 없는 제사의 형식주의는 백성에게 폐해와 빈곤만을 조장하는 데 그친다는 입장을 취하였다. 둘째 무당과 요사스런 귀신을 섬기는 미신행위를 낭비로 보고 이것의 타파를 주장한 점이다. 즉 "허망한 무당의 굿으로 만복(萬福)을 비는 것은 돈과 곡식을 낭비하여

---

103) 위의 책, 卷四 爲治必法三代論.
104) 위의 책, 卷五 神鬼說.
105) 위의 책, 卷二 雜著 第二 天形.

가산(家産)을 탕진할 뿐"106)이라고 비판하였다. 셋째 김시습은 서민의 복리와 사회 안정에 해독을 끼치는 묘지선정을 위한 풍수설(風水說),107) 주역에 대한 미신적 해석108) 등에 반대하였다. 이들 사회개혁책은 낭비와 형식주의를 조장시키는 유교주의와는 본질적으로 다른 차이점을 지닌 사회사상이었다.

이상과 같은 매월당 김시습의 사상은 다음의 몇 가지 측면에서 조선시대의 사상사에 특이한 영향을 주었다. 첫째 매월당은 주자학적 유학 통치이념에 회의하고, 그 모순과 문제점을 표출시킨 최초의 사상가라는 점이다. 즉 매월당은 조선에 주자학이 도입되었지만, 그것이 한민족에게 적합하지 않다고 보았기 때문에 그는 불교에 귀의하였고, 유학보다는 유학이 이단시하는 노장학 등 다른 사상에 더 큰 관심을 기울였다. 즉 그가 불교에 귀의하여 중이 된 것은 세조체제에 대한 반감 못지않게 유학사상에 대한 회의가 더 컸었던 것 같다. 이러한 유학에 대한 회의적 시각은 그 후 주자학 내지 유학에 회의하거나 비판적이었던 자주적 사상을 추구하려는 선각자들에게 영향을 주었던 것으로 보인다.

둘째 그의 사상은 지배계급의 입장에서가 아니라 일반 민중의 입장에서 정치와 사회 그리고 역사를 보려는 민중주의적이고 민족주의적인 시각을 싹트게 한 최초의 단서를 마련하여 주었다는 점이다. 지배계급의 수탈에 허덕이는 민중의 핍박상을 날카롭게 고발한 글인 산촌의 고통을 읊은 시(咏山家苦)는, 조선왕조 최초의 날카로운 사회고

---

106) 위의 책, 卷二 雜著 第二 鬼神.
107) 위의 책, 卷二 雜著 第二 喪葬.
108) 위의 책, 卷五 易說.

발이었다고 볼 수 있다. 이 시는 뒤에 논의할 이이의 ≪동호문답(東湖問答)≫(선조 2년/1569) 및 홍대용의 ≪의산문답(醫山問答)≫과 함께, 조선시대의 3대 정치사회적 비판서라고 할 수 있다.

셋째 그의 사상은 유학적 모화사대사상의 풍조가 크게 일던 조선왕조 초기에 민족자존적인 사상적 독창성을 자극하였다는 점이다. 특히 그의 우주론적 시각과 진화주의적 역사관은 그 뒤 그를 극히 칭송하였던 율곡 이이의 이기론과 역수책(易數策) 등 우주론에도 영향을 주었던 것으로 추정된다.

4장

통치사상 수정기의 정치와 정치사상

1. 정치 및 사회상황

1) 정치적 항쟁의 심화

조선왕조는 중국에서 원나라로부터 명나라로의 지배권 교체라는 국제정세의 변동기를 맞아 싹튼 민족적 자각을 외면하고 쿠데타로 형성된 정권이었다. 신정권은 체제보위를 위하여 중앙집권적 차별사상을 근본으로 하는 주자학을 통치이념으로 채용하였으므로, 건국 초부터 동질성이 강한 민족 구성원을 차별 지우고 권력의 독점으로 분열시키는 결과를 초래하였다. 즉 주자학의 적용은 동질성이 어느 민족보다도 강한 한민족을 차별 불평등을 본질로 하는 유학사상으로 분열시킴으로써, 조선왕조 건국 초부터 한국 사회의 현실과 괴리된 모순을 나타냈다.

본래 주자학은 앞서 논의한 것처럼, 중국대륙의 한족(漢族)이 이민족(異民族)의 침략에 대한 복수에서 한족과 비한족(非漢族)의 차별을 원리화한 한족사상(漢族思想)이다. 강력한 중앙집권적 왕권을 만들지 않고는 다른 민족의 침략을 극복할 수 없었기 때문에, 국내 통치질서에서도 차별적 지배를 기본원리로 하였다. 영역이 광대하고 종족적 이질성이 큰 중국대륙에서 한족(漢族)정권을 보위하려는 데서 성립된 사상이 유학이고, 주자학도 그것의 정통화를 꾀했다. 그러나 영토가 협소하고 민족적 동질성이 큰 한민족(韓民族)에게 이러한 사상을 적용하여, 민족 구성원을 양반 지배계급과 노서 피지배계급으로 차별하게 되니, 서로 특권적 권익과 권력을 장악하려는 정치적 항쟁이 일어날 수밖에 없었다. 이러한 항쟁은 조선왕조 건국 직후 왕실 안에서 왕권을 둘러싼 부자 사이(이성계와 그의 다섯째 아들인 방원 사이), 형제 사이(방원과 그의 형 방간 및 방석 사이), 숙질간(수양대군과 단종)의 권력투쟁으로 집권세력 내부에서부터 일어났다.

이 점은 고려왕조와 조선왕조의 역대 왕위계승관계를 비교하여 보면 더욱 분명하게 드러난다. 세력자에 의한 왕의 교체나 몽고족 침입 이후의 왕위계승을 제외하면, 불교사상을 통치이념으로 하였던 고려왕조의 경우, 국가관리의 능력이 없거나 미숙한 원자(元子) 또는 나이 어린 왕자에게 무리하게 왕위를 계승시키는 일이 거의 없었다. 다음의 표 7을 보면, 전체적으로 장자계승이 14왕(154년)이고, 형제 또는 종형제 계승이 9왕(118년), 그리고 국가관리 능력자에 대한 선위(禪位)로서의 숙부가 조카에게, 조카가 숙부에게 또는 아들이 아버지에게 왕위를 계승한 경우가 5왕(76년)으로서, 왕권을 둘러 싼 왕가 내의

표 7. 고려왕조 역대 왕의 생존(연령) 재위 기간 및 왕위계승 상황

왕	생존 기간	재위 기간	즉위 연령	소생(所生) 관계	왕위 계승
1 태조(太祖)	877～ 943 / 67	918～ 943 / 26	42	왕씨 왕조의 건국자	쿠데타 집권
2 혜종(惠宗)	912～ 945 / 34	944～ 945 / 2	32	태조의 장자	장자 계승
3 정종(定宗)	923～ 949 / 27	946～ 949 / 4	24	태조의 제2자	형제 계승
4 광종(光宗)	925～ 975 / 51	950～ 975 / 26	26	태조의 제3자(정종의 同 母 弟)	형제 계승
5 경종(景宗)	955～ 981 / 27	976～ 981 / 6	22	광종의 장자	장자 계승
6 성종(成宗)	960～ 997 / 38	982～ 997 / 16	23	태조 제7자 旭의 제2자(태조 孫)	종형제 계승
7 목종(穆宗)	980～1009 / 30	998～1009 / 12	19	경종의 장자(성종 양자/태조 증손)	叔→姪계승
8 현종(顯宗)	992～1031 / 40	1010～1031 / 22	19	태조 자 安宗(郁)의 子(태조 孫)	姪→叔계승
9 덕종(德宗)	1016～1034 / 19	1032～1034 / 3	17	현종의 장자	장자 계승
10 정종(靖宗)	1018～1046 / 32	1035～1046 / 12	18	덕종의 제(덕종의 同母 弟)	형제 계승
11 문종(文宗)	1019～1083 / 65	1047～1083 / 37	29	현종의 제3자	형제 계승
12 순종(順宗)	1047～1083 / 37	1083～1083 / 1	37	문종의 장자	장자 계승
13 선종(宣宗)	1049～1094 / 46	1084～1094 / 11	36	문종의 제2자(순종의 同母 弟)	형제 계승
14 헌종(獻宗)	1084～1095 / 14	1095～1095 / 1	14	선종의 장자	장자 계승
15 숙종(肅宗)	1054～1105 / 52	1096～1105 / 10	43	문종의 제3자(선종의 同母 弟)	姪→叔계승
16 예종(睿宗)	1079～1122 / 45	1106～1122 / 17	28	숙종의 장자	장자 계승
17 인종(仁宗)	1109～1146 / 38	1123～1146 / 24	15	예종의 장자	장자 계승
18 의종(毅宗)	1127～1170 / 47	1147～1170 / 24	21	인종의 장자(鄭仲夫가 폐위)	권력자 폐위
19 명종(明宗)	1131～1197 / 72	1171～1197 / 27	41	인종의 제3자 (의종의 同母 弟, 崔忠獻이 폐위시킴)	권력자 폐위
20 신종(神宗)	1144～1204 / 61	1198～1204 / 7	55	인종의 제5자(명종의 同母 弟)	형제 계승
21 희종(熙宗)	1181～1237 / 57	1205～1211 / 7	25	신종의 장자(최충헌이 폐위)	권력자 폐위
22 강종(康宗)	1152 1213 / 62	1212～1213 / 2	61	명종의 태자(희종의 4촌형)	종형제 계승
23 고종(高宗)	1192～1259 / 68	1214～1259 / 46	23	강종의 장자	장자 계승
24 원종(元宗)	1219～1274 / 56	1260～1274 / 15	42	고종의 장자	장자 계승
25 충렬왕(忠烈王)	1236～1310 / 75	1275～1308 / 34	40	원종의 장자	장자 계승
26 충선왕(忠宣王)	1275～1325 / 51	1309～1313 / 5	35	충렬왕의 장자	장자 계승
27 충숙왕(忠肅王)	1294～1339 / 46	1314～1330 / 17	21	충선왕의 제2자(母 蒙古女)	제2자 계승
28 충혜왕(忠惠王)	1315～1344 / 30	1331～1332 / 2	17	충숙왕의 장자	장자 계승
29 충숙왕(복위)	1294～1339 / 46	1332～1339 / 8	39	충선왕의 제2자	子→父계승
30 충혜왕(복위)	1315～1344 / 30	1340～1344 / 5	26	충숙왕의 장자	장자 계승
31 충목왕(忠穆王)	1337～1348 / 12	1345～1348 / 4	8	충혜왕의 장자(母 德寧公主)	장자 계승
32 충정왕(忠定王)	1338～1352 / 15	1349～1351 / 3	12	충혜왕의 제2자(서자)	형제 계승
33 공민왕(恭愍王)	1330～1374/45	1352～1374 / 24	23	충숙왕의 제2자(충혜왕 同母 弟)	姪→叔계승
34 우 왕(禑王)		1375～1388 / 14		이성계가 신돈의 子라고 폐위	권력자 폐위
35 창 왕(昌王)		1389～1389 / 1		이성계가 신돈의 孫子라고 폐위	권력자 폐위
36 공양왕(恭讓王)		1389～1392 / 4		신종의 7대 손(孫)	권력자 폐위

전체적으로, 건국자(태조): 26년 / 장자 계승자: 14왕 154년(1왕 평균 재위: 11년) / 제2자 계승자: 1왕 17년 / 형제 또는 종형제 계승자: 9왕 118년(1왕 평균 재위: 13.1년) / 叔 → 姪, 姪 → 叔, 子 → 父 계승자: 5왕 76년(1왕 평균: 15.2 년) / 권력자에 의한 폐위자: 6왕 77년(1왕 평균 재위: 12.8년)

피비린내 나는 권력투쟁은 거의 없었다. 이것은 고려 태조 왕건이 자손에게 남긴 유훈(遺訓)인 ≪훈요십조(訓要十條)≫의 제3조에 "왕위 계승은 적자(嫡子)로서 하는 것이 상전(常典, 원칙)이지만, 만일 원자(元子, 장자)가 불초(不肖)할 때에는 차자(次子)에게, 또 만일 차자가 그러할 때에는 그 형제 중 여러 사람들(衆人)의 추대를 받는 자에게 대통(大統)을 잇게 하라"고 하여, 장자계승은 원칙이지만 차중자(次衆子) 상속이 더 좋을 수도 있다고 규정함으로써, 국가관리의 능력이 있는 사람에게 왕위를 계승시키도록 한 영향도 있었던 것으로 보인다.

아울러 고려의 통치사상이었던 불교사상 자체가 지닌 자비의 정신 즉 베푸는 정신의 영향도 작용했을 것으로 보인다. 불교사상 속에는 유학사상이 본질적으로 내포한 복수의 정신이나 차별 불평등원리의 강조[1]보다는, 동질성을 지닌 왕족 또는 민족 구성원들에게 서로 베푸는 자세와 행태를 강조하는 자비의 정신을 포함하기 때문에, 정치권력을 둘러싼 혈투가 상대적으로 적었던 것으로 보인다. 표 7에서 알 수 있는 것처럼 고려왕조에서 장자의 나이가 어려 국가관리능력이 없는 경우에는, 형제나 종형제 또는 숙부에게 왕위를 계승시키는 것이 상례로서 거의 제도화되다시피 하였다.

그러나 조선왕조의 경우 차별 불평등의 봉건적 신분질서를 본질

---

1) 서주(西周)의 봉건체제를 정치의 이상으로 삼았던 공자사상(吾從周: ≪論語≫ 衛靈公篇) 속에는, 아홉의 비한족 침입으로(九夷伐周下) 말미암아 분열되어 위기와 혼란을 맞은 한족(漢族)이 비한족(非漢族)을 물리치려는 한족 우월의 복수정신이 내포되어 있다. 조선왕조의 통치사상으로 삼았던 주자학 또한 만주족이 세운 금나라의 침입으로 한족국가인 북송이 멸망한 뒤에, 한족의 일부가 대륙의 남반부에 건립한 남송시대의 유학이므로, 공자의 정치사상과 같은 정치적 보복정신을 내포한 사상이다. 동시에 수신제가(修身齊家)의 궁극적 목표를 치국평천하(治國平天下)에 둔 지배학이요, 제왕학으로서의 유학의 본질 속에는, 참된 의미의 상하가 서로 베풀거나 이해하려는 정신이나 공동체 의식(공중의식)을 기대하기는 어렵다.

표 8. 조선왕조 역대 왕의 생존 및 재위기간, 왕위계승 관계 및 자녀 수

왕명	생존 기간 재위 기간	왕위 계승 관계	즉위 연령	정비 소생			후궁 소생			합계		
				대군	공주	계	군	옹주	계	왕자	왕녀	계
1 태조	1335-1408=74 1392-1398=7	쿠데타 집권 왕조의 건국	58	8	3	11		2	2	8	5	13
2 정종	1357-1419=63 1398-1400=2	정쟁의 결과 (태조 차자)	42				15	8	23	15	8	23
3 태종	1367-1422=56 1401-1419=18	정쟁의 결과 (태조 제5자)	35	4	4	8	8	13	21	12	17	29
4 세종	1397-1450=54 1419-1450=32	태종의 세자 (태종 제3자)	23	8	2	10	10	2	12	18	4	22
5 문종	1414-1452=39 1451-1452=2	세종의 세자 (세종 장자)	38	1	1	2		1	1	1	2	3
6 단종	1441-1457=17 1453-1455=2	문종의 세자 (문종 장자)	13									
7 세조	1417-1469=52 1455-1468=13	정쟁 결과 (세종 제2자)	39	2	1	3	2		2	4	1	5
8 예종	1450-1469=20 1469-1469=1	세조의 세자 (세조 제2자)	20	3	1	4				3	1	4
9 성종	1456-1494=38 1470-1494=25	세조 장자 (死)의 제2자	15	1	1	2	15	11	26	16	12	28
10 연산군	1476-1506=31 1495-1506=12	성종의 세자 (폐비 윤씨 생)	20	2	1	3	1 + 서자 1	서녀 1	3	4	2	6
11 중종	1488-1544=57 1506-1544=39	정쟁 결과(성종 자/진성대군)	19	2	5	7	7	6	13	9	11	20
12 인종	1515-1545=31 1545-1545=1	중종의 세자	31									
13 명종	1534-1567=34 1546-1567=22	중종의 자 (慶源君)	13	2		2				2		2
14 선조	1552-1608=57 1568-1608=41	중종 제5자(德 興君)의 3자	17	1	1	2	13	10	23	14	11	25
15 광해군	1575-1641=67 1609-1623=15	선조의 세자	35									
16 인조	1595-1649=55 1623-1649=27	정쟁 결과(선조 子 定遠君의 子)	29	4		4	2	1	3	6	1	7
17 효종	1619-1659=41 1650-1659=10	인조의 차자 (鳳林大君)	32	1	6	7		1	1	1	7	8
18 현종	1641-1674=34 1660-1674=15	효종의 세자	20	1	3	4				1	3	4
19 숙종	1661-1720=60 1675-1720=46	현종의 세자 (元子)	15				3			3		

20 경종	1692-1724=33 1721-1724= 4	숙종의 세자 (張禧嬪 生)	30									
21 영조	1694-1776=83 1725-1776=52	숙종 子 (淑嬪崔氏 生)	32				2			2		
22 정조	1752-1800=49 1777-1800=24	영조의 孫 (王世孫)	26				2			2		
23 순조	1790-1834=45 1801-1834=34	정조 子 (綏嬪朴氏 生)	12	1						1		
24 헌종	1827-1849=23 1835-1849=15	순조의 손 (왕세손)	9					1			1	1
25 철종	1831-1863=33 1850-1863=14	영조 증손 (全溪君 3자)	20					1			1	1
26 고종	1853-1919=67 1864-1907=44	인조 7대손 (興宣君) 次子	12	1			3			4		
27 순종	1874-1926=53 1907-1910= 4	고종의 세자	34									

로 하는 유학, 특히 중앙집권적 제왕권체제를 정치목표로 하였던 주자
학을 통치사상으로 채택하여 법제화함으로써, 서로 차별 받지 않고
특권을 누리려는 권력욕의 추구 때문에, 왕조 건립 초부터 왕위계승을
둘러싼 피비린내 나는 왕권쟁탈전이 왕가 내에서 벌어졌다. 특히 정쟁
의 결과로 왕위에 오른 정종(2대)과 태종(3대)을 제외하고 표 8에 나타난
것처럼, 왕자를 많이 두었던 태조(8명: 정비 소생), 세종(18명: 정비
소생 8명 + 후궁 소생 10명), 성종(16명: 정비 소생 1명 + 후궁 소생
15명), 선조(14명: 정비 소생 1명 + 후궁 소생 13명) 등 왕의 다음
세대에는 왕권을 둘러싼 권력투쟁이 치열하였다. 예컨대 세종대왕도
많은 그의 탁월한 공적에도 불구하고, 지나치게 유교주의 장자계승제
에 집착한 나머지, 그의 18 왕자 가운데 가장 유능한 국가관리 능력의
소유자이던 수양대군(뒤에 세조)을 제외하고, 병약한 문종(文宗, 세종의
장남)과 그의 후사(後嗣)로 국가관리 능력이 없는 10살짜리 원손(元孫,
뒤에 단종)의 왕위계승에 연연함으로써, 국가사회의 안정에 필요한

왕위계승의 측면에서는 실패한 임금이라고 볼 수 있다. 또한 임진왜란으로 피폐한 사회를 안정시키고 뛰어난 대외정책으로 국가수호에 탁월하였던 광해왕(光海王)이 정쟁(政爭)의 희생이 된 것도, 유학적 차별사상과 명분론의 결과라고 볼 수 있다.

그런가 하면 왕위계승자의 나이가 너무 어려서 국가관리 능력이 없었던 숙종(肅宗 즉위시 만 14세), 순조(純祖 즉위시 만 11세), 고종(高宗 즉위시 만 11세) 때에, 나이 어린 왕을 둘러싼 내외 인척 사이의 권력투쟁과 세도정치가 극심하였던 것도, 주자학적 유학정치사상을 한민족에게 적용함으로써 초래된 모순의 필연적인 결과이었다. 또한 단명하였던 왕들(문종·예종·인종·경종)을 제외하면, 대체로 성년이 된 이후에 즉위한 왕들(태종·세종·세조·광해군·효종·영조·정조)의 시대에는 비교적 정치도 안정되었고 치적도 있었던 반면에, 어린 나이에 즉위한 왕들(단종·성종·중종·명종·선조·숙종·순조·헌종·고종)의 시대에는 왕권을 둘러싼 왕족 및 내외 인척 사이의 권력투쟁이 매우 심했다.

이와 같이 주자학적 차별 불평등의 유학사상을 토대로 하여 건립된 조선왕조는 동질성이 강한 한민족을 치자와 피치자로, 또 상하로 그 신분을 차별 지우고 이를 법제화하는 데 주력하였으므로, 서로 차별 받지 않으려는 데서 지배계급 내의 권력투쟁은 더욱 심화될 수밖에 없었다. 이러한 주자학적 차별원리를 제도화한 법제화의 산물이 약 100년이 걸려 완성된 ≪경국대전(經國大典)≫이다.

따라서 조선왕조가 건국이념으로 채용한 주자학은 도리어 지배계급내의 기득권 수호 또는 새로운 권익추구를 위한 파쟁의 도구로 전락하기에 이르렀다. 경국대전이 완성된 성종 말 이래 지배계급인 양반귀족세력 내부의 권력쟁탈전은 더욱 격렬하여, 임진왜란이 일어날 때까지의 200년간은 사화(士禍)와 반정(反正)을 비롯한 정쟁의 혈투로 점철되었다. 즉 집권 훈구파와 재야 사림파 간의 세력투쟁은 치열한 혈전의 양상을 나타냈다. 특히 세조 집권 이래 중앙정계로 진출하기 시작한 사림파는 정치주도권을 장악하고자 꾀하였으므로, 이로 인하여 이른바 4대 사화와 중종반정(中宗反正) 등 혈투의 정쟁들이 일어났다. 무오사화(戊午士禍, 1498)를 비롯하여 갑자사화(甲子士禍, 1504), 기묘사화(己卯士禍, 1519), 을사사화(乙巳士禍, 1545)와 중종반정(1506) 등을 거치는 동안 양반관료세력 간의 정치보복과 파쟁은 세력을 조직적으로 확대시켰고, 급기야는 조직적인 정치파벌로서의 분당을 초래했다.

이와 같은 양반관료세력 사이의 살육전은 결과적으로 국내 불안정과 굴욕적인 외침을 자초하게도 되었다. 이러한 정쟁의 결과 막대한 포상을 받은 공신들은 권익독점의 특권을 누리게 되었으므로 정쟁이 더욱 치열할 수밖에 없었다. 그러나 이러한 정쟁은 단지 귀족 지배세력 간의 특권쟁탈전일 뿐 백성의 생활안정이나 민족국가의 수호와는 무관한 소모전이었을 뿐이다. 이 점은 표 9를 보면 더욱 극명하게 드러난다.

조선왕조 500여 년 동안 20여 차례 이상의 공신 포상과 경제적 특전으로 막대한 전답(功臣田)을 지급하였는데, 임진왜란 때 왜군을 격퇴한 공로로 포상한 단 한번의 선무공신(宣武功臣)을 제외하고는, 국민의 생활안정이나 국가수호와는 전혀 관계가 없는 공로에 대한 포상이었다. 즉 다음의 24차례의 공신에 대한 포상 가운데, 17번이 차별 받지 않고 특권을 장악하려는 권력투쟁의 결과로 승리자가 획득한 권익배분이었고, 4번은 극도의 차별에 대한 불만세력의 반란을 진압한 공로로 기득권자가 획득한 권익 확대에 불과하였다. 대외관계

구분	공신 포상년도	공신 명칭	공신 포상 사유	참조
정쟁 (政爭)의 결과	태조 1년(1392년)	개국(開國)공신	조선왕조의 건국 공로자에게 포상(褒賞)	즉시 포상
	태조 7년(1398년)	정사((定社) ″	1차 왕자 난 진압 포상(세자 방석 및 정도전 제거와 방원의 정권 장악에 조력)	″
	정종 2년(1400년)	좌명(佐命) ″	2차 왕자 난 진압 포상(방간의 역모제거에 대한 포상)	″
	단종 1년(1453년)	정난(靖亂) ″	수양대군(首陽大君)의 정권장악(영의정)에 조력한 포상	″
	세조 2년(1455년)	좌익(佐翼) ″	수양대군의 왕위(世祖) 즉위에 대한 포상	1년 후 포상
	예종 1년(1469년)	익대(翊戴) ″	남이(南怡) 및 강순(康純)을 제거한 포상	즉시 포상
	성종 2년(1471년)	좌리(佐理) ″	귀성군 이준(龜城君 李浚)을 제거한 포상	″
	중종 2년(1506년)	정국(靖國) ″	중종반정(中宗反正)의 성공에 대한 포상	1년 후 포상
	중종 2년(1507년)	정난(定難) ″	이과(李顆)의 역모를 고발한 포상	즉시 포상
	명종 1년(1546년)	보익(保翼) ″	을사사화(乙巳士禍: 인종1년)에 대한 포상	″
	선조23년(1590년)	평난(平難) ″	정여립(鄭汝立)의 역모를 고발한 포상	″
	인조 1년(1623년)	정사(靖社) ″	인조반정(仁祖反正)의 성공에 대한 포상	″
	인조 5년(1627년)	소무(昭武) ″	이인거(李仁居) 역모를 고발한 포상(10월)	1월정묘호란
	인조 6년(1628년)	영사(寧社) ″	유효립(柳孝立) 역모를 고발한 포상(1월)	즉시 포상
	인조22년(1644년)	영국(寧國) ″	유탁(柳濯) 권대용(權大用)의 역모를 고발한 포상	″
	숙종 6년(1665년)	보사(保社) ″	복창군(福昌君) 복선군(福善君)역모를 고발한 포상	″
	경종 3년(1723년)	부사(扶社) ″	김일경(金一鏡)의 역모를 고발한 포상	″
	계	17회		
반란의 평정	세조13년(1467년)	적개(敵愾)공신	이시애(李施愛)의 반란을 평정한 포상	즉시 포상
	선조37년(1604년)	청난(淸難) ″	이몽학(李夢鶴)의 역모를 고발한 포상	8년 뒤 포상
	인조 3년(1625년)	진무(振武) ″	이괄(李适)의 반란(1624년)을 평정한 포상	즉시 포상
	영조 4년(1728년)	분무(奮武) ″	이인좌(李麟佐)의 반란을 평정한 포상	″
	계	4회		
대외관계 및 국가수호	선조23년(1590년)	광국(光國)공신	大明會典 朝鮮國 條의 註에 태조 李成桂가 고려 말 權臣 李仁任의 아들이라는 기록(宗系誣:중국 明 나라의 조선왕조 정통성에 대한 불인정)의 개정(辨宗系誣: 1588년)을 明에 요청하여 조선건국(1392년) 약 200년 만에 얻어낸 대외관계에 대한 포상(國益과 無關)	明(1368-1628)나라의 쇠망기에 이르러서 인정
	선조37년(1604년)	호성(扈聖) ″	임진왜란(壬辰倭亂:1592-8) 당시 왕(宣祖)을 수행하여 피난한(隨駕扈從) 공로 포상	왕과 함께 자기 자신도 피난
	선조37년(1604년)	선무(宣武) ″	임진왜란(壬辰倭亂:1592-8)당시 왜군(倭軍)을 격퇴하여 국가를 수호한 공로 포상	왜란의 종전 6년 후 포상
	계	3 회		
전체		24회	참된 의미의 민족보위 또는 국가수호에 공헌한 일에 대한 포상은, 전체 24회 가운데 단 1 회 뿐	

의 공로자들에게 포상한 공신도, 종계변무(宗系辨誣) 공신의 경우 명나라 말기에 애걸하다시피 하여 얻은 조선왕조의 정통성에 대한 승인으로서 모화사대의 결과일 뿐, 민족국가적으로는 치욕적 외교를 한 사람들에 대한 포상에 지나지 않았다고 할 수 있다. 그리고 임진왜란 때 선조 임금을 호위하고 의주까지 피난한 사람들에게 포상한 호성공신(扈聖功臣) 또한, 백성들에 대한 적군의 약탈은 모른 채 왕과 함께 자신들만이 피난한 비겁한 행위에 대한 포상에 불과하였다. 그런가 하면 임진왜란 종전 뒤의 공신들에 대한 포상을 보면, 그 비합리적 포상에 더욱 놀랄 일이다.

7년간의 왜란에서 국가수호에 실질적으로 공헌한 공로자들인 선무공신에는 불과 18인(1등 공신 3인: 이순신, 권율, 원균 / 2등 공신 5인 / 3등 공신 10인)을 선정하여 포상했을 뿐이지만, 왜란 중 선조 임금이 의주로 피난할 때 그를 수행하면서 자신도 피난할 수 있었던 호성공신으로는 무려 86인(1등 공신 2인: 이항복, 정곤수 / 2등 공신 31인 / 3등 공신 53인)을 선정하여 포상하였고, 그들에게 지급된 공신전을 포함한 전체 포상도 선무공신에 비하면 훨씬 많았다.2) 더욱이 내시(內侍) 24명과 이마(理馬, 말을 부리는 마부) 6명까지도 호성공신으로 포상하면서, 전란 중 의병을 일으켜 끝까지 싸우다 전사한 조헌(趙憲) 부자와 중 영규(靈圭), 김천일(金千鎰), 고경명(高敬命)과 고종후(高從厚) 형제 등을 비롯하여 승병(僧兵)을 일으켜 각지에서 전공을 세운 휴정(休靜, 西山大師 淸虛)·유정(惟政, 松雲大師 四溟堂)·처영(處英) 등에게는 아무런 공신 포상도 하지 않았다.

---

2) ≪宣祖實錄≫, 卷百七十五 三十七年 六月 二十五日(甲辰).

국토와 국민의 유린은 말할 것도 없고, 임진왜란 당시까지 한민족이 쌓아온 무수히 많은 문화재가 소실된 대전화를 당하였음에도, 유학의 차별적 명분론과 지배학에 얽매어 참된 국가보위의 공적도 외면하고 왕권 중심의 나눠 먹기식 포상을 하였다. 따라서 조선왕조가 망할 때까지 유학사상의 강조에서는 국민에게 봉사하는 일이 애국의 길이라는 정신을 찾아보기 어려웠고, 다만 임금(집권자)에 대한 충성이 애국이라는 충군애국(忠君愛國)의 비뚤어진 정치적 가치관만이 존재하였을 뿐이다.

이와 같이 일반 백성들의 생활안정이나 국가수호와는 관계없는 권력투쟁은 끊이지 않았고, 정쟁에서 승리하기 위한 파벌형성이 양반지배계급 전체에 광범위하게 이루어졌다. 특히 양반귀족 간의 지연, 학연, 혈연과 정파가 중첩됨으로써 형성된 파벌의 조직화는 당파 간의 혈투를 더욱 심화시켰다. 즉 귀족들은 자기 당파의 필승을 위하여 주자학적 통치이론을 수정 강화하려 하였고, 인적 조직으로는 세력의 강화를 위한 학파를 형성함으로써 지역적으로 집단화되기도 하였다. 이러한 집단화의 근거지가 유학이론을 매개로 형성된 서원(書院)이었다. 1543년(중종 38년) 주세붕(周世鵬)이 설립한 백운동서원(百雲洞書院)을 시초로, 서원은 양반귀족세력의 정치적, 경제적 및 문화적 지반으로서 당쟁의 온상이요 세력투쟁의 근원지가 되었다. 서원은 명종 때(1546~67)까지는 전국적으로 29개소에 불과하였으나, 선조(1568~1608, 41년 재위) 말에 설립된 것만도 124개였다. 조선왕조 후기에 와서는 서원의 폐해가 극심하여 한 서원의 노비수가 30~40명 또는 50~60명이나 되었고, 군역(軍役) 등 부역을 기피하려는 사람들의 도피처가 되기도 하였다. 영남지방에는 한 고을(邑) 안에 6~7개 서원, 전국석으로는

800여 개 서원이나 될 정도였다.[3] 이와 같은 양반귀족 간 정치파쟁의 심화는 노서민(奴庶民)의 빈곤과 참상을 가중시키는 결과를 낳았다.

2) 양반 지배층의 가렴주구

조선왕조는 주자학을 통치이념으로 수용하여 약 100년에 걸쳐 이를 제도화하였다. 그러나 주자의 유학은 건국 초부터 한민족의 정치사회 현실과는 맞지 않는 괴리와 모순이 드러났으므로, 이에 대한 수정이 불가피하게 되었다. 그러나 이 수정으로 등장한 중종(中宗, 1506~1544, 39년 재위) 이래의 도학(道學) 정치론도 귀족간 권력장악의 수단으로 전락하였고, 빈번한 정권투쟁은 공신전 등 사유지의 계속적인 증가로 국력의 약화와 민생의 피폐를 가져왔다. 이러한 현상은 표 4에서 알 수 있었던 것처럼 임진왜란 이전까지의 막대한 공신전 지급현황만 보아도 짐작할 수 있다. 11차례에 걸친 전체 공신 640명에게 포상한 토지 노비 은전을 합하면, 토지 5만 5870결(5만 5870결 × 4000평 = 223,480,000평),[4] 노비 1만 2135명,[5] 금과 은 9171냥 등 어마어마한 특전이 지급되었다.

따라서 관권을 장악한 집권귀족들은 자기세력의 강화를 위하여 농민에 대한 수탈에 여념이 없었고, 혹심한 수탈은 농민의 이농을 촉진시켰으며, 선량한 백성을 떠돌이 생활로 몰아 유민화(流民化)시켰

---

3) ≪正祖實錄≫, 卷四十七 二十一年 七月 十四日(申巳).
4) 태종 때 경기도의 전체 경작지 14만 9000여 결 가운데, 과전이 8만 4000여 결, 공신전이 3만 1000여 결이었다(李相佰, 앞의 책, 361쪽)고 하며, 임진왜란 이전 전국의 전답이 170만 8000결(文獻備考 田賦考)이었고, 경기도의 경작지는 15만 결(文獻備考)이었다고 하므로, 경기도 땅의 3분의 1이상에 해당하는 농경지가 공신들에 의하여 점유되었다고 할 수 있다.
5) 노비에는 구사(丘史), 직배파령(直拜把領) 및 반당(伴倘) 등을 포함.

다. 이러한 수탈 가운데 두드러진 것을 들면 공물세(貢物稅)의 가중과 방납(防納, 중간 상인에 의한 대납)의 폐해 및 족징(族徵), 동징(洞徵) 등을 들 수 있다.

본래 각 지방의 특산물을 국가에 헌납하는 세의 일종이 공물세였다. 이 공물세의 납부에 있어서 해당 지방의 특산물이 아닌데도 중간관리의 협잡으로 특산물 세목인 공안(貢案)에 첨가되는 수가 많아 부담능력이 없는 농민에 대한 방납의 폐해를 낳았다. 즉 그 지방 백성들이 공물을 납입하지 못하게 될 때, 중간관리가 상인과 결탁하여 대신 납부한 뒤, 그 상환방법으로 수확기에 농민에게 가혹한 징수를 한 것이 방납(代納)이며, 이는 농민의 부담을 더욱 무겁게 하였다.

이 방납의 폐해는 이미 성종 초에도 매우 심하여 당시 대사헌 서거정(徐居正)은 경주부윤이 방납의 금지령을 어기고 부상(富商)과 결탁하여 방납을 허용함으로써, "가을(추수기) 공물 징수 때에 대상인(大商人)들이 백성들을 침해함으로 그 폐해가 이루 말할 수 없다"[6]고 하였다. 중종반정 이후에는 이러한 공물세의 부담이 더욱 무거워짐에 따라 방납의 폐해는 더욱 혹심하였다. 특히 명종(明宗, 1546~1567) 때에 이르러서는 그 폐해가 더욱더 심했다.

각 부처에서 방납하는 폐단은 그 유래가 이미 오래되었다. 요즈음에는 흉년으로 말미암아 물가가 올라서 옛날에 한 필의 포목으로 충당하던 것이 오늘에는 10배에 이르러 한 가지 종류의 공물을 납부하는 데도 가산을 탕진할 정도이다. 방납자는 이런 연유로 더욱 이익을 도모한다. 이렇게 되는 까닭은 수령이 공물 수송을 직접 감독하지 않고 백성들로 하여금 스스로 납부하도록 하기 때문에, 방납하는 상인이 제멋대로 간악하게 함부

---

6) ≪成宗實錄≫, 卷三十三 四年 八月 十七日(丙子).

로 거두어들이고 있다.[7]

　　지금 부상(富商)인 대상인과 각 관청의 관리들이 편안히 앉아서 먹고 사치스런 의복을 입게 된 것은 모두 방납의 이익 때문이다. 그러므로 (수령들과 각 관청이) 여러 고을을 나누어 맡아 가지고 자기의 물건처럼 여겨서 그 이익을 대대로 전하고 있다. 만일에 강직한 관리가 있어서 그러한 폐단을 바로 잡으려고 하면 아래 사람들이 온갖 방법으로 모함하니, 어찌 이처럼 통탄할 일이 있겠는가![8]

이와 같이 방납하는 상인과 관리가 결탁하여 백성을 착취하는 현실이었다.[9]

다음으로 가혹한 족징, 또는 인징(隣徵), 동징의 폐해를 들 수 있다. 양반귀족의 사유지 확대와 관료귀족의 협잡으로 농민의 조세부담이 과중하게 되자, 그 징수는 더욱 가혹하게 마련이었다. 따라서 이러한 조세부담을 견디지 못한 농민은 도망하여 흩어져 떠돌이 생활을 하게 되고, 이 때문에 더 한층 가혹한 징수방법을 취하게 되었다. 이농으로 말미암은 조세 수입의 감소를 방지하기 위한 세금 징수방법이 족징 또는 인징, 동징이었다. 즉 납세 의무자가 세를 내지 않고(滯納) 도주하거나 사망하였을 때, 세금을 내지 않은 체납자의 친척 또는 같은 동네에 사는 이웃사람에게 연대책임을 지워 대신 납부하도록 한 제도가 족징 또는 인징, 동징이었다. 자신의 부담도 지나치게 무거워 납부하기 어려운 터에, 친척과 이웃 사람의 세금까지 대신 납부해야

---

7) ≪明宗實錄≫, 卷六 二年 八月 十三日(申卯).
8) 위의 책, 卷十三 七年 九月 二十五日(甲辰).
9) 당시 이황은 교서관 교리(명종 1년/1546), 안동 대도호부사(명종 2년/1547), 홍문관 부응교 (1547), 응교(1547), 단양 군수(1548), 풍기 군수(1548), 홍문관 교리(1552), 성균관 대사성 (1552) 등을 역임하였다.

하는 가혹한 징수방법은 농민의 이농을 더욱 촉진시킴으로써, 고향을
등지고 떠돌이 생활하는 백성(流民)이 날로 증가하는 결과를 초래하였
다. 이는 다시 새로운 이농자의 체납분까지 대신 납부해야 하는 악순환
을 가져와 농촌은 극도로 황폐화하게 되었다.

　　이러한 현실은 어민들의 어선에 부과하는 선세(船稅), 소금에
부과하는 염세(鹽稅), 그물에 부과하는 망세(網稅)의 경우에도 마찬가
지이었다. 그러므로 명종 때 사헌부 장령 임윤(任尹)은 다음과 같이
상소했다.

　　　이른바 선세의 경우 한 때 배를 부리던 사람이 납세자 명부에 들어가
　있으면, 그 사람이 이미 죽고 그 자손이 비록 배를 부릴 수 없을 지라도
　반드시 그 선세를 거두어들이며, 만일 자손이 없으면 그 사람의 일가친척에
　게서 거두고, 그의 일가친척도 없는 경우에는 그 사람의 전답을 사서
　경작하는 사람에게 징수시켰기 때문에, 드디어는 이웃이 끊기는 데까지
　이르렀다. 염세와 망세의 경우도 이와 같아서 백성들의 딱하고 원통할
　데가 이 보다 더 심한 적이 없다.10)

　　이 밖에도 병역과 부역 등 과중한 신역(身役)의 부과와, 노비를
뽑아 중앙에 바치는 선상(選上) 등 농민에 대한 혹독한 수탈로 인하여,
농촌은 10집이면 9집이 비거나(十室九空) 굶주리는(十室九飢) 상황이었
다 한다. 즉 "요즈음 백성들의 생활을 보면, 서울과 지방을 막론하고
열 집 중 아홉 집이 굶는 형편,"11)이고, "모든 부역이 백성들에게
지워져 한 몸이 무수히 많은 부역을 감당하게 되니, 백성들이 고향을
버리고 흩어지는 일이 점점 늘어나게 되었다. 옛날에 마을을 이루었던

---

10) ≪明宗實錄≫, 卷二十三 十二年 十月 二十一日(庚子).
11) 위의 책, 卷十二 六年 九月 九日(甲午),

곳은 이미 폐허가 되었으므로 열 집 중 아홉 집이 비었다고 말할 수 있는 정도"[12]였다. 이와 같이 지나치게 많고 무거운 신역과 조세부담에 견디지 못한 농민들은, 농촌을 버리고 도망하여 떠돌이 생활을 하는 형편이었고, 자기 고향에 정착하여 생활할 수 없는 백성들이 각 지방에서 반란을 일으킬 정도까지 되었다.

3) 빈번한 내우외환

백성들에 대한 감당키 어려운 무거운 조세와 부역의 부과는 양민으로 하여금 고향을 버리고 떠돌이로 연명하게 하였고, 이들 떠돌이 생활하는 굶주린 백성들은 양반에 대한 울분에서 도적이 되었지만 의적(義賊)으로 여겨지기도 하였다. 이러한 의적의 대표적인 예가 황해도와 경기도 지방을 중심으로 한 수도권에서 4년 동안(명종 14~17년, 1559~1562)이나 횡행하였던 임꺽정(林巨正) 무리의 관권농락이었다. 임꺽정의 횡행(橫行) 이전에도 이러한 일은 있었다.

사나운 도적이 무리를 지어 대낮에도 강도짓을 하는 일이, 한성(漢城, 현 서울) 이외의 지방일수록 더욱 창궐하였다. 그러나 오늘날 한성 도성 내외에서도 불을 밝히고 도적질하면서 사람들을 살상하는 일이 곳곳에서 계속 일어나기는, 전에는 없었던 매우 놀라운 일이다. 그런데도 포도관(捕盜官)들은 잡을 생각을 하지 않는다. 얼마 전에는 남소문(南小門)·흥덕(興德) 등의 사대부 집에 불을 밝히고 침입하여 부녀자와 조정의 관원까지 붙잡아서 폭행 상해하였다.[13]

---

12) 위의 책, 卷二十二 十二年 三月 二十五日(戊寅).
13) 위의 책, 卷五 二年 四月 二十八日(己酉).

특히 임꺽정 등은 수도 주변, 경기, 황해, 충청, 강원도 일대에서 3~4년간 횡행하면서 관권을 농락한 의적으로 알려졌다. 이들은 한성 도성 안에까지 거점을 확보하고 조정관리를 사칭하면서 허점을 엿보았기 때문에 그들의 간계를 헤아리기 어려울 정도였다.[14]

중앙 행정력이 손쉽게 미칠 수 있는 한성 도성 및 그 일원에서, 임꺽정의 무리가 3~4년이나 의적 활동을 할 수 있었고, 수차례에 걸친 순경사(巡警使) 또는 토포사(討捕使) 등 중앙 관군의 파견에도 체포할 수 없었던 것은, 가렴주구(苛斂誅求)에 시달린 백성들이 임꺽정 등을 도와 숨겨주었기 때문으로 보인다. 따라서 중앙 행정력과 치안의 힘이 미약한 변경지방에서는 사회불안과 왜구 등 외족의 침략이 더 심할 수밖에 없었을 것이다. 그러므로 임진왜란 이전에 백성들은 극심한 궁핍에 허덕였고, 작가 홍명희(洪命熹)가 임꺽정을 소재로 한 소설 ≪임꺽정≫에서, 당시의 사회상을 다음과 같이 극한적으로 설명한 것은 적절한 표현일지도 모른다.

전에 없는 큰 살년(殺年)이라, 배 주린 까마귀 빈 뒷간을 기웃거린다는 말이 동요(童謠)가 되다시피 하였다. 사람은 고사하고 까막까치까지도 먹을 것이 없어서 인분(人糞)이나마 먹어 보려고 뒷간에 와서 기웃거린즉 인분까지 없어서 뒷간이 비었다는 말이니, 이 말이 거의 사실이나 다름없었다. 양반은 편지로 살고 아전은 포흠(逋欠)으로 살고 기생은 웃음으로 살지만, 가난한 백성들은 도적질 아니하고 거지짓 아니하면 굶어 죽을 수밖에 없었다. 도적으로 뛰어 나와서 재물 가진 사람을 죽여 내고 거지가 되어 나와서 밥술 먹는 집에 들싼대기도 하지만은 북망산에는 굶어 죽은 송장이 즐비하였다.[15]

---

14) 위의 책, 卷二十六 十五年 十月 二十八日(庚申).
15) 洪命熹, ≪林巨正≫ 3, 69쪽.

　　이러한 핍박에 견디지 못한 백성들의 민란이 중앙의 행정력이 가장 잘 미칠 수 있는 수도권인, 기호지방을 중심으로 장기간 지속됨에 따라 국세는 날로 약화하기에 이르렀다. 그러므로 변경지방에서는 이 국내 불안정을 틈탄 야인과 왜구의 약탈이 급증하였고, 중종(中宗, 1506~1544) 이래의 왜란과 북쪽 야인의 침입이 매우 심각하였던 때가 많았다. 그 가운데 중요한 왜구와 야인의 침입 및 약탈을 들면 다음과 같다.

표 10. 중종반정(1505) 이래 임진왜란(1592)까지의 왜구 및 야인의 침범 상황

외침 연도	피침 지역	피해 상황
1510년(중종 5년)	삼포왜란(부산포, 제포, 염포) 및 웅천	삼포왜란(또는 경오왜변) / 첨사시 살해 및 납치
1512년(중종 7년)	함경도 온성, 창성, 갑산군	야인 속고내(束古乃) 침범하여 약탈
1518년(중종13년)	함경도 온성	야인 속고내 재침범 약탈
1522년(중종17년)	추자도(추자(楸子島)	추자도왜변
1524년(중종19년)	여연(閭延), 무창(茂昌)	야인의 약탈
1528년(중종23년)	만포진	야인 만포진에 침입, 만포첨사 살해
1530년(중종25년)	평안도 강계(江界)	야인 강계의 산양회보에 침범, 분탕질
1544년(중종39년)	사량도(蛇梁島)	대마도인 고성 사량도 약탈
1555년(명종10년)	달량포(達梁浦), 장흥, 강진, 진도	달량포왜변(또는 을묘왜변): 분탕 살육
1583년(선조16년)	함경도 경원(慶源)	번호(藩胡) 니탕개(尼湯介) 침범, 아산, 안원 점령
1587년(선조20년)	전라도 흥양경(興陽境)	만호의 전사
약 90년간	왜구 5회 + 야인 6회 / 11회 침범	평균 8년 2개월에 1회 침범 당함

　　삼포왜란(三浦倭亂 또는 庚午倭變, 중종 5년/1510), 야인(野人) 속고내(束古乃) 등 온성·창성·갑산 등지에 나누어서 침입(중종 7년/1512), 속고내의 재침입(중종 13년/1518), 추자도왜변(楸子島倭變, 중종 17년/1522), 여연 무창 등지의 야인 침입(중종 19년/1524), 만포진에 야인 침입하여 만포첨사 살해(중종 23년/1528), 강계의 산양회보에 야인 침입하여 분탕질(중종 25년/1530), 왜구의 사량도(蛇梁島) 침입(중종 39년/1544), 달량포왜변(達梁浦倭變, 명종 10년/1555), 번호(藩胡) 이탕개(尼蕩介)의 경원 등지에 침입하여 읍성 함락(선조 16년/1583), 왜선의

흥양경(興陽境, 현 전남 고흥) 침범(선조 20년/1587) 등, 임진왜란이 일어나기까지 남과 북의 국경지방에 대한 끊임없는 외부의 침범이 있었다. 특히 중종반정 이후의 중·종조에서는 평균 5년에 한번씩 국경지방에 대한 대규모의 침입과 약탈이 있었음에도 이에 대한 대비책에는 극히 소홀하였다. 예컨대 당시 대표적 개혁정치인이요 학자로 알려졌고, 한국의 유학사(儒學史)에서 그렇게도 찬양하는 조광조 같은 이도 민족국가 보위를 위하여 가장 중요한 국방에 대하여는 매우 안이하고 근시안적 태도를 보인 인물이었다.

이로써 보면 '양반 귀족세력 간의 혈투 → 백성에 대한 가혹한 수탈 → 도적의 횡행 등 국내의 사회혼란 → 외침'으로 이어지고 반복되는 국내외의 위기상황이, 뒤에 논의할 조광조(1482~1519), 이언적(李彦迪, 1491~1553)과 서경덕(徐敬德, 1489~1546), 그리고 퇴계 이황(退溪 李滉)과 율곡 이이의 생존기인 16세기의 정치사회적 현실이었다. 이러한 위기의 환경에 직면하여 이들은 어떠한 현실관을 지녔는가? 그리고 각자의 현실관에 따른 정치사상 및 정치방법론은 어떠하였는가?

2. 조선왕조 통치사상 수정의 정치사상

1) 수정기 전반의 도학 및 자연주의 정치사상

(1) 도학정치사상: 조광조와 이언적

① 조광조의 도학적 형평사상

가. 조광조의 생애와 현실관 및 형평론

조광조(1482~1519)는 사헌부 감찰을 지낸 조원강(趙元綱)의 아들로 역대 관리가문의 출신자이다. 조광조는 김종직의 제자로 무오사화 때 화를 입어 유배 중이었던 김굉필에게 배웠으므로 영남 사림파의 학통을 이어 받은 인물이다. 그는 29세 때 생원(生員)으로 성균관에 입학하여 공부하던 중, 당시 이조판서 안당(安塘)의 천거로 34세에 공조(工曹, 현 과학기술부)의 산하기관인 조지서(造紙署) 사지(司紙, 종6품/현 서기관보급)16)에 임용되었다. 그러나 사지 벼슬이 당시에는 한직(閑職)이어 매우 불쾌하게 생각한 그는 특별 과거시험인 알성별시(謁聖別試) 문과전시(文科殿試)에 응시하여 합격함으로써 성균관 전적(成均館典籍, 정6품/현 서기관급)이 되어 관계에 진출하였다.17) 그는 36세에 홍문관(弘文館) 교리(校理, 정5품/현 부이사관급)로 경연(經筵) 시독관(侍讀官)이 되면서 중종(中宗)의 신임을 받기 시작하였고, 37세에 사헌부(司憲府) 대사헌(大司憲, 종2품/현 차관급)으로 승진함으로써 급속도로 중앙 정계에 두각을 나타냈다. 아울러 조광조는 자신의 건의로 설치된

---

16) 종6품직은 보통 왕의 참석하에 실시하는 과거시험의 최종 시험인 전시(殿試)에서 장원한 사람에게 보임되는 직급으로서 특채의 경우에는 예외적인 일이었다.

17) 李肯翊, ≪然藜室記述≫, 卷八 中宗朝 己卯黨籍 趙光祖.

관리 특별 채용제도인 현량과(賢良科)를 통하여, 자기 학파의 신진사류가 대거 고급관리로 기용되도록 하였을 뿐만 아니라, 향약(鄕約)의 시행을 통하여 정치적 세력기반을 확충하였다. 그와 함께 기묘사화로 실각한 김식(金湜, 당시 34세, 성균관 대사성, 정3품/현 차관보급), 한충(韓忠, 당시 34세, 충청 수사, 정3품/현 차관보급), 김구(金絿, 당시 32세, 홍문관 부제학, 정3품/현 차관보급), 기준(奇遵, 당시 28세, 예문관 응교, 정4품/현 이사관급) 등이 모두 그와 마찬가지로 새롭게 발탁된 신진사류였다.18) 동시에 그는 중종반정의 공로로 정국공신(靖國功臣)이 된 훈구파 76인에 대한 훈공의 삭감을 주장하였기 때문에, 훈구파로부터 사림파의 권익 확충을 도모한다는 공격을 받아 38세의 나이에 제거당하게 되었다.19)

조광조는 영남 사림파의 학통을 이어 받은 사림파의 대표 인물로서 정암(靜菴)이란 그의 호로 더 알려져 있다. 영남 사림파는 고려 말 조선왕조 초 수정보수파의 거두 이색의 제자 길재로부터 비롯하였다. 길재의 학문은 그의 제자 김숙자로 이어지고, 다시 그 학통은 김숙자의 아들인 김종직에게로, 그리고 김종직의 제자 김굉필을 거쳐 조광조에게 전해졌다.

조광조는 연산조 때 무오 및 갑자사화로 살육의 대타격을 받은 영남 사림파의 학통을 이어 받았고, 실권 있는 좋은 관직에 연연하였다.

---

18) 김식(金湜)과 박훈(朴薰)은 처음에 조광조와 함께 이조판서 안당(安瑭)에 의하여 관직에 천거된 사람이나(≪中宗實錄≫ 卷二十二 十年 六月 八日 (癸亥) 참조), 김구(金絿)·한충(韓忠)·기준(奇遵)과 더불어 기묘년 이전에는 당하관(堂下官)으로서 고급관리가 아니었다(위의 책, 十三年 十二月 참조).
19) ≪靜菴先生文集≫, 卷五 附錄 年譜 및 卷六 行狀 그리고 ≪中宗實錄≫, 卷二十三 十年 六~八月 참조.

또한 그가 훈구파에 대항하여 자기세력의 신진사류를 대거 등용하도록 한 점으로 미루어 볼 때, 그의 정치태도는 지나치게 그가 속한 학파 및 정파의 권익에 집착하였던 것 같다. 특히 그의 정치적 의도가 사림세력의 정계진출을 꾀함으로써 훈구세력이 독점하던 권력을 재분배하려는 데 있었던 점은, 그의 정계진출 태도와 정치활동을 보면 알 수 있다.

조광조는 양반관료 사이의 권력투쟁이 너무나 극심하고, 주자학적 유학 통치이념의 수용으로 사회불안이 커지고 있음도 잘 알고 있었던 것 같다. 따라서 그는 이러한 시대상황에 직면하여 왕과 양반관료의 자각에 의한 새로운 군신질서의 확립이 중요하다고 보았다. 무엇보다도 그는 임금 자신이 정치태도를 반성할 것을 요구하였다. 즉 왕 스스로가 어떠한 태도를 지니고 정치를 해야 할 것이냐는 왕도를 중요시한 도학(道學)정치론을 전개하였다. 즉 도학정치론이란 간략하게 말하면 왕이 정치를 어떻게 해야 하느냐는 왕의 통치방법(王道)을 제시한 정치론이라고 할 수 있다. 다만 조광조의 왕도론이 객관적 현실성이 있고, 자신의 권력욕보다는 백성의 생활안정과 국가수호를 우선시한 주장이었는가가 문제이다. 이러한 시각에서 보면 조광조의 도학정치론은 백성의 생활안정과 국가수호를 위한 구체적이고 현실성 있는 이론의 제시보다는, 자기 정파의 세력확충에 더 큰 관심을 기울였던 것으로 보인다. 그것은 그가 유학적 왕도정치의 당위론에 지나치게 집착하였던 때문이기도 하다. 이러한 시각에서 그는 공자와 맹자가 표방한 왕도론과 인의(仁義)정치를 주장하였다.

그는 "왕이 정치를 함에 있어서 지엽적인 제도에 얽매여 이것을 기강과 법도로 삼고, 군주로서의 마음과 지극한 정성의 길을 게을리하여 각성하지 않는다면, 산에 가서 물을 구하고 물에 가서 나무를 구하는 격이 될 것"20)이라고 왕의 정치적 자각을 요구하였다. 나아가서 그는 왕의 독단적 정치에 반대하여, "대신을 존경하여 그들에게 정사를 맡기고 왕이 독재정치(獨治)를 하지 않아야만 군주정치가 확립될 수 있다"21)고 하였다. 아울러 그는 "마음이 올바라야만 정치의 길이 열린다. 정치를 하는 데는 인(仁)을 깨달아야 하고 의(義)를 알아야 한다. 모든 사물도 이 인의(仁義)에서 나오며 부자간의 차례와 군신 간의 분수도 각각 이러한 (차별의) 원리를 깨달아야 한다. 하늘과 땅의 근본도 여기에 있다. 이것이 바로 성군인 요왕·순왕·우왕의 정치방법"22)이라고 보았다. 그러므로 그의 사상은 요왕·순왕·우왕의 정치를 이상으로 하는 봉건적 유학정치론을 중심으로 삼았던 것으로 보인다.

따라서 조광조는 맹자의 왕도론을 모방하여 선각자인 현인이 어리석은 대중을 계도하는 것이 불가피하다는 입장을 취하였다. 그는 유학사상의 핵심인 차별원리를 정치의 주제로 파악했으므로, "현인과 어리석은 사람을 섞이지 않게 해야만 훌륭한 정치를 실현할 수 있다"23)고 보았다. 그의 이러한 태도는 양반 지배계급과 노서 피지배계급 사이의 차별적 신분질서를 정치의 근본원리로 보았기 때문이다. 그는 단지 지배계급으로서의 권위를 수련함으로써, 백성을 계도하여 다스리는 감화정치를 주장했을 뿐이다. 따라서 그의 정치적 시각은 차별윤리에 대한 수련을 중요시한 것이지 백성의 현실적 생활윤리를 우선한 것은 아니었다. 이 점은 그가 "윗사람이 먼저 덕을 수련하면 그것에 감화되어 아래 사람도 따르지 않을 수 없게 됨으로써 훌륭한 정치가

---

20) ≪靜菴先生文集≫, 卷二 謁聖試策 乙亥.
21) 위의 책.
22) 위의 책.
23) 위의 책, 卷三 檢討官時啓二 및 ≪中宗實錄≫, 卷二十七 十二年 一月 十一日(丁亥).

이루어진다"[24]고 한 것으로도 알 수 있다.

　　그러나 조광조의 정치론은 매우 비현실적이었을 뿐만 아니라, 특히 국가보위의 문제에 대하여는 안이한 입장을 취하였다. 이 점은 중종 7년(1512)에 함경도의 온성, 창성, 갑산군 등지에 침입하여 약탈한 적이 있었던 야인(野人) 속고내(束古乃)가 중종 13년(1518)에 함경도 지방에 다시 침입했을 때, 이를 물리칠 군사 파견을 반대한 그의 태도로도 알 수 있다. 속고내 등은 중종 7년(1512)에 군사 400명을 거느리고 침범하였고(중종 7년 7월), 병조(兵曹, 현 국방부)에서는 "여러 야인 종족들이 우리나라의 방비가 허술한 틈을 타서 속고내 등이 변방을 침범하여 이득을 본 것을 본받아 약탈을 하였다"(중종 7년 6월)고 보고하였다. 이러한 터에 속고내가 다시 침범함에, 함경도 절도사 정인겸(鄭仁謙)은 "속고내는 임신년(중종 7년)에 갑산 지방에서 약탈을 하였는데, 그 때에 황형(黃衡)이 제어하지 못하였다. 지금 (국경을) 넘어 와서 사냥한다고 하지만 사로잡지 않을 수 없다(중종 7년 8월)"고 보고하였고, 당시 영의정 정광필(鄭光弼)도 "속고내는 오랑캐 중에서 가장 포악한 자이다. 이 오랑캐의 발호(跋扈)로 망합(莽哈) 및 주장합(住張哈)이 잇달아서 배반하였으므로, 이 오랑캐(속고내)가 국경변란의 원인이다"[25]라고 하였다.

　　따라서 당시 국방부 장관격인 병조판서 유담년(柳聃年)과 의정부 세 의정인 3공(三公)이 이지방(李芝芳)을 방어사(防禦使)로 파견하기로 합의하고 왕의 재가를 받았다. 그러나 이 때 왕의 총애를 받고 있던 홍문관 부제학(副提學, 정3품/현 차관보급) 조광조가 속고내를 막기

---

24) 《中宗實錄》, 卷二十七 十一年 十二月 十二日(戊午).
25) 위의 책, 卷三十四 十三年 八月 十六日(癸未) 및 十七日(甲申).

위하여 병력을 동원하는 것은, 제왕으로서 오랑캐를 대우하는 인의(仁義)가 아니라고 동병(動兵)에 적극 반대하였다. 이에 유담년(柳聃年)은 "농사일은 남종에게 물어야 하고 길삼하는 일은 여종에게 물어야 하듯이"[26] 병무를 아는 자기 주장이 옳다고 조광조의 주장을 통박하였다. 그러나 중종은 윤자임(尹自任)·윤은필(尹殷弼)·김식(金湜)·박훈(朴薰) 등 조광조의 의견을 따르는 소장파의 주장을 받아들여 방어사 파견을 중지한 일이 있었다.[27] 그 뒤 다행스럽게도 속고내가 스스로 물러났지만 그렇지 않았을 경우 조광조의 의견이 얼마나 안이한 것인지를 알 수 있다. 이와 같이 당시 조광조를 필두로 도학론을 주장한 신진사류의 정치관이 얼마나 비현실적 명분론이었나를 짐작할 수 있다. 이러한 유학의 도학적 학통은 임진왜란 직전, 국가수호를 위한 안보 대책에 반대한 김성일(金誠一)·유성룡(柳成龍) 등 퇴계학파(退溪學派)의 비현실적 공리공론으로까지 이어져 국가위기에 제대로 대처하지 못하는 결과를 가져오기도 하였다.

물론 조광조의 인의정치론은 단순한 복고주의 명분론의 시각만은 아니고, 약간의 수정주의적 측면도 있었다. 즉 "대대로 내려온 예법을 갑자기 바꿀 수는 없지만 만일 오늘의 현실에 부합하지 않는 점이 있으면 이를 변통해야 한다"[28]는 입장에서, 봉건윤리를 전제로 한 지배계급의 시각에서 보는 백성에 대한 사랑(愛民)을 말하였다. 그는 백성을 애호하는 애민(愛民)의 방법으로 과다한 국가경비를 줄일 것을 제기하기도 하였다. 그에 따르면 "이제 국가의 경비가 너무 과다하

---

26) "耕當問奴, 織當問婢"(≪中宗實錄≫, 卷三十四 十三年 八月 十七日 (甲申)).
27) 위의 책
28) ≪靜菴先生文集≫, 卷三 檢討官時啓四.

다. 그러므로 공물세와 부역을 줄일 수는 없다 하더라도, 대신과 상의해서 국가경비를 감축해야만 백성을 사랑하는 애민의 정치를 베풀 수 있다"[29]는 것이다. 위민(爲民)정치를 하여야 체제보위가 가능하다고 보아, "재상의 직책은 마땅히 백성을 위하는 데에 힘써야 한다. … 임금과 신하된 자는 백성을 어떻게 위할 것이냐를 밤낮으로 생각하여 상하가 백성의 마음을 정치의 근본으로 삼아야만 훌륭한 정치를 할 수 있다"[30]고 하였다. 또 그는 애민의 방법으로 백성의 의식주생활을 두텁게 할 것을 주장하여, "백성들 가운데 한 사람이라도 옷을 입지 못하는 사람이 있으면 어떻게 따뜻하게 해줄 것인가를 생각해야 한다"[31]고도 하였다. 이 점은 맹자가 말하는 백성에게 살 길(生道)을 마련해 주어야 한다는 주는 정치(與之之治)와 유사한 주장이다.

조광조는 인의정치를 강조한 점에서는 공자 및 맹자의 사상재현을 바랐다. 그러나 인의정치 구현방법으로 왕과 집권관료 및 관료 상호 간에 균형 있는 권익배분을 주장한 형평(衡平)사상으로 맹자의 왕도사상을 수정하였다. 왕 스스로의 정치적 자각을 요구함과 아울러, 집권세력 내부의 세력균형을 통하여 자파의 권익을 보장받으려 하였던 것 같다. 이러한 그의 정치관은 다음과 같은 주장에서 엿볼 수 있다.

임금과 신하, 윗사람과 아랫사람이 지성으로 서로 믿고 화목하여 간격이 없어야만 정치를 할 수 있다. 임금이 대신(大臣)과 대간(臺諫)을 대우할 때도 이러한 태도를 취하여야 한다.[32]

---

29) 위의 책, 卷三 檢討官時啓九.
30) 위의 책, 卷三 檢討官時啓六.
31) 위의 책, 卷二 謁聖試策乙亥.
32) 위의 책, 卷三 檢討官時啓二.

윗사람과 아랫사람이 서로 화합에 힘쓰지 않는다면, 하늘이 가만히 있지 않아 마침내는 패망할 뿐이니 어찌 두려워하지 않겠는가.[33]

아랫사람이 윗사람을 지성으로 섬기면, 윗사람 또한 지성으로 아랫사람을 대우할 것이니, 위아래 사람이 화합하면 정치가 제대로 이루어질 수 있다.[34]

위의 예문들은 지배층 상호 간의 세력균형을 통한 화합을 주장한 조광조의 시각이었다. 특히 그는 왕과 대신 사이를 서로 제약하게 하려 했으므로, "임금이 위세로 신하를 대우하는 것도 옳지 않은데, 자식 같은 신하가 어버이 같은 임금을 어찌 핍박을 하겠는가?"[35]라고 상호 제약을 주장함으로써, 중종반정의 훈공파가 전횡하는 정치현실을 자기세력으로 바꾸려 하였던 것 같다.

따라서 세력균형을 주장한 조광조의 형평론(衡平論)은 치자층과 피치자 대중 간의 상호 견제를 말하는 현대적 의미의 국민 평등권이 아니었음에 유의할 필요가 있다. 치자와 피치자 간의 관계에 대해서는 유학의 차별사상을 벗어나지 못하였고, 오히려 엄격한 신분적 차별을 형평(衡平)으로 보았던 것 같다. 이 점에 대해 그는 다음과 같이 말하였다.

임금의 덕은 엄숙한 경건보다 더 큰 것이 없다. 이러한 태도를 안으로 실천하면 아랫사람들이 이것을 보고 감화를 받게 된다. 사물을 감응시켜 통제함에 거울과 같이 담백한 형평을 이룸이 옳다. 임금의 용모와 자세가 단정하고 근엄하면 환관과 궁녀들이 저절로 가까이하지 못할 것이다.[36]

---

33) 위의 책, 卷三 檢討官時啓一.
34) 위의 책, 卷三 侍讀官時啓十五.
35) ≪中宗實錄≫, 卷三十七 十四年 十一月 四日(甲午).
36) ≪靜菴先生文集≫, 卷三 侍讀官時啓十六.

단지 조광조는 지배계급 내부의 권력투쟁을 막기 위한 세력균형
론을 주장했을 뿐이다.

　　재상은 옳다 하고 대간은 그르다고 하며, 재상은 시행해야 한다
하고 대간은 시행해서는 안 된다고 하니, 서로 옳고 그르다는 가부(可否)의
싸움을 그쳐야만 일이 제대로 이루어질 것이며, 조정이 화합한 뒤에야
좋은 정치가 될 것이다. 만일 임금과 대신의 뜻이 다르고 대신과 다른
관료의 의견이 각각이면 기맥이 통하지 않고 멀어질 것이니 어떻게 좋은
정치를 이룰 수 있겠는가?[37]

이는 그가 당시 신진사류가 대거 진출하고 있는 대간과, 훈구세력
이 차지하고 있는 대신 사이의 세력균형을 도모하려는 데 있었던
것으로 보인다. 그러나 이와 같은 세력균형론도 자파세력을 신장하려
는 저의 때문에 훈구파의 도전을 자초하는 결과를 가져왔을 뿐이다.

나. 체제보강의 도학정책론

조광조의 도학정치론은 양반관료계급의 입장이라는 한계를 벗
어나지 못하였다. 그는 여러 가지 개혁안을 제시했지만, 그것은 조선왕
조의 반상(班常) 차별질서를 보강하기 위한 방편에 지나지 않았던 것으
로 보인다. 이 점은 그가 변화를 거부하는 우주론을 그대로 따르고
있는 데서 알 수 있다. 그는 군신체제를 확립하는 데 필요한 차별원리인
이(理)를 정치의 근본원리로 보았고, 백성의 의식주생활과 직결되는
현실적 욕구인 기(氣)의 발동을 이차적인 과제로 여겼다.

그에 따르면 "이(理)는 주(主)가 되고 기(氣)는 이(理)가 시키는

---

37) 위의 책.

대로 따른다고 보는 것이 옳다"38)는 것이다. 이는 군신체제의 확립이 정치의 근본 목표이고, 백성의 사회경제적 생활안정 문제는 그 다음이라는 그의 시각을 말해 주는 것이다. 따라서 그가 도학론의 실현을 위하여 추진한 인재 등용책 및 조세감면과 국가경비 절감론 등은 치자로서의 은혜적 시각에서 본 개선방안의 한계를 벗어나지 못하였다. 현량과를 설치하여 인재를 등용할 것을 주장했지만, 그것은 자기세력을 확충하려는 데 급급한 나머지 실패하고 말았다. 그는 중종반정의 일등공신이었던 훈구파의 인물들을 글을 배우지 못한 불학무식자(不學無識者)로 깎아 내렸다. 이는 성종 때 이미 과거에 급제한 인물로 중종반정의 공신이었던 원로대신 성희안(成希顔) 같은 인물을 학식이 없는 사람으로 그리고 박원종(朴元宗)을 배우지 못한 사람으로 낮게 본 점39)으로도 알 수 있다.

조광조는 정치가 효율성을 거두지 못하는 이유로 유능한 인재를 등용하지 않은 데 있다고 보았으므로, 현량과를 시행하면 인재를 얻지 못할 걱정이 없을 것이라고 주장하였다.40) 그러나 비교적 권력욕이 없었고 당대의 인재이었던 서경덕과 같은 사람을 동원하지는 못하였으며, 단지 출세욕에 급급한 젊은이들만이 현량과에 응했을 뿐이다.

앞서 말한 조세감면 및 긴축재정책 등 조광조의 도학적 정책론도 그가 지닌 권력욕과 정치사상의 한계 때문에 실패하였다. 그는 조세가 지나치게 과다하여 백성의 생활이 날로 곤궁하므로, 국가경비를 줄여야만 백성의 생활안정이 이루어질 수 있고,41) 국가재정을 긴축하는

---

38) 위의 책, 卷五 筵中記事二.
39) 위의 책, 卷二 兩司請改正 靖國功臣啓一.
40) 위의 책, 卷四 拾遺 啓一 因說賢良科進啓.
41) 위의 책, 卷三 參贊官時 啓五

것이 백성을 사랑하는 길이 될 수 있다고도 하였다.[42] 그러나 이러한 도학적 사회경제정책론도 지배계급 중심의 은혜적 왕도사상의 소산일 뿐, 날카로운 현실 고발적인 개혁론은 아니었다. 고작 해야 백성을 종으로 생각하는 정도의 한계성을 지닌 정책론이었다. 즉 그는 "임금을 어버이같이 경애하고, 선비들을 자제같이 사랑하며, 백성을 자신의 종(奴僕)과 같이 보는 마음이 항상 있으면 정치의 실효성을 거둘 수 있다[43]고 주장하였다.

결국 조광조 도학정치론의 문제점은 당시 양반 지배계급의 갈등과 혹심한 백성에 대한 지배계급의 핍박으로 국내외적인 불안정과 위기가 심각하였음에도 불구하고, 그의 근본적 정치시각이 고작해야 맹자의 왕도론과 유사한 차별 불평등의 계도적(啓導的) 입장을 벗어나지 못하였었다는 점이다. 따라서 조광조의 도학적 정책론도 사회불안과 백성의 빈곤이 날로 더해 가고 있는 당시의 현실에 대한 개혁보다는, 치자와 피치자 간의 차별질서에 더 큰 비중을 두었다고 볼 수 있으며, 그의 정치론은 오히려 정쟁(政爭)을 격화시키고 이를 조직화시키는 수단에 지나지 않았다고 평가할 수 있다.

② 이언적의 도학적 중화론

가. 이언적의 생애, 현실관 및 중화론

주자학적 통치사상 수정기 전반(前半)을 대표하는 영남 사림파로서 조광조와는 다른 정치방법론의 시각에서 주자학의 수정을 주장한 인물이 이언적(李彦迪, 1491~1553)이었다. 이언적은 스스로 회재(晦齋)

---

42) 위의 책, 卷三 侍讀官時 啓九.
43) 위의 책, 卷四 三拜副提學時 啓六 五月.

라 호를 지었고, 사람들이 자계옹(紫溪翁)이라고도 불렀으며 경주 사람
이다. 이언적은 어려서 부친을 잃은 뒤 외숙인 손중돈(孫仲暾)에게서
수학하였다. 중종 9년(1514)에 과거에 급제하여 기묘사화(중종 14년
/1519) 뒤에 발탁되어, 중종 19년(1524, 기묘사화 5년 뒤) 인동 현감(仁同
縣監, 종6품/ 현 서기관 급)을 시작으로 하여, 사헌부 장령(掌令, 정4품/현
이사관급), 홍문관 교리(校理, 정5품/현 부이사관급) 및 직제학(直提學,
정3품/현 차관보급), 병조참판(兵曹參判, 종2품/현 국방부 차관급), 성균
관 대사성(大司成, 정3품), 한성판윤(漢城判尹, 정2품/현 서울 시장격),
우참찬(右參贊, 정2품/현 장관급) 등을 거쳐, 중종 39년(1544)에 중추부
지사(知事, 정2품)를 역임했고, 인종 원년(1545)에 의정부 좌찬성(左贊成,
종1품/현 부총리급)에 이르렀다. 기묘사화로 다수의 영남 사림파가
화를 당하였음에도, 이언적은 직언하여 변호하지 않고 오히려 심문하
는 추관(推官, 현 검찰관)을 담당하였다고 하여 율곡 이이와 같은 후세
학자들의 비난을 받았다. 을사사화의 여파인 양재역벽서(良才驛壁書)사
건에 화를 입어 강계(江界)에서 귀양살이 7년만에 그 곳에서 병으로
죽었다.44)

    이언적이 정치 및 사상적 영향을 많이 받은 사람은 그의 외삼촌이
며 동시에 스승이기도 한 손중돈이다. 손중돈은 학파로서는 김종직의
직계이지만 정파로서는 세조 이래의 훈구(勳舊) 양반관료 가문의 출신
자이다. 손중돈의 아버지는 세조때 이시애난(李施愛亂) 평정의 공로로
적개공신(敵愾功臣)이 된 계성군 손소(鷄城君 孫昭)이고, 할아버지는 세
종 때 참의(參議, 정3품/현 차관보급)를 역임한 손사성(孫士晟)이었다.45)

---

44) ≪晦齋先生文集≫(慶州: 玉山書院 木版本, 1926), 年譜 및 李丙燾, 앞의 책, 77~78쪽 참조
45) ≪朝鮮王朝實錄 成宗實錄≫, 十五年 四月 十一日(丁卯) 참조.

손중돈은 김종직의 제자로서 성종 때 과거에 급제하여, 연산조에서는 사간원(司諫院) 헌납(獻納, 정5품/현 부이사관급)을 역임하였고, 중종 때에는 상주 목사(尙州牧使, 정3품/현 차관보급), 사간원 대사간(大司諫, 정3품/ 현 차관보급), 경상도 관찰사(觀察使, 종2품/현 차관급), 사헌부 대사헌을 거쳐 이조판서와 의정부 우참찬(우참찬, 정2품/현 장관급)을 역임한 인물이다.46) 김종직의 제자들이 대부분 기묘사화로 참화(慘禍)를 당하여 숙청되었음에도, 손중돈이 건재할 수 있었던 것은 학파로서는 영남 사림파의 학통을 이은 사람이지만 정파로서는 훈구파에 속했기 때문이었다.

따라서 이언적이 그의 정치적 태도에서 조광조와는 달리 집권 훈구파에 동조적 입장을 취한 것은, 외숙 손중돈과 같은 정치 노선을 택하였기 때문인 것으로 보인다. 그가 정계에 두각을 나타낸 시기가 대부분의 영남 신진사류들이 살육을 당한 기묘사화 이후였고, 기묘사화 때에는 앞서 말한 것처럼 도리어 검찰관으로 신진사류를 심문하는 훈구세력의 대열에 섰던 점으로 보아, 그의 정치사상도 훈구파의 입장에서 기존체제를 보강하기 위한 수정론의 한계를 벗어날 수 없었던 것 같다.

따라서 그의 정치적 시각 및 사상적 태도는 조광조보다도 더 정통 유학사상에 철저하였다.47) 그가 노장사상의 성향을 지닌 조한보(曺漢輔) 및 외숙 손숙돈(孫叔暾)과 논쟁을 벌였던 것도 이러한 그의 정치적 입장에서 연유했던 것 같다. 그의 사상 또한 그와 같은 정치적 시각의 반영이었다.

---

46) ≪中宗實錄≫, 二十四年 四月 十日(乙亥) 참조.
47) 李丙燾, "李晦齋와 그 學問," ≪震檀學報≫ 제6권(京城: 震檀學會, 1936), 139쪽 참조

이러한 정치관에서 그는 제왕권에 대한 절대복종을 요구하는 사상으로, 한나라 초기의 강력한 중앙집권적 제왕권체제를 뒷받침하였던 중용사상을 활용하였다. 그의 사상은 중용의 해설서인 그의 저작 ≪중용구경연의(中庸九經衍義)≫에 집약되었다고 하여도 과언이 아니다. 이언적은 강력한 제왕권의 확립만이 당시의 사회적 불안과 질서혼란을 막을 수 있다고 보았다. 그러므로 임금과 신하(君臣), 상위 신분과 하위 신분(上下) 사이의 차별윤리를 천리(天理)로 규정함으로써 서민대중의 순종을 요구하였다. 동시에 양반계급에게는 인욕(人欲)을 억제하는 수양론(修養論)을 주장함으로써 지나친 권익추구를 삼갈 것을 요청하였다. 피지배계급에게는 지배계급에 대한 절대복종을, 그리고 지배계급에게는 권익추구의 억제를 주장하는 상호양보와 계급 간의 화합을 주장했지만, 이것은 어디까지나 지배계급의 입장에서 차별질서를 확립하려는 정치적 목적에서이었을 뿐이다. 그는 봉건적 차별을 인간이 실천해야 할 길이며, 모든 인간관계를 지배하는 보편적 진리로 보았기 때문이다.

즉 "도(道)란 오로지 인간생활의 원리"[48]라고 하였으며, 여기에서의 도란 차별윤리를 준수하는 실천행위로서의 길(道)을 의미한 것이다. 그리고 인간관계를 지배하는 일반원리인 "천리(天理, 차별원리)를 사람의 모든 생활에서 분리시킬 수 없다"[49]고 하였다. 따라서 그는 "하늘이 모든 백성을 낳아 생활과 법칙을 부여했으니, 생활이란 인간이 지켜야 할 도리이고, 법칙이란 천리를 말한다. 모든 인간은 지켜야 할 도리 즉 차별윤리를 어겨서 홀로 살 수는 없다"[50]는 것이다. 이것은

---

48) ≪晦齋先生文集≫, 卷五 雜著 答忘機堂 第一書.
49) 위의 책.

인간은 하늘의 피조물이므로, 하늘의 법칙이며 하늘이 부여한 우주원리인 봉건적 군신윤리를 위반해서는 안 된다는 중용의 제왕권 강화론을 재해석한 것이라 할 수 있다. 그러므로 이언적은 다음과 같이 말하였다.

하늘이 부여한 이 차별원리는 모든 정치사회의 어디에나 작용한다. 인간에게 있어서 크게는 군신(君臣), 부자(父子), 부부(夫婦), 장유(長幼) 사이의 윤리질서로 나타나고, 작게는 활동과 정지, 식사와 휴식, 나아가고 물러가는 행위, 오르고 내리는 일체의 행동과 생활을 지배한다. 언어와 행위에서도 이 차별원리를 떠날 수 없고 조금의 어김도 없어야 하는 것은 이러한 원리가 작용하지 않는 데가 없기 때문이다.[51]

아울러 이언적은 차별윤리 질서의 확립이 양반귀족과 서민대중 상호 간의 양보와 조화를 통해서만 가능하다는 중화설(中和說)[52]을 제시함으로써, 중용의 천도사상을 수정하였다. 그는 유학의 경전을 인용하여 "백성은 국가에 의지하고 국가는 백성에게 의존하여야 하기 때문에, 백성을 사랑하지 않고서는 국가를 보전할 수 없다"[53]고 주장함으로써, 백성에게는 군신질서에 대한 복종을, 양반귀족에게는 지나친 이욕추구의 억제를 서로 양보할 것을 요구하였다. 그러나 그는 본질적으로 가정이나 국가질서에서의 차별윤리 확립을 정치의 이상으로 삼았을 뿐 아니라, 엄격한 반상(班常) 간의 신분질서를 불변의 철칙으로 여겼다. 특히 이언적은 왕을 정점으로 한 사농공상(士農工商)의 계급질서를 강화할 때 정치사회적 안정을 기할 수 있다고 보았고, 이를 실현하

---

50) 위의 책.
51) 위의 책, 卷五 雜著 答忘機堂 第三書.
52) 위의 책, 卷五 雜著 送元典翰繼蔡序 참조.
53) 위의 책, 卷二 弘文館上疏.

기 위한 방법으로 가부장과 종가(宗家)를 정점으로 한 남녀(男女), 처첩(妻妾), 부부(夫婦), 적서(嫡庶) 간의 엄격한 신분적 사회질서를 확립하고자 하였다. 따라서 그가 제기한 계층 간의 양보와 조화인 중화설은 왕권질서를 강화하기 위한 수단에 지나지 않았다고 볼 수 있다.

이언적의 사상을 조광조와 비교하면, 조광조는 맹자의 왕도사상에서 본 받은 바가 많고, 이언적은 중용의 천도(天道) 사상에 좀 더 관심을 기울였다. 두 사람은 양반관료 정치체제의 유지 강화를 위하여 그 윤리질서의 혼란을 바로 잡으려는 점에서는, 같은 도학적 입장에 섰다고 볼 수 있다. 그러나 조광조는 맹자의 왕도론을 활용한 도학이었고, 이언적은 중용의 천도사상의 성향이 짙은 도학정치론이란 점에서, 둘 사이에는 사상적 수정의 내용에 차이가 있었다. 또한 현실적인 차별윤리의 붕괴를 어떻게 저지하여 바로 잡을 것이냐는 수정방법에서도 차이가 있었다. 조광조는 왕과 양반, 귀족 등 지배계급의 정치적 반성과 이들 상호 간의 세력균형을 요구하였음에 비하여, 이언적은 지배계급은 물론이거니와 피치자 계급인 서민에게도 윤리질서의 교란에 대한 책임의 반성을 요청하였다. 이언적은 양반과 상민 사이의 상호양보를 주장함으로써, 화합의 중화(中和)를 제기하였다. 그러나 그의 정치사상적 근본목표는 보다 강력한 왕권체제를 확립하는 데 있었기 때문에, 체제 강화방법으로 이일원론(理一元論)의 우주론을 전개하였다.

나. 이일원론으로서의 정치론

이언적은 강력한 중앙집권적 양반관료 체제를 재확립하려 하였으므로, 체제의 변화를 저지하기 위한 우주론으로서 이일원설(理一元

說)의 시각을 취하였다. 그는 노장학의 성향이 농후한 외숙 손숙돈 및 조한보와의 논쟁에서, 변천을 시인하는 기설(氣說)을 반대하고 태극적 이설(理說)을 주장하였다. 조한보는 성종 4년(1473) 성균관 생원으로서 양주설(楊朱說)을 극력 찬양하여 여러 유생들을 선동하였을 뿐 아니라 조정을 멸시하고 풍속을 더럽혔다는 이유로, 결장(決杖) 90의 벌을 받고 영영 관직에 천거될 수 없게 된 인물이었다.[54] 조한보는 뒤에 중국 송대(宋代)의 노장사상의 영향을 받아 주자학에 대하여 비판적인 태도를 취한 사람으로서,[55] 이언적의 나이 28세 때 그는 이미 70여 세에 이르렀던 것 같다.

조한보는 "무극(無極)이 곧 태극(太極)"이라는 무극이태극설(無極而太極說)에서, 무극을 아무것도 존재하지 않는 비어 있는 상태(寂滅)로 보고 그것이 우주의 근원인 태극이라 하였다.[56] 아무것도 존재하지 않는 비어 있는 허무(虛無)의 상태에서는 선후 상하의 차별관계는 의미가 없게 되므로, 조한보의 경우 개체의 자립성이 인정되게 마련이다.

그러나 이언적은 태극에 앞선 무극이란 없고,[57] 태극만이 불변의 참된 존재로서 우주 만물의 근원적 원인자요 시원(始原)이라는 것이다. 즉 무극은 아무것도 없는 허무의 상태가 아니라, 만물을 생성하는 근원으로서의 태극이라는 차별원리로서의 이(理)가 있는 상태라는 것이다. 이 만물의 근본원리(理)가 먼저 있기 때문에 만물의 생성과 질서가 있게 마련이라고 하였다.

---

54) ≪成宗實錄≫, 卷三十二 四年 七月 二十八日(丁巳).
55) 李丙燾, ≪韓國儒學史草稿≫ 참조.
56) ≪晦齋先生文集≫, 卷五 雜著 書 忘齋 忘機堂 無極太極說後 丁丑.
57) "夫豈以爲太極之上, 復有所謂無極哉"(위의 책, 卷五 雜著 書 忘齋 忘機堂 無極太極說後 丁丑).

태극이란 우주만물의 본질이며 변화의 원인자이다. … 이 원리가 있으므로 정치사회에는 차별질서가 있게 되며, 처음과 끝(本末) 그리고 위와 아래(上下)의 차별현상은 이 태극이라는 차별원리가 관통한 것이며, 이 원리가 나타나지 않는 데가 없으므로 바꿀 수 없는 천리(天理)이다.[58]

따라서 이 태극의 원리(理)는 만물생성과 삼라만상이라는 온 세상의 구체적 현상(氣)에 앞서 존재하며, 이 이(理)의 작용으로 기(氣)에 의한 만물이 존재하게 된다는 것이다. 그는 "무극이 곧 태극이기 때문에, 이(理)가 있은 뒤에 기(氣)가 있게 되며, 태극은 음양(陰陽) 즉 상하차별을 낳는다. 그러므로 이(理)는 기(氣)와 분리시킬 수 없지만, 이(理)가 기(氣)에 섞여 있는 것은 아니다"[59]라고 하였다. 이(理)는 형체도 없고 재료도 없지만, 형체 있는 모든 만물의 존재원리가 된다는 것이다. 이 점을 그는 이렇게 말하였다.

사람과 사물은 형체도 있고 재료도 갖추고 있으나, 그렇게 만드는 원리에는 형체도 없고 재료도 없다. 형체와 재료가 있는 것은 삶과 죽음(生死) 또는 시작과 마침(始終)이 있지만, 그 생사와 시종이 있게 되는 까닭은 바로 이 형체도 없고 재료도 없는 이(理)의 작용 결과이다.[60]

이언적의 사상에서 절대원리로서의 태극적 이(理)는 제왕권을 정점으로 한 상하차별의 봉건체제에 대한 정당성의 설정이며, 이 차별원리의 절대성은 변화될 수 없는 정치질서상의 일반원리이었다. 따라서 이언적의 이기설(理氣說)에 따르면, 개인은 이 차별원리에 따라

---

58) "夫所謂太極者, 乃斯道之本體, 萬化之領要, … 倫理之所以著, 本末上下貫乎一理, 無非實然, 而不可易者也"(위의 책, 卷五 雜著 答忘機堂 第一書).
59) "無極而太極, 有理而後有氣. 故太極生兩儀, 然則物雖不離於氣, 而實亦不雜於氣"(위의 책).
60) "蓋人物有形有質, 此理無形無質, 有形有質者, 不能無生死始終, 而其所以生死始終者, 實此無形無質者之所爲也"(위의 책).

규정된 신분질서상의 차별적 존재에 불과하고 전체성(全體性) 속에 매몰되게 마련이다. 개인은 단지 차별원리(理)에 따른 반상질서(班常秩序)를 전제로 한 전체 체제상의 신분적 존재에 지나지 않을 뿐이다. 이언적은 차별적인 양반관료정치의 기본원리는 개인 곧 서민대중이 순응해야 할 근본원리이므로, 차별원리는 항상 개인을 지배하는 선재원리라고 보았다.

이와 같은 이일원설의 우주론을 본질로 하는 이언적의 사상에서, 인재 등용설과 도덕론 등 정치론은 한계성을 지닐 수밖에 없다. 따라서 이언적이 주장한 도학적 이기론은 기존체제를 존속시키면서 자기세력의 권익을 추구하려는 집권 수단이요 방편으로 전락하였다. 오히려 지배계급 간의 파쟁은 심화되고 사회불안과 백성의 곤궁이 더욱 촉진되는 결과를 가져왔다. 더욱이 그의 철저한 이일원론의 유학은 조광조 못지않게 이황 등 영남 사림파의 차별윤리강화론으로 이어져, 그 뒤 한국의 고질병인 차별윤리 의식과 사대 의식 그리고 권위주의 의식에 깊은 영향을 주었다. 반면에 이러한 유학의 도학적 수정론 및 차별윤리론의 재천명에 회의하고, 양반관료체제의 병폐에 대한 부정적 시각에서 사상을 전개한 이가 서경덕이다.

(2) 서경덕의 자연주의 정치사상

① 사회현실에 대한 태도와 반주자학적 성향

중종반정(1506) 이래 주자학에 대한 도학적 수정론에도 불구하고, 당시의 정치 파쟁은 더욱 격화하여 혹독한 정치적 유혈극을 나타냈으며, 지배계급 내부의 권익투쟁은 노서민의 생활을 더욱 비참한 궁핍

속으로 몰아넣었다. 이러한 정치사회의 현실에 회의를 느껴 재야에서 야인생활을 하면서 주자학에 대한 회의론적 시각에서, 정치실제보다 정치현상에 대한 자연주의적 연구로 일생을 보낸 사람이 서경덕(1489~1546)이다. 그는 개성(開城)의 화담(花潭)에 살면서 이를 자신의 호(號)로 삼았다. 서경덕의 할아버지는 소작농이었고, 아버지는 미관말직(微官末職)의 선비로 빈한한 생활을 하였다. 그는 21세 때 학문연구의 과로로 병을 얻어 영남, 호남 등지를 전후 6년 간 요양을 위한 유랑을 함으로써, 현실사회를 직시하고 정치사회에 대한 재인식의 계기를 갖게 되었다. 31세 때 조광조 등이 현량과에 천거하였으나 끝내 거절하고 관직에 나아가지 않았다. 43세에 어머니의 끈질긴 권고에 못 이겨 생원 시험에 응시하여 장원하였으나 관직에는 나아가지 않았을 뿐만 아니라, 56세 때 대제학 김안국(金安國) 등의 천거로 후릉참봉(厚陵參奉, 종9품/현 서기보급)에 임명되었으나 끝까지 사절하고 일생동안 관직생활을 한 적이 없다.[61]

　　서경덕의 사회적 신분은 양반계급에 속하였지만 소작농으로 생계를 이어가는 정도였다. 따라서 양반관료의 횡포와 수탈로 인한 서민의 참상을 직시하고 벼슬하기를 끝내 포기하였던 것으로 보인다. 더욱 이 서경덕은 주자학적 정치사상이 양반귀족의 권익추구를 위한 수단으로 전락하여 사회혼란의 원인이 되고 있음을 통감하였으므로, 정치 및 정치인에 대한 경멸과 현실 부정에서 주자학에 대하여 회의적인 학문태도를 취하였다. 이 점은 그의 제자 박민헌(朴民獻)이 "산림에 숨어 세상에 자취를 나타내지 않는 것을 보아서는 세상 일에 뜻이

---

61) ≪花潭先生文集≫, 卷三 附錄 年譜 및 花潭先生神道碑銘 참조.

없는 것 같았지만, 시국과 정치가 어지럽고 잘못 된 것을 듣고서는 문득 탄식을 하였으니 세상을 잊은 것은 아니다"[62]라고 한 점에서 알 수 있다.

따라서 죽을 때까지 벼슬살이를 거부하고 은둔생활로 일관한(終身不仕) 그의 태도는, 서민의 참상을 돌보지 않는 양반관료정치에 대한 회의와 비판에서였고, 정치 자체에 대한 무관심에서 연유한 것은 아니었던 것 같다. 그의 학문 태도도 경서를 읽고 그것을 추종하는 독경보다는, 사물의 객관적 현상과 변화를 연구하는 데(格物)에 치중하였다. 그는 "학문을 하는 데에 있어서 먼저 사물의 객관적 현상과 변화를 연구하지 않고 글을 읽어서 그것을 무엇에 쓰겠는가"[63] 혹은 "생각하고 생각한다는 것은 귀신이 이것을 통하게 해준다는 것이 아니라, 마음이 스스로 깨달아 통할 뿐"[64]이라고 함으로써, 사물현상의 파악에 있어서 직관적 관찰을 중요시하였다. 그의 학문연구 목적도 형식적 원리를 추구하는 데 있는 것이 아니라, 상황에 따른 실천윤리의 추구에 있었다. 따라서 그는 중종이 죽은 뒤 3년의 상복을 입는 일은 농어민의 실생활에 부합하지 않는다고 반대하였다. 그보다는 3개월 간 상복을 입도록 하는 것이 서민의 생활윤리에 합당하다[65]는 점을 지적하였다.

이러한 측면에서 서경덕은 학문을 하는데도 경험적, 현실적 인식을 중요시하였고, 현실 속에서 그 실천원리를 찾아내려고 하였기 때문에, 시대착오적인 낡은 이론에 얽매이지 말 것을 다음과 같이 주장하였다.

---

62) 위의 책, 卷三 花潭先生神道碑銘.
63) 위의 책.
64) 위의 책.
65) 위의 책, 卷二 擬上 仁宗大王論大行大王喪別 不古之失疏.

대저 학문에서 귀하게 여기는 것은 사물의 이치를 잘 살펴 일을
정밀하게 처리하는데 있으며, 이렇게 하면 어떠한 일이나 상황에 처하여서
도 현혹되지 않을 것이다.[66]

이것은 양반관료의 입장에서 신분체제의 유지에 급급하여 비현
실적인 유학적 봉건윤리를 주장하는 당시의 훈구파에 대한 사상적
도전이었다고 볼 수 있다. 모순된 현실을 직시하고 상황에 맞는 실천윤
리를 요구하였으니, 이는 그의 현실관의 일면을 보여 준다. 서경덕의
이와 같은 경험과 관찰을 중요시한 사물인식론은 실학사상의 원류에도
영향을 주었던 것으로 보인다.

② 자연주의적 우주론

서경덕이 주자학에 회의를 느껴 기일원론의 실재설(實在說)을
주장한 것은, 중국 송대(宋代)의 장횡거(張橫渠)사상의 영향을 받았기
때문이다. 그러므로 율곡 이이는 서경덕이 장횡거의 사상을 활용한
것으로 보고, "경덕의 학문은 횡거에게서 나왔다"[67]라고 하였다. 그런
데 장횡거는 기일원론자(氣一元論者)로서 그의 사상은 노장학설에 근거
를 두고 있다.[68] 이러한 측면에서 보면 서경덕의 이기론은 노장학적
성향을 지닌 우주론이었다고 볼 수 있다.

서경덕은 우주의 본체를 태허(太虛)라 하였는데, 태허는 비어
있는 상태나 아무것도 없는 무(無)의 상태가 아니라, 기(氣)가 가득하게
차 있는 상태라는 것이다. 즉 그는 유물론적으로 기(氣)가 가득찬 상태를

---

66) 위의 책.
67) 위의 책, 卷三 言行雜錄.
68) 陳安仁, ≪中國政治思想史≫(臺北: 臺灣商務印書館, 1966), 239쪽 참조.

우주의 근원으로 보았다. 그는 다음과 같이 말하였다.

> 지극히 맑고 작은 물질인 기(氣)는 비어 있는 곳에는 어디에나 가득
> 차 있다. 이 기가 크게 모인 것이 천지이고 작게 모여서 만물을 이룬다.
> 모이고 흩어지는 데는 뚜렷함과 희미함, 빠름과 더딤의 차이가 있을 뿐이다.
> 단지 태허(太虛)에서 모였다 흩어지는 질량의 크고 작음에 따라 대소의
> 차이가 있다. 비록 작은 풀 한 포기와 나무 한 그루까지도 이 기가 흩어지지
> 않고 모여서 이루어진 것이다. 사람의 삶과 죽음도 단지 이 기의 모임과
> 흩어짐일 뿐이다. … 맑은 기는 처음도 없고 또 끝도 없으며, 이것이 바로
> 기가 지극히 미묘한 까닭이다.69)

위의 예문은 기(氣)를 존재하는 미세한 작은 물질로 본 것이다.
즉 서경덕은 기(氣)의 성질에 대하여 움직이는 작은 물질인 티끌이라
하였다. 다음에서 알 수 있는 것처럼 그는 기(氣)를 티끌과 같은 작은
물질로 이해하였다.

> 화담이 일찍이 제자들에게 묻기를, "태허 가운데 티끌이 많이 모인
> 것은 무엇인가?" 모두 응답하지 않고 있는데, 황은손(黃殷孫)이 대답하기를
> "천지입니다"라고 하니, 화담 선생이 "그렇다"라고 하였다.70)

이상과 같이 우주변화의 근원으로 기일원론을 주장한 서경덕의
학문적 시각은 어떠한 정치사상적 의미를 지니는가? 본래 주자학은
차별 불평등의 군신체제를 확립하기 위하여 그 근거로 차별원리인
이(理)를 절대화하고 그 불변성을 규정하였다. 이는 지배계급과 피지배
계급 간의 차별질서를 영구 고정화하려는 정치적 의도가 있었다. 그러
나 서경덕은 양반관료체제의 병폐에 회의를 품고 있었으므로, 유학에

---

69) ≪花潭先生文集≫, 卷二 鬼神死生論.
70) ≪大東野乘≫, 卷五 車天輅撰 五山說林草藁.

서 차별원리인 이(理)에 종속되는 것으로 본 기(氣)를 도리어 우주의 근원으로 보았다. 이것은 변화의 주체력인 기설(氣說)을 통하여 정치변혁을 희망한 것으로 볼 수 있다. 인간을 포함한 모든 만물을 유물론적으로 기(氣)가 모여 생성된 것으로 보아, 인간의 본질도 기(氣) 하나에 있다고 이해한 사람이 화담이다. 이러한 사물 인식의 태도는, 인간이란 차별 불평등 원리에 따라 부여되는 신분적 존재가 아니라, 기(氣)가 모여 삶이 있고, 기(氣)가 흩어지면 죽는다는 점에서 평등하다는[71] 인권 동등의 정치사상적 의미로 이해될 수 있다.

그러나 서경덕은 비어 있는 허(虛)를 아무것도 없는 무(無)의 상태가 아니라, 미세한 물질인 기(氣)가 차 있는 상태라는 존재론적으로 파악했으므로, 노장학에서 사물인식의 방법인 모든 욕구를 버리고 객관적으로 사물을 관조할 것을 말하는 허정무위(虛靜無爲)의 인식태도를 오해하였던 것 같다. 특히 ≪도덕경≫에서의 허(虛)란 존재론적 의미가 아니라 사물에 대한 객관적 관조로서의 인식태도를 의미한다. 정치동태에 대하여는 욕구를 끊어 버린 무욕적(無欲的) 관조로서의 실상 파악방법을 뜻한 것이다. 실제의 사물현상에 앞선 어떠한 선재원리나 절대이성과 같은 고정관념으로 사물을 보지 않고, 자연적으로 주어져 있는 사실을 있는 그대로 인식할 때, 각 개체 또는 각 사물은 각각 독자적 자존성(自存性)과 개성을 지녔으며, 이들은 자연주의적 질서를 형성하면서 공존하고 있다는 것이 노장사상의 본질이다. 그러나 서경덕은 허(虛)를 미세한 티끌인 기(氣)가 차 있는 것으로 보았으므로, ≪도덕경≫의 허(虛)에서 기(氣)가 생긴다는 구절을 비판하였다.[72]

---

71) ≪花潭先生文集≫, 卷二 鬼神死生論.
72) 위의 책, 卷二 雜著 理氣說.

또한 서경덕은 물질인 기(氣)는 없어지지도 새로 생성되는 것도 아니라는 물질의 불생불멸론(不生不滅論)의 시각이었기 때문에, 불교의 현실의 세계는 가상의 세계라는 물질가상설(物質仮想說)을 반박하였다.[73] 따라서 그의 이러한 물질불멸론(物質不滅論)의 시각은 그로 하여금 현실의 정치사회에서의 개체의 생성과 소멸현상에 대하여 관심을 두지 않는 자연주의 정치관을 갖게 만들었을 것이다.

서경덕에게 있어서 이(理)는 무엇을 의미하는가? 그의 이기설(理氣說)에서의 이(理)는 모든 사물 개체들을 포괄하여 지배하는 일반원리로서의 이(理)가 아니고, 기(氣)가 작용하는 일정한 법칙성 즉 각 기(氣)가 모이고 흩어짐에 따라 사물이 생성되고 소멸하는 각 개체의 자존성과 독자적 활동원리를 말한 것이다.[74] 그는 이기설에서 다음과 같이 말하였다.

기(氣)를 제외한 이(理)는 없고, 이(理)는 기(氣)가 주재(主宰)하는 것이다. 주재란 것은 밖에서 와서 이것을 주재하는 것이 아니고, 그 기(氣)의 작용을 가리키는 것이며, 그 작용의 정당한 까닭을 잃지 않을 때 이것을 주재라고 말한다. 이(理)는 기(氣)보다 앞 설 수 없다. 기(氣)는 본래 근거하는 데가 없으므로, 이(理)도 참으로 비롯하는 데가 없다.[75]

이러한 시각은 차별적인 신분사회를 고정화시키려는 유학의 이선재설(理先在說)에 반대하여, 차별 불평등원리를 거부하고 개체의 자존성과 개성을 중요시한 서경덕의 태도를 말해 준다. 그러나 이러한

---

73) 위의 책, 卷二 雜著 原理氣.
74) 화담의 이(理)는 기(氣) 가운데 내재하여 기(氣)의 작용을 적의(適宜)하게 하는 법칙에 지나지 않는다는 해석(李丙燾, "徐花潭과 李蓮坊에 대한 小考," ≪震檀學報≫ 제4권, 117쪽 참조)도, 이선재기후생설(理先在氣後生說)을 반대한 화담의 시각을 말해 주는 것이다.
75) ≪花潭先生文集≫, 卷二 雜著 理氣說.

화담의 이(理)에 대한 인식은 인간의 실천원리라는 의미보다는 사물의 이(理)를 형이상학적으로 강조한 것에 불과하였으므로, 그가 정치사상의 시각에서 개인 및 민족 개체의 주체성을 적극적으로 이론화하는 데는 미흡하였다.

그러나 화담 서경덕의 기일원론은 율곡 이이와 같은 한국 실학의 선구자들에게 큰 영향을 주어, 민족 자존의식과 인권 평등사상을 발전시키는 사상적 원류로 평가할 수 있다. 따라서 서경덕의 기일원론은 후생안민(厚生安民)을 정치의 일차적 과제로 주장한 조선 후기 실학사상의 원류라 보아도 무리가 아니다. 그 뒤 그의 사상은 율곡 이이의 안민보국(安民保國) 사상에도 크게 영향을 주었고, 민생 중심 사상의 뿌리가 되었으며, 그의 학통을 이은 목민관(牧民官)의 대표적 인물로 토정 이지함(土亭 李芝函)[76]을 들 수 있다.

특히 화담 서경덕 이후 이기론에 대한 논쟁은 국가위기에 대한 대처에서 취한 정치세력들의 정치태도와 사상적 시각으로 크게 작용하였다. 따라서 이(理)와 기(氣)의 본질적 의미와 이기론을 서로 다른 시각에서 전개한 조선왕조의 학자 및 정치인들의 정치적 저의에 대하여 간략하게 개념을 살펴볼 필요가 있다.

본래 이(理)라는 글자의 뜻은 '다스린다'(說文, 注), '바로 잡는다'(集韻, 注), '나눈다'(注) 등의 뜻으로서, 유학에서는 상위자가 하위자를 통치하거나, 계급질서의 혼란을 바로 잡거나, 상하계급을 나눈다는 의미이다. 따라서 조선왕조에서 이(理)를 강조한 학자나 정치인은 정치

---

76) 토정 이지함이 《토정비결(土亭秘訣)》을 지은 것도, 아산 현감이라는 목민관으로 재직하면서, 궁핍으로 허덕이고 있던 당시의 백성들에게 삶의 경고와 아울러 희망을 주려는 심정에서 저술의 목적을 두었던 것으로 생각된다.

또는 사회문제가 발생했을 때, 이를 해결하기 위한 일차적 방법으로
계급질서의 재확립을 주장하였다. 피치자계급인 노서민이 착취에 시
달리다 못하여 치자계급에게 도전하는 민란이나 의적이 발생하면,
유학에 젖은 학자나 정치인은 피치자층이 불변의 차별원리인 이(理)에
대한 자각이 없다고 보았으므로, 최우선의 정책으로 주리론(主理論)
또는 이일원설(理一元說)을 주장하였다. 그러므로 조선왕조에서 주리
론자 또는 이일원론자들은 양반 지배계급의 입장에서 정치 및 사회경
제 문제를 보려는 사람들이었다고 보아도 무리가 아니다.

반면에 기(氣)라는 글자의 뜻은 공기(空氣) 또는 대기(大氣, 列子
天瑞), 신체의 근원적 활동력(에너지)으로서 '몸에 차 있는 것'(氣, 體之充
也, 孟子, 公孫丑上), 만물생성의 근원력으로서의 원기(元氣, 易 繫辭上),
'힘'(氣, 力也, 注)이라는 의미를 지니고 있다. 지금도 우리가 노인을
보고 '기력 또는 원기가 어떠한가'를 묻는 것처럼, 기(氣)는 힘(力也)
즉 에너지를 뜻하는 것으로서, 사람의 힘 또는 에너지는 의식주생활의
충족을 통하여 얻어지게 된다. 따라서 조선왕조에서 기(氣)를 강조하는
주기론(主氣論) 또는 기일원론은, 정치 및 사회문제가 발생하였을 때
그것을 해결하기 위한 일차적 방법으로 백성들의 의식주생활의 안정을
주장한 것이다. 그러므로 조선왕조에서 주기론 또는 기일원론을 주장
한 학자나 정치인은 사회적 소요나 민란 등 정치사회 문제가 발생했을
때, 양반 지배계급의 입장에서가 아니라 피지배 노서민의 입장에서,
차별적 계급질서의 확립보다는 백성들의 의식주에 대한 안정 즉 생활
안정과 사회경제적 개혁을 우선하였던 사람들이다. 아울러 그들은
유학적 지배학보다는 다른 학문적 시각, 예컨대 노장학 또는 묵학적
시각에서 정치사회문제를 해결하려 하였다. 이와 같은 이(理)와 기(氣)

에 대한 기본적 시각에서 조선조의 정치사상을 해명하지 않고서는, 여러 사상가들에 대한 본질적 이해가 어려울 것이란 점에 유의할 필요가 있다.

2) 수정기 후반의 차별윤리강화론과 상황윤리론

(1) 이황의 차별윤리강화론

① 사회현실관과 차별윤리강화론

가. 생애와 사회현실관

이황(李滉, 1501~1570)은 전형적인 사림(士林) 가문의 출신으로서, 1501년(연산조 7년) 경상도 예안현 온계리(禮安縣 溫溪里, 현 경북 안동시 예안면 온계리)에서 출생하였다. 그는 퇴계(退溪)에 살면서 이를 자신의 호로 삼았다. 퇴계는 2살 때 부친을 잃은 뒤, 12살에 안동 부사(현 안동 시장)와 강원 감사(현 강원도 지사)를 역임한 숙부 이우(李堣)에게 수학하였다. 1519년(중종 14년)의 기묘사화로 영남의 신진사류가 일대 타격을 받고 참화를 입은 여운이 채 가시지 않았던 1524년(기묘사화 5년 후)에 이황은 약관 23세의 나이로 성균관에 입학하였다. 그러나 그는 34세에 문과로 과거 급제할 때까지, 세 차례나 경상도 향시(鄕試)에 응시하는 등 등용의 시련을 겪은 뒤, 34세에 예조(禮曹)의 승문원(承文院) 권지부정자(權知副正字, 종9품/현 서기보급)로 첫 관직생활을 시작하여, 예문관 검열(檢閱, 정9품/현 서기급)을 거쳐, 36세에 호조 좌랑(戶曹 左郞, 정6품/현 서기관급)이 되면서 본격적인 관리생활을 하였다. 그러나 그는 39세에 홍문관 부수찬(副修撰, 종6품/현 서기관 보급), 40세에 사간원 정언(正言, 정6품/현 서기관급), 41세 사헌부 지평(持平, 정5품/현 부이사관급), 42세에 사헌부 장령(掌令, 정4품/현 이사관급), 43세에 성균관 사성(司成, 종3품/현 관리관급), 44세에 홍문관 교리(校理, 정5품/현 부이사관급), 45세에 예문관 응교(應敎, 정4품/현 이사관급) 등을 거쳐, 을사사화 뒤에 고향으로 돌아가 교육활동을 하다가, 49세에 단양, 풍기 군수(종4품/현 이사관급)를 자청하여 1년간 역임할 때까지 평범한 관직생활을 하였을 뿐이다. 그는 15년간 중앙 및 지방관직을 역임했지만, 그가 당시의 정치 및 사회현실에 대하여 날카로운 문제제기나 개혁책을 제시한 흔적을 찾아보기는 어렵다. 이황은 49세에 귀향하여 70세로 죽기까지 주로 고향인 예안(禮安, 현 안동시 예안면)에서 교육과 저술활동에 전념하였고, 병을 구실로 임명 받은 관직을 사퇴하는 등 그의 생애 후반기의 관료 생활은 매우 간헐적이었다. 그러나 한 때 성균관 대사성(大司成, 정3품/현 차관보급, 53세), 공조참판(工曹參判, 종2품/현 차관급, 58세), 공조판서(工曹判書, 정2품/현 장관급, 66세), 예조판서(禮曹判書, 정2품, 67세), 의정부 우찬성(議政府 右贊成, 종1품/현 부총리급, 68세) 등을 역임함으로써, 영남사류(嶺南士類)의 영수(領袖)로서 조정과 재야에 권위와 정치세력을 지녔다. 70세로 고향 예안에서 죽으니 영의정(領議政, 정1품/현 국무총리급)으로 추증(追贈)되었고,77) 남긴 저서로는 ≪퇴계집(退溪集)≫ 68권이 전하며 그의 사상은 주로 이를 통해서 알 수 있다.

　　이황의 이러한 관직생활과 교육활동의 경력에 비추어 볼 때,

---

77) ≪退溪全書≫, 附錄 年譜 卷一, 二 참조.

그는 당시 내우외환의 사회현실을 외면하고 주자학적 당위관(當爲觀)에 얽매여 안일한 농촌생활만을 구가하였던 것으로 보인다. 즉 그는 16세기 당시의 정치사회체제가 지닌 모순과 부조리를 정면으로 문제삼거나 내우외환의 위기를 직시하기보다는, 농촌에서 양반 관료귀족이 지닌 특권에 젖어 안이한 생활을 구가하였던 것 같다. 다음의 사락정(四樂亭)에 부치는 시는 양반귀족의 혹독한 수탈로 황폐일로(荒廢一路)에 있던 농어민의 참상보다는 반상체제(班常體制)에서 양반이 지닌 농촌생활의 안일을 즐긴 그의 태도를 단적으로 보여 준다.

사락정에 부침(寄題 四樂亭)[78]

농가(農):
농가집의 살림살이 참으로 즐거워라. 봄에 밭 갈면 땅에서
흙먼지 일어나네.
때맞춰 내린 비에 새싹이 돋아나고, 벼 이삭은 서리 속에 익어 가누나.
구슬 같은 곡식을 조세에 충당하고, 술동이들은 잔칫집에 모여 드노니.
어찌 세도가가 근심 속에서 세월을 보내는 것과 같으랴.

상가(桑):
누에치는 살림살이 참으로 즐거워라. 지난해의 잠박들을 손질하여
두었네.
세월은 누에알을 깨기에 재촉하고, 잠 깬 누에는 뽕 잎을 쫓는구나.
온 집안이 잘 입으니 더 없이 기쁘고, 빚 갚을 일들이 조금도
걱정 없네.
비단옷만 입는 양반의 아녀자들이 부질없는 옷 시샘 속에 지냄 같으랴.

어가(漁):

---

78) 《退溪先生文集 續集》, 卷一 詩 寄題四樂亭.

고기 잡는 살림살이 참으로 즐거워라. 초가 삼간 사립문이 시냇가에
붙어있네.
물새와 고기들은 서로 서로 친근하고, 구름과 달빛 속에 물가에서
늙어가네.
막걸리를 구해오니 그 맛도 좋거니와, 생선을 끓일 때는 나물 향기
그윽하네.
어찌하여 돈 많은 큰 부자가 넘치는 돈 헤아리기 어려움과 같으랴.

초가(樵):

나무하는 살림살이 참으로 즐거워라. 본래부터 우리 집은 산마을에
살았었네.
친구들을 부르며 먼 산으로 들어가고, 한 짐 가득 지고서 해질 녘에
내려오네.
친구를 사랑하니 마음은 사슴 같고, 형체를 잊어버리니 모습은
원숭이 같네.
어찌 평지에서 명망가가 일렁이는 물결 보려는 것과 같으랴.

농사짓는 농민, 누에치는 상민, 고기잡이 하는 어민, 나무꾼으로
연명하는 초민(樵民) 등 백성들의 안락함을 읊은 이황의 이 시는, 백성들
에 대한 양반귀족의 가혹한 수탈로 말미암은 농어민의 참상을 외면하
고, 양반귀족들에게만 편안한 농어촌을 낙관적으로 구가한 것이라고
볼 수 있다. 즉 이황은 농민의 공물세에 대한 방납, 어민의 선세·염세·망
세에 대한 족징과 동징 등의 폐해로 10집이면 9집이 빌 정도로 황폐일로
에 있는 농어촌의 참상을 외면하고, 양반귀족의 입장에서 당시의 사회
현실을 보았다. 이러한 그의 현실관은 기존의 반상 신분체제를 보위하
려는 시각에서 백성들의 핍박을 직시하지 않고 합리화하려는 그의
사고를 반영한 것으로 본다.

따라서 이와 같은 그의 사회현실에 대한 태도는 그로 하여금 차별윤리를 바로 세우는 것이 정치의 주제요 목표로 삼게 만들었던 것 같고, 이 차별윤리의 확립을 불변의 우주원리로서의 천리(天理)로 규정하고, 이에 대한 당위론적 정치사상을 전개하였다.

나. 차별윤리강화론

퇴계는 양반귀족과 노서상민 간의 대립과 갈등이 심화되기 시작한 당시의 현실에 직면하여, 교란된 양반과 노서상민 간의 차별질서를 확립 강화하는 것이 정치의 주된 과제로 보았다. 그리고 차별질서 확립의 방법으로는 차별윤리에 대한 교육의 강화라는 주자 유학 본래의 차별원리를 재천명하였으므로, 그의 정치사상은 주자학의 재해석과 답습에 지나지 않았다. 그러므로 율곡은 "퇴계는 대부분 모방한 점이 많으며 한결같이 주자의 학설을 따른다"[79]라고 평가하였다.

이황은 차별윤리 질서를 바로 세우는 것이 정치의 주제로 보았으므로, 이러한 윤리질서의 강화방법으로 윤리규범을 위반한 자에 대한 벌칙을 향약에 규정할 것을 주장하였다. 그러나 그러한 윤리규범은 불평등 차별적인 규범들이었다. 예컨대 그는 "형제가 서로 싸울 경우 형에게 잘못이 있고 아우가 옳으면 똑같이 벌하고, 형이 옳고 아우가 잘못이면 아우만 벌하는 데 그치며, 잘 잘못이 서로 반반이면 형은 가볍게 아우는 무겁게 벌해야 한다"[80]는 형제 사이의 불평등 차별윤리를 강조하였다. 또한 관청의 행정을 시비하는 자와 전임관리(舊官)를 전별하는 데 불참하는 자에게도 중벌할 것[81]을 주장함으로써, 관존민

---

79) "退溪多依樣之味, 一從朱子說"(≪栗谷全書≫, 卷十 書二 答成浩原).
80) ≪退溪文集≫, 卷四十二 鄕立約條序 附約條.

비(官尊民卑)의 통치질서를 강화하려는 윤리관을 보였다.

특히 퇴계 이황은 68세의 만년에 두 차례에 걸친 사직상소(辭職上疏)를 올리다가, 선조 임금의 요청으로 큰 마음을 먹고 6개 항목의 정책건의서를 냈다. 그러나 그가 무진(戊辰)년에 제출한 이 6개 항목의 상소문인 이른바 무진 육조소(戊辰 六條疏)의 내용은, 모두가 유학적 차별윤리의 당위성을 강조한 것에 지나지 않았다. 즉 하나를 높이고 다른 한 편을 낮추는 것은 천리(天理)이며 인륜의 극치(極致)라 하여,[82] 차별을 절대 불변의 진리로 규정하고 윤리의 근본으로 여겼다. 이 무진 육조소의 내용을 보면, 다음과 같다.

첫째 가부장질서의 근본인 인효(仁孝)를 온전히 함으로써, 왕위계승의 혈통을 무겁게 여기게 하여 왕조체제를 확고히 할 것, 둘째 이간질을 막고 두 어버이(양부모와 친부모)에게 효자의 도리를 다하게 할 것, 셋째 제왕에 관한 학문을 돈독히 공부함으로써 정치의 근본을 세울 것, 넷째 봉건적 도덕과 학술을 밝히어 인심을 바로 잡을 것, 다섯째 모든 일은 나라의 심장인 대신에게 맡기고, 국가의 눈과 귀인 대간(大諫)이 사리를 밝히게 할 것, 여섯째 유학의 (차별적 규범을 기준으로) 수양과 반성을 돈독히 함으로써, 하늘이 부여한 제왕권의 권위를 계승하도록 할 것.[83]

6개의 항목 모두가 군신, 부자, 상하 사이의 차별윤리 확립을 강조한 유학적 당위론일 뿐, 유리걸식(遊離乞食)하고 있는 백성들의 생활안정책이나 빈번한 외침에 대한 국방책 등 급박한 현실적 과제에 대한 대책을 하나도 찾아 볼 수 없다.

---

81) 위의 책.

82) 위의 책, 卷六 戊辰六條疏.

83) "其一曰重繼統以全仁孝, 其二曰杜讒間以親兩宮, 其三曰敦聖學以立治本, 其四曰明道術以正人心, 其五曰推腹心以通耳目, 其六曰誠修省以承天受"(위의 책).

이 육조소를 뒤에 언급할 율곡 이이가 죽기 전 해에 선조에게
제출한 정책 건의서인 육조계(六條啓)와 비교해 보면, 매우 대조적이다.
즉 이황은 양반관료체제를 확립하기 위하여 차별적 봉건윤리의 강화를
주장하였음에 반하여, 율곡은 백성 우선의 생활안정, 인사(人事), 국방
에 관한 개혁책을 제시하였다.

따라서 이황이 반상윤리의 강화를 통해서 이룩하려 했던 정치체
제는 왕 및 양반귀족이 지배하는 차별 불평등의 통치질서였고, 이러한
질서에 대한 피치자인 백성의 순종을 요구한 것이었다. 이 점은 그가
"임금은 한 나라의 원수(元首)이고, 대신은 심장이며, 대간(大諫)은 귀와
눈이다"[84]라고 하여, 왕 대신 대간 등 지배계급을 신체의 두뇌, 이목(耳
目), 심장 등 중추 기관으로 비유한 점으로도 알 수 있다.

이황은 이와 같은 통치질서의 확립은 하늘이 인간에게 부여한
숙명적 원리(天理)로서, 사회의 가장 기초단위인 가족에서의 가부장질
서라는 차별윤리를 강화한 때 가능하게 된다고 보았다. 따라서 그는
왕통(王統)의 보존과 계승을 확보하기 위한 방법으로, "하늘에는 두
개의 해(日)가 없고, 백성에게는 두 임금이 없으며, 가정에는 가부장이
둘일 수 없고, 두 어버이(양부모와 친부모)의 상복을 입을 수 없다"[85]는
차별윤리를 강조하였다. 이황은 군신체제의 확립을 위하여, 반상 사회
질서와 가부장적 가족 윤리의 강화를 주장함과 동시에, 이 차별적 봉건
윤리의 근거가 되는 절대원리로서의 이기론(理氣論)을 전개하였다.

---

84) 위의 책.
85) 위의 책.

② 이기론

이황은 교란된 반상질서를 바로 잡아 왕권체제를 강화하려는
데 정치의 목표를 두었기 때문에, 그의 이기설(理氣說)은 반상 신분질서
의 고정 불변을 본질로 하는 차별원리를 보강하고, 변화를 인정하는
일체의 정치이론을 배격하는 데 목표를 두었다. 따라서 그는 주자의
이기설을 재해석하였고, 주자학에 반대하는 성향이 짙은 화담 서경덕
및 왕양명(王陽明, 1472~1528)[86]의 이기론을 비판하였다.

특히 이황은 차별적인 반상질서의 불변을 윤리의 목표로 하였기
때문에, 변화의 주체력인 기(氣)를 중요시 하는 화담 서경덕의 기불멸론
(氣不滅論)을 비판하였다. 즉 그는 다음과 같이 주장하였다.

화담공(花潭公)의 기수(氣數)에 대한 주장은 오직 기(氣)만을 중요시
하는 데 치우쳐서 이(理)를 기(氣)라 하고, 또 기(氣)가 이(理)로 된다는
점을 지적하고 있다. 따라서 이제 여러 사람들이 화담설에 쫓아서 기(氣)를
예로부터 지금에 이르기까지 항구 불변의 사물원리로 삼고자 함으로써,
알지 못하고 깨닫지 못하는 사이에 석가모니의 견해에 빠져 있다.[87]

앞서 논의한 것처럼 화담 서경덕은 우주만물의 생성이 이루어지
기 이전인 태초에 미세한 물질인 기(氣)가 있었고, 이 기(氣)의 작용으로
만물이 형성되었다[88]고 하였다. 이에 반하여 이황은 태초에는 오직
이(理)만이 있었다는 주자의 허즉리(虛卽理)설을 추종하였다. 따라서
그는 화담의 기일원론(氣一原論)을 따르는 화담의 제자들에 대하여
맹목적으로 화담설(花潭說)을 따른다[89]고 비난하였다.

---

86) 중국 명나라의 유학자요 정치가로 주자학을 비판하였고, 이름은 수인(守仁)이며 양명(陽
明)은 호이다.
87) ≪退溪文集≫, 書 答南時甫.
88) ≪大東野乘≫, 卷五. 車天輅撰 五山說林草藁.

이황은 또 양명학파(陽明學派)의 이(理)설에도 반대하여, 전습록론변(傳習錄論辨)에서 양명학을 비판하였다. 그는 "왕양명은 선대 유학자의 정론(正論)을 배격하고, 망령되게 여러 이론의 비슷한 점을 인용하여 억지로 자기이론에 맞게 끌어다 붙이기를 조금도 꺼리지 않으니, 그 학문의 그릇됨이 마음의 병임을 알 수 있다"90)라고 비판하였다. 또 '마음이 곧 사물 및 진리 판단의 기준'이라는 양명설에도 반대하여, "이(理)란 마음 밖에 있으면서 일체의 사물에 앞서 존재하는 선재원리로서, 사물을 지배하는 원리이므로 모든 사물에서 이 이(理)를 깊이 연구할 것"91)을 주장하였다. 이상과 같이 이황이 인간의 주관적 마음(心)에서 독립한 객관적 실재원리만을 인정하고, 왕양명의 주관적 마음이 곧 존재원리라는 심즉리(心卽理)설을 반대한 목적은, 인간의 마음이라는 개인의 주관성 즉 주체성을 인정하면 반상간 신분질서의 유지가 더욱 어렵다고 보았기 때문이었던 것 같다.

이황은 주자의 이기설을 답습하여 일체의 다른 사상을 거부하였으므로, 그의 이기론은 그가 비판한 양명 및 화담의 이기설과 비교해 보면 더욱 분명하다. 우선 왕양명의 이기설에서 이(理)는 인간의 주관적 관념상의 존재원리이었다. 즉 왕양명은 천하 사물의 존재원리란 "개인의 마음에 있고 마음 밖의 사물 자체에는 없다"92)고 주장하였다. 이것은 왕양명이 환관세력에 대항하다가 유배를 당하는 고난 속에서 그의 정치사상을 전개한데서 연유했다고 볼 수 있다. 즉 왕양명은 개인의 주관적 자유의지의 행동이 사회현상 및 사물판단의 근거임을 제시함으

---

89) 《退溪文集》, 卷四十一 雜著 非理氣爲一物辨證 참조.
90) 위의 책, 卷四十一 雜著 傳習錄論辨.
91) 위의 책.
92) 《王文成公全書》, 卷一 語錄傳習錄上.

로써, 차별원리의 불변과 고정성을 설정하여 기존체제를 유지하려는 주자학을 비판하였다. 따라서 주자학적 통치이론을 재해석하여 강화하려 한 이황에게 있어서 양명학은 비판의 대상일 수밖에 없었다.

앞서 언급한대로 서경덕은 기(氣)의 실재론적 존재성을 인정하는 유물론의 시각을 지녔다. 그러므로 그의 이기론에서의 이(理)란 모든 개체를 포함하여 온갖 만물을 지배하는 보편 원리가 아니라, 기(氣)가 작동하는 생성 운동의 일정성 즉 변화의 원리이며, 개체마다 지니는 그 스스로의 생존원리를 의미한 것이었다. 서경덕은 "기(氣) 밖에 이(理)란 없고, 이(理)란 기(氣)가 주재(主宰)하는 사물의 주체성이다. 이른바 주재란 밖으로부터 와서 사물을 주재하는 것이 아니라, 사물 자체의 작용을 가리키는 것이며, 사물이 바른 생성작용을 하는 것도 이 사물이 지닌 주체성인 이(理)가 있기 때문이다. 따라서 이(理)는 기(氣)에 앞서 존재할 수 없다. 기(氣)가 시작이 없으므로 이(理)도 시작이 없다. 만일 이(理)가 기(氣)에 앞서 존재한다고 말한다면 기(氣)가 시작이 있다는 말이 된다"93)고 함으로써, 사물현상이 존재하기에 앞서 사물을 존재하게 한 존재원리가 먼저 있었다는 주자학에서의 이선재설(理先在說)을 부인하였다. 이러한 유물론적 기(氣)의 작용에 의한 개개 사물의 생성론은, 정치사회에서의 개인의 자존과 자립성의 인정이라고 할 수 있다. 이렇게 서경덕의 이기설은 차별원리의 선재를 주장하는 주자학을 거부하였다는 점에서, 이황과는 매우 대조적인 사상가이다.

그렇다면 이황의 이기론은 어떠한 정치적 의미를 지니는가? 그는 양민(良民)이 도적화함으로써 극도로 교란된 반상질서를 바로 세우는

---

93) ≪花潭先生文集≫, 卷二 雜著 理氣說.

것을 정치의 주제로 보았으므로, 처음에는 양반귀족의 과잉욕구와 독선적 지배를 경고한 조광조 및 이언적의 도학정치론을 계승하여 정책적 이기이원론(理氣二元論)을 전개하였다.

앞서 논의했듯이 주자학에서의 이(理)란 차별적 군신체제를 보위하기 위하여 그 정당성의 근거로 설정한 차별원리이다. 그리고 이것은 지배계급에게 있어서는 특권의 원리이며 지배의 원리이다. 이 차별원리에 따라 규정된 봉건도덕적 차별규범을 인간으로서는 거역할 수 없는 불변의 진리로 생각하여 실천하는 마음을, 조선왕조의 유학자들은 도심(道心)이라고 하였다. 반면에 차별체제에서 핍박을 받았던 피지배층인 노예나 상민 등 백성들에게는 차별규범의 준수보다는 의식주생활에 대한 욕구가 더 중요하였다. 따라서 조선왕조의 학자들은 의식주생활에 대한 욕망을 추구하려는 욕구를 인욕(人欲) 그리고 그것을 충족하려는 마음을 인심(人心)이라고 하였다.

백싱들의 삶이 피폐하고 질서의 혼란과 정치경제적 불안정으로 위기에 처하였을 때, 사회질서의 확립을 앞세울 것이냐, 그렇지 않으면 백성의 생활안정을 위한 의식주생활에 대한 대책을 먼저 세울 것이냐는 정치적 논쟁이 일게 마련이다. 조선왕조 중기 주자학자들을 비롯한 유학자들은 사회질서의 문란이 백성들의 질서원리에 대한 무지와 차별윤리에 대한 자각의 부족에 있다고 보아 차별원리인 이(理)를 우선하고, 이(理)를 자각하여 실천하는 도심(道心)을 정치의 기본으로 하여야 한다는 정치사상을 전개하였다. 반대로 주자학에 비판적이거나 회의하던 학자나 정치가들은 사회질서가 문란하고 불안정한 이유는 백성들에게 삶의 기본적 욕구인 의식주생활에 대한 요구인 인욕과 인심을 충족시켜주지 않았기 때문이므로, 무엇보다도 우선 백성의 의식주생활에 대한 요구인 생활안정책을 강구하여야 하고 그런 다음에야 질서도 지켜진다고 보아, 기(氣)를 우선하여 백성들의 기력(氣力)을 증진시킬 인심(人心)을 앞세우는 정치론을 주장하였다.

이(理)가 우선이라는 주리론(主理論) 또는 이일원론(理一元論), 이가 우선이고 기(氣)가 그 다음이라는 이주기종설(理主氣從說) 또는 이주기수설(理主氣隨說), 그리고 도심(道心)이 먼저이고 인심(人心)이 그 다음이라는 도심인심설(道心人心說) 등은 유학적 시각의 정치론이었다. 반대로 기(氣)가 우선이라는 주기론(主氣論) 또는 기일원론(氣一原論), 기가 우선이고 이가 그 다음이라는 기주이종설(氣主理從說) 또는 기주이수설(氣主理隨說), 그리고 인심(人心)이 먼저이고 도심(道心)은 그 다음이라는 인심도심설(人心道心說) 등은, 유학에 비판적이거나 회의하였던 시각의 정치사상이었다. 이러한 두 시각 중에서 이황은 전자 주자학적 유학의 시각에 철저한 사람이었다.

이러한 시각에서 이황은 "하나를 높이고 하나를 낮추는 것은 곧 천리(天理)이고 인간윤리(人倫)의 극치이다. 따라서 오로지 이 원리를 준행하여야 하고, 그 사이에 털끝만큼의 사욕의 뜻도 잘못 끼어들게 해서는 안 된다. 그런 다음에야 인(仁)과 효(孝)를 논의할 수가 있다"[94]고 하였다. 이는 차별이 사회질서의 근본원리이고, 이 원리에 따라 가족집단 내에서 가부장을 잘 섬기는 효례(孝禮)를 지키는 일이 모든 윤리의 근본임을 말한 것이다.

그리고 이황이 말하는 도심(道心)의 도(道)란 차별원리의 준수가 인간의 숙명임을 알고 이것을 모든 일상생활에서 실천하는 태도요

---

94) ≪退溪文集≫, 卷六 戊辰六條疏.

행위이다. 이 점을 이황은 "도술(道術)이란 무엇을 말하는가? 하늘이 인간에게 부여한 숙명이므로 인간으로서는 마땅히 지켜야 할 윤리를 실천하는 일이다. 이것은 장소와 시대에 관계없이 모든 인간이 다 같이 따라야 할 길이다"[95]라고 하였다. 도심은 이 차별의 지배원리를 실천하려는 순수한 의욕으로서 마음의 자세를 뜻하며, 생리욕구인 인욕(人欲)을 물리치고 차별규범을 따르려는 마음을 말한 것이다. 따라서 이황은 "갓난아이의 마음(순수 의욕)은 욕구에 어지럽혀지지 않은 양심(良心)이고, 인심(人心)은 바로 욕구에 눈 뜬 상태이다. 대인(大人)의 마음은 의리를 넉넉히 갖춘 도심이며, 도심은 곧 (차별규범의) 실천의욕과 차별원리를 깨달은 상태이다"[96]라고 지적하였다. 아울러 "모든 사람이 인심(人心) 즉 생리적 욕구를 추구하려는 마음이 없다고는 할 수 없으나, 인심은 인간의 본성과 하늘이 인간에게 부여한 숙명에 근원을 두고 있기 때문에 누구나 도심(道心)을 지닐 수 있다"[97]고 함으로써, 차별규범을 지키려는 마음을 인간의 순수 의욕과 숙명으로 일반화 시켰다. 그러므로 이황은 "인욕(人欲)을 막고 천리(天理)를 따르는 공부(遏人欲存天理之工夫)"[98]를 강조하였다. 그가 이와 같이 이(理) 및 의리(義理) 또는 도심(道心)을 강조한 사상적 목적은, 양반과 상민 간의 차별적 신분질서를 확립하여 군신체제를 보위하는 데 있었다.

　　반면에 주기론(主氣論)은 이황과는 판이한 시각에서 기(氣)를 정치사회 및 사물판단의 근본으로 여기는 시각이었다. 앞에서도 논의하였듯이, 본래 기(氣)란 생물의 물리작용을 일으키는 물리력의 주체를

---

95) 위의 책.
96) 위의 책, 卷七 經筵講義 啓義 心學圖說.
97) 위의 책.
98) 위의 책.

뜻한다. 신체에 가득 차 있어서 신체활동을 좌우하는 힘이 기(氣)이다. 그러므로 맹자도 기(氣)는 몸에 가득 차 있는 것이라 하였고,[99] 기(氣)는 힘(力也)을 의미하는 개념이었다. 따라서 기(氣)의 작용은 인간의 물리적 욕구 즉 인욕(人欲)을 낳게 되며, 이 물리적 욕구를 추구하려는 물욕(物欲)의 마음을 인심(人心)이라 하였다. 이 인욕(人欲)의 추구와 인심(人心)의 강조는 의식주생활과 직결되는 것이기 때문에, 기(氣)와 인심(人心)을 정치사회 및 사물 판단의 근본으로 여기는 이론은 백성들의 생활안정과 복리(厚生安民)를 중시하는 정치경제적 의미를 지녔다.

따라서 조선왕조 중기 이래로 이러한 인심과 인욕의 중요성을 인정하고 기(氣)를 중시하는 주기론의 정치사상이 제기되었던 것은, 앞서 논의한 것처럼 퇴계 이황과 율곡 이이의 생존기인 16세기에 양반계급의 가혹한 수탈에 견디지 못한 노서민, 특히 농민이 떠돌이 생활을 할 수밖에 없고, 각 처에서 소요가 잇달아 발생함으로써 반상질서가 극도로 교란되었기 때문이다. 특히 당시의 시대상황은 노서민의 생존권을 무시하고서는 양반귀족 자신의 권익조차 지탱하기 어려운 정치사회적 불안상태이었기 때문이다.

이러한 상황에 직면하여 이황은 양반계급 자신의 생존권 확보를 위해서는 반상질서의 확립과 아울러, 소요(騷擾)의 주체인 노서민에 대한 최소한의 생존권 보장도 필요하다는 점을 인정하였던 것 같다. 그러므로 그는 "생존현상에서 보면 물리적 형체인 형기(形氣)를 지니고 태어난 것이 인간이므로 누구나 인심(人心)이 없을 수 없다"[100]고 하였다. 따라서 그의 이기이원론(理氣二元論)은 반상질서를 강화하기 위한

---

99) ≪孟子≫, 公孫丑上.
100) ≪退溪文集≫, 心學圖說.

차별원리(理)와 백성의 의식주생활과 직결된 기(氣)를 동시에 강조한 이원론(二元論)으로서, 당시의 사회적 요구를 수용하려는 것이었다고 볼 수 있다. 그러나 그것도 그가 사회적으로 진출한 초기의 이론이었을 뿐, 노서민의 생존권에 대한 지나친 강조는 그의 정치목표인 반상체제를 위태롭게 할 것이라는 우려 때문에, 그의 생애 후반기에는 차별원리(理)만을 강조하는 이일원론(理一元論)에 더 큰 비중을 두었다. 그렇다면 그의 이기론에 대한 논리 전개방법과 인간성에 대한 인식은 어떠하였는가?

앞서 언급한 대로 사회현실에 대한 이황의 인식론은 유학의 차별원리에 따라 당위론적으로 보려는 시각이었다. 즉 그는 감각적 감수기능을 통하여 현실을 보는 실증적 방법이 아니라, 유학적 선재원리에 따라 당위론적으로 사회와 사물을 보려는 사변적 추리의 시각이었다. 인간에게 있어서 사고와 감각의 기능을 보면, 사고는 추리에 빠지기 쉽고, 감각은 경험과 실증에 치중하게 마련이다. 물론 사변(思辨)에 의한 추리법과 감각에 따른 실증법이 서로 배타적 기능을 가진 것은 아니다. 그러나 사변 또는 사고에 의한 추리적 시각은 사고와 감각을 엄격히 구별함으로써, 사회현실을 있는 그대로 보기보다는 사변화(思辨化)하는 데 치우치게 마련이다. 반면에 감각적 실증법은 사고와 감각을 구별할 수 없는 기능상의 차이로 이해하기 때문에, 사변은 물론 감각의 기능도 함께 인정한다.

이황은 사변적 추리법(推理法)에 따라 차별원리는 물론, 인간이 감각으로 느끼는 현실까지도 존재론적 및 생성론적 당위론으로 추리하였다. 그는 우선 존재론적으로 이(理)와 기(氣)를 공존하는 관계로 보면서도 이(理)가 기(氣)에 우선하는 것으로 설정한 이기이원론(理氣二元論)

을 제시하였다. 즉 그는 "천지 간에는 이(理)도 있고 기(氣)도 존재한다. 이(理)가 있음으로 해서 비로소 기(氣)의 조짐이 있고, 기(氣)가 있기 때문에 마침내 이(理)가 존재하게 된다. 이(理)는 기(氣)의 장수요 기(氣)는 이(理)의 병졸이다"101)라고 하였다. 또 "이(理) 밖에 기(氣)가 없고 기(氣) 밖에 이(理)란 없으며, 진실로 이 둘을 떼어 놓을 수 없다"102)라고 하였다. 이와 같이 이황은 처음에 이(理)와 기(氣)의 공존(理氣共存) 관계를 인정하였으며, 그 것은 이기공재(理氣共在)를 주장했던 시기가 그의 사상형성 전체에 비추어 볼 때는 초기였고(53세), 그 때만 해도 반상질서의 확립과 노서민의 생존권 보장을 다 같이 추구하려는 의도 가 있었던 것으로 보인다. 그러나 그의 생애 후반기에는 고위관직으로 확보한 안일한 생활에 젖어 더욱 곤궁해진 백성들의 핍박상을 외면하 고 도리어 차별윤리를 강화하려는 이일원론(理一元論)에 치중하였다.

대체로 양반귀족의 입장에서는 그들의 권익을 추구하려는 욕구 때문에 반상질서를 강화하기를 바라고, 반상체제 유지의 이론적 근거 인 이(理, 차별원리)를 강조하게 마련이다. 반면에 노서민의 입장에서 볼 때는 차별적 반상질서보다는 그들의 의식주생활 등 물리적 욕구가 우선되어야 하고, 의식주생활을 중시하는 이론적 근거로 물리력(에너 지)의 주체인 기(氣)를 강조하게 된다. 따라서 조선왕조의 정치사상에서 이(理)를 강조하는 이론은 양반귀족의 시각이고, 기(氣)를 강조하는 이론은 노서민의 생활안정을 중시하는 시각이라고 보아 크게 무리가 아니다.

그러므로 이황의 초기 저술은 양반귀족과 노서민의 공존 즉 화합

---

101) ≪退溪續集≫, 卷八 雜著 天命圖說 第二節 說五行之氣.
102) 위의 책, 天命圖說 第三節 論理氣之分.

의 시각에서 이(理)와 기(氣)의 공존을 제기했던 것 같다. 그러나 60세 때에 그가 기대승(奇大升)에게 보낸 편지에서는 "이(理)가 없는 기(氣)가 없고 또 기(氣)가 없는 이(理)가 없다는 기대승의 주장이 옳지 않다"[103]고 그의 초기 태도를 바꾸었다. 그것은 그 당시는 임꺽정 무리의 소요(騷擾)를 비롯하여 반상질서가 심히 교란되고 있었기 때문에, 양반귀족과 노서민 간의 조화가 어렵다고 본 데 연유한 것 같다.

그러나 이황은 근본적으로 이선재설(理先在說)을 주장함으로써, 양반귀족에 의한 노서민 지배의 당위성을 합리화하는 이일원론(理一元論)의 시각을 취하였다. 즉 차별원리와 의식주에 대한 욕구를 인정하는 이기이원론(理氣二元論)을 통하여 노서민에 대한 최소한의 생존권을 인정한 뒤, 반상 신분질서를 일반원리로 하는 이선재설로 군신체제의 확립을 보강하려 하였다.

그는 주자의 이선재설(理先在說)을 추종하여 "모든 만물은 반드시 그렇게 된 까닭이 있고 마땅히 그렇게 되어야 할 당위가 있는데, 그것을 이(理)라고 한다. 따라서 이(理)는 사물에 앞서 존재한다"[104]고 하였다. 이와 같이 이황이 말하는 이(理)는 사물을 생성하는 근원적 원인자(所以然)이고, 동시에 그 존립의 근거(所當然)였다. 즉 앞에서도 밝혔듯이 유학에서의 이(理)란 정치사회의 차별상을 부여하는 차별원리이고, 이 차별원리가 현실에 앞서 존재하기 때문에 군신 및 반상 간의 차별질서가 그 정당성을 갖게 된다는 뜻이다. 그러나 이러한 이황의 이선재설(理先在說)은 객관적인 자연원리가 아니라, 피지배 노서 계급을 양반 지배계급에게 순종시키기 위하여, 그것이 당위임을 주장한 정치적

---

103) ≪退溪文集≫, 卷十六 書 答奇大升 論四端七情 第二書 改本.
104) 위의 책, 卷二十五 書 答鄭子中.

목적의 산물에 불과하다.

또한 이황은 ≪중용≫의 구절을 인용하여 "솔개가 하늘을 날고 고기가 연못에서 뛰어 노는 것은 바로 기(氣)의 작용이며, 그렇게 날게 하고 뛰어 놀게 하는 원인지는 이(理)이다"[105]라고 함으로써, 생성(生成)에 있어서 이와 기가 동시에 작용한다는 이기호발설(理氣互發說)을 인정한 뒤, 기(氣)에 대한 이(理)의 절대 우월성을 주장하는 이일원론(理一元論)의 시각을 취하였다.

이상과 같이 그의 이기론 전개의 목적은 이황 자신이 누리는 기득권 유지의 필요에서 양반과 노서민의 공존관계를 시인한 뒤에, 양반 지배계급의 노서민에 대한 차별적 지배권을 확보하려는 정치적 의도를 내포하고 있었다고 볼 수 있다. 즉 차별원리가 선재하는 한, 현실정치에서의 차별현상을 불가피한 필연의 당위로 규정함으로써, 동요하기 시작한 불안정한 군신체제를 보위하려는 데 이황이 이기론을 전개한 근본적 의도가 있었다.

다음으로 양반과 상민 간의 신분질서를 바로 세우기 위해서는, 차별규범을 지켜야 할 인간을 어떻게 보았는가의 인간성에 대한 인식 문제이다. 즉 인간의 본질을 어떻게 규정할 것이냐는 문제에 대하여, 이황은 인간의 본질 즉 인간성의 근거를 이기설(理氣說)에서 찾으려 하였다.

그는 교란되고 있는 반상 신분질서를 재확립하려는 목적에서, 양반계급의 노서민에 대한 차별적 신분질서의 근본원리를 먼저 알고 실천해야 한다는 선지후행설(先知後行說)을 주장함으로써, 선지자(先知

---

105) 위의 책, 卷四十 書 答喬姪問目 中庸.

者)가 지배하여야 한다는 시각을 지녔다. 이황은 차별원리에 대한 인식과 실천문제에 있어서, 차별원리를 아는 사람(知者)과 알지 못하는 사람(不知者) 사이의 기질(氣質)상 차이를 규정하였기 때문이다. 그는 양호한 기질의 소유자는 차별원리인 이(理)의 인식능력을 가진 성인(聖人)이고, 불량한 기질의 소유자는 이(理)를 알지 못하는 서민대중으로 구별했다.

따라서 이황은 "사람에게 지혜로운 상층계급(上智), 중간계급의 중인(中人), 어리석은 하층계급(下愚者) 등 세 등급의 차등이 있는 것은 무엇 때문인가? 그 대답은 다음과 같다. 사람의 기(氣)가 올바르면 그 사람들도 올바르다. 기(氣)에는 음(陰)과 양(陽)이 있으므로 사람의 타고난 기질에 어찌 맑음(淸)과 흐림(濁), 순수성(粹)과 불순성(駁)이 없다고 말하겠는가? 따라서 사람이 태어날 때 하늘로부터 기(氣)를 받고 태어나며 하늘의 기(氣)에는 맑음과 흐림이 있고, 동시에 땅에서 질(質)을 받고 태어나는 데, 땅의 질(質)에도 순수성과 불순성이 있다. 그러므로 하늘의 맑음과 땅의 순수성을 받고 태어난 사람은 지혜로운 사람(上智者)이며, 지혜로운 상지자는 (차별 원리인) 천리(天理)를 알고 이것을 실천함으로써 스스로 천명(天命)에 부합하는 행동을 다 하는 사람이다. 하늘의 맑음과 땅의 불순성을 받고 태어났으나 그 실천에 있어서는 하늘의 흐림과 땅의 순수성을 받은 사람은 (중간 계급의 사람으로서) 중인(中人)이며, 중인은 천리(天理)를 충분히 알고 있지만 실천이 부족하거나, 천리에 대한 지식은 부족하지만 실천을 잘 하는 사람이므로 천명(天命)에 부합하기도 하고 어긋나기도 한다. 하늘의 흐림과 땅의 불순성을 받고 태어난 사람은 어리석은 자(下愚)가 되며, 어리석은 자(下愚)는 전리에 대하여 이를 알고 있지만 실천에 있어서는 전혀 어두우며, 천명을 속이고 멀리하면서 어기는 사람이다. 이것이 사람의 타고난 성품에 세 등급이 있는 이유이다"[106]라고 하였다.

위의 주장은 양호한 기질의 소유자(上智)인 양반과 불량한 기질의 소유자(下愚)인 노서민을 차별 지움으로써, 양반이 지배하는 반상 간의 신분질서를 감수해야만 하는 당위성을 인간의식으로 규정한 것이다. 그리고 이러한 인간의 기질을 구분한 이황의 목적은 반상 신분질서에 대한 서민의 반항을 예방하려는 사상정책적 저의를 내포한 것이기도 하다. 16세기 당시 비생산 계급이었던 양반선비(士類)들이 학연과 지연으로 연계되어 교육과 사색을 중시한 것은, 선천적 이성능력의 소유자로 스스로를 자처함으로써, 양반 지배계급으로서 그들이 지닌 자신의 기득권을 보장받기 위한 방편에서였고, 이황도 이러한 입장이었다.

특히 이황은 이른바 사단칠정(四端七情)의 인성론(四七說이라고도 함)을 통하여 양반계급이 지배하는 반상 신분질서를 더욱 강화하려 하였다. 유학에서의 사단(四端)이란 차별질서를 준행하려는 심정을 인(仁)으로, 의욕을 의(義)로, 행동을 예(禮)로, 판단을 지(智)로 규정함으로써, 차별원리(理)를 실천하려는 심정(仁)·의욕(義)·행동(禮)·판단(智)을 인간의 본성으로 개념화한 것이다. 따라서 맹자는 차별질서를 실천하려는 인간본성인 사단(四端, 仁義禮智)이 그것의 실천에 앞서 인간본성 속에 선재한다는 점을 실증적 사례를 들어 논증하려고 하였다.[107] 즉 맹자는 윗사람이 아랫사람에게 지니는 치자로서의 측은하게 여기는 심정을 인(仁)에서 나오는 것으로, 차별윤리를 지키지 못하여 부끄러워

---

106) ≪退溪續集≫, 卷八 雜著 天命圖說 第九節 論氣質之稟.
107) 맹자는 인간본성으로서의 사단(四端)에 대하여, 아이가 우물에 빠지려고 할 때 붙잡으려고 자연히 우러나오는 측은한 마음의 사례를 들어, 인간성 속에 본래부터 사단이 선재하고 있음을 논증하였다(≪孟子≫, 公孫丑上 人皆有不忍之心).

하는 마음을 의(義)에서 나오는 것으로, 하위자가 상위자에게 양보하는 행동을 예(禮)에서 우러나오는 것으로, 차별윤리에 대한 옳고(是) 그름(非)을 가릴 줄 아는 판단능력을 지(智)에서 나오는 것으로 논증하려 하였다.

그러므로 유학에서의 사단이란 차별윤리를 실천하려는 인간 본래의 이성적 속성으로 규정한 것에 지나지 않았다. 반면에 칠정(七情)이란 인간이 지닌 감성적 속성으로서 기쁨(喜)·노여움(怒)·슬픔(哀)·즐거움(樂)·사랑(愛)·증오(惡)·욕심(欲) 등을 말한다. 인간에게 있어서 칠정의 발동은 생리적 물리적 심리적 욕구를 충족하려는 이욕(利欲)의 추구로 나타나게 마련이고, 이욕의 추구는 계급적 신분질서를 파괴할 우려가 많기 때문에 유학에서는 언제나 억제의 대상이었다. 따라서 1장에서 논의한 것처럼 공자는 일찍이 이욕의 배척과 예법의 실천(斥利求禮)을 강조하였고, 맹자는 인욕의 억제와 차별원리의 실천(遏人欲存天理)을 주장하였다. 그러나 조선시대 중기에 이르러 차별원리에 따른 반상실서의 강화가 백성들에게는 착취를 그리고 지배계급에게는 독점적 권익추구를 위한 갈등을 초래하였기 때문에, 차별윤리 실천을 인간본성으로 보는 사단을 우선하는 사람들과 백성들의 이욕추구로 나타나는 칠정을 인간성에서 더 중요시하는 사람들 사이에 격렬한 논쟁과 더불어 정치적 갈등을 낳았다. 이러한 논쟁에서 이황은 양반계급의 시각에서 차별원리 우선의 인간성론을 강조하였다.

본래 사단칠정설(四端七情說)은 정지운(鄭之雲, 1509~1561)의 저작 《천명도설(天命圖說)》을 이황이 그의 나이 44세(1544)에 수정 가필하여 발표한 것이라 하며, 오늘날로 치면 표절의 시비가 일어나 당시의 선비들 간에도 격렬한 논쟁을 불러 일으켰다[108]고 한다. 정지운은 이황보다 여덟 살이나 적은 사람으로 호는 추만(秋巒)이다. 그는 경기 고양에서 일생 동안 두문불출하고 살았던 인물로서 조광조의 제자 김정국(金正國) 형제의 문하에서 수학하였다.109) 정지운과 더불어 기억 되어야 할 사람으로서, 이황의 사단칠정설을 비판한 대표적 인물이 기대승(奇大升, 1527~1572)이다. 기대승은 기묘사화(1519)에서 실각한 기준(奇遵)의 조카이며 호는 고봉(高峰)이다. 그는 32세 때 58세의 이황 을 만나 이황의 천거로 관직에 특채되어 이조참의(吏曹參議, 정3품/현 차관보급)에 이른 사람으로서,110) 34세의 젊은 나이로 60세의 이황과 논쟁하기 시작하여 수년간 지속한 특이한 인물이었다.

정지운과 기대승은 인간성에서 사단과 칠정을 분리할 수 없는 것이라고 보아, "사단의 발현은 순수한 이(理)임으로 선하지 않음이 없고, 칠정의 발현은 기(氣)를 겸하였으므로 선악(善惡)이 있다"111)고 하였다. 이에 반하여 이황은 사단과 칠정을 분리하여, "사단은 이(理)의 발현이고, 칠정은 기(氣)의 발현"112)이라고 함으로써, 중국 남송(南宋) 시대 주자의 주장을 그대로 추종하였을 뿐 아니라, 주자야말로 천하고 금의 으뜸가는 스승113)이라고 찬양한 철저한 주자학도이었다.

---

108) 張志淵, ≪朝鮮儒敎淵源≫(원본 1922년 간행, 서울: 亞細亞文化社, 1973), 25~26쪽 및 李丙燾, 앞의 책, 제2편, 85쪽 참조.
109) 정지운(鄭芝雲)은 "매우 가난하여 처첩(妻妾)의 길쌈으로 생계를 이어간 형편이었으며, 천명도설(天命圖說)을 저술하여 깊이 연구하였고, 그 내용은 모두 성현(聖賢)의 정신에 근본 을 두었고 표절하거나 이것저것 모아놓은 논설이 아니기 때문에 학자들이 이를 보고 계발되 는 점이 많았다"(≪朝鮮王朝 明宗實錄≫, 卷二十七 十六年 三月(己巳))고 한다.
110) 기대승은 "뜻이 높고 일에 과감하였으며 선악에 대한 좋고 싫은 태도를 분명히 하였고 널리 배우되 옛 것을 좋아하였다. 문장도 탁월하여 가히 보배로운 그릇이며 세상에 드믄 인재라 할만 하였다. 그러나 너무 강직하고 과대하여 말을 쉽게 해서 나이 많은 사람들을 악평하였기 때문에 구신(舊臣)과 대신들로부터 큰 미움을 사서 훌륭한 기개를 펴지도 못하 서 갑자기 병으로 죽었다(≪宣祖實錄≫, 卷六 五年 十一月 (庚寅))고 한다.
111) ≪退溪文集≫, 卷十六 書 附奇明彦非四端七情分理氣辨.
112) 위의 책, 答奇明彦 論四端七情 第一書.

이황은 이(理)와 기(氣)가 함께 작용한다는 이기호발설(理氣互發說)
의 시각에서, 양반 지배계급과 상민 피지배계급의 공존과 조화를 인정
하였다. 그러나 차별원리를 정치론의 핵심으로 삼고 있었던 그에게
있어서 양반과 노서민을 어떻게 구별할 것이냐는 문제가 제기되었다.
앞서 말한 바와 같이 이 문제에 대하여 이황은 '사단은 양호한 기질의
사람이 나타내는 이성의 발현으로, 칠정은 불량한 기질의 소유자가
나타내는 감성의 발현'으로 양자를 구별했다. 그는 양반과 노서민의
상하 선후관계를 차별지우려는 데서 칠정에 대한 사단의 우위성과
지배성을 주장하였고, 노서민에 대한 양반계급의 인간성에서의 우월
성을 합리화하려 하였다. 이 사단과 칠정의 분리문제에 대하여 그는
기대승과 여러 해 동안 논쟁하였다.

기대승에게 보낸 첫 편지에서, 이황은 '사단과 칠정이 별개의
다른 뜻이 아니며 분리할 수도 없다'는 기대승의 주장에 대하여, "기(氣)
로서 인간본질을 논의하는 폐단에 빠지거나 인욕(人欲)을 천리(天理)로
생각하는 잘못에 떨어질 것이므로 옳지 않다"114)고 반대하였다. 이는
양반과 노서민을 인간성에서 구별 짓지 않으면 반상 신분질서의 확립
을 정치의 근본 목표로 생각하였던 그의 정치론이 모순을 지니기
때문이었을 것이다. 이황은 기대승에게 보낸 두 번째 편지에서, "사단
은 이(理)의 발현이므로 기(氣)는 이(理)에 종속하고, 칠정은 기(氣)의
발현이지만 이(理)가 기(氣)를 주재한다"115)고 수정·보완함으로써, 반
상질서의 확립을 근본으로 여기는 그의 태도를 분명하게 보였다.

---

113) 위의 책.
114) 위의 책.
115) 위의 책, 答奇明彦 論四端七情 第二書

또 이황은 기대승에게 보낸 세 번째 편지에서, "기(氣)가 이(理)에 종속되어 발현되는 것을 이(理)의 발현이라고 한다면 기(氣)를 이(理)로 생각하는 병통을 면할 수 없다"[116]고 함으로써, 이(理)와 기(氣)의 혼동을 부인했다. 즉 그는 차별원리인 이(理)가 인간의 의식주생활과 직결된 물리력인 기(氣)를 통제하고 주재한다는 이기론을 전개함으로써, 정치적으로 반상 신분질서의 확립이 백성의 후생안민(厚生安民)을 위한 노서민의 기력(氣力)을 증진하는 일보다 우선한다는 점을 확고히 하였다.

이상과 같이 차별원리가 주(主)가 되고 백성의 이욕증진과 직결되는 기(氣)는 차별원리(理)에 종속한다는 이주기수설(理主氣隨說)과, 차별원리를 실천하려는 사단이 인간의 본성이고 이욕을 추구하려는 감성적 요소인 칠정은 사단에 종속한다는 사단칠정설(四端七情說)을 주장한 이황의 근본 목적은 어디에 있었는가? 이러한 주장을 한 그의 정치사상 전개의 근본적인 저의는 양반과 노서상민 간의 신분적 이동을 부인하고, 양반귀족이 지배하는 군신체제를 보강하려는 데에 있었던 것으로 보인다.

다시 말하면 이황은 이기설(理氣說)을 인간성이론 즉 성리학(性理學)에 확대 적용하여 반상질서라는 차별 불평등의 신분체제를 합리화하였다. 즉 그는 인간성을 본연지성(本然之性)과 기질지성(氣質之性)으로 구분한 다음, 성인(聖人)과 범인(凡人)의 본성은 동등하다는 맹자의 범성동류설(凡聖同類說)을 빌어, 본연의 성품은 같으나 기질에 의하여 인간성의 차이가 난다고 보아 세 형태의 인간성을 구분하였다. 이황은 기질의 차이에 따라 기질의 성품이 깨끗한 자는 지혜로운 사람(上智)으

---

116) 위의 책, 答奇明彦 論四端七情 第三書.

로서 지식과 행동(知行)을 겸비한 양반이며, 기질이 중간 정도의 사람은 중인(中人)으로서 지식을 십분 발휘시킬 수는 있으나 실천이 부족한 자이고, 기질이 흐린 사람은 어리석은 사람(下愚)으로서 우둔하고 실천력이 없는 행위자로 차별 지었다. 결국 그의 인성론(人性論)은 주자학의 차별원리에 따라 양반 중인 노서상민으로 제도화된 조선왕조의 계급적 신분질서를 합리화한 인성론에 불과하다.

따라서 이기설에 토대를 둔 이황의 인성론은 양반귀족들이 노서민의 생활안정을 도외시하고, 자신들의 권익만을 추구하기 위한 정책적 수단으로 이용되었을 뿐 아니라, 양반 지배계급 내의 갈등과 권력투쟁을 격화시킨 공리공론의 도구에 불과하였다. 즉 이황의 정치사상은 결과적으로 백성의 생활안정과 국가수호를 외면하고 자기세력의 권익 추구에만 급급한 세력화장의 이론적 도구로 전락함으로써, 국내외의 위기에 직면해서도 정치적 갈등을 더욱 노골화시키는 촉진제 구실밖에 하지 못하였다고 할 수 있다. 따라서 이황의 학통을 이은 대표적인 제자로 알려진 김성일과 유성룡 등이 민생의 안정이나 민족의 보위를 위하여 기여하지 못하였고, 국가적 위기에 처하여서도 국가와 민족보다는 자파의 세력 확장을 위한 권력욕 추구에 급급하였다.117)

특히 퇴계 이황의 수제자로 알려진 유성룡은 임진왜란이 일어난 뒤에 반성은 있었지만 왜란이 일어나기 9년 전에 경연(經筵) 석상에서 율곡 이이가 십만양병론(十萬養兵論)을 주장하였을 때에 가장 적극적으로 반대한 인물로 알려졌다. 그는 선조의 신임이 커서 30여 년간 관직에 있었으며 재상직에만도 10여 년 동안 재임했으나 도량이 조금 좁고

---

117) 金萬圭, "朝鮮朝 前期에서의 民族意識의 展開過程," ≪民族意識의 探究≫, 硏究叢書 85~87(경기: 韓國精神文化硏究院, 1985), 41쪽 참조.

마음이 굳세지 못하여 이해가 눈앞에 닥치면 우유부단하였다. 또 임금의 신임을 얻은 지가 오래이었지만 직간(直諫)하였다는 말을 들을 수 없었고, 정사(政事)를 전담하였으나 나빠진 풍속을 구하지 못 하였다[118]고 한다.

이황의 수제자로 알려진 김성일 또한 임진왜란이 일어나기 9년 전(선조 16년/1583)[119]에 어사(御史)로서 국토방위 능력이 없는 사람을 천거하여 국가수호가 어려울 정도의 실책을 하였기 때문에, 중앙관직에서 나주 목사(羅州 牧使)로 좌천되었을 뿐 아니라,[120] 임진왜란 2년 전에 일본에 다녀온 정사(正使) 황윤길(黃允吉) 등이 일본의 침략 의도를 보고하였을 때, 자신의 당파가 아니라 하여 부사(副使)의 중책이요 같은 당파의 소장관리까지도 황윤길의 의견에 동조하였음에도 불구하고 일본의 침략의도를 왜곡 진술하였다. 그런가 하면 임진왜란 전 해에 비변사에서 장수를 선발할 때에 이순신(李舜臣)을 우선 발탁할 때 잘못된 정사(政事)라고 반대한 인물로서,[121] 자파세력의 신장과 권익을 위해서는 국가보위도 아랑곳하지 않았던 대표적 유학자이었다. 민족과 국토가 유린될 절박한 위기 상황에서 자기 당파의 권익만을 앞세운 인물들이 퇴계학(退溪學)의 정통이었음을 고려 할 때, 우리의

---

118) ≪宣祖實錄≫ 卷二百十一 四十年 五月 十三日(乙亥)조 참조.
119) 이 해에 율곡은 폐정(弊政)의 개혁과 더불어 국가보위를 위한 10만 양병을 간곡하게 건의하였다.
120) 선조 임금이 정청(政廳)에 전교하기를 "전 부사 김수(金璲)는 어리석기가 흙덩이 같은 인물인데, 김성일(金誠一)이 지난번 어사(御史)로서 감히 그러한 인물을 천거하여 포상(褒賞)까지 내리고 승진시켜 거진(巨鎭)을 방비하게 하였으므로, 패하여 성을 함락 당하고 지금은 나라의 형세가 망할 지경에 이르렀다. 그 원인을 따지자면 이 일은 성일(誠一) 때문에 일어난 것이니 그런 사람(金誠一)을 다시 나의 측근에 둘 수 없다. 그를 나주 목사에 제수하라" 하였다(≪宣祖實錄≫, 卷十七 十六年 七月 (庚辰)).
121) ≪宣祖實錄≫, 二十五卷 二十四년 十一月 一日(癸亥) 참조.

정치사 및 정치사상사에 대한 자성이 필요하다.

이와 같은 주자학적 정치론과 그 수정론인 이황 등의 차별 정치사상에 염증을 느끼고, 날로 급박해지고 있는 국내외의 위기를 직시하고 이에 대처할 주체적 사상개조를 주장한 사람이 율곡 이이이다.

(2) 이이의 정치사상

① 사회현실관과 정치관

율곡 이이의 사회현실관은 백성의 생활안정과 국가수호를 근본으로 한 그의 정치사상과 개혁정책론 형성의 기틀이 되었고, 이러한 시각은 그의 생장(生長)과 구도(求道)의 행장(行狀)을 통하여 형성되었다. 이이는 1536년(중종 31년)에 강원도 강릉에 있는 그의 외가에서 출생하였다. 이름은 이(珥), 자(字)는 숙헌(叔獻), 경기도 파주 율곡이 그의 고향이었으므로 학자들이 율곡(栗谷)이라 일컬었다. 율곡의 아버지는 사헌부 감찰(監察, 정6품/현 서기관급)을 역임한 이원수(李元秀)이고, 어머니는 경서(經書)에 통달하고 글과 그림의 명인으로 알려진 사임당 신씨(師任堂 申氏)이다. 이러한 어머니 슬하에서 율곡은 3살부터 글을 배우기 시작하여 7살 때에는 유학의 사서(四書)와 경서(經書)에 관통하였고, 8세 때에는 파주 화석정(花石亭)에 올라 시를 지을 정도로 보기 드문 천재이었다. 그는 13세 때에 소과 진사 초시에 합격하였고, 19세 때 출세욕을 억제하고 금강산에 들어가 사물 인식과 생활 태도에 대한 자각의 길을 닦았다. 그 뒤 그는 21세(1556)에 한성시(漢城試)에서 장원하였고, 23세(1558)에는 예안에 살던 당시 58세의 퇴계를 방문하여 더욱 학문을 신회히려고 하였다. 그러나 율곡이 불과 2일만에 천리길도 멀다 하지 않고(不遠千里) 찾아간 퇴계를 떠난 것으로 보아 퇴계의 사상에 매력을 느끼지 못했던 것 같다. 그리고 사실상 그 뒤 그의 사상은 퇴계 사상과는 판이하게 달랐다. 같은 해에 그는 그의 자연주의적 우주론의 기틀이 된 '천도책(天道策)'이란 답안으로 특별 과거시험인 별시 과거에 장원을 하였다. 고시관들은 그의 천재성에 놀랐을 뿐 아니라, 천도책이 중국에까지 널리 알려졌다고 한다. 이렇게 보기 드문 천재임에도 불구하고 6년 동안이나 관직에 나아가지 않고 공부에 전념하다가, 29세가 되어 생원(生員) 진사(進士) 명경과(明經科)에 수석으로 급제할 때까지, 감시(監試)의 생원(生員) 및 문과의 복시(覆試)와 전시(殿試) 등 9번이나 장원을 하였으므로 구도장원공(九度壯元公)이라고 불렸다. 29세(1564)에 호조좌랑(戶曹佐郎, 정6품/서기관급)으로 첫 관직에 취임하여, 33세 때에는 중국에 파견하는 천추사(千秋使)의 서장관(書狀官)으로 명나라의 수도를 다녀옴으로써 국제적 시야를 넓혔고, 34세에는 홍문관 교리(校理, 정5품/지금의 부이사관급)로서 그의 사상과 정책론을 대표한다고 볼 수 있는 ≪동호문답(東湖問答)≫을 지어 왕에게 바침으로써, 그릇된 정치(弊政)를 개혁하여 백성을 구제할 대책을 역설하였을 뿐 아니라, 동료들을 이끌어 실효성 있는 민생구제책을 상소하기도 하였다. 37세 때 봄에 청주(淸州) 목사(牧使, 정3품/현 차관보급)를 병으로 사임하고, 고향인 파주 율곡으로 귀향하여 23세 때 사귄 성혼(成渾, 號 牛溪, 字 浩原)과 이기사단칠정론(理氣四端七情論)·인심도심설(人心道心說) 등에 대한 수십 차례에 걸친 서신 논쟁을 하였다. 같은 해에 승정원(承政院) 동부승지(同副承旨, 정3품/현 차관보급)로 취임하여 만언봉사(萬言封事)를 지어 백성의 생활안정에 대한 5개의 대책을 거듭 왕에게 진언하였고, 같은 해 다시 황해도 관찰사(觀察使, 종2품/

현 차관급)로 부임하여 과다하고 번거로운 진상(進上)으로 시달리는 도정(道政)의 폐단(進上煩重之弊)을 개혁할 것을 상소하였다. 40세에는 홍문관 부제학(副提學, 정3품)으로 ≪성학집요(聖學輯要)≫를 저술하여 학문과 정치의 방략(方略)을 역설하였으며, 동서분당(東西分黨)의 당쟁이 표면화하자 당쟁의 당사자인 동인의 김효원(金孝元)과 서인의 심의겸(沈義謙)을 다 같이 지방관으로 보내는 보외책(補外策)을 주장함으로써 두 정파의 화해를 꾀하기도 하였다. 43세에 다시 선조에게 만언소(萬言疏)를 상소하여 폐정(弊政)개혁의 방안을 직언하기도 하였다. 병으로 말미암아 여러 차례 현직을 사임하였지만 다시 임금의 간청으로 관직에 취임해야 했다. 율곡은 46세 때 사헌부 대사헌을 거쳐, 호조판서(戶曹判書, 정2품/지금의 농수산부 장관)에 취임해서는, 경제사(經濟司)를 설치하여 폐정을 개혁할 것을 주장하였다. 율곡은 47세에 이조판서로서 인심도심설(人心道心說)을 지어 왕에게 바치었고, 의정부 우찬성(右贊成, 종1품/현 부총리급)으로 승진하여 다시 만인소(萬言疏)를 올려 폐정개혁을 주장하였다. 같은 해(1582) 12월에는 병구(病軀)의 몸임에도 불구하고 병조판서(兵曹判書, 정2품/현 국방부장관)에 취임하여, 서북지방의 폐정개혁을 주장하는 서로민폐 육개항(西路民弊 六個項)을 왕에게 진언하였다.

율곡은 죽기 전해인 48세에 개혁정책으로 시무육조(時務六條)를 왕에게 진언함으로써, 국가수호를 위한 국방책과 백성의 생활안정을 위한 대책(安民策)을 강력하게 주장하였다. 이른바 육조계(六條啓)로 알려진 이 정책건의서는 앞서 말한 이황의 육조소와는 판이하게 대조적이었다. 아울러 그는 같은 해 경연(經筵)에서 선조 왕에게 양병십만(養兵十萬)으로 국가의 외침 위기시에 대비할 것을 진언했으나, 유성룡

등의 강력한 반대로 실현되지 못하였다. 이 때가 임진왜란 9년 전의 일로서 이황의 제자들에 의한 국방강화 반대로 인하여, 삼국시대 이래로 1500년 간 쌓아온 민족문화를 일시에 전란으로 소실시키는 결과를 가져왔음은 유의해야 할 역사적 교훈이다.

율곡의 나이 48세이던 같은 해 5월(선조 16년/1583)에 두만강 넘어 여진족 2만여 기병이 종성을 포위하고 군관(軍官) 등을 살해하는 급보가 전해오자, 당시 병조판서 율곡은 군량미의 조달을 위하여 각급 관료의 봉급을 줄이고 수도에 거주하는 경중사수(京中射手) 1만 명과 전마(戰馬)를 급파하면서 왕에게 보고하였다. 이러한 그의 과단성 있는 긴급대책에 대하여 사헌부와 사간원 등 양사로부터 군사동원과 같은 군정(軍政)의 중대사를 먼저 시행하고 뒤에 보고한(先行後啓) 일은 왕권을 농단한 월권(越權)이라는 성토를 받았다. 이에 율곡은 병조판서를 사임하고 해주(海州) 석담(石潭)으로 귀향하였다. 얼마 안 되어 그는 다시 왕의 특명으로 돈령부(敦寧府)의 판사(判事, 종1품/현 부총리급)에 임명되어 한성으로 돌아 왔으나, 1584년(선조 17년) 49세의 장년으로 격무와 지병이 겹쳐 별세하였다.[122]

이상과 같은 율곡의 생애를 보면 그가 어떠한 정치적 시각과 정치사상 그리고 국가관을 지녔는가를 짐작케 한다. 특히 한성시(漢城試)에서 장원하고도 23세에는 천리가 멀다하지 않고(不遠千里) 당시 대학자로 알려진 예안(禮安)의 퇴계를 방문하였던 점, 그리고 그 해에 세상을 놀라게 한 과거시험 답안지 천도책을 지어 별시 과거에 장원한 뒤에도 6년 동안 벼슬길에 오르지 않고 학문연구에만 몰두하였던

---

122) ≪栗谷全書≫, 卷三十三 附錄一 및 卷三十四 附錄二 참조.

점 등으로 미루어 보아, 권력욕을 초월하여 백성의 생활안정과 국가보위의 실천에만 힘쓴 그의 사상적 기틀이 생장기(生長期)를 통하여 수련되었음을 알 수 있다. 그의 이러한 권력욕에 급급하지 않는 무욕(無欲)의 태도 형성과정은 율곡으로 하여금 당시의 사회현실을 올바로 본 날카로운 정치적 시각을 지니게 하였던 것으로 보인다. 더욱이 20년에 걸친 율곡의 정치생활은 그가 관직에 재임하거나 재야에 있거나를 막론하고, 당시 국가와 사회가 당면한 현실을 냉철하게 직시하고, 오직 백성의 생활안정과 구국의식에서 정치·경제·사회를 개혁하려는 일관성을 보여 주었다.

율곡이 이황과는 달리 위기의 현실을 위기로 본 올바른 현실관을 지니게 된 사상 형성의 기틀은 어디에 있었는가? 그 바탕은 "퇴계처럼 불교나 노자를 무조건 이단시하지 않으면서, 학문을 하는 데 주체적이고 창조적 의지를 지니고 다른 학문의 이론을 연구한 뒤에 취사선택하고 그것을 자신의 철학과 생활의 이념으로 삼았던 데 있었다."[123] 현실에 대한 그의 올바른 시각의 형성은 유학사상의 당위론적 현실관을 벗어나 노장학적인 무사무욕(無私無欲)의 사물 인식방법에 대한 참 뜻을 정확하게 파악하고, 노장학에서의 무위자연(無爲自然)을 자연계로의 복귀로 오해하지 않았던 데 있었다고 볼 수 있다. 그는 ≪도덕경≫의 해설서인 ≪순언(醇言)≫에서 "노자서 도덕경은 무위(無爲)를 종지(宗旨)로 삼고 무불위(無不爲)를 썼으니 허무(虛無)에 빠진 것이 아니다"[124]라고 하였다. 또한 율곡은 "도덕경의 무위무욕(無爲無欲)은 이(理)에 가까운 말이니

---

123) 金吉煥, "栗谷의 老子觀 – 傳栗谷作 醇言을 중심으로," ≪韓國學報 第五輯≫(서울: 일지사, 1976 겨울), 65쪽.
124) 李珥, ≪醇言≫(서울: 여강출판사, 1984), 60쪽.

군자라도 취할 바가 있다"[125]고 함으로써, 노자의 중심 사상인 무욕(無欲)의 사상을 수용하였던 것으로[126] 보인다.

　　본래 ≪도덕경≫에서의 "하지 않으면서도 이루어지지 않는 것이 없다(無爲而無不爲)"[127]의 뜻은, 다스리거나 지배하려는 욕구를 버리고(無爲) 사심 없이 인간사회와 자연계를 보면, 모든 개체들은 각기의 특성 있는 기능을 지니고 동등하게 자유의 세계를 형성함으로써 발전한다는 의미이다. 그럼에도 불구하고 가치욕구 내지 지배욕구를 지닌 사람들이 자신의 욕구를 충족하려는 욕망에서, 쓸데없는 편견과 독선적 태도를 지니고 사회와 자연현상을 바라보기 때문에, 도리어 각 개체의 자존적(自存的) 개성을 해치고(削其性) 각 개체의 본질적 특성마저 바꾸게 된다(易其性)는 시각이 장자사상의 본질이다. 따라서 자연계의 사물과 인간사회를 편견과 욕구 없이 있는 그대로 무욕(無欲)의 자세에서 인식할 것을 요구한, 노장학에서의 이(理)는 인식의 근본원리 또는 개체의 자존 원리이다. 따라서 유학의 본질인 차별원리로서의 이(理)와 노장의 이(理)와는 그 의미가 판이하게 다르다. 그러므로 율곡은 사물과 인간 그리고 사회를 자신의 욕망을 관철하려는 시각에서 보지 않았으며, 사물·사회·인간 자체의 입장에 서서 보아야 한다는 도덕경의 참된 인식방법론을 터득하고 당시 한민족과 사회가 처한 위기를 직시하려는 자세를 지녔다. 따라서 그는 백성 위에 군림하여 다스리려는 욕구에 가득 찬 지배계급의 시각에서가 아니라, "머문 마음이 없이 백성의 마음으로 마음을 삼는다"[128]는 자세에서, "성인은 천하에 한 터럭의

---

125) ≪栗谷全書≫, 卷二十 聖學輯要 第四章 窮理.
126) 金吉煥, 앞의 논문, 63쪽.
127) ≪道德經≫, 三十七章 道常無爲.
128) ≪醇言≫, 二十九章.

사심도 없고 다만 민심에 따를 뿐이다"129)라고 하였다.130)

양반귀족 간의 권익추구를 위한 혈투 속에서 민생이 날로 피폐하고 국력이 쇠퇴하여 가는 당시의 급박한 사회현실에 대하여, 율곡은 이러한 위기의 사회현실을 위기로 보고 정치 및 사회의 모순과 불합리에 대한 강한 개혁의식에서 이를 혁신하려는 개혁관을 지녔다. 그러므로 그는 민생을 구제하는 가장 급한 일로 "폐단이 있는 법을 개혁해야 하고 폐단이 있는 법을 개혁하기 위해서는 언로(言路)를 넓혀 좋은 정책을 수집해야 한다"131)고 주장하였다. 이와 같은 그의 강한 개혁관은 당시의 사회적 폐단과 농민의 참상에 대한 다음과 같은 예리한 고발에서 찾아 볼 수 있다.

> 지금 백성이 곤란을 당하는 큰 폐단에는 지배계급의 과도한 수탈로 인하여 친척이 서로 끊기는 폐단이 첫째요, 지방의 특산물을 중앙에 바치는 진상물이 너무 많고 번거로운 폐단이 둘째이며, 공물 방납의 폐단이 셋째이고, 공평하지 않은 부역의 폐해가 넷째이며, 서리(胥吏)에 의한 가렴주구(苛斂誅求)의 폐해가 다섯째이다.132)

이처럼 사회개혁의 불가피성을 지적하였다. 율곡의 강렬한 개혁의식은 다음과 같은 날카로운 현실 비판에서 더욱 분명하게 드러난다.

> 옛날의 100집이 살던 큰 마을이 지금은 10집도 되지 않고, 지난해 10집의 마을이 이제는 한 집도 없게 되어서, 마을은 쓸쓸하고 인적과 굴뚝의 연기가 끊이지 않는 곳이 없으니, 만일 위의 다섯 가지 폐단을 개혁하지 않는다면 나라의 근본이 허물어져서 국가를 유지할 수 없을

---

129) 위의 책.
130) 金吉煥, 앞의 논문, 92쪽 참조.
131) ≪栗谷全書≫, 卷十五 雜著二 東湖問答 論安民之術.
132) 위의 책.

것이다.133)

　　지금 민생의 곤궁함은 몸이 거꾸로 매달린 것보다도 더 심하여 만일 이를 급히 구하지 않는다면 그 형세는 장차 나라가 비고 말 것이니, 나라가 빈 뒤에는 눈앞의 경제적 수요를 어디에서 변출하겠는가?134)

　　무릇 백성들이 고향을 떠나 친족을 버리고 갈 곳 없이 유랑하게 되는 것은, 모두 핍박과 수탈에 견디다 못하여 할 수 없어 그런 것이니, 그들이 아무리 교활 간사할지라도 만일 생업이 있어서 생활을 할 수만 있다면 어찌 스스로 고향을 떠나 떠돌이생활 하는 고통을 택하겠는가.135)

위의 글에서 보는 바와 같이 율곡은 당시 농촌의 피폐상과 양반 지배계급의 수탈에 견디지 못하여 농민이 떠돌아다니면서 거지생활(流離乞食)할 수밖에 없는 농촌의 실상을 신랄하게 비판하였다. 아울러 그는 양반귀족들이 노서민의 생활안정과 복리를 증진하려는 안민이택(安民利澤)에는 아랑곳하지 않고 백성들로부터 수탈한 재물을 가지고 사치와 낭비만을 일삼는 현실에 대하여도 다음과 같이 날카롭게 고발하였다.

　　더욱이 양반들의 사치한 풍속은 오늘날보다 더 심한 적이 없어서, 음식은 배를 채우기 위한 것이 아니라 식탁을 메워 서로 자랑하는 데 있으며, 의복은 몸을 가리기 위한 것이 아니라 서로 화려함을 경쟁하는 데 있다. 따라서 양반의 한 상의 음식비용은 굶주린 백성 수개월 식량이 될 수 있을 정도이고, 양반의 한 벌 옷의 비용은 추위에 떠는 백성 10명분의 의복이 될 정도이다. 이로 말미암아 농민 열 사람이 농사를 지어도 한 사람의 양반을 먹여 살리는 데 부족하니, 농사짓는 사람은 적고 먹고

---

133) 위의 책.
134) 위의 책.
135) 위의 책.

살 사람은 많은 꼴이며, 백성 열 사람이 옷감을 짜도 양반 한 사람의 옷을 대기에도 부족하니, 옷감을 짜는 사람은 적은 데 입을 사람은 많은 꼴이다. 이와 같은 불합리한 상황에서 백성들이 어찌 굶주리고 추위에 떨지 않을 수 있겠는가.136)

그러므로 율곡은 민생의 여위고 쇠약함이 오늘날보다 더 심한 때가 없다고 하면서, 현실을 직시하여 백성의 경제적 수요를 충족시킬 양민을 무엇보다 우선하고 차별질서를 바로 세우기 위한 교민(敎民)을 그 다음으로 해야 한다는137) 백성의 생활안정을 최우선으로 할 개혁을 주장하였다.

따라서 이러한 현실관에 입각한 율곡의 정치관은 무비판적으로 주자학 등 유학정치론을 답습하여 그것을 현실에 적용하려는 데 급급한 보수적 경향에 대한 비판의식에서 전개한 독창적 이론이었다. 그의 정치사상은 차별적 반상질서의 보강을 위한 수정이 아니라, 백성의 생활안정과 국가보위를 정치목표로 하는 현실적 치국관(治國觀), 경험적 실증관(實證觀), 미래지향적 개혁관(改革觀), 평등적 상대관(相對觀) 및 개체적 기능관(機能觀)에 바탕을 둔 정치론이었다.

물론 율곡의 정치목표는 군신질서의 확립이고, 그가 바로 잡으려는 정치에서 차별윤리 질서를 거부한 것이 아님은 부인할 수 없다. 하지만 그가 추구한 정치의 목적이 양반계급의 입장에서 자신이나 양반계급의 특권 확보나 새로운 권익을 추구하려는 것이 아니라, 피지

---

136) 위의 책, 卷五 疏箚二 萬言封事 甲戌. 당시의 사회상에 대한 이러한 율곡의 날카로운 비판과 현실 직시는, 같은 시대에 대한 앞서 지적한 퇴계 이황의 농민, 어민 누에치는 상민, 나무꾼의 안락함을 읊은 시(寄題四樂亭)나 말년의 정책건의서(戊辰六條疏)와는 판이한 대조를 이룬다.
137) ≪宣祖實錄≫, 卷八 十年 三月.

배 노서민의 입장에서 백성들의 생활안정과 한민족의 국가보위에 있었던 점에 유의할 필요가 있다.

율곡은 봉건도덕으로서의 삼강오륜(三綱五倫)을 전면적으로 폐기시킨다는 것이 불가능하다는 점을 인정하였다. 따라서 그는 "옛날이나 오늘이나 변경시킬 수 없는 것은 왕도(王道)이고 인정(仁政)이며 삼강(三綱)이요 오상(五常)이다. 그러나 후세에 와서 도덕과 학술이 밝지 못하여 변경할 수 없는 것이 변경되고, 변혁되어야 할 때에 변혁되지 않고 지켜지고 있으므로, 이것이야 말로 사회가 안정되지 않고 변란이 많은 까닭이다"138)라고 하였다. 또한 그는 부자(父子) 및 군신(君臣) 간의 상하 차별질서가 "인륜의 대원칙이고"139) 하늘의 질서로서 변경할 수 없는 것임을 인정하였다.

그러나 율곡은 군신체제하에서나마 노서민의 권익이 보장될 수 있는 국민대동(國民大同)을 위한 개혁을 주장하였다.

훌륭한 왕은 시대가 같지 않았으므로 제도를 시대에 알맞게 하였으며, 어질고 어리석은 정도가 똑 같지 않았으므로 다스리는 방법을 생각하여 사사로운 인정을 절제하고 업무를 헤아려 보태고 줄이어서 법규를 만들었다. 지나치게 과도한 것은 억제하고, 미치지 못하는 것은 끌어 올려서, 착한 사람은 북돋우고 악한 사람은 징계하여 마침내는 온 국민이 동등하게 사는 대동(大同)사회에 이르게 하였다. … 그러므로 성인이 이미 죽으면 반드시 다른 성인이 나와 사회를 다스리고 수시로 변통함으로써, 백성을 곤궁하지 않게 하였다. 그러므로 변치 않는 것도 세상의 원칙이지만 변통하여 개혁하는 것은 예로부터 지금까지 있어온 더욱 중요한 실천원리이다.140)

---

138) ≪栗谷全書≫, 卷五 疏箚三 萬言封事.
139) 위의 책, 卷八 立後言義一 癸未.
140) 위의 책, 卷二十六 聖學輯要八 第五 聖賢道統.

따라서 율곡의 정치목표는 백성의 생활안정과 국가보위인 안민보국(安民保國)이었고, 이것은 그가 죽기 전해(선조 16년 2월/1538)에 선조 임금에게 상소한 정책건의서인 육조계에 집약되어 있다. 이것은 앞서도 논의한 대로 퇴계 이황의 무진육조소(戊辰六條疏)와는 매우 대조적이다. 퇴계의 육조소가 모두 차별윤리의 강화를 주장하였음에 비하여 율곡의 육조계는 안민보국책이 핵심이다. 즉 율곡은 육조계에서 "첫째 어질고 유능한 인재를 임용할 것, 둘째 백성을 보호하고 군사를 양성할 것, 셋째 국가재정을 충분히 확보할 것, 넷째 변방의 방비를 튼튼히 할 것, 다섯째 위급한 때 전쟁에 쓸 말을 준비해 둘 것, 여섯째 교화를 밝게 할 것"[141] 등 긴박한 당면정책을 건의하였다.

이와 같은 안민보국의 정책론은 한민족이 직면한 현실을 올바로 본 현실적 치국관의 발로이다. 따라서 율곡이 십만양병론[142]을 제기한 것도, 민족의식을 각성하고 민족과 백성이 당면한 위기의 현실을 직시하였으므로 그 치유책으로 주장한 우국적 대책이었디. 그러므로 그가 어떤 신통력이라도 지녀서 주창한 선견지명으로 보는 것은 잘못이다.

율곡은 유학의 당위론적 시각을 벗어나 국민과 사회가 당면한 현실을 올바로 인식하였으므로, "국가의 고질병이 20여 년이나 깊어왔을 뿐 아니라 안이하게 인습에만 빠져 조금치도 고치지 않았기 때문에, 이제 백성들의 살림은 메마르고 국가재정이 고갈되었으니, 만일 이를 개혁하지 않으면 장차 나라를 보전하지 못할 것이다"[143]라고 개혁의 필요성을 역설하였다. 아울러 그는 안일한 생활을 구가하던

---

141) "一曰任賢能, 二曰養軍民, 三曰足財用, 四曰固藩屛, 五曰備戰馬, 六曰明敎化"(위의 책, 卷八 啓 六條啓).
142) 위의 책, 卷三十五 附錄三 行狀.
143) 위의 책, 卷九 書 上退溪先生 丁卯.

이황의 자세에 대하여도, "자기(율곡)와 같이 미약하고 말단에 있는 사람도 깨달은 바가 있어서 국가위기의 치유책을 강구하려 하는데, 세 왕(三朝)에 걸쳐 벼슬을 하여 은혜를 입었고 육경(六卿)의 자리를 거친 퇴계가 어찌 한가롭게 물러나 안이하게 지내기만 고집할 것인가"144)라고 통렬히 비판하였다.

결국 율곡의 정치사상은 반상 체제를 강화하여 주자학적 통치론을 보강하려는 퇴계류의 사상이나, 지나친 형이상학화로 흘러 현실성을 결여한 화담류의 사상과는 달리, 노서민의 생활안정을 위한 안민이택(安民利澤)과 민족국가 수호를 위한 정치목표를 위하여, 주자학적 통치이념의 수용으로 황폐화한 나라를 개조하려는 개혁론으로 볼 수 있다.

② 안민보국의 정치사상

앞서 이(理)와 기(氣)의 본질적 의미에 대하여 논의할 때, 유학에서의 이(理)란 차별원리로, 그리고 기(氣)는 생리력의 주체로 보았다. 정치원리로 이기론을 전개하는 경우 이(理)를 강조하는 정치적 목적은 차별적 신분체제의 강화에 있고, 기(氣)를 강조하는 것은 생리와 직결되는 백성의 의식주생활을 안정시키는데 있었음도 지적하였다. 따라서 백성의 생활안정과 국가보위를 정치목표로 하였던 율곡의 이기론이 주기론(主氣論) 또는 기일원론(氣一原論)에 귀착됨은 당연하다.

우선 인간이 차별원리만을 중요시할 것이냐 또는 기(氣)의 작용인 물리적 및 생리적 욕구의 추구를 중요시할 것이냐를 논의하기에 앞서,

---

144) 위의 책.

율곡은 인간본질이 무엇이냐는 문제에 대한 시각에 일차적 과제를 두었다. 이러한 문제에 대하여 그는 어버이에게 효도하고 임금에게 충성하는 것도 중요하지만, 인간을 본질적으로 삶을 위하여 물리적 및 생리적 욕구를 충족하려는 존재로 보았다. 따라서 이러한 물리적 또는 생리적 욕구를 추구하려는 인욕(人欲) 또는 인심(人心)이 정치와 도덕의 근원임을 밝히었다. 그러므로 율곡은 "마땅히 먹어야 할 때에 먹고, 입어야 할 경우에 입는 것은 성현도 벗어날 수 없는 것이므로, 이는 인간의 본질인 천리(天理)이다"[145]라고 하였다. 이것은 인간의 모든 선악과 시비, 사고와 행위의 원인자가 생리적 욕구를 발동시키는 기(氣)에 있고, 기(氣)의 작용인 인심(人心) 또는 인욕(人欲)을 부인하고 윤리와 정치를 논의할 수 없음을 말한 것이다.

가. 민생의식에 바탕을 둔 인성론

앞서 언급한 대로 퇴계 이황은, 양호한 기질의 소유자는 선천적으로 이성능력을 지닌 자로서 이(理)의 인식 능력을 소유한 사람이고, 불량한 기질의 소유자는 이성 능력을 갖지 못한 이(理)의 인식능력이 없는 사람으로 차별 지움으로써, 서민대중의 생활안정에 대한 현실적 요구와 감각적 감수기능을 불량한 인간성의 소치로 보았다. 이러한 이황의 인성론은, 기질이 맑은 양반귀족만이 이성 능력을 가졌고, 기질이 혼탁한 하층의 노서민은 이(理)를 인식할 수 없는 인간성으로 차별함으로써, 양반과 노서민의 신분계급적 차별이 엄격한 반상질서를 옹호하려는 저의가 내포된 정책적 인성론이라고 볼 수 있다.

---

145) 위의 책, 卷十四 說 人心道心說.

그러나 율곡은 "눈 귀와 같은 감각기관이 있은 뒤에야 지각이 있다"146)고 함으로써, 감각적 감수기능을 가진 모든 개인을 사물 인식의 주체로 보고, 노서민과 양반을 포함한 모든 개인의 감각적 의식기능을 중요시하였다. 율곡은 개인을 통제 지배하는 인간 외적인 차별원리에 대한 이성적 인식 능력이 있느냐 없느냐로 인간성을 차별 지우려는 봉건도덕적 인간관을 거부하는 입장을 취하였다. 따라서 차별원리에 대한 이성 능력을 인간성의 본질로 보아 성리학으로까지 승화시킨 조선시대 유학의 인성론에 대하여도, 율곡은 회의적인 시각이었다. 본래 성리학이란 유학적 차별원리에 따라 인간의 본성을 기질상의 차이로 구별함으로써, 계급적 신분질서의 불가피성을 인간성의 차별로 합리화한 이론에 불과하다. 즉 조선의 성리학이란 차별 불평등의 정치 및 사회질서를 확립하려는 정치적 목적에서, 인간은 이러한 차별질서를 감수할 수 있는 본래성을 지닌다는 점을 불변의 원리로 고정시키려는 주장들이었을 뿐이다. 그러므로 성리학을 어떤 독특한 철학을 지닌 이론인 것처럼 보려는 시각은 무리이다.

따라서 율곡은 유학의 성리론(性理論)이 주장하는 것처럼 신분적 차별질서를 확립하려는 저의에서 인간의 차별성을 강조하기보다는, 인간의식 자체의 객관적 경험적 구조를 중요시하였다. 그에 따르면, 인간의식은 인간의 신체 자체구조에 근거하며, 인간의 자체구조는 생리작용을 일으키는 정(精), 물리작용인 기(氣), 심리현상인 영(靈)이 복합적으로 작용하는 자연 기능체이다. 우리가 흔히 강렬한 생리 작용을 정력(精力)의 왕성으로, 건강한 체력을 기력(氣力)이 강한 것으로,

---

146) 위의 책, 卷三十一 語錄上.

그리고 사물에 대한 날카로운 직관력을 영감(靈感)이 큰 것으로 말하는 것도 인간성을 경험적이고 감각적으로 보는 시각이라고 할 수 있다. 이렇게 인간의 본성을 경험적 시각에서 보려한 율곡은 다음과 같이 설명한다.

대개 사람의 지각은 생리작용인 정(精)에 근거하고 있으며, 눈과 귀의 총명함은 심리적 기능(魄)에서 비롯하며, 심리적 기능을 하는 사고작용(思慮)이 바로 인간의 정신이다. 그 총명하고 사고하는 기능은 기(氣)의 작용이고, 총명하게 하고 사고하게 만드는 것은 이(理)이다. 이(理)에는 지각(知覺)이 없고 기(氣)에는 지각이 있으므로 귀가 있은 뒤에야 소리를 들을 수 있고, 눈이 존재한 뒤에야 만 색깔을 볼 수 있으며, 심리작용이 있어야만 생각할 수 있다. 생리력과 물리력인 정기(精氣)가 한 번 흩어지면, 귀는 들을 수 없고, 눈은 볼 수 없으며, 마음은 생각할 수 없다. 그러므로 귀와 눈과 정신의 기능이 없으면 사물을 인식하지도 못하고 지각하지도 못 할 것이다.[147]

이와 같이 율곡은 생리 물리 심리작용을 하는 인간의 감성이 인간성에서 가장 중요하다는 점을 지적하였다. 따라서 이는 인간이 감수하는 모든 감각적 경험이 사회 내지 정치적 과제를 해결하는 초점이어야 한다는 점을 시사한 것이다. 율곡에 따르면 인간의 지각과 사유는 심리작용에 근거하며, 심리작용은 육체적인 생리와 물리작용에 근거하므로, 인간의 본성에서 물리, 생리, 심리적 기능이 복합적으로 작용하는 것은 자연원리이고, 이것을 곧 인간성의 본질인 이(理)로 보았다. 그러므로 그가 말한 이(理)는 유학에서의 차별원리가 아니라, 생리 물리 심리기능을 하는 인간 개개인의 생존원리이고 삶의 주체성

---

147) 위의 책, 拾遺四 雜著一 死生鬼神策.

을 의미한 것이다. 따라서 그의 인간관은 차별적인 봉건도덕을 실천해야만 하는 차별가치의 실천주체가 아니라, 인간의 자연기능에서 비롯하는 경험적 삶의 욕구주체이다.

이처럼 율곡은 삶의 욕구주체로서의 인간의 감각적 감수기능을 중요시함으로써, 각 개인이 의식주생활을 충족하려는 생활가치의 추구가 자연원리이며, 노서민의 생활안정을 위한 생활가치를 신장시키는 일이 차별 가치를 확립하는 일 보다 더 중요한 가치임을 인식하였다. 따라서 그는 생리적 및 물리적인 자연기능으로서의 삶이 정지된 죽은 뒤의 행복이란 무의미하다는 시각에서, "이미 지각이 없으면 비록 천당과 지옥이 있다고 하더라도 어찌 그 고통과 쾌락을 알겠는가? 석가모니의 인과응보설은 공박하지 않아도 저절로 깨질 것이다"148)라고 하였다. 이것은 불교가 현세의 고난이 죽은 뒤의 행복을 보장하는 극락에 이르는 길이라는 인과응보 내지는 윤회설을 통하여, 피지배계급의 굴종을 요구하는 정치적 의미를 지니고 있음을 비판한 것이라고 볼 수 있다.

그러나 율곡은 인간의 감각적 감수기능인 지각을 통한 사물과 사회에 대한 경험적 인식을 중요시하였으므로, 경험과 실천을 사물판단의 근본적 기준으로 보았다. 그러므로 그는 사회와 사물에 대한 인식에 있어서 사고에 의한 추리보다는 경험적 인식에 최고의 가치를 두었다. 이 점은 차별가치에 대한 지식의 추구를 무엇보다 우선할 것을 말한 이황과는 판이하게 다른 대조적 시각이다. 따라서 율곡은 사물 및 사회에 대한 인식수준을 세 단계로 구분함으로써, 그의 정치

---

148) 위의 책.

및 사회현상을 직시하려는 경험적 실증관을 보여 주었다. 즉 그는 "인식의 최하층은 다른 사람의 말만 듣고 이것을 따르는 사람이고, 중간층은 바라보기만 하는 사람이며, 상층은 땅을 직접 밟아 보고 아는 것과 같이 스스로 경험하여 실증(實證)하는 친견(親見)이다"[149]라고 함으로써, 직접 경험하여 실증하는 것을 최상의 인식방법으로 보았다. 이러한 경험적 인식방법에 대하여 그는 어떤 높은 산의 오묘한 경치에 대한 인식의 차이에 비유하였다.

> 그 산이 있는 곳조차도 알지 못하고 단지 물이 있다 돌이 있다고 하는 다른 사람의 말만 듣고 그 말을 믿으면서, 그 말이 참인지 거짓인지 분별치 못하는 사람이 최하층의 사물 인식방법(聞見)이고, 실제로 멀리에서나마 그 산을 바라보고 다른 사람이 한 말들을 확인하는 것이 망견(望見)이다. 망견에도 차이가 있으니 동쪽 또는 서쪽 중 그 한 쪽만을 보고 보았다는 것과 전체를 보고 보았다는 등 차이가 있다. 망견에도 두 가지 행위가 나온다. 하나는 바라 본 것만을 스스로 즐겨 자만하면서 바라보지 못하고 남의 진하는 말만 듣고 있는 사람을 내려다보고 손뼉 치며 만족해하는 부류와, 스스로 그 산의 정상을 밟아 보고자 그 곳을 향해서 오르는 자가 있다. 이 후자의 행동이 바로 스스로 경험해서 알아보려는 친견이며 실천을 통한 실증이다.[150]

이와 같이 율곡은 형이상학적인 사변(思辨)에 의한 추리가 아니라, 경험과 실천을 통하여 사회와 사물현상을 직시하고 그 가치를 확인하는 실증적 인식을 중요시 하였다. 율곡이 이처럼 경험적 실증에 의한 사물의 인식을 중요시하게 된 근본동기는, 당시 자신들의 기득권을

---

149) "最下一層 聞人言而從之者也, 中一層 望見者也, 上一層 履其地而親見者也"(위의 책, 卷十 書二 答成浩原).
150) 위의 책, 答成浩原.

옹호하기 위하여 유학의 당위론적 차별원리와 그 형식만을 내세우려는 양반 지식계층의 보수적 경향을 거부함과 아울러, 이들 지배계급의 수탈과 학정에 시달리는 노서민의 입장에서 사회현실을 올바로 인식하려는 데 있었다. 그는 "독서를 하지만 실천이 없는 사람은 말만 잘하는 앵무새와 다를 바 없으며, 양원제(梁元帝)와 같은 자는 만 권의 독서를 했지만 결국 위(魏)나라의 포로가 되었으니, 이 어찌 도학(道學)이라 하겠는가?"[151]라고 지적함으로써, 양반 지식계층의 비현실적이고 비생산적인 유학적 명분론에 대한 공리공론의 논쟁을 비판하였다.

이와 같은 율곡의 인식론에 비추어 보면, 그는 사물과 사회를 감각적으로 감수하는 칠정(七情)이 인간의 본질적 기능이고, 칠정을 발동시키는 원인자인 기(氣)가 인간의 존재본질이라고 보았던 것 같다. 이 때문에 율곡은 사단칠정(四端七情)에 대한 논의에서 이황과는 정반대의 시각을 지녔다. 이황은 인의예지(仁義禮智)의 단서인 사단(四端)과 기쁨(喜)·노여움(怒)·슬픔(哀)·즐거움(樂)·사랑(愛)·증오(惡)·욕망(欲) 등 7 가지의 감정(七情)을 분리시켜서, 전자를 이(理)의 발현으로, 그리고 후자를 기(氣)의 발현으로 보았고, 이(理)의 발현에 따라 기(氣)의 발현이 이(理)에 종속됨을 주장하였다. 그러나 율곡은 칠정(七情)에 사단(四端)을 포함시킴으로써, 생리력의 주체인 기(氣)의 발현이 칠정이고, 칠정 즉 감성이 사단 즉 차별의 이성을 좌우한다고 보았다.

이황은 사단이 순수한 선(善)으로서 인간의 존재본질이고, 선과 악을 함께 지닌 칠정을 사단과 구별함으로써 이(理)와 기(氣)를 분리시켰다. 이에 반하여 율곡은 생리적 요소가 인간성의 근본이라고 보았으므

---

151) 위의 책, 卷十五 雜著二 東湖問答 論君臣相得之難.

로, 감각적인 경험으로 파악될 수 있는 칠정이 차별원리의 발현인 사단에 우선한다는 것이다. 감성적 존재인 인간에게 있어서 기(氣)의 작용에서 비롯되는 칠정을 떠나서, 차별원리의 발현인 사단이 관념적으로는 추리될 수 있을지 모르나 인간의 존재 본질일 수는 없다는 것이다. 율곡은 다음과 같이 설명하였다.

이제 만일 사단(四端)이 외부환경에서 느끼기를 기다리지 않고도 사람의 마음 안에서 스스로 나온다고 한다면, 이것은 부모가 없어도 효심이 생길 수 있고, 임금이 없어도 충성이 발현될 수 있으며, 형이 없어도 공경심이 생길 수 있다는 말이니, 이것이 어찌 사람의 참된 심정이겠는가? 이제 측은지심(惻隱之心)만을 말하더라도 어린아이가 우물에 빠진 것을 본 뒤에야 비로소 측은한 마음이 나타나는 것이니, 어린아이는 외부환경의 존재(外物)가 아니겠는가? 외부의 사물을 보지 않고도 측은한 마음이 스스로 생기는 수가 있겠는가?[152]

이는 충성·효도·공경 등 차별도덕의 실천이란, 백성들의 의식주 생활의 확보 즉 생활안정이 어느 정도 이룩되었느냐는 경험적 인식이 이루어진 뒤에나 가능하다는 뜻이 된다. 다시 말하면 이것은 백성에 대한 생활안정의 실증이 없이는, 충성·효도·공경(忠孝敬) 등 차별도덕에 대한 강화론이 의미가 없다는 점을 지적한 것이다.

나. 기능적 평등관에 바탕을 둔 개체사상

유학사상에서는 인간을 포함한 모든 사물들이란, 그 사물이 있기 이전에 존재한 근원적 원인자로서의 차별원리(理)에 의하여 지배되는 전체 속의 한 개체(個體)에 불과한 존재이게 마련이다. 따라서 유학사상

---

152) 위의 책, 卷十 書二 答成浩原 壬申.

에서의 개체란 차별질서에 존재하는 서열로 그 지위가 부여되는 전체 속의 한 개체에 불과하다.

그러나 율곡은 이러한 유학적 개체관(個體觀)과는 상반되는 개체관을 지녔다. 그에 따르면 감각적 경험에 의하여 지각되는 세계는 변화하고 있으며, 변화의 주체는 절대적 형이상학적 원리가 아니라 현실의 구체적인 개체들이라는 것이다. 이는 세계를 차별원리에 따라 서열로 이루어진 전체로 보는 시각이 아니라, 서로 독자적인 기능에 따라 그 존재가 부여되는 개체들의 통합체로 보는 시각이다.

그러나 유학사상은 차별원리를 유일의 절대적 진리로, 그리고 이 원리의 실천을 당위로 하는 고정관념에서 개체의 획일적 통일을 구하는 논리를 특징으로 한다. 그러므로 중용은 이 당위의 차별원리를 실천하려는 의욕을 중(中)이라고 하였고, 희로애락이 나타나지 않은 절대이성의 상태로 보았으며, 이 이성적 의욕의 발현에서 사회의 조화(和)가 생긴다고 하였다.[153] 《중용》은 차별원리를 실천하려는 의욕(中)이 천하의 근본이고, 차별원리의 실천을 모든 사람이 따라야 할 길(達道)이라고 하였다.[154] 따라서 중용(中庸)은 인간이 감각적으로 느끼는 희로애락에 따른 정치적 반역성을 봉쇄하기 위한 인성론(人性論)을 폈다. 그러므로 중용에서의 중(中)의 개념은 인간의 심리에만 있고 사물에는 없다는 것이 유학사상을 추종하였던 성혼(成渾, 1535~1598)[155]의 시각이다.

---

153) 《中庸》, 第一章.
154) 위의 책.
155) 선조 초에 참봉(參奉, 종9품/현 서기보급)으로 관직에 천거되어 이조참판(종2품/현 차관급), 사헌부 대사헌, 의정부 좌참찬(정2품/현 장관급)에 이르렀으며, 율곡 이이와 남다른 우정을 유지하면서 토론하였다. 자는 호원(浩原)이며 우계(牛溪)에 살았으므로 우계(牛溪)선생이라 하였다(李肯翊, 《然藜室記述》 卷十八 宣祖朝 儒賢 참조).

율곡은 정자(程子)의 말을 인용하여 모든 사물에도 자연의 중(中)이 있다고 보았고, 이 중(中)은 지극히 선한 지선(至善)으로서, 만물의 개성 즉 개체의 기능적 특성으로 생각하였다. 그가 친구 성혼에게 보낸 편지에서, "지선(至善)과 중(中)에 대한 이론은 우리 두 사람이 대개 서로 합치한다. 그런데도 나와 의견이 합치하지 않는 것은 족하(足下)의 뜻이 중(中)은 다만 내 마음에 있을 뿐 사물에는 없다고 생각하는 점이다. 정자는 말하기를 모든 사물에는 모두 자연의 중(中)이 있다고 하였는데, 족하는 마침내 이것을 보지 못하는가?"156)라고 주장하였다. 성혼은 중(中)을 차별원리라는 당위를 실천하려는 인간의 의욕으로 보았고, 율곡은 모든 사물 자체가 지닌 기능적 특성으로 보았던 것 같다.

각 개체마다 기능이 다르며 비교될 수 없는 독자성을 가졌고, 어느 개체 이건 간에 특이한 기능을 지니고 있으므로 사물에도 각기 다른 기능이 있다는 것이다. 이러한 점을 사상적으로 체계 세운 것이 율곡의 기능론직 개체사상이다. 그의 개체사상은 '하나이면서 둘이고 둘이면서 하나(一而二, 二而一),' 각유태극(各有太極) 그리고 이통기국(理通氣局) 등의 주장으로 나타냈다. 그의 '하나이면서 둘이고 둘이면서 하나'라는 주장에 따르면, 다음과 같다.

대저 이(理)는 기(氣)의 주재이고, 기(氣)란 이(理)가 타는 바이니, 이(理)가 아니면 기(氣)가 근거할 데가 없고, 기(氣)가 아니면 이(理)가 의지할 곳이 없다. 이(理)와 기(氣)는 두 개의 개체(二物)가 아니고 또 하나의 개체(一物)도 아니다. 하나의 개체(一物)가 아니기 때문에 하나인 것 같으면서도 둘이요, 두 개의 개체(二物)가 아니기 때문에 둘 같으면서도 하나이다. 하나의 개체(一物)가 아니라는 것은 무엇을 말하는가? 이(理)와 기(氣)가

---

156) 栗谷全書, 卷九 書一 答成浩原.

비록 분리될 수는 없으나 묘하게 합한 가운데에서도, 이(理)는 스스로 이(理)로서의 기능을 하고, 기(氣)는 스스로 기(氣)로서의 기능을 하기 때문에, 서로 섞이지 않으므로 하나의 개체(一物)가 아니다. 두 개의 개체(二物)가 아니라는 것은 무엇을 뜻하는가? 비록 이(理)는 스스로 이(理)이로서 기능하고, 기(氣)는 스스로 기(氣)로서의 기능을 하고 있으나, 서로 혼합되어 있어서 틈도 없고 선후(先後)도 없으며 흩어지고 다시 합하는 일도 없어서, 두 개의 개체(二物)로 볼 수 없으므로 별개의 개체(二物)가 아니다.157)

이는 모든 개체 즉 개개 사물과 개인 및 각 민족은 각 개체마다 독자적인 기능과 생존원리를 지녔으므로, 개체가 있으면 그 개체 자신의 기능과 생존원리가 있게 마련임을 의미한 것이다. 동시에 이러한 그의 주장 속에는 각 개체의 생존원리가 부인되는 개체의 현실적 존재 즉 개성이란 무의미하다는 점을 내포한다.

따라서 율곡은 양반 지배계급이거나 노서 상민이거나를 막론하고 인간 개체의 생활권의 존중이라는 시각에서 이(理)와 기(氣)를 기능적으로 이해하였으므로, 각 개체의 입장에서 볼 때 각 개체에는 자존적(自存的)인 생존원리로서의 이적(理的)기능과, 현실적인 의식주생활을 위한 삶의 기능으로서의 기적(氣的)기능이라는 두 개의 기능을 지닌 것으로 보았다. 그러므로 율곡이 말하는 '하나이면서 둘이고 둘이면서 하나'라는 주장은, 모든 개체를 각 개체의 기능면에서 볼 때는 한 개체가 두 개의 기능을 지녔으므로, 하나의 개체이지만 둘의 기능을 지닌다(一而二)는 뜻이고, 존재론적 측면에서 보면 한 개체가 두 개의 기능을 지니고 있으므로 두 개의 기능을 지니지만 하나의 개체(二而一)라는 의미이다.

---

157) 위의 책, 卷十 書二. 答成浩原 壬申.

　　율곡이 말하는 이(理)와 기(氣)는 개체에 대한 기능개념이지 형이
상학적 존재개념이 아니었음에 유의할 필요가 있다. 그는 기능이란
개체를 떠나서 논의될 수 없고 개체도 기능을 떠나 존재할 수 없다고
보았기 때문에, 하나의 개체는 이(理)와 기(氣)라는 둘의 기능을 가졌으
며 동시에 두 가지 기능을 지닌 하나의 개체라는 뜻에서, ‘하나이면서
둘이고 둘이면서 하나’를 주장한 것이다.

　　이와 같은 기능론적 시각에서, 율곡은 ‘이’와 ‘기’를 개체의 두
기능으로 이해하였지만, “기(氣)도 도(道)이고, 도(道)도 또한 기(氣)이
다”158)라고 주장함으로써, 생리적 물리적 욕구의 근거인 기(氣)의 추구
를 인간이 따라야 할 당위의 행동(道)으로 보았다. 따라서 율곡은,
이(理)와 기(氣)가 이물(二物)이라는 주자의 이기론, 이(理)와 기(氣)가
일물(一物)이라는 나정암(羅整菴)159)의 주장, 그리고 이(理)가 발현됨으
로 기(氣)가 그에 뒤따른다는 이황의 이발기수설(理發氣隨說) 등 모두가
이(理)와 기(氣)를 존재개념으로 보려는 오류(誤謬)가 있음을 지적하였
다. 특히 율곡이 말한 이(理)는 각 개체의 자존을 위한 생존원리이며,
각 개체의 생존이란 삶의 주체력인 기(氣)의 작용 결과이다. 그는 이
점을 다음과 같이 말하였다.

　　그러므로 천지에 있어서는 천지의 이(理)가 되고, 만물에 있어서는
　만물의 이(理)가 되며, 사람에 있어서는 사람의 이(理)가 된다. 이와 같이
　각 개체가 여러 가지 다양한 특성을 나타내는 것은 기(氣)의 작용이다.160)

---

158) 위의 책, 書二 答成浩原 壬申.
159) 나정암(羅整菴)의 이름은 흠순(欽純)이고 정암(整菴)은 그의 호이며, 격물지지(格物致知)
에 관하여 깊이 연구한 명나라 세종(世宗, 1522~1566 재위) 때의 유학자이다.
160) ≪栗谷全書≫, 答成浩原 壬申.

또한 율곡은 각 개체가 서로 다르고 독자성을 지니게 되는 것은 각자 자존의 자연원리가 있기 때문으로 보았으며, 각 개체가 지닌 생리력의 근거인 기(氣)의 작용을 태극(太極)으로 보고, 모든 개체가 독자적인 태극을 지니고 있다는 각유태극설(各有太極說)을 주장하였다. 본래 유학 특히 주자학에서의 태극과 음양(陰陽)에 대한 이론은, 모든 만물을 생성한 근원적 원인자로 태극을 설정하고 음과 양으로 만물의 변화를 설명함으로써, 제왕권(帝王權)을 태극으로 상징화하여 왕통(王統)의 영원성을 보장하고, 양을 지배로 음을 피지배로 상징화하여 지배계급의 피지배계급에 대한 차별지배의 불가피성을 보장하려는 정치적 목적에서 전개한 것이었다.

그러나 율곡은 모든 백성의 생활안정과 민족국가의 수호를 최우선의 정치과제로 생각하였으므로, 지배와 피지배의 차별을 영원한 당위의 자연원리로 보는 주자학적 음양론과 왕권의 절대성만을 고집하는 유학적 태극론에 회의하였다. 따라서 율곡은 왕권이 아니라 모든 백성의 개체성과 삶을 기준으로 한 각 개체의 자존원리를 태극으로 보았고, 음양을 각 개체가 지닌 긍정적 기능(+) 과 부정적 기능(-)으로 파악하였다. 이 점에 대하여 율곡은 다음과 같이 말했다.

> 천지와 사람 그리고 사물이 비록 각각 그 자존의 원리가 있으나, 천지의 이(理)가 곧 만물의 이(理)이고, 만물의 이(理)가 곧 우리 사람들의 이(理)이다. 이것은 이른바 모두 하나의 태극을 근본으로 하고 있다. 비록 이(理)는 하나이지만 사람의 성품이 사물의 성품은 아니며, 개의 성품이 소의 성품은 아니다. 이것은 이른바 각 개체가 성품이 각각 다르기 때문이다.[161]

---

161) 위의 책, 答成浩原 壬申.

율곡은 개체 중심의 시각에서 태극의 의미를 재정립하였고, 유학의 절대관이 아니라 상대관에서 개체간의 관계도 기능적으로 파악하였다. 유학의 절대론에서는 태극을 모든 사물의 존재 근거 또는 생성의 근원으로 보며, 시간적으로는 최초의 선천적 원인자, 공간적으로는 만물을 초월하여 존재하는 독립적 존재로 보게 마련이다. 아울러 율곡은 장횡거(張橫渠)나 서화담(徐花潭)이 태극을 음양의 개념으로 파악하여 선천(先天)의 태극을 음시(陰時)라 하고, 음시(陰時)가 음양의 근원으로 보는 존재론적 입장도 비판하였다. 그는 태극은 그러한 만물의 근원적 원인자로서의 시원(始源)이 아니라, 모든 개체마다 지니고 있는 개체의 주체적 특성으로 보았으며, 음양을 개체의 동적(動的) 기능과 정적(靜的) 기능으로 이해하였다. 이러한 측면에 대하여 율곡은 다음과 같이 주장하였다.

> 과거에 무수한 천지가 생성되고 소멸되었다. … 화담은 지나치게 주장하여 긍정과 부정이 동시에 작용하는 양(+)과 음(-)의 묘한 기능이 태극에 있는 것을 모르고, 하나의 양(一陽)이 생기기 전에 음의 에너지(氣)를 음양의 근본으로 생각하였으니, 성현의 뜻과 어긋나는 것이 아닌가? 음과 양의 기능은 시작도 없고 끝남도 없으며 밖으로 나타나는 것도 없지만, 끊임없이 작용하는 동정(動靜)의 기능을 하지 않았던 때가 없었다. 각 사물 개체가 움직이고 정지하는 일동일정(一動一靜), 긍정과 부정으로 작용하는 일양일음(一陽一陰)의 기능에 있어서, 그 자존의 이(理)가 있지 않은 곳이 없으므로 태극이 음양의 근본이라고 한 것 같다.162)

> 음양의 기능이 생기지 않은 태극이 독립했을 때는 본래 없었다.163)

---

162) 위의 책, 卷九 書一 答朴和叔.
163) 위의 책.

　　이것은 모든 개체에는 그 개체의 독자적 개성의 근원인 태극이
있고, 개체는 음(-)과 양(+)의 두 기능을 가지고 있다는 것을 의미한다.
즉 시간과 공간상의 태극이란 관념적 사고 속에서만 존재할 뿐이고
실제로는 존재할 수 없다는 점을 지적한 것이다. 율곡이 말하는 태극이
란 끊임없이 긍정(+)과 부정(-)의 기능이 일어나는 유기적인 통일체인
개체를 뜻한 것이며, 태극은 하나가 아니라 세상 만물의 개체 수만큼
많다는 것이 그의 각유태극설이라고 볼 수 있다. 따라서 그는 성혼에게
보낸 편지에서 옥계(玉溪) 노수신(盧守愼)의 말을 인용하여, "모든 사물
에는 각각 태극을 갖추고 있다"164)고 주장하였다. 그러므로 율곡이
말한 태극이란 유학사상에 본질적으로 내포되어 있는 국내 통치질서상
의 왕권과 국제질서상의 중화(中華)를 상징하는 절대 초월적 존재개념
이 아니다.

　　이상과 같은 율곡의 편지들에 나타난 각유태극설에서의 개체관
은 약소 민족인 당시의 조선이라는 개체 민족의 자각을 요구한 민족
주체성의 발로이고, 이러한 그의 사상적 자주의식은 그로 하여금 개혁
적인 정책대안을 제시하게 만들었던 것으로 보인다. 또한 율곡은 이러
한 개체관을 지녔기 때문에, 유학적 차별원리에 따라 양반과 노서민을
신분계급으로 차별 짓는 것을 거부하고, 모든 국민의 안민이택(安民利
澤)과 국가보위를 위한 기능상 평등을 강조하였던 것 같다. 이러한
점은 그가 솔직하게 실토한 다음과 같은 그의 인생관에 잘 나타나
있다. 즉 그는 친구 성혼에게 "품팔이나 장사라도 할 수만 있다면
나는 천한 일을 부끄러워하지 않겠다. 다만 나라의 풍속이 선비와

---

164) 위의 책, 卷九 書一 答成浩原 丁卯.

서민의 직업을 다르게 정하고 사회가 (직업 선택을) 억제하므로 (관직 이외의) 다른 일을 할 수 없다"[165]라고 토로함으로써, 그가 당시의 차별적 신분제를 뛰어 넘을 수 없었던 한계성과 안타까운 심정을 솔직하게 실토하였다.

특히 율곡은 개체로서의 서민들의 삶의 존엄성과 한민족의 주체성을 각성 자각하였으므로, 이(理)를 모든 만물 개체가 지닌 자존(自存)의 원리로 보았다. 따라서 각 개체는 모두 자존성을 지니고 있다는 점에서 이(理)는 보편적이고(理通), 각 개체의 현실적 삶의 실상은 각기 다르기 때문에 사물에 국한된다(氣局)는 이통기국(理通氣局)설을 제시하였다. 즉 율곡이 말한 이통기국(理通氣局)이란, 각 개체는 외형적 형태면에서는 각기 다르지만, 각기 독자적인 자존의 원리(理)를 지니고 있다는 점에서는 공통적이라는 의미이다. 그는 이통기국을 물에 비유하여 각 개체가 공통적으로 지닌 삶의 자존 원리로서의 이통(理通)을 물의 성질에 비유하였고, 각 개체가 지닌 싱이한 삶의 실상인 기국(氣局)을 물이 담겨진 그릇의 형태로 나타냈다. 그러므로 그는 성혼에게 "모난 그릇과 둥근 그릇은 같지 않으나 그릇 가운데 들어 있는 물의 성질은 동일하다"[166]고 이통기국의 뜻을 설명하였다. 그는 '이통기국' 네 글자를 자신의 독창적 이론이라고 자부하였다. 또한 그는 모든 사물과 인간 등 각 개체의 현실적 존재상에 따라 각자 자존의 원리를 지니고 있다고 보았다.

이(理)는 형체가 없고 기(氣)는 형체가 있으므로, 이(理)는 통하고

---

165) 위의 책, 卷九 書一 答成浩原 甲寅.
166) 위의 책, 卷十 書二 與成浩原.

기(氣)는 특수한 상황에 국한되어 있다. 이(理)는 작용이 없는 것 같이 보이고 기(氣)는 작용이 있는 것 같기 때문에, 기(氣)가 작용할 때 개체의 자존원리인 이(理)가 그것에 기능한다.[167]

이러한 시각에서 율곡은 "이(理)가 통한다는 것은 무엇이냐? 이(理)는 본말(本末)도 없고 선후(先後)도 없다"[168]고 함으로써, 개체를 차별원리에 따라 그 존재가 부여되는 것으로 보는 성혼의 이선재기후생(理先在氣後生)설을 비판하였다. 또 그는 "기(氣)가 국한된다는 것은 무엇이냐? 기(氣)는 현실적 형태를 지닌 개체이므로 본말이 있고 선후도 있게 된다"[169]고 하였다. 이러한 그의 주장은, 기(氣)에 따라 각기 다른 삶의 형태를 지니는 개체는 각 개체마다 긍정적 기능과 부정적 기능을 지니고 있다는 점을 시사한 것이다. 따라서 율곡은 "기(氣)가 작용함에 따라 이(理)가 그것을 탄다는 기발이승(氣發理乘)은 기(氣)가 이(理)보다 앞선다는 기선재설(氣先在說)도 아니다"[170]라고 함으로써, 이(理)와 기(氣)를 별 개의 개념으로 보지 않았다. 그러므로 율곡은 "이(理)와 기(氣)를 둘로 나누려는 사람도 도(道)를 모르는 자이다"[171]라고 단정하였다.

이와 같은 율곡의 이통기국론은 개인 및 개개 민족이 그 현실적 특수성에 따라 자존의 기능적 존재임을 시사하려는 데 있고, 당시의 사회가 개인을 신분에 따라 차별을 두는 현실이지만, 각자의 기능적 측면에서 보면 동등하다는 점을 강조하려는 데 그 근본 의도가 있다고 볼 수 있다. 따라서 율곡의 인간관은 지나치게 엄격한 양반과 노서상민

---

167) 위의 책.
168) 위의 책.
169) 위의 책, 書二 答成浩原.
170) 위의 책.
171) 위의 책, 卷十 書二 理氣詠呈牛溪道兄.

간의 차별질서로 말미암아 민생이 파탄되어 국력이 극도로 악화된 국내외 위기를 극복하기 위하여 개체의 기능상 동등성을 강조함으로써, 모든 민족 구성원의 화합과 삶의 존엄성을 확보하려는 데 있었다고 할 수 있다.

그러므로 그는 모든 개인은 그 직업의 차이에 관계없이 그 스스로의 주체적인 학문적 노력으로 성인도 될 수 있다고 하였다. 즉 인간은 본질적으로 평등하고 다만 학문에 대한 노력에 따라 차이가 있을 뿐이므로, 보통 사람(凡人)도 안자(顔子)도 똑같이 성인이 될 수 있다는 것이다.[172] 따라서 율곡은 성혼에게 "성인을 낮게 보는 것도 진실로 옳지 않지만, 성인을 높고 성스러운 경지에 서 있는 사람으로 보는 것은 더욱 옳지 않다"[173]고 충고하였다. 이것은 인간의 차이란 각자가 본래부터 지니고 있는 자신의 개성을 얼마만큼 제대로 발휘하느냐 아니냐에 있을 뿐, 기질상의 근본적 차이란 없다는 율곡의 인간관을 말해 주는 것이다.

이와 같이 인간에 대한 기능적 평등관을 지녔던 율곡은, 그의 생존 당시에 이단으로 취급되었던 유학 이외의 사상가들에 대해서도 다른 유학자들처럼 전적으로 무시하거나 배척하지 않았고, 도리어 독창적으로 학문하려고 애쓰는 그들의 태도를 인정하였을 뿐 아니라 그들의 학문적 가치도 인정하였다. 율곡 자신도 유학 이외에 노장학에도 관심을 갖고 깊이 연구하였으므로 《도덕경》 연구서인 《순언(醇言)》[174]과 같은 저술을 남겼다. 이러한 그의 시각은 성혼에게 쓴 편지

---

172) 위의 책.
173) 위의 책, 卷九 書一 答成浩原.
174) 《醇言》 참조.

에서도 알 수 있다.

> 예부터 근면한 사람은 뜻을 세우고, 게으른 사람은 성취하지 못한다
> 고 하는데, 그 까닭은 뜻이 있는 것과 뜻이 없는 것에 따라 깨달음이
> 같지 않기 때문이다. 군자(君子)가 이단(異端)이라 하더라도 스스로 학문을
> 연마하는 데 용감한 사람과의 인연을 끊지 않는 것은, 이단에 이끌리어
> 매혹되었던 그 사람의 뜻을 바꾸어 우리의 올바른 길로 되돌리기를 바라기
> 때문이다.175)

개체의 기능상에서 인간 평등을 주장했던 율곡은 개체의 생활가치의 확보란 시각에서 직업 및 신분상의 수직적 차별관을 배격하였던 것 같다. 때문에 그 스스로도 성혼에게 보낸 편지에서 다음과 같이 솔직한 심정을 드러냈다.

> 내가 과거를 소중히 여겨 그 성패와 득실에 얽매였던 것에 그 책임이
> 없을까마는 부득이 해서 그랬던 것이다. 나는 대대로 산업이 없었으므로
> 곤궁하여 가정을 꾸려갈 수 없었다. 늙으신 부모님이 계시는 데 맛있는
> 음식조차 늘 마련해 드리지 못하니 자식된 사람으로 마음이 움직이지
> 않을 수 있겠는가? 품팔이나 장사라도 할 수만 있다면 나는 천한 일을
> 부끄러워하지 않겠다. 다만 나라의 풍속이 선비와 서민의 직업이 다르게
> 정해져 있어서 참으로 사회가 (품팔이나 장사를) 억제하므로 그 일을 할
> 수 없었다. 그런데 과거보는 일 같은 하나의 길이 있어서 부모를 봉양할
> 밑천을 삼을 수 있었기 때문에 내 본래의 뜻(품팔이나 장사)을 굽힌 것이다.
> 감히 녹을 구한 것은 가난 때문이었지 공자와 맹자사상의 정통을 계승하려
> 한 것은 아니다.176)

이것은 율곡이 형식적인 당위의 차별규범에서 출발하고 있는

---

175) ≪栗谷全書≫, 卷九 書一 答成浩原 甲寅.
176) 위의 책.

유학적인 효(孝)와 예(禮)를 거부하고, 개인의 현실적인 생활가치의 추구에서 예와 효를 재조명한 것이며, 고정관념에 얽매여 있는 유학의 원류인 공맹(孔孟) 사상까지도 벗어나려 하였던 그의 독창적 태도를 보여 주는 것이다.

이상과 같이 율곡은 당시의 조선시대 양반 관료사회의 모순과 위기를 직시하고 주자학을 비롯한 유학정치사상이 낳은 폐해와 허구성을 날카롭게 해부함으로써, 경험적 실증주의의 시각에서 백성의 생활 안정(安民)과 구국을 위하여 독창적 정치론을 전개하였다. 그의 윤리관도 당시의 사회적 모순과 민족적 위기를 위기로 보았기 때문에 철저한 상황윤리의 추구이었고, 개체관 역시 개체로서의 노서민에 대한 삶의 존엄성과 개체 민족으로서의 한민족(韓民族)의 보위를 위한 자존의식의 촉성(促成)에 있었던 것으로 보인다. 즉 신분 차별체제의 모순과 주자학적 통치론의 허위성에 대한 비판 의식, 노서민의 참상을 날카롭게 통찰하고 수탈과 불공평의 제거를 요구하는 공평 의식, 비합리적 행정체제에 대한 개혁의식, 내외 위기를 극복하려는 자주적 민족의식에서 전개된 인권 평등의 개체사상이 율곡 정치사상의 핵심이다.

그의 이와 같은 기능적 평등관에 바탕을 둔 개체사상은 그 뒤 주자학에 반대하는 실학적 개혁사상에 영향을 줌으로써, 민중의 주체의식과 한민족의 국제적 동렬(同列)의식 그리고 차별적 봉건사상에 저항하는 국민적 자존의식과 민족적 자주의식을 자극하는 사상적 기틀을 마련해 주었다. 아울러 이상에서 논의한 퇴계 이황과 율곡 이이의 정치사상은 그 뒤의 조선시대 사상계에 커다란 영향을 주었다. 두 사상의 영향을 종합적으로 비교해 보면 다음과 같다.

퇴계 이황과 율곡 이이의 생존기인 16세기는 국내적으로는 사회

불안이 심하고 대외적으로는 도전과 변동이 예기되는 긴박한 위기의 시대였다. 이것은 동질성이 강한 한민족에게 차별원리를 본질로 하는 주자학의 정치론을 적용함으로써 초래된 모순과 배리(背理)의 결과이었다고도 볼 수 있다. 동시에 정치사상면에서는 고려 말 조선조 초기에 개혁사상으로 생각되었던 주자학에 대한 회의와 비판이 나타나기 시작하였던 시대이기도 하다. 주자학의 정치이론과 당시의 사회적 요구 사이에 괴리가 심화되고 있었던 현실에 직면하여, 주자학의 정통화에 보다 힘을 기울일 것이냐 그렇지 않으면 한민족의 생활가치를 신장하는 데 필요한 사상적 자존성을 추구할 것이냐는 두 가지 방향이 모색되던 시대이기도 하다. 다시 말하면 16세기 당시 통치사상과 현실 사이의 괴리로 국내적으로는 양반 지배계급의 착취로 노서민의 피폐가 극도에 이르렀고, 대외적으로는 남북으로부터의 외침의 위험성이 높았던 시대이었기 때문에, 주자학적 통치론을 더욱 강화할 것이냐 그렇지 않으면 이를 포기하고 백성들의 생활안정과 국가수호를 위하여 현실적 상황에 부합하는 상황윤리와 개혁책을 모색할 것이냐 하는 두 가지 시각이 제기되던 시대이었다.

퇴계 이황은 주자학의 정통화에 주력한 전자의 대표적인 인물이었고, 율곡 이이는 한민족이 직면한 현실적 상황을 직시하고 자주적 개혁사상을 추구하였던 후자의 대표적 인물이었다. 따라서 퇴계는 정치 및 사회적인 모순과 불합리의 현실을 외면하였고, 율곡은 모순과 위기의 현실을 직시하고 그에 대한 개혁을 강력하게 주장하였다. 이러한 현실관의 차이 때문에 퇴계의 정치사상은 사변적 당위론에 빠져 기존의 양반관료체제를 보위하기 위한 반상 차별윤리의 강화에 치우쳤고, 율곡의 정치사상은 서민의 참상을 구제하여 국가를 보위하려는 현실적 치국론의 기틀이 되었다.

따라서 퇴계 사상은 조선왕조 중기 이래 대외적인 위기에 직면하여서도 정치 파쟁의 도구로서 공리공담의 매체로 전락하였으며, 조선 왕조 말기에는 제왕학으로 일본에 수출되어 일본의 제국주의론을 보강시켜 주는 데 기여하였음이 지적되기도 한다. 이 점은 퇴계학이 일본의 주리파(主理派) 형성에 기여했고, 그 주리파가 일본 존황운동(尊皇運動)의 사상적 기반이 되었다는 주장177)에서도 찾아 볼 수 있다. 특히 퇴계학이 일본에 건너가 높이 평가 받은 데는 다음과 같은 까닭이 있음에 유의할 필요가 있다. 첫째 퇴계학은 중앙집권적 제왕권 확립을 근본목표로 하는 주자학의 해설판에 불과하기 때문에, 군벌정치로 분열된 일본의 국가통합에 필요한 천황제(天皇制)를 합리화하는 이론적 수단이 될 수 있었고, 동시에 내선일체(內鮮一體)를 내세워 한국인을 이른바 일제의 황국신민화(皇國臣民化)하기 위한 수단으로 필요하였기 때문이있다. 따라서 퇴계학은 모화사대주의(慕華事大主義)를 촉진시켰을 뿐 아니라, 한국 민족에 대한 일제 식민지화의 수단으로 활용되었다. 둘째 차별을 본질로 하는 주자학 내지 퇴계의 유학은 한국의 전통사상을 차별사상으로 규정함으로써, 한국인은 본질적으로 차별 받을 수밖에 없다는 점을 무의식중에 심어주어 한국인의 동질성을 파괴하여 분리지배(divide and rule)의 식민지정책을 수행하려는 의도를 지녔던 일제에 의하여 이용되었다. 그러므로 퇴계학의 강조는 일제 식민사관의 일환에 불과하다고 볼 수 있다.

반면에 율곡 사상은 주자학적 통치사상의 모순과 허위성을 비판

---

177) 阿部吉雄, "日鮮明じおける主理派の系譜とその特質," ≪朝鮮學報≫ 第十四輯(東京: 朝鮮學會, 1959), 438~440쪽 참조

하고, 노서민의 생활권 신장을 위한 이용후생(利用厚生)의 개혁과 한민족의 민족적 자존의식을 촉성한 실학사상 형성에 깊은 영향을 줌으로써, 한국 정치사상사의 획기적 전환점을 마련해 주었다고 할 수 있다. 더욱이 율곡의 사상적 학통을 이어받은 이들은 그 뒤 위기극복기와 실학사상기에 구국활동과 독창적 민족사상을 드높이는 데 기여한 선각자들이었다. 그의 사상은 사계 김장생(沙溪 金長生, 1548~1631), 중봉 조헌(重峰 趙憲, 1544~1592) 등 제자들을 통하여 면면히 이어졌다. 특히 도가의 경전인 ≪도덕경≫에 관한 율곡의 연구서인 ≪순언≫이 그의 제자 김장생에게 전해지고, 다시 김장생의 아들 김집(金集, 1574~1656)에게 전해 졌다[178]는 점으로 미루어 보아, 율곡의 노장학적인 무욕(無欲)의 민생의식과 경험주의적 실증관이 면면히 학통으로 이어졌을 것으로 추정된다. 율곡의 학통은 양명학에 기운 장유(張維, 1587~1638) 및 김수항(金壽恒, 1629~1689, 병자호란 때 척화론자인 김상헌의 손자) 등을 거쳐, 김수항의 아들들인 김창협(金昌協)·김창흡(金昌翕)·김창집(金昌集) 등에게 이어졌고, 김창집의 손자 김원행(金元行, 1702~1772, 호 渼湖)은 조선시대 후기 북학파의 선구자 담헌 홍대용(湛軒 洪大容, 1731~1783)에게 계승되었던 것으로 보인다. 특히 개화 사상에까지 그 학맥을 계승시킨 홍대용은 유학을 비판하고 한민족의 국제적 자주성을 사상적으로 주창한 선각자이다. 홍대용은 김원행의 제자로서 그도 스승 김원행을 지극히 존경한 인물이다. 또한 임진왜란 당시 재야에 있었던 율곡의 제자 조헌(趙憲)은 왜란이 일어나자 의병을 일으켜 싸우다 장열하게 순직한 애국애족의 인물이었다. 이로 미루어 보아

---

178) 金吉煥, 앞의 논문, 62~63쪽 참조.

한민족의 독창적인 민족사상과 국가수호를 위한 민족의식의 계승
발전을 위해서나, 율곡의 안민보국 사상과, 민생 및 민족 개체의 삶의
존엄성을 중하게 여기는 개체사상은 드높여서 지나침이 없을 것 같다.

5장

위기극복기의 정치와 정치사상

1. 위기 및 시련의 정치사회상황과 사상동향

1) 정치 및 사회상황

16세기 마지막 10년과 17세기 전반은 한민족에게는 위기 굴욕 극복의 역사적 시련기이었다고 할 수 있다. 1592년(선조 25년)부터 1598년(선조 31년)까지의 전후 7년에 걸친 임진(壬辰)·정유(丁酉)의 왜란(倭亂)은 인명 재산상의 피해는 말할 것도 없고 무수한 문화재의 손실을 가져옴으로써, 한민족이 그 때까지 겪은 최악의 민족적 시련이었다. 평안도와 함경도의 일부를 제외한 전국토가 유린당하였기 때문에, 백성들이 입은 폐해 또한 매우 극심하였다. 특히 삼국 시대 이래로 쌓아온 대부분의 문화재가 거의 소실되거나 탈취 당하였으며, 무수히

많은 유능한 장인(匠人)들이 포로로 일본에 잡혀가는 비운을 맞기도
하였다.

그럼에도 불구하고 집권 양반관료들은 권력투쟁에 여념이 없어
서, 내치와 외교 면에서 정치적 역량이 뛰어난 광해군(1608~1623
재위)을 당쟁의 희생물로 만들어 병자호란(丙子胡亂, 1636)으로 인한
수모와 시련을 당하는 결과를 초래하였다. 정의로운 사회로 되돌리겠
다(反正)는 명분으로 내치 외교에 유능한 광해군을 제거하고 권력을
장악한 이른바 인조반정(仁祖反正, 1623)은, 바른 정치로 되돌리기는(反
正)커녕 내정에 대한 개혁을 외면하였고, 국제정세의 변동에 대한 무지
로 말미암아 오히려 바르지 못한 사회로 후퇴하는(反不正) 결과를 낳았
을 뿐이다.

반정공신(反正功臣)들 사이의 권익배분을 둘러싼 내분으로 이괄
(李适)의 난이 발생함으로써(인조 2년/1624), 국방력을 자체 소모하게
되었을 뿐만 아니라 임진왜란 이후의 대외적 핍박까지도 외면하였다.
즉 17세기에 들어서서는 임진왜란 때 구원병을 파병하여 도와주었다
는 구실 아래 명나라의 핍박이 더욱 심하였다. 예컨대, 1621년(광해조
13년)에 명나라의 유격군(遊擊軍) 모문용(毛文龍)의 군대가 조선의 서북
쪽 국경에 주둔해 있으면서 쌀과 소금 등 군량의 공급을 요구하였다.
더욱이 모문용은 1622년(광해조 14년)에 평북의 가도(仮島)에 진을
설치하고, 1624년(인조 2년)에는 함경도 함흥부(咸興府)에까지 들어가
횡포를 자행하였다. 그리고 다음 해(1625)에는 농우(農牛)를 요구하였
을 뿐 아니라, 1628년(인조 6년)에는 심지어 의주(義州)를 비롯하여
가까운 읍을 약탈하는 만행을 일삼았다.[1] 그가 명나라의 감독관 원숭
환(袁崇煥)에 의하여 주살(誅殺)된 뒤에도,[2] 명나라의 유흥치(柳興治)가

이 섬을 또 다시 점거하고 조선에 대한 행패와 무리한 요구가 많았다
(1630).[3] 가도 수장(首將)이었던 유흥치가 죽은 뒤에도, 명나라의 도독
황룡(黃龍)이 가도에 주둔하면서 조선을 핍박하였고,[4] 또 그의 후임인
명나라의 조선 감독군 대장이었던 황손무(黃孫茂)에게 배를 보내야
하는[5] 등 계속해서 조선은 굴욕을 당하였다.

　　명나라로부터의 계속적인 핍박과 동시에 또한 만주 여진족이
세운 청(淸)나라가 인조 5년(1627)에 대거 침입한 정묘호란(丁卯胡亂)을
당하였음에도, 조선 조정은 9년 동안이나 이에 대한 대비책을 소홀히
하고 정쟁에만 여념이 없었다. 결국 인조 14년(1636)의 병자호란을
당하여 남한산성 아래 삼전도(三田渡)에서 조선 왕이 청나라 왕 앞에
항복함으로써, 그 때까지의 한국 역사상 최대의 민족적 수모를 겪어야
만 하였다. 그 후 명을 붕괴시키고 중국을 석권한 청은, 17세기 전
기간은 물론 청일전쟁(1894)에 패하여 조선에서 세력을 잃을 때까지
계속적인 횡포와 핍박을 가였다. 특히 명나라와의 관계에서 상례(常禮)
였던 군신의 예는 물론 조공으로 바치는 각종 세폐물(歲幣物)과 파병
이외에도, 조선의 왕 및 군신의 자제를 인질로 보내거나 왕실의 처녀를
청나라에 보내도록 강요당하였다. 대군(大君)을 비롯하여 종실(宗室)의
여자아이로서 16세가 된 처녀는 치장을 시켜 청나라에 들여보내고,
13세 여자아이는 궁중에서 양육하면서 대기하도록 하였으며, 조정
관리의 딸들은 청나라 조정의 시녀로 충당되었다. 청나라 조정에 처녀

---

1) 《光海君日記》, 十三年 仁祖 七年 참조.
2) 《仁祖實錄》, 卷二十 七年 六月 三十日(癸未).
3) 위의 책, 卷二十三 八年 十一月 二十九日(甲辰).
4) 위의 책, 卷二十五 九年 十一月 四日(癸酉).
5) 위의 책, 卷三十三 十四年 九月 三日(甲辰).

를 보내는 일을 위하여 혼례도감(婚禮都監)이 설치되었고, 청나라에 왕실 처녀를 보낸 대표적인 예는 금림군 개윤(錦林君 愷胤)의 딸 의순공주(義順公主)의 경우이다.6)

이와 같이 조선의 왕실 및 조정관리의 처녀를 뽑아 파송할 것을 강요한 청나라의 비인도적 핍박은 당시 한민족의 민족감정을 심하게 자극하였을 뿐 아니라, 동시에 대내외 정치노선에 대한 자기반성을 촉구하게도 되었다. 아울러 이러한 청나라의 극심한 핍박은 조선의 정치인과 정치사상가들로 하여금 어떠한 대내외 정책노선을 취할 것이냐는 논란을 일으켰다. 따라서 그들의 대외 현실관에 있어서, 병자호란의 굴욕에 대한 복수심에서 무력을 증강하여 청나라에 복수하는 북벌을 단행할 것이냐? 아니면 청나라가 중국을 지배한 국제적 현실을 받아 들여 이에 적응할 것이냐? 또는 신흥 청세력을 인정하되 민족자존을 위한 장기대책으로 대내 개혁책을 추구할 것이냐? 등 대체로 세 노선이 나타나게 되었다.

제1노선으로서의 굴욕에 대한 울분에서 북벌을 추진할 것을 주장한 사람들은, 청나라와의 공존을 배척하는 척화파(斥和派)와 병자호란 후 청나라에 인질로 끌려갔던 인물 및 그 후예이거나 후학들이었다. 이에 속하는 사람으로서는 봉림대군(鳳林大君, 뒤에 효종)을 비롯하여, 김상헌(金尙憲)과 그의 손자 김수항·신익성(申翊聖) 등 이른바 척화오신(斥和五臣)과 송시열(宋時烈)·송준길(宋浚吉) 등이었다. 이들의 대외관은 명나라를 숭상하고 청나라를 배척하는 숭명반청(崇明排淸)이었다. 청나라에 대한 항거와 배척에는 매우 적극적이었지만, 참된 의미의 민족

---

6) ≪孝宗實錄≫, 卷三 一年 三月 二十五日(戊寅).

자각의식이 없었을 뿐 아니라, 정치적으로는 무조건 명나라를 떠받드
는 사대주의자이었고 사상면에서는 주자학의 신봉자들이었다. 대표적
인 사람이 송시열이라고 볼 수 있다. 송시열은 멸망한 명나라의 마지막
왕을 제사 지내기 위하여 만동묘(萬東廟)를 지었으니, 그의 대외관을
미루어 짐작할 수 있다.

제2노선은 병자호란을 당하여 청나라와 화의(和議)할 것을 주장
한 강화론자들로서 신흥 청나라 세력을 인정하고 청과의 새로운 국제
관계의 불가피성을 주장한 사람들이다. 따라서 병자호란 때의 청나라
에 대한 항복이라는 현실을 받아 들여 그 뒤의 정국을 수습한 수습귀족
들이라고 할 수 있다. 이에 속하는 사람으로서는 김류(金瑬)·최명길(崔
鳴吉)·홍서봉(洪瑞鳳) 등이며, 인조반정의 주역으로서 반정 후 막대한
포상을 받아 집권관료 귀족이 된 사람들이다. 따라서 이들은 기득권
유지의 필요상 그리고 국제정세의 변동을 경험할 기회가 많았으므로,
명나라를 대신한 청의 대륙지배라는 현실을 인성한 현실주의 대외관을
지녔다. 그러나 국내 정치에 있어서는 장기간의 집권에서 얻은 기득권
을 보위하려는 욕구로 말미암아 기존의 구질서를 고수하려는 보수적
태도를 지니고 있었다. 이러한 그들의 입장은 병자호란 후 민생의
피폐를 구제하기 위하여 확대 실시가 요구되었던 대동법(大同法)에
반대하거나 시행에 소극적이었던 이들의 태도를 보면 알 수 있다.

제3의 노선은 병자혼란의 수습귀족은 아니지만 병자호란 이후
만주족 청나라에 의한 중국 본토 지배의 현실적 불가피성을 인식하고
청나라와의 화의를 주장하면서, 대내적으로는 민생의 안정과 사회제
도의 개혁을 통하여 국력의 신장을 꾀하려 한 자주적 개혁파이다.
김육(金堉)·조익(趙翼)·신호(申昊)·박세당(朴世堂) 등이 여기에 속한 인

물이었다고 볼 수 있다. 이들은 숭명사대주의(崇明事大主義)에 반대하였고 사상적으로는 주자학에 비판적인 태도를 취하였다.

이상과 같은 세 노선은 대내 문제를 둘러싸고 더욱 심한 정치적 갈등을 나타냈다. 이들의 주된 정치사회적 쟁점은 병자호란으로 인한 사회, 경제적인 혼란과 민생의 피폐에서 연유하였다. 특히 토지의 황폐화로 말미암은 민생의 고난은 극도에 이르렀으며, 이는 임진왜란 이전 해(1591)의 전국 경지 면적이 총 170여 만 결(170만 8000결)이었으나 1719년(숙종 45년)에 와서는 약 140만 결(139만 5333결)로 대폭 감소했을 뿐 아니라,[7] 경작지를 갖지 못한 무전민(無田民)이 크게 늘어났던 사실로도 알 수 있다. 특히 김육이 명나라의 수도 연경에서 귀국한 다음 해(1638)[8] 에 감사(監司)로 부임하였던 충청도의 농촌은 극도로 피폐한 상황이었다. 더욱이 임진왜란 이전과 병자호란 이전 해인 인조 13년(1635)의 충청도의 농경지 면적의 변동을 비교하여 보면, 당시의 농촌 실상이 더욱 극명하게 드러난다.

즉 조선왕조 초기인 세종년간 충청도의 경지 면적 23만 6300결이 임진왜란(1592~98) 전에는 26만 결로 증가하였으나, 임진왜란 후에는 11만 결로 대폭 감소하였고, 인조 13년의 경우 장부상으로는 25만 8460결이었으나 실제의 경지 면적은 13만 1008결에 불과하였음을[9] 보아도 알 수 있다. 따라서 현종 12년(1672)에는 전국의 인구 470만 명 가운데 약 12%에 해당하는 사람이 굶는 백성(飢民)이었고 수천

---

7) 李相佰, ≪韓國史 近世後期篇≫(서울: 乙酉文化社, 1965), 406쪽 참조
8) 김육은 명나라에 파견된 사신의 정사(正使)로서 명의 수도 연경에서 병자호란의 소식을 들었고, 다음 해(인조 15년/1367)에 귀국하여 인조에게 당시의 명나라의 불안한 정정(政情)을 설명하였다.
9) 李相佰, 앞의 책, 407쪽 및 ≪仁祖實錄≫ 卷三十一 仁祖 十三年 七月 二十四日(壬申) 참조.

명의 굶어 죽는 자가 있었다.[10] 즉 현종 13년 10월(1673)의 총 인구는 465만 9611명이었고, 그 전 해인 현종 12년(1672) 2월~5월 사이의 경상도·전라도·충청도·경기도·함경도·평안도의 굶는 백성(飢民)은 무려 54여 만 명에 이르렀다.[11]

더욱이 임진왜란과 병자호란 등 남북으로부터의 외침에 의한 국난에도 불구하고, 선조 초로부터 심화되기 시작한 양반 지배계급 간의 조직적인 당쟁은 말할 것도 없고, 모반과 반란 그리고 무옥(誣獄) 사건이 끊이지 않았다. 특히 양반 지배계급은 서민들의 생활안정에는 아랑곳하지 않았을 뿐 아니라, 외침에 대한 자각 의식, 사회불안과 민생 피폐에 대한 반성과 절제는커녕, 외침을 빌미로 한 훈공(勳功)의 특혜 획득에만 여념이 없었다. 이것은 임진왜란 이래 50여 년간에 무려 8번의 공신 책봉이 있었던 점으로도 알 수 있다. 전란으로 가뜩이나 피폐한 전답과 물량을 이들 공신들에게 지급함으로써 백성들의 생활은 더욱 궁핍하기에 이르렀디. 후생안민책(厚生安民策)이 그 어느 때 보다도 시급한 터에 양반 지배계급은 관권장악을 통한 토지점유와 권익추구에만 여념이 없었다. 이는 표 11에서 보는 것처럼,[12] 여덟 번의 공신 책봉 가운데 임진왜란 때 국가수호의 전공(戰功)으로 포상 받은 선무공신(宣武功臣) 18인을 제외하면, 모두가 정쟁의 결과이거나 정치적 실정의 책임을 외면한 사람들에게 주어진 공신들이라고 하여도 과언이 아니다. 더욱이 3등 공신에게 지급되는 공신전 60결(60결 ×

---

10) ≪顯宗改修實錄≫, 十二年 二月 五月.

11) 위의 책.

12) ≪宣祖實錄≫, 卷一百八十 三十七年 甲辰 十月 및 ≪仁祖實錄≫, 卷三 元年 癸亥 閏十月, 卷五 二年 甲子 三月, 卷十七 五年 丁卯 十一月, 卷十八 六年 戊辰 三月, 卷四十五 二十二年 甲申 五月 등 참조.

표 11. 위기극복기(임진왜란/1592~ 인조 22년/1644)의 공신 현황

공신 구분(공적)	공신 등급별 공신수			전체(명)
	1등 공신	2등 공신	3등 공신	
호성공신(扈聖功臣, 임진왜란시 임금수행 공로/선조 37년)	2	31	53	86
선무공신(宣武功臣, 임진왜란시 전공에 대한 공로/선조37년)	3	5	10	18
청난공신(淸難功臣, 李夢鶴의 모반을 평정한 공로/선조37년)	1	2	2	5
정사공신(靖社功臣, 인조반정에 참여한 공로/인조 1년)	10	15	28	53
진무공신(振武功臣, 李适의 난을 평정한 공로/인조 3년)	3	8	16	27
소무공신(昭武功臣, 李仁居의 모반 격멸한 공로/인조 5년)	1	2	2	5
영사공신(寧社功臣, 柳孝立의 역모 격멸한 공로/인조 6년)	1	5	5	11
영국공신(寧國功臣, 柳濯의 모반을 격멸한 공로/인조 22년)	4	1	3	8
합계	25	69	119	213

약 4000평= 24만평)로부터 1등 공신에게 지급되는 150결(150결 ×
4000평= 60만평)의 공신전을 비롯하여 노비 및 은자까지 지급되었으
니, 이들 토지와 특권의 획득을 둘러싼 혈투가 그치지 않을 수밖에
없었다. 따라서 당시 나라를 구하는 길은 사회경제적 개혁 특히 조세제
도의 개혁이 가장 중요한 정치적 과제였고, 김육이 초지일관 대동법
시행의 확대를 주장한 것도 이 때문이었던 것으로 보인다.

　　이러한 사회경제적 피폐와 불안 그리고 정쟁의 결과 귀족 정치세
력의 재편성도 불가피하였다. 즉 인조반정에 직접 참여한 기득권세력
은 호란을 수습하는 데도 주도세력이었으나, 청나라의 횡포와 국내의
사회불안을 극복할 수 있는 개혁파는 아니었기 때문에, 척화파 및
그 후학들에 의하여 정계에서 밀려 나게 되었다. 아울러 청을 배척하는
척화파 또한 청에 대한 복수심만 있었을 뿐, 그들의 근본적 시각이
주자학적 정치이념의 신봉자들이었으므로, 임진왜란과 병자호란의
외침으로 싹트기 시작한 민족적 자각과 백성의 생활안정을 요구하는
개혁을 외면하였고, 구질서를 고수하려는 보수세력에 지나지 않았다.

국내외적인 불안정과 피폐에도 불구하고, 보수 기득권세력 내에서 인조반정의 주도세력과 청나라를 배척하는 척화파 사이의 권력투쟁으로 당쟁이 더욱 격화되었다. 따라서 사회개혁을 요구하는 새로운 제3의 세력이 형성되기 시작하였다. 이 신세력 중에서도 국제적 변동을 직시하고 병자호란 후 극도로 악화된 민생의 피폐를 자각한 이들이, 정치투쟁보다는 사회개혁을 주창하는 제3세력을 형성하였으며, 대동법의 확대 실시를 비롯한 경제 및 사상의 자주적 개조를 주장하였다.

물론 대동법의 시행이 결과적으로는 양반귀족 간에 경제적 권익 즉 부를 재분배하는 수단으로 전락한 점도 없지 않았다. 그러나 방납·족징·인징 등의 가렴주구로 시달리던 농어민의 과중한 부담을 완화시키고, 서민대중에 대하여는 양반귀족이 소유한 부를 재분배하는 사회적 효과를 주었다. 따라서 대동법의 확대 실시에 대한 태도에 있어서, 개혁파인 제3세력이 적극적이었던 데 비하여, 인조반정 이래로 기득권 세력이 된 보수파들은 이에 반내 내지 소극적이었다.

대동법의 실시를 초지일관 주장하고 실천한 이들은 김육·조익 등 주자학 비판자[13] 및 서민의 참상을 경험한 중민파(重民派)들이었다. 이에 반하여 대동법 실시를 반대 내지 실시에 소극적이었던 양반세력은 인조반정으로 훈공을 받은 자들 및 척화파와 그리고 그 후예와 후학들이었다. 이들은 인조반정의 공신 및 공신에 준하는 최명길·원두표(元斗杓)·이원익(李元翼)·윤방(尹昉)·신흠(申欽) 등과 김상헌(金尚憲)·김집(金集) 등이다. 특히 최명길과 원두표는 인조반정의 공적으로 정사

---

13) 특히 조익(1579~1655)은 이이와 성혼의 문묘(文廟) 종사(從祀)를 강력히 주장한 기호(畿湖)학파에 속하였고, 수자장구(朱子章句)를 폐기하여 고칠 것을 주장하였다(≪孝宗實錄≫, 卷十四 六年 三月 十日(乙未))고 한다.

일등공신(靖社一等功臣)이 되었고, 이원익·윤방·신흠 등은 광해조 때
핍박당하다가 인조반정 뒤에 공신에 준하는 출세를 한 이들로서 대동
법 확대에 반대하였다.[14] 특히 김상헌의 아들 김집은 대동법의 시행을
둘러싸고 김육과 심하게 갈등을 일으켰다.[15] 이와 같이 서민들의 빈곤
과 고통에 대한 세제 개혁책으로 제기된 대동법의 확대 실시를 둘러싸
고 지배계급 안에서 찬반 의견 대립이 끊이지 않았다. 그러나 대동법
실시에 대한 기득권자들의 끈질긴 반대에도 불구하고 숙종(肅宗) 말기
에 이르러서는 전국적으로 실시됨으로써, 당시의 시대적 요청을 반영
하였을 뿐 아니라 그 만큼 농민의 요구도 컸음을 알 수 있다.

　　　동시에 대동법 실시의 점진적 확대는 대토지 소유자인 양반 지배
계급에게는 타격을 주게 되었으므로, 그들은 경제적 자위책을 위하여
관권(官權)을 더욱 요청하게 되었으며 관권 장악을 위한 당쟁이 더욱
치열하였다. 관권의 유지에 급급한 기득권세력은 권력 유지의 명분론
으로 주자학적 차별윤리의 강화를 주장하게 되었으며, 아울러 차별윤
리의 바탕인 유학적 가례(家禮)가 당쟁의 쟁점이 될 수밖에 없었다.
즉 차별윤리의 기초인 가례에 대한 명분론에서의 승리는 왕권을 장악
하는 계기가 되었고, 왕권의 장악은 관권과 그것을 통한 경제력을
장악하는 길이었다. 따라서 가례에 대한 논쟁을 둘러싸고 치열한 혈투
를 벌이게 되었다고 볼 수 있다. 그러나 이러한 논쟁이 백성들의 생활안
정과 국가수호를 위해서는 아무런 실효가 없는 공리공론에 불과하다는
것을 자각하고, 안민이택(安民利澤)과 국력신장을 위한 사회개혁을 주
장한 대표적 인물이 김육과 박세당이라고 할 수 있다. 특히 병자호란으

---

14) ≪仁祖實錄≫ 卷六八 仁祖 二年 三年 참조.
15) ≪孝宗實錄≫ 卷二十 九年 九月 五日(己亥).

로 말미암아 17세기 이래로 사회적 혼란과 경제적 피폐가 극심했으므로, 김육과 박세당은 기존의 정치사회 질서유지에 필요한 주자학적 통치이념에 비판적이었고, 서민대중의 생활안정을 위한 개혁책에 치중할 것을 요구하였다.

2) 17세기의 사상동향

조선왕조의 통치이념으로 수용한 주자학은 조선왕조 초기부터 왕권을 둘러싼 지배계급 내의 갈등을 비롯하여, 서로 차별 받지 않고 특권적 지배권을 장악하려는 정쟁(政爭)의 매개가 되었을 뿐이다. 따라서 양반 지배계급 내의 정쟁은 사화(士禍)와 반정(反正)의 혈투를 낳았으며, 이러한 주자학적 통치이념과 조선조 현실과의 괴리와 모순을 수정하여 보려는 조광조 등의 이른바 도학정치사상이 대두되기도 하였다. 그러나 이러한 사상적 수정노력가 개혁의 표방도 제왕학 또는 지배학(支配學)이라는 유학사상의 본질적 한계성을 벗어날 수 없었기 때문에, 도리어 조직적인 권력투쟁과 당쟁의 수단이 되었다.

도학적 수정론과 주자학의 정통화론, 외침에 대한 사대 의존론과 회의론 등으로, 양반 지배세력 간의 권력투쟁과 조직적 파쟁만이 심화되었다. 임진왜란을 전후한 존명사대사상(尊明事大思想)에 젖은 퇴계류의 정통 주자학파와 자주적 보국안민(保國安民)을 주장하는 율곡 등의 자주 개혁파의 갈등은, 7년의 왜란 위기를 거친 뒤에도 유학 본래의 권력추구적 지배학의 속성 때문에 광해왕을 희생의 제물로 만들었다. 정의 사회로 되돌린다는 반정(反正)의 명분 아래 집권한 인조반정세력도 후생안민(厚生安民)보다는 자파의 권익신장에만 주력함으로써, 장래의 위기에 대비할 개혁 대책을 마련할 수는 없었다.

따라서 이러한 통치사상과 현실 사이의 괴리에서, 왜란·반정·호란 등 내우외환을 거치면서, 17세기의 한국은 통치이념의 수정과 사회개혁이 요구되었던 시대였다. 그것은 임진·병자 등 대규모 외침에 대한 주자학에 바탕을 둔 통치체제의 허약성 노출, 귀족체제 내부의 갈등 격화와 그로 인한 민생의 피폐, 그리고 서구 문물의 유입으로 주자학적 통치사상의 수용이 빚은 비현실적 모순에 대한 반성 등이 일었기 때문이다. 물론 이러한 사상적 반성은 16세기에 이미 싹트기 시작하였다. 즉 주자학에 회의하여 유학 이외의 사상에 관심을 기울였던, 서경덕·이이 등으로 대표되는 사회 개조론의 대두를 들 수 있다. 그러나 주자학적 통치사상에 대한 정면 도전이 표면화된 것은 17세기부터이다. 따라서 모화사대주의자(慕華事大主義者)들로서 주자학의 신봉자들인 송시열 등은 주자학에 비판적인 사람들을 사문난적(斯文亂賊)이라 하여 주자학에 대한 사상적 역적으로까지 매도하였다. 그럼에도 불구하고 박세당·윤휴(尹鑴, ?∼1680)·윤증(尹拯, 1627∼1711) 등은 주자학의 허위성을 비판하고 이에 대한 사상적 수정을 주장하였다.

주자학에 비판적이었던 17세기의 반주자학파들은 주자학의 공리공론을 배격하고 대륙에서의 명·청의 교체라는 국제적 변동에 주체적으로 적응하면서, 극도의 사회, 경제적 핍박 하에 있는 서민의 참상을 구제할 수 있는 현실적 사상을 추구하려 하였다. 따라서 이러한 사상적 경향을 띠었던 이 시대를 실학(實學)사상의 전구기(前驅期)라고 할 수 있으며, 당시의 실학적 성향은 주자학의 허위성을 폭로한 데 있었으므로, 근세 한국사상사에서 차지하는 이 시기의 사상사적 위치는 반주자학적 실학사상의 선도시기라고 볼 수 있다.

실학의 의미에 대하여는 다음 장에서 논의하지만, 본래 실학은 시대 및 사회 변화에 따라 그 사상적 성향을 달리한다. 즉 조선왕조 건국 초기의 실학은 불교 통치이념을 배척하고 주자학적 통치이념을 수용하는 데 주력하였다. 그러나 조선왕조 중기인 17세기의 실학은 주자학에 비판적인 반주자학적 성향을 나타냈으며, 조선조 후기에 이르러서는 유학사상 자체를 비판하는 반유학적으로 발전하게 되었다. 따라서 실학의 의미와 내용도 시대의 변화와 사회적 요청에 따라 달리 했던 것으로 보아야 할 것이다.

17세기 당시의 개혁론자들은 조선왕조 건국 이래 200여 년간 적용해 온 주자학적 통치사상이, 한민족의 사회적 요구와는 맞지 않는 사상적 모순을 지니고 있다는 점에서 공통된 시각을 지녔다. 그러나 주자학적 통치이념을 비판 배척한 다음에, 어떠한 사상의 방향으로 사회를 개혁하려 했는가에 있어서는 개혁론자들 사이에 다양한 성향을 띠있다. 즉 사상적 자주성의 갈망에서 비롯한 독창적 사회개조론을 전개하였는가? 그렇지 않으면 주자학 이외의 다른 외래사상을 수용함으로써 그것을 활용하여 사회를 수정하려 하였는가? 이 두 방향 가운데 양반귀족 사회 자체가 지닌 사상적 빈곤으로 말미암아 완전한 자주적 개혁을 할 수는 없었던 것 같다. 그것은 고려 말 조선왕조 초로부터 주자학적 통치사상의 수용으로 깊어진 학문적 자주성의 상실과, 임진 왜란·병자호란을 계기로 양반귀족들 사이에 깊어진 안이한 사상적 의존성, 특히 명나라와 한족 문화에 대한 모화사대사상 때문이었다.

따라서 개혁론자들의 공통된 성향은 외래사상을 수용하여 사상적 수정을 꾀하려 한 점이다. 당시 이들 개혁론자들의 통치사상 수정의 사상적 근거는 대략 세 방향이었다. 첫째는 윤휴 등 남인(南人) 계통으로 고대 유학, 특히 중국 한(漢)나라 때의 유학을 활용하여 주자학을 대치시키려고 한 사람들이다. 이 점은 윤휴가 효종이 죽은 뒤에 조대비(趙大妃)의 상복 입는 기간(服制)을 어떻게 할 것이냐는 논의에 있어서, 송시열 등의 기년복설(朞年服說)에 반대하고 주장한 삼년복(三年服)의 근거로 인용한 의례주소(儀禮注疏)가 중국 후한(後漢) 말의 유학자 정현(鄭玄)의 해석(注)이었던 점으로 알 수 있다. 둘째는 명나라 때의 유학 중 양명학을 수용하여 수정하려는 최명길·장유 등 양명학파이다.16) 셋째는 극도로 악화된 민생의 피폐와 국제적 변동을 직시하고, 유학적 고정관에서 탈피하여 사회경제 개혁에 주력한 김육과, 유학을 탈피하여 노장학의 시각에서 사회개조를 주장한 박세당을 들 수 있다. 이들 세 조류의 사상 가운데서 그 뒤의 실학사상 형성에 가장 큰 영향을 준 사상이 제3의 자주개조파라고 할 수 있다. 따라서 위기극복기의 여러 사상 가운데 대표적인 것으로 김육과 박세당의 정치사상을 다룬다.

2. 김육의 개혁정치론

1) 행적과 정치현실관

김육(1580~1658)은 기묘사화(중종 14년/1519)로 정계에서 제거된 소장 사림파 가운데 한 사람인 김식(金湜)의 현손(玄孫)으로서, 호는 잠곡(潛谷)이고 1580년(선조 13년) 낭재 김흥우(郞齋 金興宇)의 아들로

---

16) 鄭寅普, ≪薝園國學散藁≫(서울: 문교사, 1955), 陽明學演論 朝鮮陽明學派 참조.

태어나 1658년(효종 9년) 9월에 79세로 별세하였으며, 사후 2년 뒤인 1660년(현종 1년)에 문정(文貞)이라는 시호를 받았다. 그는 소년기인 13세에 임진왜란을 맞게 되고, 25세(1604)에 결혼한 뒤 다음 해인 1605년 26세에 사마시(司馬試)에 합격함으로써 진사가 되었다. 그러나 그의 관리생활은 32세부터 시작되었고, 그나마 35세이던 광해조 때 당시 권력자이던 권신(權臣) 정인홍(鄭仁弘)의 유적(儒籍, 유학자 명부)에서의 제명을 주장하다가 말썽이 일어 가평의 잠곡으로 물러난 뒤, 그 이후 10년간 그 곳에서 은거하였으며 별호도 잠곡으로 하였다.[17]

인조반정 다음 해(1623년, 44세)에 의금부(義禁府) 도사(都事, 종5품/현 부이사관급)로 발탁되었고, 그 다음 해 음성 현감(陰城縣監, 종6품/현 서기관급)으로 재직 중이던 인조 2년(1624, 45세)에 실시한 과거시험에서 대과(大科) 증광별시(增廣別試)에 갑과(甲科)로 합격함으로써 관료생활을 하게 되었다. 그의 관직 경력을 보면 장년기 이후에야 본격적인 관리생활에 들어갔지만 완숙한 식견으로 업무를 처리함으로써 내외 요직을 두루 거쳤으며, 명 및 청나라에 파견된 사신의 정사(正使)로서 네 번이나 다녀왔으므로 당시의 국제정세와 외교에도 뛰어난 식견을 지녔던 것으로 보인다.

그는 병조좌랑(兵曹左郎, 정6품/현 서기관, 46세), 사헌부 지평(持平, 정5품/현 부이사관급, 46세), 사간원 정언(正言, 정6품, 46세) 및 헌납(獻納, 정5품, 47세), 세자시강원(世子侍講院) 문학(文學, 정5품, 47세), 성균관 직강(直講, 정5품, 48세), 홍문관 교리(校理, 정5품, 49세) 및 부응교(副應敎, 종4품/현 이사관급, 53세), 사간원 사간(司諫, 종3품/현

---

17) 李肯翊, 《燃藜室記述》 卷三十 孝宗朝 相臣 및 《孝宗實錄》, 卷二十 九年 九月 五日(己亥) 등 참조.

관리관급, 53세), 명나라 파견 동지사(冬至使) 정사(正使, 57세), 충청감사
(忠清監司, 종2품/현 차관급, 59세), 승정원(承政院) 동부승지(同副承旨,
정3품/차관보급, 60세), 형조참의(刑曹參議, 정3품, 61세), 성균관 대사성
(大司成, 정3품, 61세), 승정원 좌부승지(左副承旨, 정3품, 61~62세), 홍문
관 부제학(副提學, 정3품, 62세), 사간원 대사간(大司諫, 정3품, 63세),
승정원 도승지(都承旨, 정3품, 64세), 이조참판(吏曹參判, 종2품/현 차관
급, 65세), 형조판서(刑曹判書, 정2품/현 장관급, 65세), 의정부 우참찬(右
參贊, 정2품, 66세), 사헌부 대사헌(66세), 예조판서(禮曹判書, 정2품,
67세), 의정부 우의정(右議政, 정1품/현 총리급, 70세), 청나라 파견 사은
사겸 동지사 정사(冬至使 正使, 70세), 중추부(中樞府) 영사(領事, 정1품,
71세), 영의정(領議政, 정1품, 72세) 및 우의정(72세), 좌의정(左議政, 정1
품, 73~75세), 영의정(75세), 돈영부(敦寧府) 영사(정1품, 76세), 좌의정
및 영의정(76세), 돈영부 영사(76~79세) 등 내치 외교의 중책은 물론
행정의 최고 책임자로서 죽기 직전까지 봉사하였다.

그의 고조부가 기묘사화에서 죽음을 당한 김식(金湜)이고 소년기
에 임진왜란의 참화를 겪었기 때문에, 그는 사회화과정을 통하여 개혁
적 성격이 형성될 수 있었을 것으로 보인다. 더욱이 장년기부터의
본격적인 관료생활도 명 및 청나라에 각각 동지사 정사로 왕래하면서
국제적 변화를 체험했으므로, 조선의 현실에 대한 올바른 시각과 개혁
의 시야를 가지게 되었다. 그가 죽기 직전(효종 9년 9월/1658)에 임종상
소(臨終上疏)를 올리면서까지도 대동법 시행의 확대를 강력하게 주장하
면서 안민구국책(安民救國策)을 추구한 것은, 내우외환의 위기 속에서
성장했고 다양한 관직생활을 통한 폭 넓은 경험에 토대를 둔 그의
정치현실관에서 비롯하였다고 볼 수 있다.

김육의 현실관은 인조반정 직후 목민관으로 부임한 음성 현감으로서
농촌 실정에 대한 솔직한 실토로 알 수 있다. 그는 당시 음성현의 군정(軍政)
에 대하여 다음과 같은 농민의 참상을 임금에게 상주(上奏)하였다.

　　이 음성 현(縣)에 순찰을 하는 상번(上番)의 군인이 11명인데, 4명만
남아 있고 그 나머지 7명은 도망하거나 사망해서 군역(軍役)을 부담할
수 없는 집입니다. 따라서 남아 있는 한 사람이 살지 않는 일가 친척과
이웃 사람의 몫까지 감당해야 하므로, 1명의 번(番)을 값으로 쳐서 20필의
군포(軍布)를 부과시킬 경우, 살지 않는 7명의 군역 값어치인 140필의
군포까지를 남아 있는 백성이 부담하여야 하니, 어떻게 그 군명(軍命)을
감당하겠습니까?18)

특히 김육이 회갑을 넘긴 노년기의 나이이었음에도, 홍문관 부제
학으로서(62세) 인조에게 올린 당시의 사회현실과 관료의 부패에 대한
신랄한 상주문을 보면, 그가 얼마나 사회개혁 의식이 강하였는가를
알 수 있다. 즉 그는 당시의 흐트러진 사회기강과 부패상을 다음과
같이 고발하였다.

　　백성들의 고혈(膏血)이 이미 끓이고 달여지는 가운데 모두 소모되었
으니, 어찌 원망하고 탄식하지 않겠으며 하늘에 호소하지 않겠습니까?
탐관오리의 폐단을 척결하지 않는다면, 어찌 조그마한 은혜를 베푼다 한들
동분서주하는 일이 이루어질 수 있겠습니까? 도리어 탐관오리가 더욱
숭상되고 날뛰지 않겠습니까? 나라를 다스리는 길은 그 직무를 하나도
빠뜨리지 않고 사회를 치유하는데 힘쓰고 시대에 맞게 개혁하는데 있습니
다. … 오늘날 정령(政令)은 많으나 은혜를 빌려주고 있어서 사람들이
법을 두려워하지 않습니다. 죄를 지은 자는 요행으로 죄를 면하고, 악행을
저지르는 자는 도리어 방자하여 탐욕을 감추고 벌을 받지 않으며, 사람을

---

18) ≪潛谷先生遺稿≫, 卷三　玉堂論事箚, 66～67쪽.

죽여도 사형을 당하지 않고, 조정은 존경을 받지 못하여 날로 기강이 희미해지니 어찌 나라를 지탱하겠습니까? 이 어찌 한심한 일이 아니겠습니까? 성현의 배움이 세상에 밝지 못한 지가 오래되었습니다.[19]

이러한 김육의 사회현실관 특히 농촌의 참상에 대한 날카로운 비판은 그의 개혁사상과 정책론에 반영되었다.

2) 정치사상 및 개혁정책론

(1) 자주적 국제질서관

김육의 국제질서관은 사신으로서 네 차례에 걸쳐 중국을 왕래하면서 형성되었고, 특히 중국에서의 명을 대신한 청의 대륙지배라는 국제적 변동의 실상을 직접 경험하였을 뿐 아니라, 동시에 명나라 말기부터 유입되기 시작한 서양 문물을 접함으로써, 조선의 자주적 생존을 위한 국제관계를 인식하게 되었다. 즉 김육은 명과 청의 교체기에 나타난 중국 조정의 부패상과 격변 상황, 그리고 명나라 말 이래로 유입되기 시작한 서양 문물, 특히 사회경제 생활 및 풍속과 직결되는 역법(曆法)을 접할 수 있었기 때문에, 위기와 격변의 시대에 대처할 민족자존의 국제질서관을 지니게 되었다. 동시에 한민족이 살아남기 위해서는 실용성 없는 낡은 제도를 폐기하고 새로운 제도로 개혁하는 폐구치신(廢舊置新)의 개혁책을 끈질기게 주장하였다. 이러한 그의 사상적 태도는 서양의 역법을 참고로 한 역법개정의 주장과 명나라 말기의 부패상에 대한 비판 및 단군에 대한 숭앙 등에서 보여 주었다.

---

19) 위의 책.

우선 그의 중국 중심의 모화사대주의에서 벗어나려는 탈중국의 세계관은, 당시의 농경사회에서 가장 중요하지만 사회 문화 풍속으로서 바꾸기가 매우 어려운 역법개정의 주장에 나타나 있다. 본래 역법은 농사에 필요한 절기와 그에 따르는 풍속인 연중행사(歲時)를 정하는 책력(冊曆)을 만드는 일이었다. 그러므로 역법의 개정은 농업생산성의 증감과 직결되는 문제이다. 김육은 1645년(인조 23년) 관상감(觀象監, 현 기상대)의 제조(提調, 정2품/현 장관급)로서 임금에게 올린 건의문에서, 역법개정의 불가피성을 주장하면서 서양의 역법이 유입되는 당시가 역법개정을 위한 절호의 기회라는 점을 역설하였다.

중국은 고대 황제 이래의 옛날 역법도 동한(東漢/後漢, 25∼220) 말기에 이르기까지 무려 3번, 위나라(220∼265)로부터 수나라(581∼618)에 이르는 사이에 13번, 당나라(618∼907) 때에 8번이나 고치었습니다. 또한 오대(五代, 907∼959) 시대의 책력에는 8종류가 있었고, 북송(960∼1127)과 남송(1127∼1279) 등 두 송내에도 11번이나 개정하였습니다. 비록 역법이 오랫동안 사용되어 왔다고는 하나, 그 차이가 있고 사람들의 소견에도 제각기 정밀한 의견과 조잡한 의견이 있으므로 이렇게 역법개정이 빈번하였던 것입니다. 원나라(1206∼1368) 초에 곽수경(郭守敬)·허형(許衡) 등이 역법을 정밀하게 조사한 후에 거기에 시각의 차이를 정하여 절기의 느리고 속한 차이를 두어서 원나라 건국 18년을 역법의 원년으로 삼았는데, 그로부터 365년을 지내왔지만 일식과 월식의 착오가 별로 없으므로 비교적 정밀한 책력이라고 할만 합니다. 그러나 천체의 운행이 매우 활발함에 따라 쌓인 차이가 날로 많아져서, 초저녁과 새벽에 나타나는 별자리의 위치가 조금씩 틀립니다. 천체의 운행 수가 이미 다 찼으므로 마땅히 책력을 고쳐야 하는데, 이런 적절한 때에 서양의 책력이 들어왔으니, 이는 진실로 책력을 개정할 좋은 기회입니다.[20]

---

20) ≪仁祖實錄≫, 卷四十六 二十三年 十二月 十八日(丙申).

위와 같이 김육은 역법개정의 필요성을 역설함과 더불어, 청나라 흠천감(欽天監)의 정보를 입수하여 개정을 구체화할 방법까지를 제시하였다.

… 그러나 중국은 외국에서 책력을 만드는 일을 금하고 있습니다. 그러므로 비록 사람을 파견하여 배움을 요청할 수는 없다 하더라도, 이번에 청나라에 파견되는 사신으로 하여금 한 두 명의 천문기상관리(日官)를 데리고 가서, 통역관으로 하여금 흠천감에 탐문하도록 하여 근년의 책력 만드는 방법을 알아냄으로써, 그 역법을 연구 검토케 함과 동시에 의심스럽고 어려운 점들을 풀어 온다면, 어느 정도 개정의 방법을 미루어 알 수 있을 것입니다.21)

다시 그는 70세의 고령임에도 불구하고 의정부 우의정으로서, 다음과 같이 요청하면서, 역법개정의 불가피성을 끈질기게 주장하였다.

신(臣)이 일찍이 관상감(觀象監)의 제조(提調)를 지냈으므로 역법을 마땅히 바꾸어야 함을 압니다. 역법은 반드시 100년 또는 50년에 한번은 바꾸어야 하는데, 지금 쓰는 허형(許衡) 등이 만든 역법은 사용한지 이미 400년이 흘렀으니 어찌 변경하지 않을 수 있겠습니까? 이제 서양의 새로운 역법에는 소견이 없지 않을 것이니, 마땅히 그 역법(西洋曆法)을 참고하여 고쳐야 합니다.22)

국제화 세계화를 부르짖고 지구촌 시대에 살고 있다고 자처하는 오늘의 한국인이 아직도 세계 공통의 새해 시작 및 세시(歲時)와는 동떨어진 음력(陰曆)설(그것도 중국에서 들여온 사대사상의 유풍)을 고집하는 과거 지향적이고 보수적인 정치지도자와 국민의 의식구조에

---

21) 위의 책.
22) ≪孝宗實錄≫, 卷二 卽位年 十二月 三日(丁亥).

비추어 보면, 이미 350여 년 전에 과감한 역법개정을 주장하면서 서양의 역법까지 참고할 것을 역설한 김육의 국제관은 현대의 우리에게도 시사하는 점이 많다. 더욱이 유학적 모화사대사상이 지배하던 당시에 중국의 끊임없는 역법개정의 예까지 열거하면서 청나라 관상감의 정보까지 입수할 것을 주장한 점은, 현대 한국인의 사고의 지평을 넓히는 데 귀중한 교훈을 준다. 또한 19세기 말 개혁 개방의 국제질서관에 대한 자각이 없었기 때문에 일본의 식민지배를 자초하였고, 아직까지도 한국과 일본 간에 생활수준에서의 커다란 격차를 보이는 점을 고려하면, 김육의 개방적 국제관은 우리에게 시사하는 바가 매우 크다.

김육은 동지사 정사로 명나라에 파견되어 명의 수도 연경에 체재하던 중, 본국으로부터 인조가 남한산성 아래 삼전도(三田渡)에서 청나라의 태종에게 굴욕적인 항복을 하였다(1637)는 소식을 듣고 울분을 금치 못하였다고 한다. 그 이듬해(1638년)에 연경에서 돌아온 그는 인조에게 당시의 명나라 사정을 보고하면서, 자신이 본 중국 정세를 다음과 같이 밝혔다.

> 인조(仁祖) 임금이 그에게 "명나라 조정은 우리나라의 일(병자호란)에 대하여 어떻게 생각하는가?"라고 묻자, 김육은 대답하기를 "명나라 조정은 우리나라 사정을 소상하게 알고 있으므로, 말끝마다 힘이 미약하여 이 지경에 이르렀다고 말하면서, 병부(兵部)와 예부(禮部) 그리고 연도(沿道)의 장수들도 우리 사신 일행을 후대하였습니다"라고 응답하였다. 다시 인조가 말하기를 "명나라 황제는 만리를 꿰뚫어 보시니, 하늘과 같은 은혜(天恩)를 어찌 헤아릴 수 있겠는가? 명나라 황제께서는 지난해 우리의 변란을 보고 받으시고, 연경에서 이를 물으시었는가"고 물었다.23)

---

23) 《仁祖實錄》, 卷三十五 十五年 六月 一日(戊戌).

인조는 "가도(仮島)에 와 있는 명나라 도독이 (조선을) 구원하지 않는 이유와 명 조정의 형편"을 물으면서 사대 의존적 태도를 나타냈다. 이에 김육은 "가도에 주둔하고 있는 명나라 진도독(陳都督)의 병사는 불과 만여 명에 지나지 않아서 그 세력으로는 구원할 수 없습니다"라고 응답하면서, 명나라 조정의 형편에 대해서는 "중국은 물량(物量)이 풍부하기 때문에 갑자기 위급한 상황을 당하지 않을 듯이 보이지만, 조정 관리들의 탐욕스러운 풍조가 날로 극심하고 환관의 교만과 횡포를 막을 수 없을 것입니다. 나라 안의 도적이 벌떼처럼 일어나고, 비록 도둑의 소굴이 없다 하더라도 이합집산이 끊이지 않습니다. 또 이기심의 병폐로 말미암아 백성을 매질하기 수천 명에 이르고, 아부하는 일이 온 사회에 횡행하기 때문에, 앞으로 대처하기 어려운 환난이 없지 않을까 두렵습니다."[24]

이와 같이 김육은 인조와는 대조적으로 의연하게 자위 대책을 암시하는 대중국관(對中國觀)을 나타냈다. 이러한 민족자존의 대외관은 김육이 죽기 2년 전에 돈녕부(敦寧府) 영사(領事, 정1품)를 사임하는 사임상소(辭任上疏)에서 건국의 시조 단군을 동방의 가장 뛰어난 임금으로 추앙한 데에서도 보인다. 그는 다음과 같이 단군이 요(堯, 중국 건국 설화의 시조)를 대동하고 우리나라를 건설한 것으로 그 자존성을 나타내고 있다.

단군은 동방에서 가장 뛰어난 임금이었다. 세상에 전하기를 갑진(甲辰)년에 요(堯)와 더불어 태백산에 내려오시어 철벽 같은 성을 쌓아 도읍을 정하시었다. 그 뒤 대동강 위로 옮기시어 아사(阿斯)에 들어가 사람들에게

---

24) 위의 책.

글을 깨우치고 즐거움을 베풀면서 거기에 나라의 기초를 닦으시었다.[25]

따라서 김육의 이러한 역법개정을 비롯한 대외관은, 대동법 등 경제 개혁책 못지않게 민족자존의 이상을 구현하고, 격동하는 동아시아 정세에 대처하려는 그의 사상적 기조라고 할 수 있다.

(2) 국내 정치론과 안민사상

김육의 국내정치에 대한 사상은 인권 평등의 우주론, 안민론(安民論) 및 합의의 정신으로 대표된다고 할 수 있을 것 같다. 그의 인권 평등과 안민론의 기틀은 송나라 때의 노장학자 주렴계(周濂溪)[26]의 우주론(태극도설의 무극이태극설)에 근거를 두며, 김육 스스로도 다음과 같이 밝혔다.

> 음(陰)과 양(陽)은 서로 서로를 포함하고 있어서 양(陽) 가운데 음(陰)이 있고, 음(陰) 가운데 양(陽)이 있다. 주자와 주렴계의 태극도(太極圖)라고 다른 뜻이 있겠는가? 대저 천지(天地)도 하나의 태극(太極)이며, 사람도 또한 하나의 태극(太極)이다. … 성인(聖人)과 보통 사람인 중인(衆人)의 차이란 자연적으로 주어진 본성을 버리느냐 아니냐의 차이일 뿐, 본질적 차이가 아니며 둘은 다 같이 하나의 태극이다.[27]

이와 같이 김육은 모든 인간 개개인을 신분에 관계없이 동등하게 자존적이고 우주의 근원인 주체 즉 태극으로 보는 인권 평등의 우주론을 폈다. 본래 유학사상은 태극을 우주생성의 근원적 원인자로 설정하

---

25) ≪潛谷先生遺稿≫, 卷一 七言古詩 檀君殿.
26) 이름은 周敦頤, 호를 濂溪라 하였고, 북송의 신종 때 사람으로 태극도설(太極圖說)과 통설(通說)을 저술하여 송대 노장학의 창시자로 알려진 인물.
27) ≪潛谷先生遺稿≫, 卷七 太極亭記.

고, 태극이 차별의 실상(實象)인 천지만물을 생성한다고 규정함으로써, 하늘(天)과 땅(地)의 차이를 양(陽)과 음(陰)의 차별 불평등으로 우주원리화 하였다. 이러한 우주론 전개의 정치적 목적은, 영원히 변화하지 않는 만물생성의 근원이요 원인자로 태극을 설정하고, 왕권을 태극으로 상징화하였으며, 태극에 의하여 생성된 피생성자(被生成者)인 양(陽)과 음(陰)을 지배와 피지배의 차별관계로 이론화함으로써, 왕조체제를 합리화하려는 데 있었다.

그러나 중국 송나라 때의 노장학자인 주렴계는 우주의 근원적 원인자로서의 절대적 존재인 태극의 존재를 부인하였고, 또 피생성자인 양과 음의 차별성도 인정하지 않음으로써, 우주 만물의 기능적 특성과 개체의 존엄성을 인정하였다. 따라서 모든 우주의 만물을 각기 자율적 자존성을 지닌 태극으로 보고 그 기능적 존엄성을 인정하였으며, 왕권을 상징화하여 형이상학화 한 절대적 존재로서의 태극을 부인하였다. 그러므로 개체로서 독자성을 지닌 만물을 주재하고 통할하는 근원으로서의 태극을 부인하였고, 만물에 앞선 태극이란 없고 절대자가 없기 때문에 무극(無極而太極)일 뿐이라고 하였다.[28]

김육이 주렴계의 우주론을 취한 목적도 인명(人命)의 막중함을 들어 귀천의 차별을 두어서는 안 된다는 인권평등의 구현에 있었다. 따라서 그는 우부승지로 재임하고 있을 때, 억울한 누명을 쓰고 옥에 갇혀 있는 백성들의 인권을 구제하여야 함을 주장하였다. 즉 그는 "이상의 몇 사람들의 죄가 의심스러운 데도 심리할 때에 논의되지 못한 것은, 아마도 그들이 비천한 자들이어서 소홀히 한 것이 아닌가

---

28) 馮友蘭, ≪中國哲學史≫(香港: 文蘭圖書公司, 1967), 820∼829쪽 참조.

생각됩니다. 벌레 같은 미물에 대하여서도 임금은 양치질하면서 피하는 법입니다. 그런데 더구나 막중한 인명에 대하여 어찌 귀천을 구별하겠습니까?"[29]라고 하였다. 김육의 이와 같은 인명 존중사상은 격변하는 위기의 국내외 정세 속에서 백성의 생활안정과 국가보위가 최우선의 정치적 과제로 본 그의 안민사상의 기틀이 되었다. 그러므로 김육은 백성의 생활안정에 정치의 일차적 목표를 두었고, 이를 위한 절용책(節用策) 그리고 언로(言路)개방을 통한 화합과 기득권세력 간의 붕당(朋黨) 척결을 역설하였다. 따라서 그는 임금을 알현하는 신하로 하여금 각각 품은 뜻을 진술하도록 함으로써, 재난을 막을 대책을 강구하도록 언로를 개방함이 옳고, 재난을 극복할 대책으로는 백성의 생활안정책보다 더 중요한 일이 없다는 점을 지적하였다.

요즈음 천재(天災)가 매우 심하여 성상께서 직언을 구하는 분부를 내리셨는데, 신의 뜻으로는 상소문으로 진언하게 할 필요없이 입시(入侍)히는 신하들이 각각 생각하는 점을 건의하도록 하여 재난을 그치게 하는 대책으로 삼는 것이 바람직할 듯 합니다. 오늘날의 급선무는 백성들의 생활을 안정시키는 일보다 더 중요한 일이 없습니다. 백성들의 생활을 편안하게 한 뒤에야 하늘의 뜻을 기쁘게 할 수 있는데, 전하께서는 오늘의 백성들이 편안하다고 생각하십니까?[30]

이미 김육은 인조반정 직후 음성현감 재임 중에 당시 군정(軍政)의 문란과 그로 인한 서민들의 참상을 직시하고, 백성에 대한 생활안정책의 확립이 국정의 근본임을 강력하게 왕에게 건의한 바 있었다. 그에 따르면, "임금이 정치를 함에 있어서는 백성을 편안하게 하는 일보다

---

29) "此莫重人命, 豈有貴賤之別乎"(≪仁祖實錄≫, 卷四十 十八年 六月 十三日(癸亥)).
30) ≪孝宗實錄≫, 卷 十六 七年 二月 二日(辛亥).

우선해야 할 일이 없으며, 백성이 편안한 뒤에야 나라가 안정될 수 있다"[31]라고 주장함으로써, 나라의 나아갈 길은 백성의 생활안정이 근본이 되며, 백성들의 생활이 안정되어야만 나라도 안정될 수 있다는 입장이었다.

아울러 김육은 여러 사람의 지혜를 모아 서로 힘을 모으는 합의의 정신으로 백성의 생활안정책을 강구하여 시행할 것을 주장하였다. 즉 그는 "임금(人君)이 비록 총명하고 지혜로운 자질이 있다 하더라도 위에 앉아서 홀로 운용(運用)할 수는 없고, 반드시 여러 사람의 지혜를 모아야만 공적을 이룰 수 있으며, 모든 사람이 우러러 보는 지위에 있는 사람이 적격자가 아닌 경우에 누가 그 밑에서 마음과 몸을 다하겠는가"[32]라고 임금에게 진언하였으니, 이는 왕을 비롯한 소수 집권세력의 권위적 자세 속에서는 모든 국민이 안민이택(安民利澤)할 수 있는 협력이 나올 수 없다는 점을 지적한 것이다. 그럼에도 불구하고 자신과 자파세력의 권익추구에만 여념이 없고 안민보국(安民保國)에는 아랑곳하지 않는 정국에 대하여, 그는 다음과 같이 개탄하였다.

온 세상 일이란 힘을 합하면 이루어지고, 스스로 의심하여 의견이 상충하면 실패할 것이니, 예로부터 나라를 망하게 한 것은 모두가 붕당에서 연유하였는데, 오늘날과 같이 붕당이 심한 적이 없습니다. 그 뿌리가 이미 고치기 어려운 고질병이 되었으며, 이제 분열된 파벌들이 널리 퍼져 있어서 이를 제거하려고 한다면 장차 조정이 비게 될 지경에 이를 것입니다.[33]

이와 같이 정치적 파당의 심화로 국론이 분열되었음에도 불구하

---

31) 위의 책, 卷二 卽位年 十二月 五日(庚申).
32) ≪孝宗實錄≫, 卷九 三年 十一月 二十四日(壬辰).
33) 위의 책.

고, 김육은 국내외의 정세와 실상을 너무나 잘 알고 있었기 때문에, 희망을 버리지 않고 임금에게 "오직 어진 사람을 발탁하여 등용하고 파당을 심하게 하는 자들을 제거함으로써, 옳고 그른 것을 분명히 밝히어 공(公)과 사(私)를 엄격히 구분하십시오. 그러면 비록 붕당의 뿌리를 완전히 제거하지는 못하더라도 자연히 서로 경계하게는 될 것입니다"[34]라고 건의하였다. 특히 김육은 붕당으로 인한 권력투쟁을 막기 위한 대책으로, 인조반정에 대한 공로로 막대한 포상을 받아 기득권자가 된 세력자들을 지방관인 외직(外職)으로 내칠 것을 주장하기도 하였다. 김육 스스로도 공신들인 권력자들을 문제 삼는 것이 화를 자초할 가능성이 큼을 알면서도, 인조반정의 공신인 원두표(元斗杓, 반정 2등 공신) 이시방(李時昉, 반정 2등 공신) 등을 외직에 보임하거나 탄핵할 것을 건의하였다.

잠곡이 아뢰기를 "신은 이런 말(세력자를 외직에 임명해야 한디는 말)을 하면 화가 미칠 것임을 모르는 바 아닙니다만, 진실로 국가에 유익하다면 어찌 감히 신의 몸만을 돌보아 말하지 않겠습니까? 원두표와 이시방을 외직에 임명해야 옳을 것입니다. 두표를 먼저 송도유수(松都留守)에 임명하고, 시방(時昉)도 논의한 뒤 외직에 임명해야 합니다. 그리고 이시해(李時偕, 인조반정 3등 공신)는 멀리 귀양 보내야 할 것입니다"하니, 임금이 좌우에 있는 신하에게 말하기를, "각자 소견을 말하라" 하였다. 좌우에 있는 한 사람도 분명하게 말하는 사람이 없자, 임금이 말하기를 "좌상(左相, 좌의정, 김육)은 자신의 몸을 돌아보지 않고 가슴 속의 생각을 모두 실토하니 내가 매우 가상하게 여긴다. 그런데 경들은 다른 사람이 이미 말을 꺼냈는데도 모두들 망설이기만 하면서 명확하게 말하려 하지 않으니, 나는 매우 못 마땅하게 여긴다" 하였다.[35]

---

34) 위의 책.

이처럼 김육은 자신의 자리보전에 연연하지 않고 임금에게 직언함으로써, 대소 관료들로 하여금 참된 안민보국의 일에 힘쓰도록 촉구하였다.

(3) 개혁정책론

김육의 개혁정책론은 대동법의 확대 시행을 비롯하여 국정 전반에 걸쳐 광범위하였고, 그것들을 실천하려는 의지가 초지일관 굽힘이 없었다. 무엇보다도 그의 정책론 중에 가장 큰 비중을 두었고, 마지막까지 추진한 것은 대동법을 전국으로 확대 시행하는 일이었다. 이러한 대동법의 확대 시행에 대한 그의 집념은, 방납·족징·인징 등의 과중한 공물세 부과로 열 집이면 아홉 집이 비거나(十室九空) 굶주리는(十室九飢) 폐해로 말미암아, 왜란과 호란에 무력(無力)하였던 국가현실에 대한 개혁의식과, 가평 잠곡에서의 은거 생활 및 농촌의 참상을 직접 경험한 목민관으로서의 경력에서 얻게 된 신념 때문이었던 것으로 보인다. 특히 음성 현감과 충청감사로서의 재임은 그로 하여금 사회경제적인 민생구제의 개혁 없이는 민족자존이 어렵다는 신념을 갖게 만드는 계기가 되었다. 더욱이 상인 및 부호와 중간관리의 협잡으로 인한 공물세의 과중한 부담과 폐단 때문에, 대동법의 확대 시행에 대한 그의 집념을 더욱 강하게 만들었다고 할 수 있다.

특히 명나라에 파견된 사신인 동지사 정사로 연경에 갔다가 본국이 청 나라에 굴복한 뒤에 귀국함으로써(1637), 급변하는 국제정세를 몸소 체험한 김육이 그 이듬해인 1638년(인조 16년)에 충청감사로

---

35) 위의 책, 卷八 三年 一月 二十三日(丙申).

부임하여 바라본 농촌의 실상은, 15년 전 음성 현감으로 재임 중이었을 때의 상황에 비하여 전혀 개선되지 않았을 뿐만 아니라 도리어 더욱 피폐한 형편이었다. 따라서 농촌에 대한 조세부담을 경감하고 공물세의 폐단에 대한 개혁 없이는, 외침(外侵)으로 인한 굴욕을 씻을 길도 또 백성의 생활안정을 통하여 국가를 보위할 애민치국(愛民治國)의 길도 없으리라는 확신을 지니게 되었다. 따라서 1638년 6월에 충청감사로 부임한 김육은, 그해 10월에 대동법 실시의 절실함을 임금에게 다음과 같이 간절하게 주청하였다.

선혜청(宣惠廳)의 대동법은 진실로 백성을 구휼하는 절실한 방법입니다. 경기와 관동지방(강원도)에서는 이미 시행되고 있는 터에 본도(충청도)에 실시하기 어려울 리가 있겠습니까? 신이 도내의 결부(結負)의 수량을 모두 계산하여 보니, 매결(每結)마다 면포(綿布) 1필과 쌀 2말씩 내도록 하면, 중앙에 납부하는 진상 공물의 값어치와 본도(本道)의 잡역(雜役), 예컨대 병선(兵船)·쇄마(刷馬) 그리고 관청에 납부하는 물품 등 일체의 부담을 그것으로 처리하고도 도리어 수 만이 남게 될 것입니다. 지난날 권반(權盼)이 감사로 있을 때에 도내의 수령들과 함께 이 법[대동법]을 시행하려 했으나 뜻을 이루지 못하였습니다. 이제 만일 [대동법을] 시행한다면 한 사람의 백성도 괴롭히지 않고 또 번거롭게 호령하지 않아도 되며, 면포 1필과 쌀 2말 이외에는 다른 명목의 징수를 하지 않아도 될 것입니다. 지금 굶주린 백성을 구휼하는 방법으로, 이 법을 시행하는 것보다 더 좋은 것이 없을 것입니다.36)

김육은 같은 해(1638) 11월에도 대동법 시행의 주청(奏請)에 대한 윤허를 촉구하면서, 임금의 주변에 있는 관료들이 국가재정의 감소 가능성을 우려하여 반대하고 있음에 대하여, 국가재정의 결손도 없고

---

36) ≪仁祖實錄≫, 卷三十七 十六年 九月 二十七日(丙戌).

백성에게는 혜택이 커질 것이라고 설득하였다.[37] 그러나 이와 같은 그의 간곡한 상주(上奏)에도 불구하고 인조 때에는 기득권세력인 반정 공신들의 끈질긴 반대로 충청도에 대한 대동법의 확대 시행은 이루어 지지 못했다. 그럼에도 불구하고 김육은 그 뒤 10여 년이 지난 1649년(효종 즉위년, 두 번째로 청나라를 다녀온 직후)에 우의정이 되자, 다시 충청도에 대동법을 시행할 것을 강력히 상주하였다.

임금의 정치는 무엇보다도 백성들의 생활안정을 우선하여야 하며, 백성의 생활이 안정된 뒤에야 나라가 안정될 수 있을 것입니다. … 대동법은 부역을 균등히 하고 백성들을 편안하게 하기 위한 것으로서, 진실로 백성을 괴롭히는 폐단을 고쳐 세상을 바로 잡을 좋은 정책입니다. 비록 여러 도(道)에 한꺼번에 시행할 수는 없다 하더라도 이미 경기도와 강원도에 실시함으로써 실효를 거두었으므로, 만일 호서·호남 등 두 지방에도 시행한다면 백성들의 생활을 편안하게 하고 나라에 도움이 될 방법(정책)으로 이것보다 더 중요한 일은 없을 것입니다.[38]

아울러 그는 부호들과 관리의 결탁으로 말미암아 고통받는 서민의 생활을 편안하게 하고 방납의 폐해를 줄일 대동법 시행을 늦추어서는 안 된다는 점을 다음과 같이 지적하였다.

다만 탐욕이 많고 교활한 관리들이 세도 있는 문벌가에 대한 조사를 꺼려하고, 모리배가 방납의 어려움을 원망하면서 거짓말을 퍼뜨려 인심을 선동함으로써, 이 대동법 시행을 방해할까가 신이 염려하는 점입니다. 이제 마땅히 호서 지방에 우선 시험적으로 시행하여야 할 것이며, 충청도·경상도·전라도 등 삼남(三南) 지방에는 부호가 많기 때문에 이 대동법

---

37) ≪潛谷先生遺稿≫, 卷六 書狀 請行本道大同狀.
38) 위의 책, 卷三 疏箚 請行兩湖大同仍辭右議政箚 및 ≪孝宗實錄≫, 卷二 卽位年 十一月 五日(庚申).

시행을 부호들이 기뻐하지 않을 것입니다. 그러나 국가가 법령으로 시행한다면 소박한 백성들의 소원을 따르는 것이 될 것이니, 어찌 부호가 꺼려한다고 해서 백성들을 편안하게 하는 법을 시행하지 않겠습니까?39)

더욱이 김육은 김상헌·송시열·김집 등 숭명모화론자(崇明慕華論者)들의 반대에도 불구하고, 충청도에 대한 대동법의 시행을 관철시켰다(효종 2년 8월/1651). 또 다시 그는 거듭해서 호남에로의 확대 시행를 상주하였고(효종 8년 7월/1657), 드디어 그가 별세하던 1658년(효종 9년)에 호남에도 대동법이 시행되도록 함으로써, 임종에 직면하여서까지 그의 확고한 정치적 신념과 굽히지 않은 끈기를 보여 주었다. 특히 김육이 별세하기 바로 전해인 1657년에 호남에 대동법을 확대 시행할 것을 효종에게 주청한 다음의 상주문은, 죽음을 바로 앞에 두고서도 일반 백성에 대한 지극한 사랑과 우국의 충정이 간절한 건의문이다. 즉 이는 국민에게 충성하는 일이 바로 나라 사랑의 길이라는 충민애국(忠民愛國)과 살신성인(殺身成仁)의 정신을 볼 수 있는 임종상소문(臨終上疏文)이다.

그 전부터 지금까지 계속해서 호남인들은 대동법의 시행을 요청하였으나, 조정이 이를 허락하지 않고 심지어는 승정원에서도 또한 [대동법 시행의] 상소를 막고 있으니, 신은 진실로 이해할 수가 없습니다. 신이 시종일관 이 일[대동법의 시행]을 주장하는 것에 대하여 사람들은 반드시 비웃을 것입니다. 그러나 신이 이 일[대동법 시행]을 간절히 바라는 것은, 호남은 나라의 근본인데 재해가 매우 많아서 민심이 나라를 떠나기 쉽기 때문입니다. 그러므로 가을걷이 전에 반드시 시행하여야만 조그마한 혜택이라도 베풀 수 있다고 생각했기 때문에, 죽음을 무릅쓰고 여러 차례

---

39) ≪潛谷先生遺稿≫, 卷三 疏箚 請行兩湖大同仍辭右議政箚.

말씀 드렸던 것입니다. 슬프옵니다. 백성이 바라는 바를 하늘도 반드시 따르는 법인데, 임금이 어찌 하늘의 도를 근본으로 하여 백성의 뜻을 따르는 일을 우선하지 않을 수 있겠습니까? 어떤 사람은 말하기를 백성들은 모두 대동법 시행을 바라지만 수령(守令)이 원하지 않기 때문에 시행할 수 없다고 합니다. 그러나 호남의 백성들은 몇 백만이 될지 알 수 없고 수령은 50여 명에 지나지 않는 터에, 어찌 50여 명이 원하지 않는다고 하여 수많은 백성들이 크게 바라는 일을 시행하지 않을 수 있겠습니까? 지금 이 도(전라도)에서 1결에 대한 세금으로 거두는 쌀이 60여 말에 이른다고 합니다. 10말만 거두면 백성들에게 5배의 세금을 덜어주는 것과 같이 적을 것이며, 그래도 조정의 쓰임에 부족함이 없다고 하는데 어찌 조정의 재정 결핍을 꺼려하여 이런 일[대동법 시행]을 하지 않겠습니까? 전에 호서(湖西)의 수령들 또한 모두 이[대동법]를 시행하지 않으려고 하였었으나, 몇 년 동안 이 법을 시행하니 이제는 촌락의 백성들이 마을에서 북치고 춤을 추며 또 살림도 넉넉하기 때문에 관리들을 원망하지 않아서 이웃 도(道)에서 크게 부러워하고 있습니다. 이 법은 이미 명백한 효과가 있으며 서울이나 지방이 모두 편리하고 위 아래(계층)가 모두 편안하게 여기고 있습니다. 1결당 10 말의 세금을 제외하고는 모두 백성들 자신이 먹는 식량을 확보하게 되는 구휼책이 될 것이니, 이[대동법]보다 더 좋은 대책이 무엇이 있겠습니까? 신이 전에 시행하기를 청할 때에 호서와 호남 두 지방을 셈하여 결부(結負)에 따른 쌀과 포목의 수량을 문서로 만들어 본청(本廳)에 보관하여 두었으므로, 관리들이 모두 이 법[대동법]에 익숙해져 있습니다. 단지 약간의 조목들만 미루어 변경해서 시행하도록 하명하신 다면, 시일을 허비하지 않고도 일이 잘 시행될 것입니다. 이 일은 신이 평소에도 해오던 말입니다. 지난해에도 [이 대동법의 시행을] 주청하였고 오늘도 또 이를 상주하오니, 사지를 잘리는 삼월(三刖)의 벌을 면하기 어려울 것입니다. 그러나 앞으로 다시는 전하의 은혜를 갚을 길이 없기 때문에, 비록 위로는 어버이 같은 임금(君父)에게 죄를 짓고 아래로는 조정의 웃음거리가 된다 하더라도 신은 이를 걱정하여 전후 좌우를 살필 겨를이 없습니다.40)

이와 같이 죽음을 목전에 두고서도 대동법의 확대 시행을 관철하려는 김육의 처절하리만큼 눈물겨운 충민애국의 개혁정신은, 500여 년에 걸친 조선왕조에서 그 어떤 재상과도 비교할 수 없을 정도로 높이 평가할 만하다. 따라서 백성에 대한 사랑을 곧 나라사랑으로 본 김육의 충민애국의 개혁의식은, 임금에 대한 충성이 나라 사랑의 길이라는 충군애국(忠君愛國)의 명분을 내세워 자신들의 기득권을 보위하려 했던 이른바 사육신과 같은 부류의 유학적 충군론(忠君論)이나 효례(孝禮)의식과는 판이하였음에 유의해야 한다.

다음으로 김육의 사회경제적 개혁론으로는 실용적 시장경제를 위한 화폐운용(貨幣通用)과 수송개혁으로서의 용거론(用車論) 등을 들 수 있다. 그는 1643년(인조 21년, 64세) 원손보양관(元孫輔養官)으로 심양(瀋陽)을 왕래하였고, 두 차례나 연경을 다녀옴으로써, 명과 청나라에 유행하던 서양 문물을 직접 보게 되었다. 따라서 그는 1644년(인조 22년, 65세) 7월에 청으로부터 귀국하자 수송 개선을 위하여 용거론(用車論)을 그리고 화폐 통용의 용전론(用錢論)을 건의하였다. 그는 다음과 같이 인조 임금에게 수레 사용의 필요성을 건의하였다.

우리나라는 중국과는 달리 길이 험하여 결코 수레(車)를 쓸 수 없다고 합니다. 신도 일찍이 중국을 다녀온 적이 있습니다만 중국(中原)이라고 하여 어찌 모두 평탄하겠습니까? 의주에서 요동에 이르는 사이의 회령(會 寧)과 청석(青石) 두 고개는 모두 우리나라의 서로(西路, 평안도 지방)에도 없을 만큼 험준한 고갯길이지만 오히려 수레에 짐을 싣고 넘어 다닙니다. 우리나라라고 어찌 수레를 사용하지 못할 이가 있겠습니까?[41]

---

40) 위의 책, 卷五 疏箚 請通行兩湖大同箚 및 ≪孝宗實錄≫, 卷十九 八年 七月 十一日(壬子).
41) ≪潛谷先生遺稿≫, 卷三 疏箚 辭輔養官東還後加資疏 및 ≪仁祖實錄≫, 卷四十五 二十二 年 九月 一日(丙戌).

아울러 김육의 화폐통용에 대한 집념은 상공업 진흥을 위한 경제 개혁론이라고 할 수 있다. 그는 수송개선을 위한 수레 사용의 용거론과 함께 다음과 같이 화폐통용에 의한 교역의 개선책을 상주하였다.

또한 중국에 왕래하는 연도(沿道)의 각 관아에는 화폐를 사용하는 점포를 설치하고, 왕명을 받은 사신 외에 의관(醫官)·통역관(譯官)·호위군(禁軍) 등과 약초를 가지고 왕래하는 사람들에게는 그 점포에서 숙식하도록 한 다음, 관청에서 화폐를 주어 점포의 주인에게 상환하도록 합니다. 또한 백성들에게도 쌀·포목·약초 등 관청에 납부하는 물품을 화폐로 대신하도록 하면, 백성들은 반드시 여러 상점에서 이들 물건을 살 것입니다. 공적으로 화폐를 통용하면 사사로운 거래에도 효과가 있을 것입니다. 우리나라도 일찍이 화폐를 통용시키고자 한 일이 있었으나, 시행되지 못한 것은 온 나라에 한꺼번에 화폐를 통용시키려고 하였기 때문입니다. 그러므로 아주 외딴 마을일 경우에는 화폐 사용이 더 편리함을 알지 못하였고, 화폐를 만드는 주전(鑄錢)도 쉽지 않아서 시행할 수 없었던 것입니다. 이제 만일 오로지 황해도와 평안도를 통과하는 도로에 나그네의 왕래가 끊이지 않는 곳에 점포를 설치하고 화폐를 통용시킨다면 반드시 실효를 거둘 수 있을 것입니다.42)

이와 같이 화폐통용에 대한 그의 집념은 3차와 4차의 중국 왕래를 통하여 더욱 확고해졌고, 그는 1650년(효종 원년, 71세) 6월에 황해도와 평안도(兩西) 지방에 화폐통용의 시행을 상주하면서 화폐의 확보 및 주조책(鑄造策)을 제시하였다. 즉 그는 진위사(陳慰使)로 청나라의 연경에 갔다가 자신의 여비로 화폐 15만 문(文, 엽전)을 구매하여 돌아오던 중 의주에 이르러 효종에게 건의하기를, "이 돈을 평양과 안주 등 도회지에 나누어 보관해 두고 우선 시험적으로 통용케 하며, 만일에

---

42) ≪潛谷先生遺稿≫, 卷三 疏箚 辭輔養官東還後加資疏.

그 시행이 잘 되면 산에서 돈을 주조하여 계속 통용시키는 것이 편리할 것입니다"[43]라고 주청하여 시행토록 하였다.

그는 다음해(1651)에도 벌금을 부과하는 방법으로 화폐를 이용할 것을 건의하여 시행되도록 하였다. 즉 효종은 김육의 다음과 같은 화폐통용대책을 받아들여 이를 시행하도록 하였다.

평안도 등 서쪽 지방(西路)에서는 돈으로 벌금형(贖刑, 속형)을 부과하기 때문에 화폐가 통용되고 있습니다. 서울에서도 이를 시행하여야 할 것이며, 법을 관장하는 법부(法部)에서 벌금형을 부과할 때에는 감찰 한 사람이 그 돈을 주관하여 상평청(常平廳)으로 이송하도록 함이 좋을 것입니다.[44]

더욱이 김육이 75세의 고령으로 좌의정에 재임 중이던 때에 그의 대동법 확대 시행에 대한 거센 반대가 있자, 그는 사임을 간청하면서까지 이를 관철하려는 의지를 보였다. 이 때 효종이 "경이 만일 물러난다면 돈을 통용시키고 둔(屯)을 설치하는 일(行錢設屯) 등을 누가 다 책임지겠는가?"[45]라고 한 점으로 미루어 보아, 김육의 화폐통용에 대한 소신이 매우 확고하였음을 효종의 그에 대한 이러한 신임으로도 알 수 있다.

이상과 같은 사회경제적 개혁정책 외에도, 김육은 국방·교육 등 여러 분야에 걸쳐 굽히지 않는 개혁론을 주장하였다. 국방에 대하여는 군의 정예화와 무기의 정밀화에 주력함과 아울러, 백성의 생활안정에 힘쓰는 국민 속의 군대로서의 국방과 농사를 함께 하는 병농일치(兵農一致)의 향토군 제도(屯田制)를 주장하기도 하였다. 그는 임진왜란

---

43) ≪孝宗實錄≫, 卷四 一年 六月 二十五日(丁未).
44) 위의 책, 卷七 二年 十 月 十三日(丁亥).
45) 위의 책, 卷十二 五年 二月 九日(庚午).

때 양인(良人) 자제로 편성하였던 속오군제(束伍軍制)가 백성의 부담을 가중시키고 그 폐해가 컸었음을 지적하면서, 이의 개혁과 진영(鎭營)의 정비 및 군대의 정예화를 역설하였다.

지금 (군대의) 기예(技藝)가 숙달되었고 사용할 무기도 정밀하게 되었습니다. 봄과 여름에는 농사에 힘쓰게 하고, 가을과 겨울에는 무예를 닦도록 하는 이 법은 옛날의 제도에 따른 것입니다. 이 법에 의거하여 잘 하는 자는 승진시켜 장수와 수령을 삼고, 잘 못하는 자는 내쳐서 보임하지 말도록 하되, 각 도의 병사로 하여금 군대의 진영을 주관하도록 하면 속오(束伍)의 폐단이 없어질 것입니다.[46]

김육은 이러한 둔전책(屯田策)으로 다음과 같이 주청하였다.

빈 땅에 [군대를 주둔시키어 수비하도록 하면서 농사를 짓게 하는] 둔전(屯田)을 설치하고 별장(別將)을 임명하여 주둔시킴으로써, 수십 명 또는 수백 명을 통솔하도록 하여 화전(火田)을 금지시키고 들녘을 개간하도록 합니다. 그리고 3년 이내에는 세를 징수치 않고 이사하지 못하게 하면, 백성들이 정착의 심리를 지니게 되어 나라를 보전하려는 은혜의 마음을 갖게 될 것입니다.[47]

또한 김육이 어떠한 개혁책 보다도 중요시한 안민보국의 길은 인재 양성의 교육이었다. 따라서 그는 개성 유수 재임 때, "나라를 보전하는 애국의 길은 인재양성보다 우선해야 할 일이란 없다"[48]라고 주장하였다.

결국 그의 개혁정책론을 단적으로 말한다면, 백성을 근본으로

---

46) 위의 책, 卷十七 七年 九月 十五日(庚申).
47) 위의 책, 卷十一 四年 八月 十一日(癸酉).
48) ≪潛谷先生遺稿≫, 卷六 書狀 加設訓導計仕陞遷勸課蒙學狀.

한다는 민본(民本)이나, 백성을 위하여 정치한다는 위민(爲民)이라는 유학적 특권 의식을 뛰어 넘어, 백성에게 충성하는 길이 나라를 사랑하는 지름길이라는 충민애국으로 집약할 수 있다. 따라서 잠곡 김육의 정치사상과 정책론을 종합적으로 평가하면 다음과 같이 요약할 수 있다.

첫째 그는 당시 내우외환의 국가적 위기를 직시하고, 유학의 당위론적인 공리공론과 고정관념에서 벗어나, 경험과 실천의식을 지닌 안민보국의 개혁론자로서 초지일관하였다는 점이다. 흔히 우리는 조선조의 명재상이요 청백리로 황희(黃喜, 1363~1452)와 같은 인물을 예로 들곤 한다. 그러나 잠곡 김육의 생애와 사상에 비추어 보면, 지금까지의 우리의 통념을 바꾸어야만 할 것이다. 김육 같은 이야말로 명재상이고 국민과 나라만을 위하여 일생을 돌보지 않은 공직자임을 알 수 있기 때문이다.

김육과 황희를 비교해 볼 때, 두 사람 모두 중국에서의 왕조교체 그리고 국내 정치사회 불안이라는 한민족이 직면한 내우외환의 위기 속에서, 재상으로 장수한 인물이라는 점에서는 유사하다. 그러나 두 사람의 사상과 정치관은 판이하였음을 볼 수 있다. 황희는 조선왕조 초에 변절자의 상징으로 이용되어 두 왕조(고려와 조선)에서 여섯 임금을 섬기면서 가장 오랜 동안 관직에 있었음에도, 소신 없고 무능력하고 기회주의적이면서 보수적이었던 대표적 인물이었다고 볼 수 있다. 오랫동안 재상으로 재임했던 황희가 자신의 소신을 밝힌 건의나 대책을 ≪조선왕조실록≫에서 찾아보기 어려울 뿐만 아니라, 그는 부정과 비리의 공직자로 논란이 일었으며, 세종의 새로운 제도의 제정에도 부정적 태도를 지녔기 때문이다.[49] 이에 반하여 김육은 굽히지 않는 소신, 나이와는 관계없는 개혁적 사고, 그리고 생애의 마지막 순간까지 추진한 개혁의 끈기와 과감성을 보여준 인물이다. 따라서 김육의 정치론은 역사상의 인물들을 재평가하는 데 우리에게 시사하는 바가 크다.

둘째 김육의 개혁사상은 미래지향적이고 폭 넓은 국제적 시각에서 한민족의 자존과 안민이택(安民利澤)에 대한 확고한 신념과 실천으로 일관한 충민애국으로 집약할 수 있다. 조선왕조 500여 년 동안 대부분의 고위관직에 있었던 사람들이 임금에 대한 충성(忠君)을 나라사랑(愛國)으로 착각한 유학적 사고에 얽매여, 국내 정치론에서는 왕권을 둘러싼 지배계급 중심의 차별적 통치질서관을 그리고 대외적으로는 중국 한족(漢族) 중심의 모화사대의 국제질서관을 탈피하지 못하였다. 그러나 김육은 서민 중심의 안민사상과 과감한 국제적 동렬의식(同列意識)을 지녔던 소신의 재상이었다고 할 수 있다. 그는 유학사상의 본질인 차별적 사고의 틀에서 벗어나, 서민의 생활안정책을 강구하는 일만이 나라를 사랑하는 길이라는 충민애국의 신념으로 일관하였고 이를 실천한 인물이다.

셋째 김육의 안민사상은 본질적으로 유학적 당위론이나 명분론보다는 실용적이고 실리적인 사회경제 개혁에 바탕을 두었기 때문에, 그 뒤 후생안민(厚生安民)의 개혁을 중요시하여 주자학을 배격하고 유학사상에 회의 내지 비판적이었던 실학파, 특히 북학파에게 많은 영향을 주었다. 즉 김육의 개혁론은 폭 넓은 개방적 세계관과 경험의 소산이었으므로, 그 뒤 서양문물이 본격적으로 유입되기 시작하면서 실학기 사상가들에게 많은 영향을 줌으로써, 뜻있는 선현들의 실용의식을 자극하는 계기를 제공하였다.

---

49) ≪文宗實錄≫, 卷十二 文宗 二年 二月 八日(壬申).

3. 박세당의 반주자학적 정치사상

1) 박세당의 학문관과 사상적 근거

박세당(1629~1703)의 자는 계긍(季肯), 호는 서계 초수(西溪 樵叟)이고, 흔히 서계라고 불렀다. 그는 여러 대에 걸쳐 고위관료를 역임한 가문의 출신이었지만, 홀어머니 밑에서 자랐고 당쟁의 소용돌이 속에서 아들을 잃게 되는 가정의 비극을 감수하면서 생애를 보낸 인물이다.[50] 박세당은 전형적인 양반가문의 출신으로서, 그의 할아버지 박동선(朴東善)은 관직이 의정부 좌참찬(좌참찬, 정2품/현 장관급)에 이르렀던 사람이고, 그의 아버지 박정(朴炡)은 인조반정에 참여한 공로로 삼등 정사공신(三等 靖社功臣)의 포상을 받은 공신이며, 반정 뒤 남원부사(南原府使, 종3품/관리관급), 대사간(大司諫, 정3품/현 차관보급), 대사헌, 이조참판(吏曹參判, 종2품)을 역임하였다.[51] 그러나 박세당의 나이 4세인 유년기(인조 10년/1632)에 그의 부친은 37세의 젊은 나이로 사망하였기 때문에, 박세당이 13, 14세에 이르러 고모부인 정사무(鄭思武)에게 본격적으로 수학하게 되기까지, 그는 유년기를 홀어머니와 더불어 병자호란으로 인한 피난과 떠돌이 생활로 보내야만 하였다. 그는 32세에 증광갑과(增廣甲科) 과거시험에 장원하여 성균관 전적(典籍, 정6품/현 서기관급)이 되면서 관리생활을 시작하였다. 그 뒤 박세당은 예조 좌랑(禮曹 左郎, 정6품, 33세), 병조 좌랑(정6품, 33세), 사간원 정언(正言, 정6품, 34세), 병조 정랑(正郎, 정5품/현 부이사관, 34세), 사헌부 지평(持

---

50) ≪西溪先生集≫, 卷二十二 附錄 年譜 및 卷二十一 諡狀 참조.
51) ≪仁祖實錄≫, 卷二十六 十年 六月 二十七日(癸巳).

平, 정5품, 35세), 병조 정랑(36세), 홍문관 부교리(副校理, 종5품, 37세)
및 교리(校理, 정5품, 39세) 등의 관직을 역임하였으나, 40세 이후에는
관직을 사퇴하고 고향에서 주로 학문연구에만 몰두하였다.[52] 특히
그는 서장관(書狀官)으로 청나라를 다녀온 후에는, 국제정세와 조국의
위치를 자각하였으므로 당쟁을 혐오한 나머지 관직을 포기하였다.
따라서 박세당이 관직에 염증을 느껴 재야인으로 생활한 생애 후반기
는 곤궁의 연속이었다. 박세당은 일찍이 관직을 사퇴하고 시골에서
농사하며 가난한 서민생활로 일관하였기 때문에, 지배학인 유학보다
는 노장사상에 더 정진하였다.

또 박세당은 유학적 공리 공론을 둘러싼 당쟁의 참화로, 아들
태보(泰輔)와 태유(泰維)를 잃게 되는 가족의 비극을 겪어야만 하였다.
이 때문에 그는 생애 후반기 20여 년간 주자학은 물론 유학 자체에
대한 회의에서 유학의 경전인 사서(四書: 論語, 孟子, 中庸, 大學)를 비판한
통설(通說: 四書思辨錄)을 저술하였다. 아울러 유학사상과 상반되는 노
장사상의 본질을 밝히려는 의도에서 도덕경을 해설한 ≪신주도덕경(新
註道德經)≫(53세)과 장자서를 재조명한 ≪남화경주해산보(南華經註解
刪補/漆注刪補 五冊)≫[53] 등 노장학의 원류에 대한 해설서를 펴냄으로써
자신의 독창적 사상을 나타냈다.

그는 이들 저술을 통하여 주자학에 비판적인 시각을 분명히 하였
고, 공자의 논어에 대하여도 완곡하게 비판하였다. 박세당은 ≪논어사
변록(論語思辨錄)≫에서 은자(隱者) 미생묘(微生畝)의 공자에 대한 비판

---

52) ≪西溪先生集≫, 卷二十二 附錄 年譜 참조.
53) ≪남화경주해산보(南華經註解刪補)≫는 필사본(筆寫本)으로서 한일간 문화재 및 문화교
류에 관한 협정 제2조 규정에 의하여, 1966년 5월 일본으로부터 반환되어 국립중앙도서관이
소장하고 있다.

을 인용하여, 다음과 같이 논어의 문제점에 대해 지적했다.

공자가 제후들을 찾아다니면서 유세하였지만 조금도 편안할 수 없음
은 새가 여러 곳을 옮겨 다니면서 한 곳에 정착하여 깃들이지 못함과
같음을 비평한 것이니, 공자는 오직 벼슬을 하려고 세상에 아첨하였을
뿐 스스로를 지키려는 절조가 없었던 것이 아니냐는 의미의 비난이다.54)

그는 맹자에 대하여도 다음과 같이 비판하였다.

왕도(王道)는 인의(仁義)를 통하여 민심을 얻는 것을 근본으로 삼는다
고 하였지만, 나의 어리석은 생각으로는 왕도란 무엇보다도 백성들의 복리
를 증진하는 양민(養民)에 있는 것 같다. 만일 먼저 민심을 얻는 데 뜻을
둔다면 이것은 패자(覇者)의 행위이지 아마 왕도는 아닐 것이다.55)

이와 같이 박세당은 인간의 의식주생활과 직결된 이욕을 배척하
고 봉건적 예법만을 추구할 것(斥利求禮)을 주장하는 공자의 사상과
인욕(人欲)을 억제하고 차별원리를 따를 것(遏人欲存天埋)을 주장한 맹
자의 왕도론을 다 같이 비판하였다.

비록 박세당은 두드러진 양반가문의 출신이지만 어린 시절에
부친을 잃어 보호할 권익을 별로 가지지 못하였고, 일찍이 은퇴하여
빈한한 농촌생활을 하면서 체험한 서민적 양심 때문에, 지배계급과
피지배계급 간의 차별을 본질로 하는 유학사상에 회의하고 노장사상에
심취하였던 것 같다. 그렇다면 박세당은 어떠한 시각에서 주자학 내지
유학사상에 회의하고 비판하였을까? 그의 사상은 유학을 지양(止揚)하
고 순수 노장적이었는가? 또는 유학에 바탕을 두고 노장학을 수단으로

---

54) 《論語思辨錄》, 憲問.
55) 《孟子思辨錄》, 梁惠王上註.

이용한 유학적 노장사상이었는가? 그렇지 않으면 노장을 근간으로 하고 유학사상을 수정한 노장적 유학사상이었는가? 이러한 문제는 박세당의 개혁사상이 어디에 바탕을 두고 있느냐는 근거를 해명하는 일이다. 이 세 가지 시각 가운데서 박세당은 당시 조선사회의 사상적 현실, 특히 주자학파의 횡포를 직시하였기 때문에, 노장학의 시각에서 유학사상의 모순을 수정하려는 노장학적 성향을 지녔던 것으로 보인다. 아울러 박세당이 노장학적 시각에서 사회와 사물을 보려는 입장이었다면, 그의 사상적 근거가 된 노장학은 어느 시대 노장사상이었을까? 즉 중국 송나라 때의 노장사상인가 또는 고대 노장의 원형인가? 이러한 문제에 대한 답은 그가 노장서의 해설서를 낸 이유에서 밝힌 대로, 후자 고대 노장학의 시각이었음을 알 수 있다.

박세당 사상이 노장사상을 근거로 한 유학사상의 수정이었다는 점은, 박세당이 노장학에 심취하여 연구하게 된 동기를 밝힌 곳에서 뿐 아니라, 유학의 본질에 대한 그의 시각을 나타낸 점에서도 알 수 있다. ≪숙종실록(肅宗實錄)≫에 나타난 사관(史官)의 말에 따르면, 박세당은 장자의 학설을 지극히 좋아하고 주자의 사서(四書)에 대한 해설(四書集註)을 악평하였다.56) 그 때문에 송시열 등 주자학 신봉자들로부터 이단자로 취급되어 사문난적(斯文亂賊)이라는 주자학의 역적으로 낙인이 찍히기도 하였다. 이러한 심한 사상적 박해를 받았음에도 불구하고, 박세당은 노장학 연구의 필요성을 거듭 밝히면서 주자학 내지 유학에 도전하였다.

박세당은 "장자가 비록 다른 여러 학파와 아울러 유학과 묵학을

---

56) ≪肅宗實錄≫, 卷二十八 二十一年 四月.

비난하고 배척하였지만, 그리고 그의 저서의 논리가 혜시(惠施)와 논쟁하는 방식을 취하고 있으나, 혜시의 말을 빌려 장자 자신의 뜻을 밝히는 데 있고, 장자 책의 근본 의미는 앞뒤가 매우 분명하며 단순한 우언(寓言)에 비할 바가 아니다"[57]라고 함으로써, 장자사상에 대한 그의 시각을 분명하게 밝히었을 뿐 아니라, 유학과 묵학에 못지않은 장자 책의 장점을 주장하였다. 즉 그는 장자 책의 가치를 그 본질 면에서 잘 보면 세상을 바로 잡는 방법에 더욱 보탬이 되기 때문에, 사람들로 하여금 이를 오해하게 할 수 없고 밝게 보면 하나도 폐기해서는 안 된다[58]고 주장하였다. 그럼에도 그 본질이 세상에 밝혀지지 않았으므로 그것을 널리 알리는 데 장자 연구의 동기가 있음을 명확히 하였다.[59] 동시에 박세당은 장자가 세상을 근심하는 깊은 뜻을 가지고 있었으므로, 그가 사회를 구제하려고 한 처방을 바로 보고 장자 책의 근본 취지를 알아야 한다[60]고 하였다. 이상은 박세당 사상의 본질이 노장사상의 원형에 바탕을 두고 있음을 말해 준다.

박세당은 《도덕경》에 대해서도 그것이 한(漢)나라 이전부터 매우 중요한 사상이었으나, 진(秦)나라 때 이후에 잘못 전하여져서 그 본래의 뜻이 흐려지게 되었으므로, 사람들에게 그 뜻을 올바르게 전하고자 그것에 대한 해설을 한다[61]는 뜻을 밝혔다. 즉 그는 《도덕경》 오천자(五千言)는 배울만한 충분한 가치가 있다는 점을 강조하였다.[62] 또한 그는 윤증(尹拯)에게 보낸 편지에서, 노장 책 연구에 지나치게 빠지

---

57) 《南華經註解刪補(漆注刪補)》, 卷一 序文.
58) 《西溪先生集》, 卷七 答尹子仁書.
59) 《南華經註解刪補(漆注刪補)》, 卷一 序文.
60) 《南華經註解刪補》, 卷一 齊物論.
61) 《新註道德經》, 序文.
62) 위의 책, 四十八章.

면 스스로 되돌아 올 줄 모를 정도로 심취하게 된다[63]는 점을 고백하였다.

따라서 종래 유학으로부터 이단으로 취급되었던 노장학 연구의 필요성을 명확히 표명한 박세당을 유학성향의 사상을 지닌 인물로 보기는 어려울 것 같다. 그러므로 박세당이 노장사상이 성인의 대법(大法)에 어긋난다는 점을 가리어 보아야 한다고 말한 까닭도, 당시의 학자들이 유학의 절대관에서 유학 이외의 다른 사상을 혹독하게 배척했기 때문에 이러한 표현을 썼을 것으로 여겨진다. 더욱이 당쟁으로 두 아들의 죽음이라는 참화를 체험했을 뿐 아니라, 은둔해서 살고 있는 그에게도 핍박이 가해졌으므로, 박세당이 유학사상 자체를 정면으로 비판하는 어리석음을 범하지는 않았을 것이다. 단지 유학의 근본사상을 회의하고 노장사상의 본래 뜻(本旨)을 밝힘으로써, 유학사상을 수정하는 듯한 태도를 취하였을 뿐이다. 박세당은 이러한 시각을 지녔기 때문에 유학사상의 지엽말단(枝葉末端)에 해당하는 문제에 대해서는 일일이 비판하지 않았고, 오히려 그 장점이 있는 것처럼 여기는 태도를 취하였다. 이런 까닭에 박세당의 사상을 유학을 본질로 하는 노장사상으로 오해할 우려가 있다. 그러나 그의 학문에 대한 근본적 태도는 노장학적 시각이었으므로, 유학사상의 본질 문제에 대하여서는 회의하여 비판하였음을 알 수 있다. 이러한 박세당의 사상적 태도는, 그가 공자의 봉건적 차별도덕론의 핵심을 이루는 인의예지(仁義禮智)에 대하여 완곡하게 비판한 점으로 알 수 있다.

공자에게 있어서 인(仁)은 봉건적 차별질서의 유지를 위하여 귀족과 노서민 간의 화합을 요구하는 심정이었다. 공자에 따르면 차별적

---

63) ≪西溪先生集≫, 卷七 答尹子仁書.

봉건체제를 유지하려는 이러한 상하계급 간의 조화의 심정(仁)은 인간다운 심정이며, 인간과 만물 모두에게 적용되는 보편적인 자연 조화의 심정이었다. 따라서 어진 사람인 인자(仁者)는 인간에 대하여는 물론 동물에 대하여도 사랑하는 심정을 갖게 된다고 하였다. 그러나 박세당은 이 문제에 대하여 공자의 인(仁)이란 동물에 대한 인간중심적인 편파적 사랑(偏愛)의 심정일 뿐이며, 사람과 사물에 차별을 두지 않고 생명의 존엄성을 중하게 여기는 순수한 사랑의 심정이 아니고 단지 형식적이고 차별적임을 지적하였다.

박세당은 마구간이 불이 난 뒤 집에 돌아 온 공자가 사람이 상했는가를 묻고 말에 대하여는 묻지 않은 사실에 대하여 비판하였는데,[64] 공자의 인(仁)이 고작 일방적이고 편파적인 차별(片理)의 심정에 불과함을 지적한 것이다.

> 지금 올바른 이치로 생각한다면 어떤 사람의 말이 옳다. 성인(聖人)이 먼저 사람에 대하여 묻고 뒤에 말(馬)에 대하여 물었다는 것은 사람이 상했을까의 뜻이 많았음을 알 수 있다. 이것은 사람과 가축 사이에 귀천(貴賤)을 차별하는 이치이다. 만일 말에 대하여 묻지 않았다면 인간의 떳떳한 심정이 아니며 사리를 판단하지도 못한 것이다. 말이 비록 천한 짐승이라고 해도 군자라면 진실로 죽은 짐승에게도 해진 휘장 덮어 주기를 잊어버리지 않는 법인데, 하물며 마구간이 탔는데도 말의 생사를 묻지 않는다면 옳은 일일까?[65]

그는 공자가 말하는 지식(知)에 대하여도, 공자는 봉건체제를 확립하려는 차별가치에 대한 욕구에 얽매여 있기 때문에, 공자 자신이

---

64) ≪論語≫, 鄕黨.
65) ≪論語思辨錄≫, 鄕黨.

지닌 지식이 자기 무지의 그릇된 지식이라는 점을 의식하지 못하고, "안다는 것을 안다 하고 모르는 것을 모른다는 것이 참된 지식이라고 주장한다"66)라고 비판하였다. 그는 "자신도 모르는 것을 참된 지식이라고 하는데, 보통 사람들의 병폐가 있으며, 그 때문에 사실 자체에 대한 참된 지식을 추구할 수 없는 것이 천하의 통폐"67)라고 하였다. 그럼에도 불구하고 공자는 그의 제자 자로(子路)에게 "아는 것을 안다 하고 모르는 것을 모른다고 하는 것이 참된 지식이다"68)라고 가르쳤으므로, 공자가 말하는 지식이란 허위의 지식에 불과하다는 점을 시사하였다. 일반적으로 사람들은 자신이 아는 조그마한 지식을 안다고 자랑하면서도, 자신의 잘못된 지식을 자각하지 못하거나 그릇된 지식을 인정하지 않으려고 한다. 따라서 박세당은 공자가 자로에게 가르쳐 준 지식이란 공자 자신도 자각하지 못하는 가운데 자기 지식의 가치만을 고집하는 허위의 지식에 불과하고, 사물 자체에 대한 객관적 지식이 되지 못한다는 점을 암시하였다. 이러한 박세당의 지식에 대한 태도는, "자기가 모르고 있음을 아는 것은 상등(上等)이고, 자기의 지식이 허위의 지식임을 모르는 것은 병이다"69)라는 도덕경의 인식론을 수용하여 공자를 비판한 것으로 보인다.

　　박세당은 맹자의 근본 사상에 대하여도 비판적인 반론을 제기하였다. 맹자는 전국기(戰國期)에 부국강병을 위하여 침략전쟁에 여념이 없었던 제후국 왕의 이기욕 추구를 억제하고, 공자가 설정한 인의(仁義)정치를 실현하려 하였다. 인의정치 실현의 정치적 방법론이 맹자의 왕도론이었

---

66) ≪論語≫, 爲政.
67) ≪論語思辨錄≫, 爲政.
68) ≪論語≫, 爲政.
69) "知不知 上, 不知知 病"(≪道德經≫, 七十一章).

으며, 왕이 추구할 정치방법으로서의 왕도는 백성을 얻는 방법임을
의미하였다. 앞서 논의한 대로 박세당은 맹자가 주장한 왕도정치 실현방
법으로서의 백성을 얻는 방법(得民의 길)에 대하여 반론을 폈다.

맹자에 따르면, 왕도란 민심을 얻는 것을 근본으로 삼는다고 하지만,
내 생각으로는 왕도란 백성을 부양하는 양민(養民)에 있다고 하겠다. 만일
민심을 얻는 데에만 뜻을 둔다면, 이는 패자(覇者)의 행위이고 아마 왕도는
아닐 것이다.70)

또한 박세당은 맹자가 귀납적 추리법으로 인의정치를 논증하려
고 한 태도에 대하여도 그 허위성을 밝혔다. 맹자는 왕도정치의 출발점
이 인(仁)에 있고 어진(仁) 심정(人心)을 논증하기 위하여, 소의 피를
그릇에 담아서 제사(釁鍾)71)하기 위하여 도살장으로 끌려가는 소에
대한 심정을 차마 볼 수 없는 심정(不忍之心)이라고 추리하였다. 즉
맹자는 제(齊)나라의 선왕(宣王)이 제사에 쓸 소를 도살하기 위하여
끌려가는 소를 양으로 바꾸도록 한 조치를 측은한 심정(惻隱之心)의
발로이고 인의의 심정이라고 합리화하였다.72) 또한 맹자는 "군자가
새와 짐승을 대함에 그 살아 있는 모습을 보고 그 죽어감을 차마
보지 못하며, 그 비명 소리를 듣고는 그 고기를 차마 먹지 못한다.
그러므로 군자는 푸줏간을 멀리한다"73)라고 함으로써 인(仁)을 논증하
려 하였다.

이러한 맹자의 인의에 대하여, 박세당은 '맹자가 말하는 어진

---

70) ≪孟子思辨錄≫, 梁惠王上.
71) 흔종(釁鍾)이란 고대 중국에서 소의 피를 그릇에 담아서 제사하는 풍습이다.
72) ≪孟子≫, 梁惠王上.
73) 위의 책.

사람의 금수(禽獸)에 대한 은혜 즉 측은한 것을 차마 보지 못하는 심정으로서의 인의란 고작해야 이 정도에 그칠 뿐이다. 비록 도살장과 부엌을 멀리 한다고 하지만 역시 살생을 폐지하지 않는 잔인성을 그대로 나타낸다"[74]라고 함으로써, 맹자의 인의가 이기적 차별가치에 근본을 둔 허위의 인(仁)임을 시사하였다. 이와 같이 박세당은 맹자의 왕도사상 자체에 대하여 비판적 태도를 나타냈다.

맹자에 대한 박세당의 비판적 태도는 유학사상의 완성이라 볼 수 있는 중용의 본질에 대한 회의(懷疑)에서도 볼 수 있다. 본래 중용은 중국 한족이 대륙을 최초로 통일하고 이민족으로부터 한족을 보위하기 위하여 강력한 중앙집권적 제왕권체제를 확립하고자 하는 데서 성립된 사상임을 이미 앞서 1장에서 밝혔다. 이러한 제왕권적 통일국가체제를 영원히 존속시키려는 한족의 욕구는, 중용에서 정치의 개념을 왕권에 대한 절대복종을 뜻하는 포로(蒲蘆)에 집약되어 있다는 점도 지적하였다. 따라서 공자와 맹자는 정치를 바로 잡는 것(正也者, 正也)으로 보았지만, 중용은 제왕권에 대한 절대복종을 정치의 본질로 삼았다. 이 제왕권의 절대권적 위력을 확보하기 위한 권위의 근거를 하늘(天)에서 구하였고, 하늘의 아들(天子)인 제왕의 절대권적 영원성을 확보하려 한 정치사상이 ≪중용≫의 본질이고, 이것이 ≪중용≫의 천도정치사상이다. 따라서 ≪중용≫의 하늘은 인간과 사물을 포함한 일체의 만물을 지배하는 강력한 의지의 하늘이었고, 사람과 사물을 창조한 생성자로서의 하늘은 인간에게는 도덕성을 부여하는 수여자이며, 정치적으로는 제왕권에 대한 정통성을 제공하는 존재가 된다. 따라서 ≪중용≫은 제왕

---

74) ≪孟子思辨錄≫, 梁惠王上.

권에 대한 복종을 인간이 본래부터 지니고 있는 덕성이고 천성으로 규정하였다.[75] 사람과 사물은 하늘의 운명을 받은 피명자이며 피조물에 불과하기 때문에, 사람과 사물을 지배하고 주재하는 절대 초월자인 하늘의 명령에 대한 복종은 숙명적이며, 하늘이 인간에게 부여한 숙명적 길인 천도(天道)가 인간에 내재화되어 있으므로, 인간은 잠시도 천도를 떠나서는 존재할 수 없고 천도를 떠나면 사람의 도리가 아니라고[76] 규정한 것이 ≪중용≫이다. 즉 제왕권을 상징하는 하늘의 명령에 대한 순종성을 인간의 본성이라 하여, 이의 자각을 요청한 것이 중용사상의 본질이다.

그러나 박세당은 이 ≪중용≫의 근본 사상에 대한 문제점을 제기하였다.

천도가 인간에 내면화되어 (인간의 존재 본질로서 본래부터) 마음에 갖추어져 있는 것이라면, 비록 천명(天命)의 위력을 벗어나려 하여도 불가능하다. 그렇다면 도(道)를 두려워하고 경계하여 잠시도 이에서 떠나지 말라는 천도(天道)의 의미는 모순이다. 대저 인간의 생존원리를 자각한다는 것은, 지식이 있는 사람이라고 해서 더 할 것도 없고, 어리석은 사람이라고 덜 할 것도 없다. 중용은 인간이 하늘의 피조물이라는 운명적 본성에 따르는 일에 힘쓸 것을 요구하면서, 이제 인간이 이 본성을 자각하지 못할까 걱정한다. 대저 본성의 각성으로도 오히려 인간의 생존과 멸망을 보장할 수 없다면, 만약 그것을 보존한다면 다행이겠지만 설사 불행하게도 그것을 보존하지 못한다면 굳이 무엇에 따를 것인가? 또한 사물마다 천도가 있지 않는 것이 없고, 어떠한 때라도 그렇지 않은 때가 없다고 하니, 진실로 이와 같다면 인간의 힘으로는 천도에서 벗어날 수 없는 숙명이 된다. 이 천도가 인간에게 내면화되어 있다면 사물은 또 어디로부터 천도기

<hr>

75) ≪中庸≫, 十七章.
76) 위의 책, 一章.

있도록 하겠는가? 사물이 인간으로부터 천도를 얻어 갈 것인가? 아니면 사람이 사물들에 나누어 줄 것인가? 모두 알 수 없는 일이다.[77]

이와 같이 그는 중용사상의 본질인 천도론을 비판하였다. 이것은 하늘의 광대성을 빌려서 제왕의 절대적 권위를 정당화한 중용사상의 문제점을 지적한 박세당의 날카로운 비판적 시각을 보여준 것이다.

본래 《중용》의 천도사상이란 한족이 중국대륙을 통일한 뒤, 한족 제왕권을 영구히 보위하려는 정치적 목적을 내포한 사상이다. 따라서 박세당은 이러한 중용사상의 정치적 저의를 간파하였기 때문에, 천도와 천명을 인간의 숙명으로 보려는 정자(程子)와 주자의 해석에는 잘못이 있다고 비판하였고, 아울러 정자와 주자 두 학설에는 없던 사실을 개연히 알아냈다[78]고 자부하였다. 또한 박세당은 인간을 초월한 천도의 초인적 선천성을 거부하였다. 그는 도(道)란 인간의 후천적 산물이며,[79] "사물에 도가 있는 것이 아니라 인간이 사물을 처리하기 위한 현실적 요청에서 설정한 방법에 불과하다"[80]라고 보았다. 이것은 제왕의 절대권적 근거를 하늘에서 구한 중용의 천도론 자체에 대한 박세당의 회의와 비판을 나타낸 것이다.

이상에서 살펴본 대로 박세당은 《논어》, 《맹자》, 《중용》이 내포한 근본적 문제점을 제기함으로써, 유학사상 자체에 회의하고 비판적인 입장을 취하였다. 동시에 비판의 방법은 《논어》, 《맹자》, 《중용》 등 사서에 대한 주자의 해석을 일일이 비판함으로써, 유학의 근본 사상에 대한 본질적 문제점을 몇몇 곳에 삽입시키는 방식을

---

77) 《中庸思辨錄》, 第一章.
78) 위의 책.
79) 위의 책.
80) 위의 책.

취하였다.

노장학에 심취하여 노장학의 시각에서 주자학의 통치이념에 비판적이었던 박세당으로서는, 노장사상의 참된 의미를 밝히는 일에 주력하였고, 노장학을 이단시하는 당시의 보수적인 유학사류의 횡포에 정면 도전할 필요성을 느끼지 않았던 것 같다. 오직 자기 자신이 추구하는 노장학에 대한 연구와 소신에만 열중하였을 뿐, 유학사상만을 고집하는 완고한 부류의 사고를 바로 잡으려 하지는 않았다. 따라서 노자나 불교를 믿고 연구하는 것도 그르다고 할 수 없으며, 그렇다고 유학사상에서 벗어나지 못하고 있는 자들을 시비할 필요도 없다는 것이 박세당의 학문적 태도이었다.

노자나 불교를 믿고 그들을 배우는 자에게 그 믿음은 독실하지만 그것을 좋아하는 것이 아니라고 말할 수 있겠는가? 만일 이단(異端)을 배우는 것을 학문을 좋아하는 호학(好學)이라고 할 수 없다면, 이단의 사상을 믿는 일이 독실한 믿음이 될 수 있는가? 믿는 것과 배우는 것은 그 일이 하나이다. 저 편을 믿으면 저 편을 배우게 되고, 이 편을 믿으면 이 편을 배우게 된다. 세상에 저 편을 믿으면서 이 편을 배우는 사람이란 없는 법이므로, 어찌 학문을 올바르게 하고자 한들 되겠느냐?[81]

이와 같이 노장사상에 대한 연구열과 믿음에 대한 그의 소신을 피력하였다. 따라서 박세당은 노장학의 시각에서 그의 사상을 발전시키는 데 일관하였으며, 이러한 시각에서 사회개혁책을 주장하기도 하였다.

---

81) 《論語思辨錄》, 泰伯.

2) 박세당의 정치사상

(1) 상대적 변천관에 입각한 평등사상

박세당의 사상이 노장사상을 근본으로 하였다는 가정은 유학의 본질과 그의 사상이 상반적이라는 뜻이 된다. 따라서 유학의 본질과 비교하여 박세당의 사상을 대조적으로 조명하는 일이 필요하다. 아울러 우선 유학과 노장학의 본질을 다시 개략적으로 비교함으로써 박세당 정치사상의 특성을 밝히는 것이 중요하다.

1장에서 논의한 것처럼 유학사상의 원형은 공자의 ≪논어≫에 있다. ≪논어≫의 주제는 정치이론이고, 이 문제는 정치를 어떻게 해야 하느냐(爲政) 또는 정치에 대한 질의응답(問政) 등의 형식으로 ≪논어≫ 전편(全篇)에 걸쳐 언급되어 있다. ≪논어≫에서 전개된 공자 정치론의 본질은 지배와 차별을 법제화한 주나라 법(周禮)을 불변의 규범으로 고정화시키고 변화를 반규범으로 설정함으로써, 봉건적 차별체제의 영원성을 확립하려 한 것이다. 공자는 차별을 인간의 존재원리화(性理)하고 역사원리화(春秋史觀)함으로써, 봉건정치체제의 이상을 달성하려 하였고, 맹자는 공자가 설정한 차별원리를 현실적 사례를 열거하여 논증함으로써 제후국 왕을 정점으로 하는 새로운 차별체제를 수립하기 위한 왕도정치론을 폈다.

≪중용≫ 또한 차별 불평등의 인간성을 하늘이 인간에게 부여한 운명적 사실로 규정함으로써 중앙집권적 제왕권체제를 영구화하려고 하였다. 중용사상을 답습한 주자는 중앙집권적 차별체제를 재확립하려는 정치적 목적에서, 현실의 정치사회적 차별질서의 근원적 원인자

로 태극을 설정하고 태극에 의한 음과 양의 차별을 우주원리화함으로써, 차별 불평등의 불가피성을 일반원리(理)로 규정하였다. 지배와 차별 원리가 모든 만물을 주재하고 지배하는 절대불변의 우주원리로서, 일체의 개체가 이 원리에 따라 존재하게 된다[82]고 본 것이 주자이다. 본래 남송 피난정권 시대의 사람이었던 주자는, 북방 만주족의 금(金)나라에게 탈취당한 회수(淮水) 이북의 수도권 영토를 수복하고, 피난으로 교란된 차별적 신분체제를 재확립하기 위하여 강력한 중앙집권적 제왕권체제를 요청했으므로, 강력한 제왕권을 태극(太極)으로 형이상학화하고 지배와 차별을 우주원리(理)로 한 태극적 이설(太極的 理說)을 주창하였다. 즉 주자는 남송의 정치 과제인 강력한 중앙집권적 제왕권 체제의 재확립을 위하여, 현실적인 군신 차별체제의 당위성을 차별질서의 현실에 앞서 존재하는 태극을 중심으로 한 차별원리(理)가 있기 때문에 가능하다고 보아, 차별체제에 대한 순종을 인간의 불가피한 운명으로 규정하였다. 따라서 주사학의 시각에서 보면, 군신·부자 간의 차별은 필연적이고 이에 대한 순종은 인간이 따라야 할 불가결의 당위가 된다.[83]

이와 같이 유학은 지배와 차별 불평등을 본질로 하는 정치사상임에 반하여, 노장사상은 상대관에 바탕을 둔 평등을 근본으로 하는 사상이다. 노장의 상대관은 장자서의 소요유(逍遙遊)·제물론(齊物論) 등에서, 대소(大小)·선악(善惡)·시비(是非)·유무용(有無用) 등에 대하여 동등한 가치를 부여함으로써, 지배와 차별을 거부하는 자연주의적 평등사상으로 나타났다.

---

82) ≪朱子語類≫, 卷九十四.
83) 위의 책, 卷九十五.

박세당은 이러한 노장사상의 시각에서 개혁사상을 전개하였다. 그는 변화를 거부하는 송나라 시대 유학의 태극적 이일원설(理一元說)은 물론 송대 노장학에서의 유학적 형이상학화에도 비판적이었다.

박세당은 주자가 제왕의 권위와 국제질서상의 중국을 상징적으로 형이상학화하여 태극을 만물의 근원으로 설정한 태극설을 비판하였다. 즉 그는 주자로 대표되는 송나라 시대 유학의 중심이론이었던 태극설을 부인하고, 자연변화의 주체력인 기(氣)가 작용하여 만물의 형체가 이루어졌고, 만물이 생겨남으로써 각 개체가 스스로의 자존의 원리(理)를 갖추었다고 보았다.84) 따라서 그는 변화의 주재자이면서도 변하지 않는 만물의 근원으로 설정한 태극과, 변화를 의미하는 역(易)과는 같을 수가 없다고 주장하였다.85)

박세당의 자연주의적 변천관의 시각에서 보면, 사물과 인간 개체의 변화는 끊임없이 낳고 또 낳는 생성과정일 뿐이다. 따라서 그는 사물과 인간 개체의 변화가 끊임없이 일어난다면, 어떤 것이 옳고 어떤 것은 그르다는 시(是)와 비(非)를 판단하는 주재자도 없다는 것을 알게 되기 때문에, 변화를 인정하지 않으려는 가치욕구로부터도 벗어날 수 있다고 설명한다.86)

따라서 박세당은 남송 피난정권의 정치체제를 강화할 목적에서 변화 자체를 거부한 주자의 태극설에 반대하였을 뿐 아니라, 변화를 인정하기는 했으나 변화 속에서 변화를 주재하는 원인자를 설정한(變中不易) 주렴계(周濂溪)의 무극이태극(無極而太極)설에도 반대하였다. 그

---

84) ≪南華經註解刪補≫, 卷二 天地.
85) 위의 책, 卷二 大宗師.
86) 위의 책, 卷一 齊物論.

는 주자의 태극설을 반대하여, "태극에 대한 이해에 미치지 못하는 것도 정도가 아니지만 태극을 지나치게 강조하는 것도 또한 정도가 아니다"[87]라고 하였다. 또한 그는 주렴계의 무극이태극설도 변혁의 시각에서는 의심스럽다고 비판하였다.[88] 박세당이 주렴계의 무극이태극설에 대하여 이러한 의문을 제기한 것은, 변천을 변천의 입장에서 보지 않고, 변천을 개념적으로만 설명하려는 송나라 시대 노장사상의 모순을 지적하려는 데 있었다. 본래 송대의 노장학에 따르면, 변천의 근원으로서의 태극은 영원불변의 원인자(原因子, Arche)이면서 동시에 변화를 주재하는 주재자로서의 변천성도 지녀야 한다는 논리이다. 그러나 이러한 태극은 변화하지 않는 속성인 근원성(根源性)과 변화하는 속성인 생성성(生成性)을 함께 지녀야 한다는 논리적 모순을 낳는다. 그러므로 송대 노장학이 만물의 근원으로 태극을 인정하지 않는 무극(無極)은, 이러한 논리적 모순에 대한 합리화의 방편으로 설정된 생성(生成)의 전제에 불과할 뿐만 아니라, 이러한 무극은 변화를 실질적으로 인정한 것이 아니라 단지 변화를 설명하기 위한 개념적 설정에 지나지 않았다. 따라서 이러한 송대의 무극설은 사실상 변혁을 거부하는 이론에 불과하였다. 그럼에도 무(無)에서 유(有)가 생긴다는 논리를 합리화하기 위하여, 무 속에 유를 생성하는 존재성을 부여하였고, 유와 무를 포괄하는 일기(一氣)를 설정한 것이 송대 장횡거(張橫渠) 등의 노장사상이다. 횡거는 이 때문에 태극 이전의 무극을 태허(太虛)라 하였고, 태허(太虛)에는 변화의 원인자로서 기(氣)가 있다고 하였다.[89] 이러한 일기

---

87) 위의 책, 卷五 天下.
88) 위의 책, 卷二 天地.
89) ≪張橫渠全集≫, 卷三 正蒙太和.

설(一氣說)은 송과 금, 그리고 명과 청의 교체라는 정치 변동으로 말미암아 한족(漢族)에 의한 중화주의(中華主義) 중국 지배체제가 붕괴하였기 때문에, 한족의 입장에서 비한족 지배의 정치현실을 사상적으로 극복하려는 논리적 강변의 산물에 불과하다.

그러나 박세당은 변화를 있는 그대로의 변화로 받아들이고자 하는 자연주의 변천관을 지녔다. 따라서 그는 "태초에는 본래 기(氣)도 없었고, 서로 홀연히 감응하는 운동 속에서 기가 생기며 이것이 변화를 일으킨다"90)라고 하였으며, "사물이 그렇게 되지 않는 데는 그렇게 되지 않는 까닭이 있고, 그렇게 되는 데는 그렇게 되는 까닭이 있다. 변화하지 않는 것도 없고, 변화할 수 없는 것도 없다"91)라고 함으로써, 변화 자체를 자연원리로 보았다. 그러므로 박세당은 변화를 차별적 지배의 합리화 수단으로 보는 시각을 비판한 것이다.

박세당은 이러한 변천관의 시각을 지녔기 때문에, 사물의 차고 비는 영허(盈虛)현상과 가고 오는 왕복운동은 자연의 원리이고, 개개 사물은 다른 사물을 지배할 수 없을 뿐 아니라 생성에 있어서의 선후(先後)도 시종(始終)도 없다는 것이다.92) 그는 또 유(有)와 무(無), 시(是)와 비(非)를 논하는 것은 각 사물이 지닌 기능적 특성에서 볼 때는 차별을 둘 수 없는 상대적 현상93) 이라는 인식태도를 지녔다.

변화를 전제하면 모든 만물은 경중(輕重)과 가부(可否)를 가릴 수 없으며, 시비(是非)와 유무(有無)를 차별지울 수 없는 상대적 현상이고,94) 각 사물은 제각각 자신의 자존성을 지니면서 자생적 존재로서의

---

90) ≪南華經註解刪補≫, 卷二 至樂.
91) 위의 책, 卷一 齊物論.
92) 위의 책, 卷二 大宗師.
93) 위의 책, 卷一 齊物論.

평등세계를 이룬다[95]는 것이 박세당의 시각이다. 이러한 상대적인 평등관에 의하면 대소(大小)·다소(多少) 등은 상호 전환하기 때문에, 각 사물 사이의 우열을 가릴 수 없고, 귀하고 천한 것이 서로 변하는(無常한)[96] 동등한 세계라는 것이다.

따라서 박세당은 대소(大小), 귀천(貴賤)을 차별 지우는 것을 정치사상의 과제로 보지 않았다. 따라서 그는 "강대하다고 하여 약소해질 수 없고 존귀하다고 해서 천해질 수 없다는 것은 도(道)가 아니다"[97]라고 말한다. 도리어 각 개인으로 하여금 각자 자신의 삶을 영위케 함으로써 스스로의 기쁨과 행복을 누리고, 백성이 그 믿고 의지하는 것조차 잊어버리고 각자의 기능이 서로 다르지만 그것도 바뀔 수 있는 사회가 현명한 왕의 정치가 된다는 것이다.[98]

박세당은 봉건적인 차별도덕을 강조하는 것이 도리어 사람을 미혹시키는 요인으로 보았다.[99] 따라서 그는 차별이 없었던 때가 모든 사물의 시초이며, 이것이 모든 사물개체 사이에 끊임없는 변화가 일어나는 까닭이라고 보았다.

각 사물 개체 간의 득실(得失)과 경중(輕重)은 각기 약의 효과와 같이 그 기능상 독자적인 특성과 자존의 당위성이 있으므로, 군신 간의 관계도 그 변화가 무궁하며 단지 하나의 기능만을 지킬 수 없는 것이 자연의 원리이다.[100]

---

94) 위의 책.
95) 위의 책, 卷四 則陽.
96) 위의 책, 卷三 秋水.
97) 위의 책, 卷四 知北遊.
98) 위의 책.
99) 위의 책.
100) 위의 책, 卷四 徐無鬼.

이러한 그의 기능적 평등관은 군신 간의 교체 가능성을 시사한 것으로도 볼 수 있을 뿐 아니라, 반상 차별체제의 개혁을 욕구한 정치사상의 단면을 보여주는 것이라고 할 수 있다.

(2) 현실적 실천사상

변천관의 시각에서 보면 차별체제를 정당화하기 위한 차별원리의 절대성과 불변성이 인정될 수 없게 된다. 그러나 고정관(固定觀)의 시각은 변화하는 현실에 대한 인간의 감각이 감수하는 현실적 가치를 부인하고, 고정적인 봉건적 차별가치에 의하여 규정된 당위도덕에 따라 현실을 판단하기 때문에, 현실의 상황윤리에 따른 가치보다는 고정된 차별가치를 강조하게 마련이다. 이러한 고정관에 따른 가치관에서는 당위도덕으로서의 봉건적 인의와 차별가치로서의 명분의 실천은, 선행이고 진리의 추구로 보게 마련이다. 동시에 인간이 삶의 영위를 위하여 현실적으로 감수하여 요구하는 감각적 욕구는 인욕(人欲) 또는 인심(人心)으로서 그것의 추구는 악행이 되고, 차별 가치의 실천의욕만이 도심(道心)이며 그것의 실천만이 선행이 된다. 이것이 조선시대 유학의 기본시각이다.

따라서 정치사회 및 사물의 인식에 있어서, 유학은 고정적 당위관에 따라 봉건적 차별도덕의 실천을 선행으로 요구하였다. 그러므로 조선왕조에서 대표적 유학자로서 주자학을 그대로 답습한 이황은, 차별원리의 실천은 의롭고 선행인 반면에, 인욕은 억제하여야 할 사사로운 이욕의 추구로서 악행이라고 보았다.[101] 본래 맹자에 의하면

---

101) ≪退溪先生文集 續集≫, 卷八 雜著 天命圖說 論意幾善惡 참조.

왕도실현의 방법은, 바로 이기적 물욕의 억제(遏人欲)와 이욕을 배척하고 예법을 따르는(斥利求禮) 당위를 실천하는데 있다는 것이다. 따라서 감각적인 물욕이 침입하는 통로인 신체가 외부의 자극을 받지 못하도록 하려는 맹모삼천(孟母三遷)과 같은 환경선택의 방법은, 인간의 현실적인 욕구를 외면하고 차별체제를 보위하려는 정치적 목적의 산물이라고 할 수 있다.

이에 반하여 노장학은 유학이 주장하는 인의예지(仁義禮智) 등 당위의 차별도덕을 배격하고, 백성들의 실제적인 생활가치의 신장을 위하여 이러한 당위도덕의 폐기를 주장하였다. 도덕경은 다음과 같이 설명한다.

> 성인(聖人)이 없어지고 그릇된 지혜를 버리면 백성들의 복리가 100배로 늘어나고, 봉건적 차별의 인의를 폐기하여야만 백성들이 자식으로서의 효도와 부모로서의 자애(孝慈)의 정신을 갖게 될 것이다.[102]

박세당의 사상은 노장학을 바탕으로 하였기 때문에, 평등사회의 구현을 위하여 그 실현방법론으로 감각적 경험에 따른 실증과 실천을 중요시하였다. 즉 그는 백성의 생활가치를 신장하는 것을 정치의 목표로 했기 때문에 인간의 감각적 기능을 중요시하였다. 그에 따르면, 인간의 희로애락 등 감성은 인간으로서는 어쩔 수 없는 불가피한 특성으로서 인간의 참된 본바탕인 진재(眞宰)이며, 이것이 아니면 인간의 존재란 없고, 인간이 존재하는 한 신체가 없다면 인간의 본질적 기능도 없게 된다.[103] 따라서 그는 인간이 감각으로 감지하는 기능인

---

102) ≪道德經≫, 十九章.
103) ≪南華經註解刪補≫, 卷一 齊物論.

정(情)이 인간 존재원리의 실상(實相)이라고 보았다.104)

이미 1장에서 논의한 대로 공자는 주나라 봉건체제의 재현을
이상으로 하였기 때문에, 인간으로 하여금 이욕의 추구를 배격하게
하고, 주나라의 차별법(周禮)을 실천하는 극기복례(克己復禮)와 이러한
체제의 재건을 열망하는 심정을 지니도록 하여야 한다(歸仁)105)는 점을
주장하였다. 그러나 이러한 공자의 유학사상은 진정한 의미의 사람에
대한 사랑과 인간을 이롭게 할 인의가 아니고, 차별적 봉건 지배체제의
보위에 목표를 둔 가치체계에 지나지 않는다는 비판을 받아 오기도
하였다. 아울러 이것은 진정으로 백성들의 생활안정과 복리를 증진시
키려는 안민이택(安民利澤)의 의사가 없으면서, 도덕을 매개로 명예와
이익을 추구하려는 매덕득명(賣德得名) 또는 매덕득리(賣德得利)의 이론
과 명분에 불과하다는 묵자학도 및 노장학도의 신랄한 비판도 받았다.
박세당 또한 다음과 같이 유학 숭상의 병폐를 지적하였다.

사람에 대한 진정한 사랑은 인(仁)에서 나오고 백성을 이롭게 하는
이인(利人)은 의(義)에서 나오는 법인데, 이 안민이택의 인(仁)을 손상시키
고 그 실질적인 명분도 구하지 않으면서 인의를 가장하여 그 공(功)만을
거두기를 바란다. 그 때문에 백성의 복리라는 실질에 힘쓰는 사람(務實者)은
적고, 허위의 명분만을 꾸미는 사람이 많다.106)

아울러 그는 당위론적 명분론은 천하에 비생산적 명분만을 좋아
하는 사람을 많게 하고, 백성의 실질생활을 증진시키려고 노력하는
사람을 적게 하는 헛된 이론(空論)107)이라고 비판하였다. 따라서 박세당

---

104) 위의 책, 卷三 秋水
105) ≪論語≫, 顔淵 顔淵問仁.
106) ≪南華經註解刪補≫, 卷四 徐無鬼.
107) 위의 책, 卷四 則陽.

은 당위론적 가치관인 명분을 추구함은 사회혼란만을 촉발시키게
되기 때문에, 이러한 가치관에서 잘잘못을 논한다는 것은 가치관 및
사회를 혼란시키는 요인이라는 점을 지적하였다. 그에 따르면, "힘으로
정벌하려는 것은 전쟁을 좋아하는 것이고, 정벌을 하지 말라는 것도
명분을 좋아하는 것이니, 이 모든 것이 결국 사회를 혼란시키는 요인이
다. 정벌하는 것도 그리고 정벌해서는 안 된다는 주장도 모두 혼란의
원인이 되지만, 또한 상대는 잘못이고 스스로 옳다고 하여 시비를
발생시키는 것도 혼란의 근원"108)이라는 것이다. 또 "본래 시비(是非)란
인간의 이기욕구인 이해관계에서 생긴다고 보았으며,"109) "가치 욕구
에 얽매여 추구하는 명분과 이욕의 추구는 모두 자연원리에 어긋나며,
이러한 명리(名利)를 버릴 때만이 자연원리를 따를 수 있다"110)고 한다.

반면에 유학의 실천관은 자기 가치의 정당성만을 고집하여 사실
을 사실대로 보지 않고 지식적 가치 즉 명분에서 현실을 보려고 하기
때문에, 경험적 가치와는 전혀 다른 위장된 지식의 실천을 주장한다.
그러나 박세당은 도덕경이 말하는 "사회현실의 입장에서 사회를 있는
그대로 관찰하는"111) 실증적 방법에 따라, 사물을 사물의 입장에서
그리고 사회를 사회의 입장에서 객관적으로 인식할 것을 주장하였다.
이 점을 그는 북과 피리의 음률(音律)에 비유하였다.

북과 피리의 움직임은 그 음률이 한 가지에 지나지 않아서, 서로
그 소리가 상응하면 양음(陽音)은 양(陽)의 소리(音)를 내고 음음(陰音)은
음(音)의 소리를 내는 점에서 다를 바 없다.112)

---

108) 위의 책.
109) 위의 책, 卷一 齊物論.
110) 위의 책, 卷五 讓王.
111) ≪道德經≫, 五十四章.

　　이러한 시각에서 보면 백성의 실제 생활가치를 외면하는 문자와 언어 등 이론은 사회를 혼란시키는 지식적 가치에 지나지 않게 된다. 따라서 박세당은 도를 밝힌다는 것은 지식과 언어에 있는 것이 아니라 실천에 있으며,113) 백성들이 실질을 떠나 허위의 비현실적 가치관을 배우게 되면 이것을 다스리려 해도 어려울 것이다114)라고 하였다.

　　따라서 박세당은 "글이란 사람이 추구해야 할 도리의 찌꺼기이고, 실질적인 일이 도(道)의 정수(精髓)이다. 찌꺼기를 얻기에 힘쓰고 백성의 실리(實利)에 도움이 되는 길을 추구하지 않으면 참으로 사람의 도리를 한다고 할 수 없다"115)고 하였다. 그러므로 "현인을 숭상하는 상현(尙賢)이란 지식의 폐단에 맡기는 것이며, 현인을 숭상하지 않고 지식에 맡기지 않은 뒤에라야 백성으로 하여금 그들의 생활가치를 추구하는 본성을 회복할 수 있다"116)는 것이 그의 시각이었다.

　　이는 차별원리에 대한 지식의 강조와 실천보다는 백성의 생활가치 즉 생활안정과 복리증진의 실천을 중요시한 것이라고 할 수 있다. 따라서 박세당은 생활가치의 신장을 실천한 후에야 교화도 가능하며, 백성의 생활안정에 대한 실천이 없이는 교화할 수 없다고 하였다.117) 이러한 점을 그는 "흡사 땅을 밟아야 걸을 수 있는 것과 같으니, 땅을 밟지 않고 걸을 수 없는 것"118)에 비유하였다.

　　이와 같이 박세당이 실천을 중요시한 것은 당시 피폐한 서민의

---

112) ≪南華經註解刪補≫, 卷四 徐無鬼.
113) 위의 책, 卷四 知北遊.
114) 위의 책, 卷五 列禦寇.
115) 위의 책, 外篇 卷二 在宥.
116) 위의 책, 外篇 卷四 庚桑楚.
117) 위의 책, 卷一 人間世.
118) 위의 책.

참상을 직접 경험한 그의 생활태도에서 연유했던 것 같고, 이 때문에 그의 실천사상의 목표는 서민대중의 현실적인 생활가치인 경제적 복리 향상에 있었다. 그러므로 그는 반상 차별체제의 확립보다는 백성의 생활향상을 정치의 일차적 과제로 보았다.

(3) 양민보국의 정책론

평등론과 실천론으로 집약되는 박세당의 정치사상의 목표는 국가를 보위하고 백성의 생활안정을 도모하는 양민보국(養民保國)에 있었다. 사회경제적으로 극도의 핍박에 직면하여 있던 시대가 17세기이었다. 이러한 상황에서 박세당이 노장사상을 정치개혁의 근거로 삼은 것은, 노장사상이 지배사상이 아니라 서민대중의 생활가치에 높은 비중을 두었던 데에 있다. 따라서 그는 노장의 무위(無爲)정치를 정치의 본질로 생각하였다. 그러나 그는 노장사상의 참뜻을 간파하였으므로, 이 무위 정치를 현실의 인간사회를 외면하고 자연 상태로의 복귀를 의미하는 것으로 보지 않았다. 그는 "노자가 말하는 무위라는 것은 일을 하지 않는 불사(不事)가 아니라,"[119] "욕심이 없고 사욕을 허용하지 않는 무욕의 태도"[120]라고 보았다. 그가 노장사상에 심취하여 이에 몰두한 목적은, 백성의 생활향상을 외면하고 권력욕에 사로 잡혀 차별 원리의 강화에 급급한 지배계급을 경고하는 데 있었다.

장자의 무위자연(無爲自然)이란 후세의 사람들이 잘못 이해하고 있는 이른바 무위자연(無爲自然)이 아니다."[121]

---

119) ≪新註道德經≫, 二十九章.
120) ≪南華經註解刪補≫, 卷二 應帝王.

　　이처럼 박세당이 말한 무위자연의 의미는, 서민대중의 생활가치를 신장하기 위하여 치자(治者)에게 허욕(虛欲)의 포기를 요구한 것이라고 볼 수 있다. 그는 "치자계급의 지배욕구를 바로 잡아 서민대중의 생활을 안정시킬 것"122)을 주장하였고, 노장이 말한 "무위정치의 본질적 의미란 서민대중의 생활을 안정시키는 일"123)이라고 하였다. 물론 그는 군신(君臣)체제를 부정하지 않았고 삼강오륜(三綱五倫) 등 차별윤리의 준행(遵行)이 필요하다고 보았다. 그러나 그의 근본사상은 서민대중의 생활향상을 위한 민생안정과 국가보위를 위한 지배계급과 피지배계급 간의 기능적 결합에 있었다. 그는 우선 민생 안정을 위해서는 "위의 지배계급이 과중한 세금의 폐해를 없애야만, 하위계급의 굶주림(飢餓)으로 발생하는 다스리기 어려운 우환이 없게 된다"124)고 지적하였다. 따라서 그는 지배계급이 "스스로를 밑에 두고 백성을 위로 하며, 스스로를 뒤로 하고 백성을 먼저 해야만, 백성들로부터 지지를 받고 백성들보다 앞설 수 있다"125)라고 주장하였다.

　　또한 박세당은 "백성과 더불어 하는 정치란 아래 사람에게 맡기고 윗사람은 지배하려는 욕구를 없이하는 것이며, 스스로 다스리겠다는 생각을 버리고 다른 사람에게 위임하기를 즐겨 하면 여러 사람을 무욕(無欲)하게 함으로써 선정(善政)이 이루어지게 된다"126)라고 하였다. 이것은 정치가 강력한 차별적 지배가 아니라 백성의 생활안정을 위한 기능적 위임임을 의미한 것이다. 각자의 역할에 따라 아래 사람에

---

121) 위의 책, 外篇 卷二 在宥.
122) 위의 책.
123) 위의 책, 卷二 天地.
124) ≪新註道德經≫, 七十五章.
125) 위의 책, 六十六章.
126) ≪南華經註解刪補≫, 讓王.

게 알맞은 기능을 위임함으로써, 사회안정과 정치통합을 이룰 수 있는 방향을 시사하였다. 이러한 그의 태도는 치자와 피치자 계급의 기능적 결합과 계급 간의 사회적 이동을 암시함으로써 밝혔다.

> 상위계급에게는 분수(分守)로서 도리를 다하게 하고, 하위계급에게는 형벌로써 다스려서, 도리로서 원리가 지켜지도록 하고 형벌을 갖춤으로써 일을 처리하는 방식을 천하에 활용한다면, 그것은 사람을 부리는 일이고 사람의 기능을 활용하는 일이 아니며, 단지 사람으로 하여금 하나의 기능만을 다하도록 하는 일이다. 만일 사람을 하나의 기능에만 잡아 매어둔다면 이것은 대도(大道)에 통하는 것이 아니다.127)

이것은 사람이면 누구나 상위계급과 하위계급으로서의 양면적 기능을 할 수 있으므로, 치자 또는 피치자로서의 기능 하나만을 불변의 자기 기능으로 고집할 때, 사회에 대립과 갈등을 낳게 될 것이라는 점을 시사함으로써, 박세당의 개혁사상을 보여 주는 것이다.

박세당의 정치관은 외침으로 초래된 백성들의 생활안정에 대한 요구를 외면하고 권익추구의 당쟁에만 급급한 당시의 정치현실에 직면하여, 서민대중의 참상을 날카롭게 지적하면서 부패한 정치의 개혁을 요구한 박세당의 개혁적 시각에서 비롯하였다. 이러한 박세당의 시각은 그로 하여금 대내외적인 개혁적 정책방안을 제시하도록 하였고, 주자학을 비롯한 유학 통치사상 자체에 대한 회의와 비판적 태도를 지니도록 하였던 것으로 보인다. 이러한 측면에서 중요한 그의 개혁정책론들을 소개하면 다음과 같다.

첫째 박세당의 대외정책론은 변천관(變遷觀)·상대관(相對觀)·현

---

127) 위의 책, 卷三 天道.

실관(現實觀)을 바탕으로 한 실리주의(實利主義)의 추구이다. 박세당의 대외관은 유학의 고정관(固定觀)·절대관(絶對觀)·추리관(推理觀)으로부터 탈피하여 국가보위라는 민족적 생존 요청을 직시한 측면을 보여준다. 이러한 그의 민족자존의 태도는 대청(對淸) 관계에서, 멸망한 명을 숭배하고 청나라를 배척하는 숭명배청론자(崇明排淸論者)들로부터 유학의 정통을 어지럽힌 오사(五邪)의 한 사람으로 역적시되면서도[128] 청나라와의 화해를 주장한 점에서 밝혀진다.

그는 한중(韓中)관계를 냉엄한 힘의 세력관계로 보았고, 중국에 대한 대외 정책의 기조는 중국에서의 정치적 세력변동에 따라 민족자존의 실리를 추구하는 데 두어야 한다는 시각이다. 즉 중국을 지배하는 국가와 한국과의 관계는 힘의 역학관계이고, 한민족은 중국의 세력변동에 주체적으로 적응하는 실리주의에 있다는 시각이다. 그는 삼국시대의 세 나라 가운데 국력이 가장 약했던 신라가 생존할 수 있었던 이유로, 중국에 대한 외교정책에서 현실주의적 실리를 추구한데 있었음[129]을 지적하였다. 또 원과 명의 교체기에 고려의 충신 정몽주(鄭夢周)와 자신의 선조인 박상충(朴尙衷)이 고려왕조의 보위를 위하여 대외정책으로 신흥 명나라와 화친(和親)하고 지금까지 유지해 온 친원정책(親元政策)을 버릴 것을 주장한 정책노선은, 그들이 실리주의 정책을 취한 점에서 더욱 높이 평가되어야 한다[130]고 보았다. 따라서 그는 중국에서의 송과 원, 원과 명의 왕조교체에 따라 대처하였던 역사적 사실에 비추어, 명을 대신한 청의 건국에 대처하여서도 명분보다는

---

128) ≪顯宗實錄≫, 卷八 五年 閏六月 十二日(壬申).
129) ≪西溪先生集≫, 卷八 平濟塔碑跋.
130) 위의 책, 卷七 答和叔書.

민족자존의 실리를 위하여 친청(親淸)정책을 취하여야 한다[131]고 주장하였다.

이러한 그의 대외 정책관은 명나라만을 섬기고 추종하는 숭명사대(崇明事大)의 유학적 모화사대주의에서 탈피할 것을 주장한 민족주체적 역사관의 소산이라고 볼 수도 있다. 환언하면 이러한 시각은 민족의 현실적 생존과 국가보위를 위하여, 국제적 변동에 적절하게 대응할 것을 주장한 주체적 민족사관으로 볼 수 있다. 아울러 이러한 국제관은 하나의 지구촌이라는 세계사회에서 앞으로 한민족과 세계의 공동 번영을 위하여 주도적인 기능을 하여야 할 우리에게 시사하는 바가 크다.

둘째 박세당의 대내 정책론은 백성들의 생활안정과 복리증진(富)을 우선하는 양민(養民)을 목표로 한 점이다. 그는 반상 차별로 인한 당시의 노서민에 대한 참상을 날카롭게 비판하면서 서민 우선의 사회 개혁을 주장하였다. 박세당의 폐정(弊政)개혁론은 그가 홍문관 수찬(修撰, 정6품/현 서기관급)으로 있을 때 사회적 폐단을 날카롭게 지적한 응구언소(應求言疏)에 수천자로 누누히 밝혔다.[132] 더욱이 그는 양반계급에 대한 군포(軍布)의 징수와 부역의 균등한 부과 그리고 군대 편제의 개혁 등을 지적함으로써,[133] 생활안정과 국가보위에 대한 개혁책을 제시하였다.

특히 박세당은 양반세력 간의 당쟁과 수탈로 인한 서민의 참상에 대하여, "오늘날 백성들의 생활이 극도로 곤궁하고 피폐하여 부모

---

131) 위의 책, 卷七 辭和叔論紀年示兒姪.
132) ≪顯宗改修實錄≫, 卷十三 八年 五月 十一日(甲寅).
133) 위의 책, 卷十三 八年 五月 十一日(甲寅).

형제가 서로 보전해 줄 수 없을 지경에 이르렀으니 진실로 애통하지
않을 수 없다"[134]고 상주하였다. 아울러 그는 또 노서민이 부역의
지나친 부담에 시달리는 폐단에 대하여도 다음과 같이 극명하게 지적
하였다.

> 이제 전체 국민을 10으로 볼 때, 관가와 개인이 부리는 공사(公私)의
> 천민(賤民)이 6할, 양반계급이 2할, 평민이 2할인데, … 특히 양반 사대부는
> 일도 하지 않고 독서도 않으며, 활쏘기 훈련도 하지 않고, 관청의 부역도
> 하지 않으면서 놀면서 먹고 사는 사람(無爲徒食者)들이 10의 8, 9할이다.[135]

또한 박세당은 병역으로 인한 서민대중의 핍박상에 대하여도
신랄하게 비판하면서 그 개혁책을 지적하였다.

> 병역제도의 문란이 지금보다 더 극심한 적이 없었다. … 군역(軍役)이
> 명목만 바꾸고 제도만 다를 뿐, 백성이 지는 부담은 더욱 더 무거워져서
> 한 집에서의 군역의 부담이 옛날에는 한 사람 분이던 것이 지금은 셋이고,
> 옛날에 두 사람 분이던 것이 이제는 여섯으로 세 배나 늘어나서, 백성들이
> 고난에 허덕이지 않을 수 없을 뿐 아니라, 그 불균등이 매우 심하여 원망하
> 지 않을 백성이 없을 정도이다.[136]

이와 같은 병역의 과중한 부담에 대하여 그는 "군역 의무자가
혹독한 부담과 착취를 감당할 수 없는 것이 첫째 폐단이고, 군역을
부담하는 집은 고향을 떠나 친족을 등지지 않을 수 없는 것이 둘째
폐단이다"[137]라고 지적했다.

박세당은 이상과 같은 불합리한 사회현실과 폐정을 직시하였기

---

134) ≪西溪先生集≫, 卷五 疏箚 應求言疏 丁未.
135) 위의 책.
136) 위의 책.
137) 위의 책.

때문에, 그는 조선왕조 건국 이래 유학 통치사상에 의거하여 수립한 모든 사회제도가 우리의 실정에 맞지 않아 문란하게 되었으므로 이를 개혁해야 한다고 주장하였다.

모든 정치사회 제도가 문란하니 개혁하지 않을 수 없을 뿐 아니라, 모든 법이 낡았으므로 혁신하지 않을 수 없다.[138]

따라서 박세당은 백성의 생활 향상과 국가보위를 위하여 부역 및 병역 부담의 균등화가 무엇보다 중요한 개혁책임을 주장하였다. 그는 "평민의 원성이 크기 때문에 부역의 부담을 균등하게 하여야 하며,"[139] "양반 사대부는 국가의 우대를 받기 때문에, 국가에는 일하지 않는 국민이 없어야 하는데도 불구하고, 놀고먹는 자가 10의 8~9할에 이르고 있으니, … 이들 사대부들은 봉급만 받아먹는 나라의 커다란 좀"[140]이라고 비판하였다.

백성의 생활안정과 복리증진 그리고 국력의 강화라는 기본입장 에서 보면, 군신체제에서의 군주의 지위는 치자로서의 권위적 존재가 아니라 국가를 보위하고 백성의 생활안정에 봉사하기 위한 행정질서상 의 기능적 존재에 불과하다는 것이 박세당의 시각이다. 이 점을 그는 "대저 국가에 국민 있고 군주가 있는 것은 군주 한 사람만을 사사로이 받들고 백성들을 잔인하게 해치는데 있는 것이 아니다"[141]라고 함으로 써, 군주의 지위도 국민의 복리증진을 위한 현실적 기능을 수행하는 데 그 정당성이 주어져야 한다는 점을 지적하였다.

---

138) 위의 책.
139) 위의 책,
140) 위의 책.
141) 위의 책.

　　조선왕조가 통치이념으로 채용한 주자학 내지 유학정치사상이
한민족의 생활가치와 맞지 않아서 그 폐단이 많았음은 물론, 국내외의
위기와 한민족이 쌓아온 귀중한 문화까지도 파멸시키는 결과를 가져
왔다. 그럼에도 박세당 이전에 유학과 상반되는 사상에 대하여 본격적
인 연구나 심취한 인물은 적었다. 특히 이러한 사상적 획일주의 사회에
서 유학과 배치되는 노장학에 대하여 박세당만큼 바르게 연구한 인물
은 거의 없었다. 따라서 박세당의 사상은 주자학 및 유학을 비판하고
한민족의 위상과 삶의 가치를 재정립하려는 사람들에게 중요한 자각의
계기를 마련해 주었다고 볼 수 있다. 더욱이 실학사상기의 북학파
및 동학의 근본사상이 많은 측면에서 노장학에 토대를 두었다는 점을
고려하면, 서계 박세당의 사상이 조선조 후기의 사상에 미친 영향은
매우 컸다고 할 수 있다.

6장

실학사상기의 정치사상

1. 18세기의 정치 및 사회상황과 실학

1) 18세기의 정치 및 사회상황

16세기 말부터 17세기 초에 이르는 남북으로부터의 외침으로 말미암아 피폐할대로 피폐한 사회상을 외면하고, 병자호란 뒤인 17세기 중반 이후에도 양반귀족 간의 당쟁은 더욱 치열하였다. 17세기에만 도 1659년 효종이 죽은 후 인조 계비(繼妃)의 상복기간을 얼마 동안으로 할 것이냐를 둘러 싼 서인(西人)과 남인(南人)간의 권력투쟁, 1674년 효종 왕비의 사망 후에 벌어진 상복기간을 둘러싼 제2차의 예송(禮訟) 그리고 이른바 경신대출척(庚申大黜陟)으로 알려진 서인에 의한 남인의 세서 등 권력욕 충족에 급급한 정쟁이 끊이지 않았다. 18세기에 들어서

서는 숙종(肅宗, 1675~1720 재위)의 후궁 장희빈(張禧嬪)의 횡포와 제거
를 둘러싼 소론(少論)과 노론(老論)간의 정쟁, 신임사화(申壬士禍, 1721~
1722), 이인좌(李麟佐)의 반란(영조 4년/1728)등 18세기 초에도 양반
지배계급 내의 권력투쟁은 계속되었다. 이러한 시대상황은 이 시대
전반기의 대표적 실학자로 볼 수 있는 이익(李瀷)과 그의 가문이 겪은
수난에서도 잘 알 수 있다.

특히 후기 실학의 선구자 홍대용의 사상적 활동기이던 18세기
말에는, 영조의 탕평책에도 불구하고 사도세자(思悼世子)의 변(1792)을
전후한 권력투쟁, 정조 초년의 홍국영(洪國榮)의 세도 등으로 집권층
안의 혈투는 의연하였다. 또한 사회적으로는 일하지 않고 생활하는
양반계급(遊民群)이 급격하게 증가하고 반대로 노비 및 상민계급의
호수(戶數)는 급속도로 감소하여 노서민의 부담만 날로 늘어났다. 예를
들어, 대구부(大丘府)의 경우 18세기 초, 중반기의 양반 호수 약 579호,
상민 호수 1689호, 노비 호수 824호이던 것이 18세기 말에는 양반
호수가 1055호로 82.2%나 격증하였고, 반면에 상민 호수와 노비 호수는
각각 1616호와 140호로 4.4%와 83.2%의 급격한 감소를 보였다. [1]
이러한 양반 호수의 증가와 노서민 호수의 상대적 감소는 일하지
않는 비생산계급의 증가와 함께 생산력을 담당해야 하는 피지배계급의
감소를 의미한다. 즉 소수의 생산자가 다수의 놀면서 먹고사는(遊衣遊
食) 양반계층을 먹여 살려야 하는 상황으로 말미암아 피지배 계층의
고통을 가중시키는 결과를 초래하였다.

이와 함께 18세기 초(숙종 45년/1719) 전국 약 140만 결이던 농경지

---

1) 李相佰, ≪韓國史 近世後期篇≫(서울: 을유문화사, 1965), 294~295쪽 참조.

는, 18세기 후기(영조 45년/1769)에 이르러서는 실제로 세를 거둘 수 있는 농경지(收稅田地)가 80만 결 정도로 감소되었고, 면세지(免稅地)가 60여만 결에 이르게 됨으로써 농민의 세 부담은 더욱 무거울 수밖에 없었다. 다음의 표 12는 임진왜란 이전과 숙종 45년(1719)및 영조 45년 (1769)의 각 도별 세 징수 농경지(收稅田地)의 변동 상황[2]이다.

표 12. 세 징수 농경지의 변동 상황

(단위: 결)

시대 지역	임진왜란 이전 (文獻備考/괄호 안은 磻溪隨錄)	숙종 45년(1719) (文獻備考)	영조 45년(1769)	
			장부상의 결수 (文獻備考 田賦考)	세징수 실제 결수
경기	150,000 (147,370)	101,256		51,007
충청	260,000 (352,503)	255,208		123,861
전라	440,000 (442,189)	377,159		199,220
경상	199,220	336,778		199,527
황해	110,000 (106,832)	128,834		69,824
강원	28,000 (34,831)	44,051		11,408
평안	170,000 (153,009)	90,804		83,507
함경	110,000 (63,831)	61,243		62,489
전국	1,708,000 결 (1,510,194 결)	1,395,333결	1,411,948 결	800,842결

* ( )안은 반계수록(磻溪隨錄)의 자료이고, 그 외는 문헌비고(文獻備考)의 자료

더욱이 영조 45년(1769)의 경우 면세지 및 진지(陳地) 55만 8,311결 과 그 해의 재해지(災害地) 5만 2,794결을 합하여 61만 1,105결에 대하여 는 세를 받지 않았으므로[3] 실제의 세 징수 농경지는 장부상의 140여만 결의 56.7%에 지나지 않았다. 따라서 궁방전(宮房田), 둔전(屯田) 등과 같은 면세지의 증가와는 반대로 세를 징수할 수 있는 실제의 경작지(收

---

2) 위의 책, 294~295쪽 및 406~407쪽.
3) 위의 책, 294쪽.

稅實結地)가 대폭 감소하였기 때문에, 그 결과 부족한 재원을 충당하기 위해서 농민에 대한 과중한 세 부담과 수탈을 하지 않을 수 없는 상황이었다.

또한 17, 18세기의 정쟁은 지연·학연·혈연을 같이 하는 양반계급에 의하여 서원을 근거지로 하여 전개되었다. 따라서 서원은 양반계급이 유학적 공리공론을 일삼으며 노서민들에 군림하면서 놀며 먹고사는 사람(遊衣遊食者)들의 소굴이고 동시에 당쟁의 온상이기도 하였다. 당쟁이 극심한 숙종 때에 건립된 서원의 수만도 무려 274개나 되었던 점은 바로 이러한 정치 갈등의 실상을 말해 준다. 공리공론에 의한 당쟁은 제한된 토지에 대한 이권 쟁탈전을 수반하였고, 서원을 중심으로 한 양반들과 그 지방 수령들에 의한 가렴주구는 이에 견딜 수 없는 백성들로 하여금 떠돌이 생활을 하지 않을 수 없게 만들었다.

각 지방의 특산물을 중앙정부에 바치는 공물세를 곡식으로 대체한 대동법이 18세기 초에 전국으로 확대 실시됨으로써, 방납의 폐단을 어느 정도 줄일 수는 있었다. 그러나 왕궁에 대한 현물진상(現物進上)은 계속되었을 뿐 아니라, 새로운 공물세 납부를 중계하는 공인(貢人)의 등장으로 말미암아 대동법도 그 실효를 거두기 어려웠다.

균역법(均役法)의 실시(영조 26년/1750) 또한 농민의 군포(軍布) 부담이 제도상으로는 반으로 줄어들게 되었으나, 양반귀족에게 군포 납부를 의무화할 수 없었으므로 실제적으로는 유명무실하였다.

위와 같은 정치적인 혈투와 백성들에 대한 사회경제적인 수탈은 선량한 백성(良民)들로 하여금 도적이 되지 않을 수 없게 만들었으므로, 각 지방에서는 도적이 횡행하고 민란에 버금가는 사건들이 잇달았다. 특히 1695년(숙종 21년)에는 수도권 가까운 기호지방에 도둑 떼가

들끓어 대낮에도 사람을 막고 강도짓을 하였다.4) 더욱이 굶주리는 백성(飢民)이 날로 늘어나 1696년(숙종22년)에는 "백성의 굶주림이 날로 급하여져서 서울과 각 고을에서 구휼하였는데, 먹으러 오는 사람이 날로 늘어나 서울에서도 1만 명이 넘고 팔도(八道)에 각각 수만 명이고, 영남에서 보고된 것(굶주린 사람 수)은 56만여 명이나 되었으며 사망자도 수만 명이었다."5) 이러한 상황이었기 때문에 백성들의 소요사건이 빈번하게 발생할 수밖에 없었으며, 대표적인 것으로는 1710년(숙종 36년) 전라도 호령 등지의 소요, 1733년(영조 9년) 전라도 해안 일대에서의 도적의 극심한 횡행, 1738년(영조 14년)의 평안도 농민의 삼등현 난입사건 등을 들 수 있다.

따라서 이와 같은 정치적 갈등과 그로 인한 사회경제적 폐단이 극심해짐에 따라 뜻있는 학자들에 의하여 백성들의 생활안정에 대한 시급한 개혁론이 제기되었다. 동시에 주자학의 공리공론에 대한 반성과 비판이 노골화되기도 하였다. 특히 당쟁의 쟁점인 주자가례(朱子家禮)가 빚은 양반귀족 사이의 대립은 주자학이 실질이 없는 허위의 이론으로 여겨지는 계기가 되었다. 아울러 17세기 이래로 중국을 거쳐 서구 세계에 대한 지식이 점차 알려지게 된 것도 일부 지식인들의 개혁의식을 촉진시키는 계기가 되었다. 그 결과 중국 중심의 모화사대주의와 주자학 및 유학의 본질에 대한 비판, 그리고 제도 개혁을 통한 서민대중의 생활 향상책이 요구되었고, 이것이 이른바 조선조 후기의 실학사상을 형성하였다. 그렇다면 실학은 어떠한 의미와 사상내용을 지니고 있는가?

---

4) ≪肅宗實錄≫, 卷二十八 二十一年 四月 五日(丙申).
5) 위의 책, 卷三十 二十二年 三月 十二日(戊辰).

2) 18세기 후반의 사상적 동향과 실학의 의미

18세기에 이르러서는 조선왕조의 통치이념인 주자학이 16세기의 임진왜란(1592~1598)과 17세기의 정묘호란(1627) 및 병자호란(1636)을 거치면서 한민족의 자주성과 노서민의 생활안정을 보장할 수 없는 비현실적인 사상으로 여겨져 기본적 통치사상으로서의 한계성을 드러냈다. 주자학의 정치목표인 차별적 중앙집권체제의 확립이 통치 계급 내부의 갈등과 반목을 심화시킴으로써, 여러 차례에 걸친 사화와 치열한 당쟁의 결과만을 초래하였다. 이러한 현실은 기본적으로 중국의 한족(漢族)이 한족 이외의 다른 민족에 대한 지배권 확보를 목표로 발전시킨 유학사상 자체의 모순에 기인한 것이다. 이와 같은 상황은 주자학 및 유학 자체의 사상적 모순을 비판하고, 민족 자주성 확립과 사회경제적 개혁을 통한 국가발전을 도모하려는 사상적 자주성을 모색하는 계기가 되었다. 이들 사상적 자주성을 모색하려는 사람들은 이른바 후기 실학자로 분류되는 개혁파들이었다. 그들은 두 차례에 걸친 대규모의 외침(임진왜란과 병자호란)으로 인한 국토의 유린과 양반관료세력 내부의 갈등 심화에 의한 체제의 불안이 지속됨으로써, 사회 지도 이념으로서의 가치를 상실해 온 유학의 차별적이고 비생산적 논의에서 벗어나려 하였다. 그들의 근본적인 사상적 목표는 보국안민(輔國安民)의 입장에서 묵가의 식화사상(殖貨思想)과 노장의 상대주의적 평등관 그리고 서양의 기독교 사상 등 주자학에 반대되는 다양한 사상들을 수용함으로써, 대내적으로는 노서민의 생활안정을 위한 사회경제적 개혁과 대외적으로는 국제적 동등성과 자존성을 확보하려는 데 있었다.

더욱이 이들 후기 실학사상가들은 묵가 및 노장과 같은 전통적 사상 이외에도 중국을 통하여 서양의 문물을 접하면서 새로운 세계관을 형성하였다. 서구의 발달된 과학기술을 바탕으로 한 서학(西學)의 수용은 이들의 학문적 범위를 일층 확대시키는 계기를 마련하였고, 그것은 민중의 생활안정과 복리를 목표로 하는 개혁사상으로 발전하게 되었다. 특히 북학파(北學派)로 불리는 18세기 후반기의 실학자들로서는 담헌 홍대용(湛軒 洪大容, 1731~1783)과 연암 박지원(燕巖 朴趾源, 1737~1805), 그리고 초정 박제가(楚亭 朴齊家, 1750~1805?) 등을 들 수 있다. 이들은 서양인들과의 교류를 통해 서양문물의 우수성을 직접 확인하고 지식을 공유하였으며 그것을 국가발전의 토대로 삼을 것을 주장하였다.

이제까지 실학의 의미에 대하여는 많은 논의들이 있어 왔다. 이러한 논의의 원인은 실학을 어떤 특정한 시대에 나타난 특수한 사상 내용으로 파악하려는 데 있었던 같다. 물론 여기에서는 일반적으로 알려져 온 조선조 후기의 실학이 초점이기 때문에, 당시의 학문 및 사상 내용의 특성을 밝히는 데 강조점을 두지 않을 수 없다. 그러나 어떤 시대 및 정치사회의 과제란 언제나 변화하게 마련이므로, 한 시대의 정치사회적 과제를 고정적인 시각에서 보기는 어려울 것 같다. 따라서 실학의 의미도 고정된 특정사상을 의미한다고 보기보다는 변동하는 시대의 사회적 요구에 따라 그 사상의 내용도 변화하였음에 유의할 필요가 있다.

본래 실학의 실(實)은 참됨을 말하는 진(眞)의 뜻이 있고, 진실(眞實) 또는 과실(果實) 등의 용어에서 보는 것처럼 거짓(僞) 또는 허위(虛僞)에 대한 상대적 용어이다. 허실(虛實) 또는 허허실실(虛虛實實) 등의 말도 있고, 다른 사상을 허학(虛學) 또는 위학(僞學)이라고 규정하고 비판하면서, 자기 학문만이 참된 사상이고 실질적인 학문이라는 의미에서 진학(眞學) 또는 실학(實學)이라고 주장하는 일이 많았다. 이와 같이 허학(虛學) 및 위학(僞學)과 실학(實學) 및 진학(眞學)의 입장과 내용은 이것이 제기되는 시대의 정치 및 사회적 요청과 주장자의 시각에 따라 다를 뿐 아니라 변화한다고 볼 수 있다.

예를 들면 고대 중국 정치사상사의 경우, 이 허(虛)와 실(實)의 문제는 공자 맹자학도와 묵자학도 사이의 정치사회문제에 대한 인식에서, 자기편의 가치관과 이론만을 고집하면서 서로 상대편을 배척하고 비판하였던 데에서도 찾아 볼 수 있다. 묵자는 자기이론을 명목과 실제가 부합하는(以名據實) 사상이라고 하면서 공자의 이론을 허위와 모순에 가득 찬 사악한 이론이라고 비판하였다. 묵자는 "기아(飢餓) 곤경 시에는 구차히 생명을 이어가려는 데 여념이 없고, 배부르고 풍족할 때는 거짓된 행동과 스스로를 꾸밈으로써 헛된 명성(虛名)을 세상에 퍼뜨리는 자들이 공자학도"[6]라고 비난하였다. 이렇게 묵자는 공자의 이론을 허위성을 지닌 불합리한 위장이론이요 거짓된 학문(僞學)이라고 공격하였다. 묵자의 입장에서 보면 봉건사회의 모순을 없는 것 같이 옹호하는 공자의 도덕정치론은 위학(虛僞)이며 현실 무시의 날조요 허위이다. 묵자는 공자의 신분적 족벌주의와 차별윤리의 계급 사회론을 비판하고 일대 혁신을 요구하였다. 따라서 묵자는 공자가 주장한 차별적 인의예지(仁義禮智)의 가치관을 허위로 규정하고, 이에 대한 개념의 재정의와 자기이론의 정당성을 진실로 규정하기 위하여,

---

6) ≪墨子≫, 非儒下.

사물의 의미에 대한 개념을 새로이 다시 정의할 것을 주장하였다.[7]
그의 혁신정치론은 공로에 따라 상을 주는 생산노동의 중요성, 재화배
분의 공평, 이용후생(利用厚生)에 필요한 사물에 대한 지식, 재화생산(生
財)에 관한 기술 지식 등 재화의 증식을 위한 식화(殖貨)의 경제도덕
정치론이었으며, 이것이 바로 묵자가 주장한 실질이 있는 사상으로서
의 거실지학(據實之學) 즉 실학(實學)이었다.

이에 반하여 공자학도인 맹자는 그의 왕도정치론에서 당시 전국기
의 정치 및 사회혼란의 요인이 묵자학도들의 허위 이론과 거짓된 주장으
로 인한 가치관의 교란에 있다고 보았다. 맹자는 묵자의 겸애설(兼愛說)
이야 말로 차별윤리를 파괴하는 이욕(利欲)의 도발요소로서 가부장 질서
를 교란시키는 도덕의 적이라고 공격하였다. 맹자는 "묵자의 겸애설은
어버이도 없고 임금도 없는 금수(禽獸)와 같은 주장으로서"[8] 사회를
폭력과 혼란으로 이끄는 간사한 이론이라고 규탄하였다.[9]

이와 같이 묵자학도의 입장에서는 공자 이론이 거짓된 이론(僞學)
이요 허위의 사상(虛學)인 반면에, 자기의 학설은 참된 이론(眞學)이고
실질이 있는 실학이었다. 반면에 공맹학도의 시각에서는 묵자학도의
이론이 허위와 사회혼란의 요인이고 자기들의 학설만이 진실한 사회구
제이론이었다.

조선시대 정치사상에 있어서도 이러한 거짓된 주장으로서의 허
위 이론(虛學)과 진실된 사상으로서의 실학이라는 서로 배타적인 주장
들이 시대의 변동에 따라 상이하였음을 알 수 있다. 즉 조선왕조 건국

---

7) 《묵자》 책의 경(經) 상하(上下)편, 경설(經說) 상하(上下)편은 사물에 대한 개념을 새롭게
다시 규정한 묵자의 명제논리학(名題論理學)이라고 볼 수 있다.
8) 《孟子》, 藤文公下.
9) 위의 책, 盡心上.

초의 주도세력인 급진개혁파는 주자학을 실학으로, 고려왕조의 통치이념이던 불교사상을 거짓된 사상(僞學) 또는 허위의 이론(虛學)으로 보았다. 특히 급진개혁파의 대표적 인물 정도전은 주자학 이외의 불교 및 노장학을 그릇된 사상(邪學)이요 이단으로 취급하였다. 정도전은 자신의 정치적 목적에서 불교를 위학으로 주자학을 실학으로 규정하였다.[10] 정도전이 조선왕조 건국 이전의 저술인 ≪심문천답(心問天答)≫보다 건국 후의 ≪심기리편(心氣理篇)≫ 및 ≪불씨잡변(佛氏雜辨)≫ 등의 저작에서 불교와 노장사상 등을 더욱 강렬하게 이단으로 배척한 것은 자기편의 정치적 실권을 강화하려는 데 있었다.[11] 고려왕조의 구세력에 의한 저항의 위험이 상존해 있었던 조선왕조 건국 초에,[12] 건국의 주역 정도전 등은 이색 등 주자학과 불교에 대한 보수적 타협론자들의 정치이론을 제압하고 새로운 정치체제를 강화하려는 데서 이단에 대한 배척의 강도를 더했던 것으로 보인다.

따라서 조선왕조 초 건국의 주역들은 주자학을 실학으로 그리고 불교를 허위의 이단사상으로 여겼다. 그러나 조선왕조는 새로운 왕조를 정착시키고 안정을 이룩하기 위하여 실학으로 여겨 채택한 주자학적 통치사상의 강화 및 이에 의거한 정치사회 제도의 개편에도 불구하고, 허위의 이념으로 취급한 불교사상을 통치이념으로 하였던 고려왕조보다도 더욱 극심한 지배계급 내 갈등의 심화, 노서민의 피폐 및 그로 인한 국력의 약화와 외침으로 인한 국토의 황폐화 등 위기의 현실을 초래하였다.

---

10) 韓永愚, "鄭道傳의 人間과 思想," (제8회 한국고전심포지움 발표, 1980), 12쪽 참조.
11) 위의 논문, 11쪽 참조.
12) ≪朝鮮王朝 太祖實錄≫, 卷五 三年 四月 十日(己卯), 十四日(癸未), 十七日(丙戌) 참조.

본래 한민족은 민족적 동질성이 강하고 혈통의 단일성이 크다. 이에 비하여 중국대륙은 지역, 종족 및 문화적 이질성이 매우 크다.[13] 차별원리를 본질로 하는 주자학은 이민족인 만주족의 침략으로 시달렸던 한족(漢族)이 이민족으로부터의 시련을 극복하고 이질성이 큰 중국을 통합하여 한족 지배체제를 확립 강화하려는 데서 형성된 한족 중화주의(中華主義)의 산물이다. 그러나 동질성이 강한 한민족(韓民族)에게 차별원리를 본질로 하는 주자학을 수용하여 민족구성원을 차별지우고 이를 법제화하게 되었으므로, 서로 차별 받지 않으려는 데서 동질성이 파괴되었을 뿐 아니라 통치이론과 사회현실 간의 괴리가 발생하였다. 이러한 문제가 조선왕조 건국 이래 유학을 한국사회에 적용함으로써 초래된 한민족의 정치현실이었다고 볼 수 있다. 따라서 외침에 대한 대외적 무력성(無力性)과 대내적 피폐상이 극도에 달하였던 조선왕조 후기에 이르러, 조선왕조 초 실학으로 주장되었던 주자학은 한민족의 민족자존권 보위와 백성들의 생활가치 신장을 위하여 도움이 되기 어렵다는 회의와 비판론이 일게 되었다.

본래 주자학에 대한 회의와 비판은 내우외환이 매우 빈번하던 중종(中宗, 1503~1544년 재위) 이래 율곡 이이 등 자주적 사상가들에 의하여 싹트기 시작하였다. 특히 조선왕조 초기에 위학(偽學)으로 이단시되었던 불교 및 노장학에 관심이 컸던 율곡은 주자학에 회의하고 백성의 생활안정과 국가보위를 위한 정치 및 사상적 개조를 주장하였다. 따라서 율곡은 주자학을 답습하여 이를 맹목적으로

---

13) 현재도 한족(漢族)이 중국 본토를 지배하고 있을 뿐 아니라 한족이 전체 인구의 92%를 차지하고 있지만, 생활영역에 있어서는 이른바 55개의 소수민족의 영역이 중국대륙의 4분의 3에 이르고 있으며, 홍콩과 대만을 제외한다 하더라도 29개의 성(省) 단위 지방 가운데 5개(서장·신강·위그르·광서·내몽고 자치구)의 비한족 성 단위 자치구를 두고 있다.

추종하였던 퇴계를 창의성이 없을 뿐 아니라 오히려 아는 것이 병통이라고 비판하였다.[14]

　　이와 같은 주자학적 통치이념에 대한 회의와 비판은 임진왜란과 병자호란의 대규모 외침으로 말미암은 국토의 유린, 양반 관료사회 내부의 갈등으로 인한 체제의 약화 그리고 양반귀족과 노서민 간의 차별 불평등이 극도로 심화된 17세기에 노골화되기 시작하였다. 특히 앞서 논의한 서계 박세당은 《사서사변록(四書思辨碌)》을 통하여, 당시 사회의 절박한 과제인 백성의 생활안정을 도모하는 데는 공리공론에 불과한 주자학의 원류인 유학의 배리(背理)와 허위성(虛僞性)을 지적하였다. 이러한 비판 때문에 그는 집권세력에 의하여 주자학에 대한 역적(斯文亂賊)으로까지 이단시 당하는 핍박을 받기도 하였다.

　　이상과 같이 정치 및 사회 변동과 정치세력의 필요에 따라서 공허한 이론으로서의 허학(虛學)과 실효성 있는 참된 이론으로서의 실학의 사상 내용은 다르고, 또 시대의 변화와 더불어 상대적인 의미를 지닌다고 할 수 있다. 그러므로 조선왕조 중기 이래의 전기 실학이 유교를 근저로 하는 집권 봉건사회의 규범 안에서 분비된 산물이며 사실상 보수적 행동으로 그에 인종(忍從)하였다는 주장[15] 에 공감할 수 있다. 그러나 조선왕조 초 정도전 등의 실학과 후기 홍대용 등의 실학은 그 내용과 정치방법 면에서 커다란 차이가 있었음에 유의해야 한다. 따라서 조선조 후기의 실학을 정주학(程朱學) 원래의 정신에로 복귀할 것을 제창한 것이라고 보는 견해[16]에는

---

14) 《栗谷全書》, 卷十 書二 答成浩原.
15) 千寬宇, "磻溪 柳馨遠研究(下): 實學發生에서 본 李朝社會의 一斷面," 《歷史學報》 第三輯, 1953, 138쪽.
16) 韓佑劤, "李朝實學의 槪念에 대하여," 《震檀學報》, 第十九號, 1958, 41쪽.

무리가 있다.

그러나 조선왕조 후기에 실학을 제기하는 정치적 목적은 백성의 생활안정과 향상 즉 민생을 두텁게 하기 위한 개혁이었다고 볼 수 있다. 그리고 조선왕조 후기 실학에서는 이 안민후생(安民厚生)의 방법으로 실사구시(實事求是)가 주장되었다. 즉 당시의 실학의 목적은 국민대중의 생활 향상이었고, 이를 달성하기 위한 방법론은 실사구시법이라고 할 수 있다. 그렇다면 '실사구시'란 무엇을 의미하는가? 실사(實事)의 실(實)은 어떤 상황에 직면한다는 당면(當面) 또는 '마땅한'의 뜻이다.[17] 사(事)는 사사물물(事事物物) 즉 사물(事物)의 뜻이다. 그러므로 실사(實事)는 일에 직면한다는 당사(當事)와 같다. 구시(求是)의 시(是)는 바르다 또는 곧다가 아니라, 사실(事實) 또는 실제(實際)의 실(實)이다.[18] 따라서 실사구시는 당사구실(當事求實)의 뜻으로 개개 사물에 당면하여 진실을 밝히는 것으로서, 정치 및 사회 현상을 있는 그대로 고증하는 과학적 방법이다.

조선왕조 후기의 실학자들이 이와 같은 과학적 방법을 주장한 정치적 동기는 어디에 있는가? 그것은 사물 및 사회문제를 당위의 원리에 따라 판단하려는 격물치지(格物致知)의 유학적 행동규범이, 현실사회를 불안정과 궁핍 그리고 국가 위기로 몰아넣은 데 대한 회의와 비판 때문이었던 것 같다. 따라서 근세 이래 한국의 정치사 및 정치사상사에서 조선왕조 후기의 실학사상이 차지하는 위치는, 중국 중심의 국제질서론과 치자 계급 중심의 국내 통치론을 골자로 한 주자학

---

17) 실(實)의 글자 뜻은 "實, 誠也"(≪廣雅≫, 釋詁一)에서와 같이, 일에 직면하여 정성을 다한다는 의미이다.
18) 是는 "實亦是也, 互文耳"(≪經傳≫, 釋詞) 또는 "是, 實也"(≪淮南子≫, 修務訓 注)에서 보는 바와 같이 實의 뜻이다.

내지 유학사상 전반에 대한 비판과 개혁의식에 있었던 것으로 볼
수 있다. 그리고 그 대표적 사상가로는 전기 실학자로 이익(李瀷)과
후기 실학자로 홍대용을 들 수 있다.

2. 전기 실학자 이익의 정치사상

1) 이익의 사회현실관

이익(李瀷, 1682~1764)은 경기도 광주(廣州) 첨성리(瞻星里)에 은
거(隱居)하면서 스스로 성호(星湖)라는 호를 사용하였다. 이익의 아버지
이하진(李夏鎭)은 사간원 대사간(大司諫, 정3품/ 현 차관보급), 진주 목사
(정3품), 사헌부 대사헌을 역임한 사람이었으나, 남인(南人)이었기 때문
에 경신대출척(庚申大黜陟, 숙종 6년/1680)으로 운산(雲山)에 유배되었
으며, 이익도 아버지가 귀양살이하던 운산에서 출생하였다. 이익이
태어난 다음 해에 그의 아버지는 귀양살이하던 운산에서 병으로 사망
하였다. 또 그는 26세 때 중형(仲兄) 이잠(李潛:진사)이 숙종에게 장희빈
을 옹호하는 상소를 하였기 때문에 장살(杖殺) 당하는 참화(慘禍)를
목격하게 되었다. 증조부 이상의(李尚毅)는 의정부 좌찬성(左贊成, 종1
품/현 부총리급)을, 할아버지 이지안(李志安)은 사헌부 지평(持平, 정5품/
현 부이사관급), 그리고 아버지 이하진은 사헌부 대사헌을 역임하였다.
그럼에도 불구하고 대대로 고위관직을 지낸 가문의 출신인 그가[19]

---

19) ≪星湖先生全集≫, 附錄 卷一 家狀 및 行狀 참조

관직을 포기한 이유는 무엇일까? 그것은 그 자신이 아버지와 형의 정치적 수난을 직접 경험하였을 뿐 아니라, 극도로 격화되고 있던 당쟁으로 말미암아 정치사회의 부정과 부패에 대한 회의와 실망에 있었던 것으로 보인다. 따라서 그는 일생 동안 관직에 나아가기를 포기하고 오로지 학문연구에만 진력하였다.

그렇다면 18세기의 정치 및 사회적인 모순과 불안정한 시대상에 대하여 이익은 어떠한 현실관을 지녔는가? 그는 정치 및 사회제도상의 부조리를 비판하였고, 주자학에 대한 비판적인 시각에서 사회제도를 개혁하여야 한다는 입장을 취하였다. 그는 남인 계통의 사상적 유산을 받았으므로 17세기 윤휴의 사상적 영향도 있었을 것으로 보인다.

무엇보다도 당시의 사회에 대한 이익의 날카로운 사회비판은 그의 결울론(決鬱論)과 육두론(六蠹論)으로 대표된다고 할 수 있다. 특히 그는 우선 양반귀족 사회의 신분적 차별제도를 개혁 또는 폐지할 것을 주장하였다. 특히 그는 다음과 같이 지적함으로써, 무엇보다 노비 제도의 개혁, 서얼의 차별 대우 및 문벌 숭상의 제거가 급선무임을 주장하였다.

오늘의 세상 사람들은 울분하지 않을 수 없다. 국가가 유능한 인재를 천시하여 어질고 능력 있는 사람을 물리치고 있다. 사회는 문벌을 숭상하여 서얼(庶孽)과 중인(中人)을 차별 대우하므로 아무리 유능해도 채용될 수가 없다. 특히 서북삼도(西北三道, 황해도·평안도·함경도) 사람에 대한 관직 취임의 폐쇄정책이 이미 400여 년간 지속되고 있다. 노비법이 엄격하여 노비의 자손은 평민과 자리를 같이 하는 것도 불가능하다. 그러므로 온 나라에 울분이 쌓이고 원한에 찬 사람이 전 국민의 10분의 9에 이른다.[20]

---

20) ≪星湖僿說類選≫, 卷三下 人事篇下 君臣門下 決鬱.

따라서 그는 다음과 같은 여섯 가지 병폐를 나라를 좀 먹고 백성들을 병들게 하는 좀(六蠹)이라고 하였다.

첫째 노비제도, 둘째 과거제도, 셋째 문벌제도 등은 비생산자요 무능한 양반을 기생시키는 좀과 같은 제도이다. 넷째의 좀은 기교와 방술(方術)로 사람들을 현혹시켜서 사치하게 만들고 재산을 낭비하도록 하는 요술자(妖術者)이고, 다섯째 좀은 병역의 도피만 생각하여 놀고먹는 중(僧)이며, 여섯째 좀은 게으른 ·사람들(懶怠者)이다.[21]

이와 같이 나라를 좀먹고 백성을 병들게 하는(蠹國病民) 사회제도로 말미암아 거의 모든 백성들이 울분에 쌓여 있는 사회현실에 직면하여, 이익은 정치의 요체를 인재등용과 국법개혁(人法相維)에 있다고 주장하였다.

가장 좋은 정치의 요체는 인재를 써서 국법을 바로 세우는 데 있을 따름이다. 사람을 다스리는 것은 법이고 법을 지키는 일은 사람이므로 인재와 국법은 정치의 기본이다. … 따라서 국법을 바로 세움이 없이는 백성을 다스릴 수 없고 어진 인재가 없으면 국법을 시행하지 못하기 때문에, 인재와 국법을 바로 세우는 것 중 그 어느 하나라도 빼놓을 수는 없다.[22]

또한 이익은 현명한 인재를 채용해서 백성을 다스리는 일이 무엇보다도 시급하다는 시각에서, 그는 지연·학연·혈연에 관계없이 현명한 인재를 등용할 문호를 개방할 것을 주장하였다. 즉 그는 "상지(貴族)와 하우(奴隷)를 바꿀 수 없다는 점을 제외하면 점차로 신분을 이동할 수 있다. 경험에 의하면 중인(中人)의 성품은 본래부터 고정된 것이 아니고 그가 이익을 추구하느냐 명분을 추구하느냐에 따라 하우자(下愚

---

21) 위의 책, 卷三下 人事篇下 君臣門下 六蠹.
22) 위의 책, 卷三下 人事篇下 君臣門下 人法相維.

者, 노동계급)도 되고 상지자(上智者, 지배계급)도 된다"23)고 함으로써, 노서 상민을 제외한 중인과 양반 간의 계급이동을 인정하면서 광범위 하게 인재를 발탁하여 등용할 것을 주장하였다.

그러나 이러한 인재등용론은 ≪논어≫의 "상지(上智)와 하우(下愚)는 변동시킬 수 없다"24)는 신분 차별을 고수하면서, 단지 중인의 계층이동(social mobility)만을 허용한다는 한계성을 지니고 있다. 따라서 그의 인재 등용론은 차별원리의 전제하에 당시 서인(西人)세력의 권력 독점과 전횡에 대한 남인계통의 정치적 요구를 반영한 것이고, 유학 정치사상의 재확인이었다는 문제점도 지니고 있다.

다음으로 이익은 "성왕(聖王)의 정치는 무엇보다도 우선 백성의 완고(頑固)와 참설(讒說)을 물리쳐야만 법령과 교화가 밝혀질 수 있다"25)고 함으로써, 백성에 대한 교화를 전제로 한 법질서의 확립을 주장하였다. 그에 의하면 국법을 바로 세우는 데 있어서는 민본적 법질서의 재확립이 중요하므로 백성의 지지를 받지 못하는 법, 재화생 산을 저해하는 법이 개혁 폐기되어야 한다는 것이다.26) 따라서 그는 법이 오래되어 폐해가 생기면 이 폐해를 개혁하는 것은 자연의 상리(常理)라고 하였다.27) 특히 그는 농민을 억압하는 여러 가지 법령을 개혁하여 바로 세울 것을 주장하면서 균전제(均田制)의 확립을 무엇보다도 중요한 법령 개정으로 역설하였다.28)

이익의 정치적 시각을 종합해 보면 사회혼란과 불안정 및 귀족의

---

23) 위의 책, 卷二上 論學問 善惡不定.
24) ≪論語≫, 陽貨.
25) ≪星湖僿說類選≫, 卷三下 人事篇下 君臣門下 求賢治民.
26) 위의 책.
27) 위의 책.
28) 위의 책.

권력투쟁으로 야기된 18세기의 시대적 상황에 직면하여, 그는 주자학의 공리공론을 비판하고 백성의 생활안정을 위한 법체제의 확립을 중요시하였다는 점을 들 수 있다. 그러나 그의 시각이 주자학에는 비판적 입장이었지만 고대 유학의 입장에서 인재를 선발하여 왕도정치를 시행할 것을 주장함으로써, 그의 실학사상이 본질적으로 유학사상의 테두리를 벗어난 것은 아니었다고 보겠다. 이와 같은 측면에서 보면 성호의 사상적 위치는 주자학의 수용으로 초래된 당시의 사회현실에 대하여는 매우 비판적이었지만, 유학사상을 벗어나 다른 사상을 활용하여 개혁론을 펼 만큼 과감한 것은 아니고, 유학사상의 테두리 안에서 이를 수정하려는 입장이었던 것 같다. 그러므로 그의 정치사상은 당시의 사회개혁 요구에 대한 부응이라는 측면과, 유학적 차별원리의 현실적 적용이라는 측면 사이에서 모호한 입장을 취하였던 것으로 보인다.

2) 이기론을 바탕으로 한 정치사상

이익은 조선왕조의 신분적 반상질서를 근본적으로 부정하지 않았으므로, 신분 차별적인 윤리규범의 정당성을 시인하였고 그것의 실천원리인 이(理)의 당위성도 인정하였다. 이욕을 배척하고 차별적 예법만 따를 것(斥利求禮)를 주장한 공자와는 달리 인간의 실천원리로서 이욕(利欲)의 완전 배제를 거부하였고, 이욕의 근원으로서 생리력의 주체인 기(氣)에 더 강조점을 두었다.

한편 그는 "맹자는 주리론(主理論)를 주장하고 고자(告子)는 주기론(主氣論)을 주장했는데, 만물의 생성은 이(理)와 기(氣)의 결합으로 이루어지는 것이므로, 주리설(主理說)도 옳고 주기설(主氣說)도 또한 옳다"29)라고 하였다. 이익은 이러한 시각을 지녔기 때문에, 이(理)가 먼저 있고 기(氣)가 그 뒤에 생긴다(理先在氣後生說)는 주자의 주장을 강하게 부정하지는 않았다. 따라서 그는 "본연지성(本然之性)으로서의 사단(四端)이 이(理)에 속하고 기질지성(氣質之性)으로서의 칠정(七情)이 기(氣)에 속하는 것은, 도심(道心)이 생성의 근원이고 인심(人心)은 생성의 결과이기 때문이다. … 그러므로 기(氣)가 먼저 발동하고 이(理)가 그에 뒤따르는 것은 아니다"30)라고도 하였다. 그러므로 성호의 이러한 우주론의 시각은 현실의 신분적 반상질서가 우주의 근원인 차별원리의 선재(先在)에 기인하며, 인욕(人欲)의 추구도 봉건도덕을 실천하려는 의욕인 도심(道心)의 한계 내에서만 인정될 수 있다는 유학 본래의 이기론을 완전히 벗어나지는 못하였던 것 같다.

그러나 이익은 성치현실과 이 현실을 규정하는 존재원리는 분리시킬 수 없고 결합되어 있으며, 현실의 사회상을 무시한 존재원리로서의 봉건적 차별규범의 우선을 주장하는 이론은 의미가 없다고 보았다. 이 점에 대하여 그는 "형이상(形而上)으로서의 근본원리를 도(道)라 하며, 이 도는 존재원리에 근거하고 있다. 형이하(形而下)로서의 현실적 사물들을 용기(容器)라 하며, 용기는 (변천력의 주체인) 기(氣)에 근거한다. 도를 따르려는 마음이 바로 인간의 본성이므로, 현실의 사물들은 그 존재원리를 수반하지 않을 수 없다"31)라고 하였다. 그렇다면 이익은 이기론에서 기(氣)를 어떻게 생각하였으며 그가 말하는 기(氣)의 정치적

---

29) 위의 책, 卷二上 論學問 生之謂性.
30) ≪星湖先生全集≫, 卷十五 書 答沈判事一義.
31) 위의 책.

의미는 무엇이었는가?

공자가 주장한 물질적 욕구를 억제하고 차별적 예법만을 따르라(克己復禮), 물질적 이욕을 배격하고 차별예법만을 지키라(斥利求禮), 그리고 맹자(孟子)가 말한 물질적 이욕을 차단하고 차별원리만을 따르라(遏人欲存天理)는 이론으로서는, 의식주생활의 곤궁에 직면하여 기아선상에서 허덕이는 백성의 현실적 삶의 문제를 해결하기 어렵다. 즉 예법의 준수와 실천이 백성의 굶주린 배를 채워줄 수는 없는 일이다. 육체적인 삶의 보장은 이욕과 직결되는 물질적 이욕을 충족해 주어야만 하고, 이욕의 근거는 인간의 물리적 또는 생리적 욕구에 있다. 따라서 인간의 물리적 힘과 생리력은 그것을 발동시키는 원인자를 인정하지 않을 수 없고, 이 물리적 힘 또는 에너지를 기(氣)라고 본 것이 중국 문화권의 사고방식이다. 그러므로 백성들의 의식주생활에 대한 후생안민책(厚生安民策)을 위해서는, 인간성에서 이욕을 배격하기보다는 이를 인정하고 충족시켜줄 이론으로서의 주기론(主氣論)을 주장하게 마련이다.

이익 또한 이러한 주기론의 시각을 지녔기 때문에 공맹(孔孟) 및 주자가 악행으로 규정했던 인욕(人欲)의 추구를 인간의 불가피한 기능으로 인정하였고, 아울러 예를 다하여 임금을 섬기는 일(事君盡禮)과 마찬가지로 백성들의 인욕을 충족시키는 일이 무엇보다도 중요하다는 점을 지적하였다. 그러므로 이익은 다음과 같이 이욕의 추구를 위한 생산노동을 인간의 불가결한 기능으로 보았다.

공자는 이(利)에 대하여 별로 말하지 않았다. 이것은 옛날의 유학자들이 자기만의 이익을 추구하면 다른 사람을 해치게 된다는 점을 말한 것일 뿐이다. 대저 농사를 지어 식량을 얻고 누에치고 길삼하여 옷을 얻는 일은, 나에게는 이익이 되고 다른 사람에게 폐해가 미치는 것도 아닌데도, 해가 된다고 이것을 탓하는 것은 잘못인 것 같다. … 따라서 이익이라는 것은 세상의 모든 사람들이 다같이 욕구하는 것이다.[32]

이익은 이러한 이욕이 인간의 삶을 위한 물리적, 생리적 욕구와 심리에 근거한다는 점을 다음과 같이 지적하였다.

대저 인간이 혈기(血氣)와 마음의 생각을 지니는 것은 욕구가 있기 때문이다. 이러한 욕구는 음식물의 추구와 생리욕구(陰陽의 추구)를 낳기 때문에 사람과 금수(禽獸)는 욕구를 가지고 있는 점에서 같다. 만일 죽음을 피하고 살 수만 있다면 음식과 생리(生理: 陰陽) 욕구도 버릴 수 있을 것이다.[33]

이처럼 인간에게 있어서 동물과 마찬가지로 물리적 및 생리욕구를 충족하려는 본성이 있음을 지적하였다. 단지 사람이 금수와 다른 까닭은 윤리질서가 있기 때문이므로 윤리의식보다 물질적 욕구가 더 크면 짐승과 다를 바가 없다[34]고 함으로써, 지나친 생리적 욕구의 추구를 경계하였을 뿐이다.

이익이 인간의 본질적 기능으로 인욕(人欲)의 추구를 중요시한 목적은, 가렴주구로 기아선상에서 허덕이는 서민대중의 생활 향상이 신분질서의 확립에 앞서는 시급한 정치적 과제로 보았기 때문이다. 따라서 그는 이러한 후생안민책(厚生安民策)의 사상적 바탕으로 주기론(主氣論)을 주장하였다.

그는 인간과 동물을 기(氣)와 혈(血)의 결합체로 보았으므로, "사람과 동물이 삶의 형태를 갖게 되는 까닭은 기(氣)와 혈(血)이 있기 때문이

---

32) ≪星湖僿說類選≫, 卷二上 人事篇一 人事門 利害仁富.
33) 위의 책, 人事門 欲.
34) 위의 책, 人事門 色欲.

고, 기혈(氣血)의 결정체(結晶體)를 정신(精神)이라고 말한다. 정(精)은 혈(血)에 속하고, 정신(精神)은 기(氣)에 속하므로, 혈(血)이 없으면 기(氣)가 살 데가 없고, 기(氣)가 아니면 정(精)이 발동할 데가 없다"[35]라고 말하였다. 한자 문화에서 정(精)은 생리(生理)를, 기(氣)는 육체적 물리현상을, 그리고 신(神)은 심리현상을 뜻하는 글자이다. 그러므로 정력(精力)은 생리력을, 기력(氣力)은 물리적 체력을 그리고 정신(精神)은 육체적 물리력과 심리의 결합을 의미하는 것으로 사용하여 왔다. 이익이 인간의 생리현상인 정(精)은 혈(血)에 근거를 두며, 혈(血)을 좌우하는 것은 육체의 물리력인 기력(氣力)에 바탕을 두고, 기(氣)가 아니면 정신이 발동할 수 없다고 한 주장은, 인간이란 생리 물리 심리가 상호작용하는 복합적 존재이므로, 생리적 또는 물리적 욕구를 추구하려는 심리현상을 도외시하고 사회문제를 해결할 수 없다는 그의 정치사상적 시각을 말해주는 것이기도 하다.

따라서 이익은 생명을 지닌 모든 인간과 생물에게 있어서 기(氣)를 제외하면 그 존립과 생존이 가능하지 않으며, 기(氣)를 일차적으로 생각하지 않는 만물 존재원리로서의 이(理)란 무의미하다고 보았다. 이러한 측면에서 성호는 인간의 물리적 및 생리적 욕구 즉 인욕(人欲) 또는 인심(人心)을 인간본성에서 제외시킬 수 없을 뿐 아니라, 도리어 인간에게 가장 중요한 본질적 기능이라고 보았던 것 같다.

성호는 사물 및 인간성에 대하여 이러한 시각을 지녔기 때문에, 반상 차별체제의 보위를 위하여 봉건도덕적 차별규범의 준행 의욕을 강조하는 도심(道心) 못지않게, 인간성에서 인욕(人欲) 또는 인심(人心)

---

35) 위의 책, 人事門 精神.

을 중요시함으로써, 백성들의 의식주생활과 직결되는 여러 가지 사회
및 정치 개혁책을 제시하였다. 그는 토지제도(田制)의 개혁을 비롯하여
노비제도, 적서(嫡庶)를 가리는 차별제도, 과거제도 등 사회제도 전반에
걸친 개혁을 제기하였다. 이러한 점에서 그의 주기론(主氣論)은 사회개
혁을 위한 정치사상적 바탕을 마련하려는 정책적 의미를 지닌다고
볼 수 있다.

따라서 그는 "무릇 온 천지에 기(氣) 아닌 것이 없고 그것이 응결하
여 만물이 이루어지므로 만물이란 기(氣)의 작용 결과이다"[36]라고 하였
고, 만물의 생성과 소멸 현상도 기(氣)의 모이고 흩어지는 취산현상(聚散
現象)으로 설명하였다.[37] 제사까지도 조상과 후손 사이에 기(氣)가 서로
통하는 것으로[38] 보았다. 그가 이러한 주기론의 시각을 지녔던 것은
자신이 재야에서 민생안정의 중요성을 일생동안 경험하였기 때문으로
보인다.

이상과 같이 이익의 사상은 주자학을 비롯한 유학에 대하여 강한
비판론의 입장에 섰던 것은 아니지만, 주기론의 시각에서 차별 불평등
의 사회제도들에 대한 개혁에 강조점을 두었던 것 같다. 그러므로
그의 사상은 당시 권력에서 소외된 남인계 사람들로 하여금 '신 앞에서
의 평등'을 내세우는 서교를 수용하도록 영향을 주게 됨으로써, 서교를
통하여 개명진보의 종교적 사회운동을 전개하는 바탕을 마련해 주었다
고 할 수 있다.

---

36) 위의 책, 卷一下 天地篇下 附鬼神門 鬼神魂魄.
37) 위의 책.
38) 위의 책, 卷二下 人事篇 論禮門 祭祀之理.

3. 후기 실학자 홍대용의 정치사상

1) 홍대용의 정치현실관

홍대용(1731~1783)의 자(字)는 덕보(德保) 호는 홍지(弘之), 담헌은 그의 당호(堂號)이다. 역대 양반관료 가문의 출신인 그의 증조부 숙(潚)은 참판(종3품)이었고, 할아버지 용조(龍祚)는 사간원 대사간(정3품)을 역임했으며, 아버지 역(櫟)은 나주 목사를 지냈다. 그는 음직(蔭職)으로 벼슬길에 올라 선공감 감역(善工監 監役), 돈녕부 참봉(종9품), 사헌부 감찰(정6품/현 서기관급), 종친부 전부(정5품/현 부이사관급)가 되었고, 지방관으로는 태인 현감(종6품) 과 영천 군수(종4품/현 이사관급)를 역임하였다. 홍대용의 친구로 ≪담헌홍덕보묘표(湛軒洪德保墓表)≫를 쓴 이송(李淞)은 담헌의 사물인식의 시각과 인물에 대하여 다음과 같이 기록하였다.

덕보는 자신의 부모 형제들이 과거공부를 하거나 또는 문사(文詞)로서 저명하였는데, 덕보만이 오직 옛 육예(六藝)의 학문에 뜻을 두어 상수(象數)와 명물(名物), 그리고 음악을 깊이 연구하고 생각하여 묘하게 이치에 합하고 신기하게 해설을 하였다. 특히 하늘의 별자리 그리고 해와 달의 운동에 대해서는 그 형상을 본떠서 기구(器具)를 만들어 때(時)를 점치고 계절과 기후를 예측함에는 추호도 어긋남이 없었다. 언젠가 숙부인 참의공(參議公) 홍억(洪檍)을 따라 연경에 들어갔을 때, 그는 성지(城池)와 궁궐, 인물과 재화 등을 고루 관찰하였으며, 선비들을 만나서는 번거롭게 통역관을 내세우지 않고 그들과 언어를 통하였다. 항주(杭州)의 학자인 엄성과는 서로 학덕을 절차탁마(切磋琢磨)하고 어려움을 질문하였으며, 중국의 선비들은 덕보의 재능과 학문을 높이 칭찬하였으므로, 우리나라 선비들을 만나

면 반드시 담헌의 안부를 물었다.[39]

이와 같이 홍대용은 과거 공부에만 여념이 없었던 당시 선비들과는 달리, 일반민중의 생활과 직결되는 산수(算數) 및 측량 등에 관심을 가지고 있었던 것으로 보인다. 또한 그의 사상 형성에 있어서 국제적 시야를 넓힐 수 있었던 것은 숙부 홍억(洪檍)이 서장관(書狀官)으로 연경에 갈 때, 숙부를 수행하면서 그곳의 한인(漢人) 학자들과 교류하고 또 서양문물에 접촉할 기회를 가졌었기 때문이다.

앞에서도 언급했듯이 홍대용이 활동했던 18세기 후반은, 정치적으로는 통치 계급 내부의 권력투쟁이 격렬하였고, 동시에 사회적으로는 놀고먹는(游衣游食) 양반귀족계급의 수는 증가한 반면, 생산을 담당하는 노서민 계급의 수는 줄어들어, 일반민중의 삶은 극도로 피폐한 상태이었다. 이와 같은 정치사회 현실에 직면하여 그는 무엇보다 백성의 생활안정을 등한시한 채 당쟁만을 일삼는 귀족계급을 통렬히 비판하였다.

붕당(朋黨)의 화가 어느 시대인들 없겠는가만 어찌 오늘날처럼 옳거니 그르거니 서로 다투고, 충신과 역적으로 서로 대립하여 위로는 나라의 기틀이 자주 위태하고 아래로는 사론(士論)이 모두 분열되어, 점점 이적(夷狄)과 금수(禽獸)의 지경으로 들어가되 구제할 수 없게끔 될 때가 있었던가?[40]

또한 홍대용은 당쟁의 폐해에 대하여 "우리 나라가 비록 적국의 외환이 있다 하더라도 반드시 이것으로 끝내 망할 리는 없고 망하는 것은 오직 이 당론(黨論) 때문이다. 서로 공격함으로부터 비롯하여

---

39) ≪湛軒書≫, 附錄 洪德保墓誌銘 및 湛軒洪德保墓表 참조.
40) 위의 책, 內集 卷三 與蔡生書.

나중에는 창과 칼로 서로 사람을 죽이는 데까지 이르러 결국 국맥(國脈)이 끊어지게 될 것이니, 이것이 바로 기필코 나라가 망할 징조인 것이다"[41]라고 비판함으로써, 당쟁의 극심함이 국가를 망하게 하는 최대의 원인으로 보았다. 그는 이러한 당쟁을 율곡의 보합책(保合策)으로도 공자의 정론(正論)으로도 치유될 수 없는 병적인 요소라고 개탄하였다. 담헌은 이와 같은 극심한 당쟁의 원인이 현실을 제대로 직시하지 못하고 자신의 정치적 야욕만을 내세우는 지배계급의 태도에 있다고 다음과 같이 지적하였다.

> 세속 선비는 본령(本領)을 잊고 수고롭게 장구(章句)에만 일삼네. 한 평생 책장만 뚫으니 저는 참으로 하나의 좀벌레로다.[42]

> 가난한 선비는 대추와 밤만을 씹는데, 높은 벼슬아치는 기름진 고기도 싫어하네. 옛날 관중(管仲)과 포숙아(鮑叔牙)의 의리가 오늘날 와서는 실오라기처럼 되었구나. 꾸미는 말은 앵무새보다 더하고, 여럿이 모이면 돼지처럼 욕심낸다. 구름과 비처럼 엎치락뒤치락 하는 데, 온갖 야심이 가슴에 가득 찼다.[43]

> 이제 듣건대 향교에 제사를 지내는 향교직이는 반드시 술과 고기로 성찬을 갖추어 여러 선비들을 공궤(供饋)하는 데, 탁주는 피하고 청주만 마시며 하루 종일 취해야 하고 배부르게 먹여야 한다. 먹고 싶은 대로 먹게 하면 칭찬하고, 그렇지 못하면 헐뜯는다.[44]

양반 지배층 내의 권력투쟁이 심하면 심할수록 민중의 생활은 더욱 어려워만 갔던 것이 당시의 현실이었다. 홍대용은 정조 임금에게

---

41) 위의 책, 附錄 從兄湛軒先生遺事.
42) 위의 책, 內集 卷三 寄陸篠飮飛.
43) 위의 책, 內集 卷三 次孫蓉洲有義寄秋 詩韻仍贈蓉洲.
44) 위의 책, 內集 卷三 補遺 論鄕校.

이러한 사회적 모순이 양반귀족들의 놀면서 먹고사는(遊衣遊食) 생활태도에 있음을 날카롭게 지적하는 다음과 같은 건의도 하였다.

생산하는 자가 여럿이고 소비하는 자가 적은 것이 나라 다스리는 큰 법이므로, 이른바 요행을 바라고 노는 백성이나 나라를 좀먹고 백성을 괴롭히는 관헌에 대해서는 전하께서 깊이 생각을 더해야 할 것입니다.[45]

이러한 그의 비판으로 미루어 볼 때, 당시 놀면서 먹고사는 비생산적인 양반계급의 나태와 관리들의 부패가 매우 극심하였음을 알 수 있다. 더욱이 그는 유학의 경전만을 인용하면서 사회발전에 전혀 도움이 되지 않았던 당시 양반귀족들의 공리공론의 허구성과 비현실성을 다음과 같이 통렬하게 비판하였다.

세상에서 이른바 선비란 것에는 세 종류가 있으니 즉 유학의 경전이나 공부하고 문장(文章)을 익혀 과거 준비에 여념이 없는 선비이다. (첫째) 소리의 풍류나 익히고 시가(時歌)의 운율이나 연습하여 과거 급제로 벼슬살이하려는 명리(名利)의 길에 온갖 힘을 기울이고자 하는 자들이 오늘날의 이른바 재사(才士)들이지만, 이들은 내가 말하는 선비는 아니다. (둘째) 경전의 글귀를 따다 쓰고, 반고(班固)와 사마천(司馬遷)의 설을 그대로 사용하여 쓸데없는 말을 꾸며서, 한 때의 기림을 노리고 백세의 명예를 구하는 자들이 오늘의 이른바 문사(文士)이지만, 내가 말하는 선비는 아니다. (셋째) 그들이 말하는 언론을 들으면 고명하고 시원스럽게 보이고, 몸가짐도 단정하고 엄숙하게 보이며, 요순(堯舜)의 다스림과 공맹(孔孟)의 학설을 끊임없이 이야기한다. 그러므로 벼슬아치들이 그 어짐을 천거하여 벼슬과 봉록(俸祿)이 점점 더해지게 되지만, 그의 행실을 자세히 살펴보면 안으로는 속이지 않는 은은한 덕이 없고, 겉으로는 천하를 경륜할 재주가 없으며, 속이 텅 비고 경륜도 아무것도 없는 자들이 오늘의 이른바 경사(經士)일 뿐

---

45) 위의 책, 內集 卷二 桂坊日記 乙未年 三月 二十九日.

내가 말하는 선비는 아니다.46)

당시 이러한 양반귀족들의 비생산적인 공리공론에서 탈피하여, 혼란된 사회를 바로 잡고 생산적인 사회를 건설하기 위한 개혁책으로, 홍대용은 무엇보다도 과거제도의 혁신을 통하여 공리공론의 유학적 논쟁을 중지하고 실학적 사고를 촉진하여야 한다는 점을 다음과 같이 주장하였다.

과거시험 준비공부(擧業)란 비록 면하지 못할 것이나 또한 공부를 대강 이루면 그만 두어야 한다. 정신과 힘을 다하여 반드시 얻기를 기대하면서 실학을 방해할 필요는 없다. 세력다툼의 옳지 못한 길에서 명예를 구하는 것은 더러움이 도둑보다 더 심한 것이니 절대로 경계해야 한다. 출세 초기에 이미 도둑 행동을 한다면 하물며 저 높은 관직과 아름다운 봉작(封爵)을 하고 싶음은 더 말할 나위가 없다. 또한 과거에 합격하는 정도에 비할 바가 아닐 것이므로, 벼슬만 높아진다면 등창을 빨고 치질도 핥을 것이니 장차 무슨 일인들 못하겠는가?47)

이와 같이 과거시험이 권력욕을 촉진시키는 사회악의 제도임을 경고하였다. 그는 과거제도의 목표가 민생안정과 복리를 위한 사업인 개물성무(開物成務)에 있으며, 그 핵심은 달력(律曆), 산수(算數), 재정(錢穀), 국방(甲兵) 등 백성의 생활과 직결되는 자연 과학적 지식을 촉진시키는 데 있다고 보았다. 이러한 점을 그는 다음과 같이 지적하였다.

읍양(揖讓)과 승강(升降)의 관직 제도가 민생 안정과 복리증진(開物成務)의 급선무라면, 율력(律曆)·산수(算數)·전곡(錢穀)·갑병(甲兵)은 복리증진(開物成務)을 위한 큰 실마리(大端)가 아니겠소 이제 선생께서 달력·수학·

---

46) 위의 책, 內集 卷三 贈洪伯能說.
47) 위의 책, 內集 卷三 自警說.

재정·국방 등을 말단으로 삼는 것은 그럴싸하나, 유독 그것을 스스로 책임지려 하지 않는 까닭은 무엇 때문이요?[48]

이와 같이 백성의 생활안정과 복리증진 그리고 국방에 필요한 자연과학의 중요성을 지적함과 아울러, 홍대용은 진정한 학문의 발전을 위해서는 주자학만을 고집하는 학문의 편견에서 벗어나 주자학 이외의 여러 학설들을 과감히 수용하고 그 장점을 취해야 한다는 사상적 개방성을 다음과 같이 나타냈다.

경서(經書)와 사서(史書) 이외에 이단(異端)의 잡서(雜書)에서도 반드시 그 단점을 버리고 장점만 취해야 한다.[49]

망령스럽게 성명(性命)을 논하고 한가로이 불교와 노장사상을 배척하며, 참다움을 꾸미고 거짓을 파는 것은 우리의 학문에 이익이 없는 것이니, 어찌 저 돌벼의 익음으로 흉년을 구제할 수 있는 것과 같겠는가? 현옹(玄翁)의 학설인 '정학(正學)을 밝히고 사설(邪說)을 없앤다'는 것은 급선무라고 할 수 없다.[50]

우리나라는 조선왕조 중엽 이후로 편견의 이론(偏論)들이 속출하여 옳음(是)과 그릇됨(非)이 공정하지 못하고 야사(野史)는 더욱 볼만한 것이 없다. 유학(斯文)의 일을 가지고 말하더라도 중국에서는 주자를 반대하고 육구연(陸九淵)과 왕양명의 학문을 존중하는 이들도 많을 뿐만 아니라, 유학을 반대하여 죄를 지었다는 말을 듣지 못했다. 대개 그들은 범위가 넓고 크기 때문에 공평하게 보고 모든 것을 다 받아들이므로, 우리나라처럼 어느 한 쪽에 얽매이는 편견이란 없다.[51]

---

48) 위의 책, 內集 卷三 與人書 二首.
49) 위의 책, 內集 卷三 自警說.
50) 위의 책, 內集 卷三 日東藻雅跋.
51) 위의 책, 附錄 從兄湛軒先生遺事.

이상과 같이 홍대용은 중국의 예를 들어 주자학의 당위론에만 몰두하여 그 외의 학문을 유학에 반대하는 학문적 역적 즉 사문난적(斯文亂賊)으로 거부하였던 조선왕조 양반계급의 사상적 편견과 학문적 폐쇄성을 비판하였다. 더욱이 유학 이외의 사상을 근본적으로 배척하였던 조선왕조에서, 그는 불경 및 도가서(道家書) 등 다양한 사상의 장점을 수용할 것을 중국의 친구에게 다음과 같이 말하기도 하였다.

> 능엄경(愣嚴經, 佛經의 한 종류)은 마음을 수양함에 필요하고, 황정경(黃庭經, 仙書의 일종)은 원기를 보호하는데 적절하오. 공경을 주로 하고 호기(浩氣)를 기르는 것은 우리 도의 근본이오. 뜻있는 선비가 명예에 쏠리어서 빨리 이루고자 번뇌를 싫어하오. 성인의 교훈에는 지극한 요체가 있으니, 수만 갈래 길이라도 결국 하나의 문이라오.[52]

이는 학문의 진정한 목표가 명예나 부귀를 추구하는 데 있는 것이 아니라, 국가를 수호하고 백성의 생활을 안정시키는 데(保國安民)에 있음을 말한 것이며, 그것을 위해서라면 어떠한 학문이나 학설도 모두 가치를 지닐 수 있음을 강조한 것이라고 할 수 있다.

그렇다면 주자학 내지 유학 자체가 지닌 모순을 극복하고 실용의 시각에서, 현실에 대한 적극적인 개혁의식을 지녔던 홍대용은 그 개혁의 사상적 근거를 어디에서 찾았는가? 그의 사상에 대한 개혁적 전환의 계기를 마련하여 준 것은, 중국을 방문하여 접하게 된 서양의 자연과학 사상이라고 할 수 있다. 이 점은 그가 다음과 같이 서양의 과학기술과 지구의 자전 및 공전설을 높이 평가한 데서도 알 수 있다.

> 세상 사람들은 옛 습관에 안주하여 (다른 것을) 살피지 않는다. 이치

---

52) 위의 책, 內集 卷三 寄嚴鐵橋誠.

가 눈앞에 있는데도 일찍이 연구하여 찾지 않았기 때문에 일평생을 하늘을
이고 땅을 밟건만 그 정황과 현상에 캄캄하다. 서양 어떤 지역은 지혜와
기술이 정밀하고 소상하여 측량에 있어서는 해박하고 자세하다.[53]

　　　　지는 해는 서쪽 바다에 빠지고 밝은 달은 동쪽 마루에서 솟는다.
달은 본디 캄캄한 것인 데 비고 희어서 해의 그림자를 전한다. 둥근 빛은
항상 거울 같은 데 가득 차고 이지러짐은 인간세계(人界)에서 보기 때문이
다. 나눠지고 합침은 일정한 도수에 있는 것이고, 희박하고 월식이 생기는
것은 재앙이 아니다. 이러한 (규칙적 현상인) 법칙(法象)을 아는 사람이
드문 것은 우물 안에 앉아 보는 것과 같이 좁은 소견 때문이다.[54]

　　따라서 홍대용은 중국학자들과의 교류를 통해서 서양 과학지식
의 중요성을 인식하고 있었기 때문에, 서양의 발달된 자연과학적 지식
이 그의 사상적 형성에 큰 영향을 주었다.

　　아울러 그의 개혁사상 형성에 중요한 영향을 준 사상은 노장사상
과 묵학이라고 할 수 있다. 이 점은 그가 "노씨(老氏)와 묵씨(墨氏)는
교법은 다르지만 순진하고 소박함은 또한 취할 만하오 하늘과 땅(乾坤)
을 부모로 삼고 온 세상 사람을 형제처럼 여기노라. 벌레도 모두 혜택을
입고 새도 또한 춤을 출 것이네. 어질고 능함은 한량이 없으니 한
부분만 생각할 필요가 없노라"[55]라고 한 데서 알 수 있다. 더욱이
≪의산문답(醫山問答)≫에서 나타낸 것과 같이, 그는 묵학과 노장사상
이 갖는 중요성을 정확히 인식하였던 것으로 보인다. 중요한 점은
그의 이러한 노장사상 및 묵학의 수용이 주자학 및 유학의 테두리
내에서의 개조가 아니라 유학의 포기 내지 거부의 입장이었다는 점이

---

53) 위의 책, 內集 補遺 醫山問答.
54) 위의 책, 內集 卷三 寄陸篠飮飛
55) 위의 책, 內集 卷三 次孫蓉洲有義寄秋 詩韻仍贈蓉洲.

다. 더욱이 묵학 및 노장사상이 근본적으로 반유학(反儒學) 사상임에도
불구하고, 그가 노장 및 묵학 사상에 심취하였던 것 같다. 이 점은
그가 자신의 학문연구에 대한 심정을 다음과 같이 솔직하게 토로한
데에서 찾아 볼 수 있다.

> 장주(莊周)는 세상을 통분히 여기고 제물(齊物) 편을 지어서 오래
> 살기를 도모했고, 주자 문하의 말학(末學)들은 그 스승의 학설을 어지럽혔
> 으며, 양명은 습속을 미워한 끝에 치양지(致良知)를 주장하였소. 이 두
> 분의 현철(賢哲)이 어찌 일부러 문호를 갈라서 이단으로 돌아감을 달갑게
> 여겼겠습니까? 다만 그 세태를 통분히 여기고 미워한 끝에 굽음을 바로
> 잡으려는 데 너무 지나쳤을 뿐이오. 용렬하고 비루한 자는 말할 나위도
> 없거니와, 나 또한 천성이 매우 고지식하여 세태에 아첨하거나 옛 것을
> 그대로 받들지도 못하오. 더구나 요즈음은 허망하게 생각하기를 이 두
> 사람(주자와 양명)의 제멋대로의 주장에 나의 마음이 사로잡혔음을 분하고
> 미워하여 감연히 세상을 돌아보고 슬피 여기면서 몇 번이나 유학을 버리고
> 묵학으로 들어가고자 하였소.[56]

또한 다음과 같은 그의 자문자답은 바로 그가 노장학에 심취하고
묵학에 정진하면서 유학에 회의하고 있음을 나타낸 것이라고 볼 수 있다.

> 추호(秋毫)가 크고 태산이 작다고 한 것은 장주(莊周)의 과격한 이론인
> 데, 내가 지금 우주를 하나의 풀포기 정도로 여기니, 내가 장주의 학문을
> 하려는 것인가? 30년이나 성인의 글을 읽었는데 내가 어찌 유학을 버리고
> 묵자의 학문으로 들어갈 것인가?[57]

이상과 같이 홍대용은 기존 유학사상의 테두리를 벗어나려 했을
뿐만 아니라, 유학에 반대하는 반유학의 시각에서 그의 정치사상을

---

56) 위의 책, 內集 卷三 與人書 二首.
57) 위의 책, 附錄 乾坤一草亭題詠 小引.

전개하였던 것으로 보인다. 즉 자연 및 경제문제에 관해서는 서양의 자연과학과 묵학사상을, 그리고 정치 및 사회문제에 대하여는 노장사상의 상대주의적 시각을 토대로 하였다. 그렇다면 그가 유학 이외의 사상에서 그의 사상적 바탕을 찾으려 한 것은 유학에 젖은 양반귀족들의 숭명사대주의(崇明事大主義)를 배격하고 주체적으로 안민보국(安民保國)하려는 그의 자주의식에 있었던 것으로 보인다. 따라서 그의 정치사상은 유학의 당위론 고정관, 절대관, 전체관의 시각을 탈피하여, 현실의 실질적인 기능관, 변천관, 상대관, 개체관의 시각에서 전개되었다. 이러한 그의 사상은 당시 조선왕조의 불합리한 반상 계급 체제를 합리화하려는 정책적 이기론을 거부하고, 변천 속에서 개혁의 당위성을 찾으려는 기(氣) 중심의 기이론(氣理論)에서 더욱 뚜렷하게 나타났다.

2) 홍대용의 정치사상

(1) 변천의 자연원리로서의 기이론

조선시대 정치사상에 있어서 이기(理氣)의 문제는 정치현실 및 정치의 목적에 관한 사상가의 입장을 반영하는 공통의 주제라고 할 수 있다. 본래 유학에서의 이(理)란 차별의 원리로서 고정적이고 불변적인 형이상학적 존재개념이고, 기(氣)란 생리력의 주체로서 변천의 힘을 의미하였다. 현실의 정치문제에 대하여 이기론(理氣論)을 적용할 때, 이(理)를 강조한다는 것은 곧 차별적 신분체제 및 세왕권제제의 유지 강화를 지향하는 것이고, 기(氣)를 중요하게 본다는 것은 생리력과 직결되는 일반 백성의 의식주생활의 안정 및 복리증진을 우선시해야

함을 의미하는 것이었다. 따라서 유학은 차별질서의 붕괴를 저지하기 위하여 불변의 원리로서 차별원리의 선재를 설정하였고, 변천까지도 이 선재원리를 전제로 한 범주 내에서만 가능한 것으로 보았다. 때문에 이(理)가 앞서 존재하였고 기(氣)가 그 뒤에 생긴다는 시각이다. 그러나 홍대용은 사회개혁의 필요상 인간사회를 포함한 모든 만물이 변화하는 것을 보편적인 진리로 보았고, 이 변천의 불가피성을 자연현상의 변화로서 실증하려는 자연과학적 시각이었다.

그는 "이와 기의 선(先)과 후(後)에 대하여, 옛부터 학자 사이에 각기 다른 주장이 있었는데, … 신(臣)의 생각으로는 이기(理氣)가 있다면 함께 있는 것이지 본래 선후를 구분할 수는 없다고 봅니다. 대저 천하에 이(理) 없는 사물이 없으며, 사물이 아니라면 이(理) 또한 의착할 데가 없습니다"[58]라며, 사물 없는 존재원리가 무의미함을 지적하였다. 이는 정치적으로는 현실적 기능을 무시한 질서 원리로서의 차별원리를 인정치 않으려는 개혁의식의 발로로 보인다.

또한 홍대용은 소리·색깔·냄새·맛을 지닌 사물의 현실적 존재에 앞서, 존재원리가 있었다는 이선재론(理先在論)를 부인하였다. 다시 말하면 그는 존재원리인 이(理)가 먼저 존재하기 때문에 이 이(理)에 따라 소리, 색깔, 냄새, 맛이 있는 현실적인 사물의 존재가 가능하다는 유학적 이기론을 거부하였다.

무릇 이(理)를 말하는 사람들은 "형체(현실의 존재상)가 없고 이(理, 존재원리)가 있다"고 한다. 이미 이(理)가 있다고 하면 어찌 형체가 없는데 있다고 할 수 있겠는가? 대개 소리가 있으면 있다고 하고, 색깔이 있으면

---

58) 위의 책, 卷二 桂坊日記 二月 二十八日.

있다고 하며, 냄새와 맛이 있으면 있다고 한다. 이미 이 네 가지가 없으면 이는 형체도 없고, 있는 곳도 없다.[59]

따라서 존재원리로서의 이(理)는 존재하는 사물을 좌우하는 변천력의 주체인 기(氣)에 좌우된다고 함으로써, 그는 기일원설(氣一元說)의 입장을 취하였다. 기(氣) 안에서의 이(理) 즉 사물의 변화에 따라 변화하는 자연원리로서의 이(理)를 말한 것이다. 이 점에 대하여 그는 다음과 같이 주장하였다.

이른바 이(理)라는 것은 기(氣)가 선하면 선하고 기(氣)가 악하면 악하게 마련이다. 이것은 이(理)란 주재하는 바가 없고 기(氣)가 작용하는 대로 따라갈 뿐이다.[60]

이처럼 홍대용은 자연변화에 따라 개개 사물의 존재가 있게 되고, 자연계의 각개 사물현상을 주재하는 주재자로서의 절대자 또는 절대이성이란 존재하지 않는다고 보았다. 이러한 그의 주장에는 모든 만물을 주재하는 절대자로서의 하늘(天)과 하늘의 자기실현인 천리(天理)를 당위로 설정함으로써, 하늘의 아들인 천자(天子)의 왕권을 보장하고 그가 규정한 차별질서를 불변의 진리로 규정하려는 유학사상에 대한 회의와 비판의 의미가 담겨 있다. 특히 그는 선(先)과 후(後), 고(高)와 저(低), 상(上)과 하(下)의 차별 불평등을 부인하였기 때문에, 자연원리로서의 상대주의적 동등성과 기능주의적 자존성을 중요시하였다. 또한 자연질서에서는 "선(善)과 악(惡), 시(是)와 비(非)를 가리는 선재원리란 없고 각자 자존의 원리가 있을 뿐이므로, 선악 두 글자를 붙일 데가

---

59) 위의 책, 內集 卷一 心性問.
60) 위의 책.

없다"[61]라고 설명한다. 즉 자존의 질서를 형성하는 자연계의 사람과 사물은 각각 독자적인 생존원리를 가지고 있으므로, "사람은 사람의 이(理)가 있고, 사물에는 사물의 이(理)가 있다"[62]는 것이다. 이 각자 자존(自存)의 이(理)는 초목금수(草木禽獸)나 사람에게 있어서나 다 같고, 단지 그 존재 형태만이 각자의 독자성을 발휘시키는 주체력의 근거인 기(氣)의 차이에 따라 다를 뿐이라고 보았다.

> 초목의 이(理)는 곧 금수의 이(理)이고, 금수의 이(理)는 곧 사람의 이(理)이며, 사람의 이(理)는 곧 하늘의 이(理, 자존원리)이니, …대저 같은 것은 이(理)이고 같지 않은 것은 기(氣)이다.[63]

그렇다면 기(氣)는 어디에 근거하는가? 생물의 경우 "그것은 온몸 전체(身體髮膚)의 육체적인 기질과 정혈(精血)의 교감(交感)에 있으며, 초목 사람 금수 사이에 이러한 생리현상은 같고, 그 생리의 발현형태가 다르기 때문에 세 형태의 생물이 있게 되는 것이지, 거기에 귀천(貴賤)의 차별이 있는 것은 아니라"[64]고 하였다.

따라서 만물 사이에 차이가 생기는 것은 주체력을 일으키는 기(氣)가 어떻게 작용하느냐의 차이이고, 생성과 소멸이 발생하는 것도 기(氣)의 모이고 흩어지는 작용(聚散作用)이 어떻게 되느냐에 달려있다는 것이다. 이를 정치적 시각에서 보면 국가의 흥망성쇠도 그 민족의 주체력이 어떻게 작용하느냐는 민족 기질에 좌우됨을 의미한 것이라 볼 수 있다. 이와 같은 자연과학적인 기의 취산 작용으로 생성과 멸망,

---

61) 위의 책.
62) 위의 책.
63) 위의 책.
64) 위의 책, 內集 卷三 補遺 醫山問答.

홍성과 쇠망 등 현상을 파악하려는 담헌의 논리는, 유학사상의 당위론적 가치관과 같은 선입견이나 절대논리를 벗어나, 한민족(韓民族)의 민족 주체력의 발휘를 통한 무한한 민족발전의 가능성을 찾으려는 사상적 자각의식에 토대를 두었다고 볼 수 있다. 이와 같은 자각의식에서 홍대용은 주자학의 차별적 통치질서관과 사대적 대외관을 벗어나 대내적 인권평등관과 지주적 국제질서관을 지녔고, 여러 가지 불합리한 정치 및 사회제도에 대한 개혁안들을 제시하였다.

(2) 국내 및 대외질서관

담헌은 인간 사물 사회 국가 등에 대한 생사(生死)·대소(大小)·고저(高低)에 있어서 모두 동등한 가치를 지닌다는 상대관(相對觀)의 시각에서, 평등적 통치질서관과 지주적 대외질서관을 지녔던 것 같다. 우선 그의 통치질서관은 본질적으로 평등적 인간관에 바탕을 두었다. 그는 임금과 백성이 인간본성에서 차이가 없음을 다음과 같이 말하였다.

> 하늘이 백성을 창조할 때 총명하고 지혜로운 사람으로 임금을 삼았으니, 총명하고 지혜로운 사람이 일반 민중과 다르기는 하겠지만 또한 어찌 사람이 아니겠는가?[65]

이는 하늘의 아들(天子)이 임금이 되어야 하고 모든 백성이 하늘의 아들인 천자에게 충성해야 하는 것을 숙명으로 규정함으로써, 임금과 백성 사이의 차별 불평등을 숙명(天命)으로 고정시킨 유학의 차별적 인간관과는 판이하다. 즉 차별원리에 토대를 둔 유학의 고정적 신분의

---

65) 위의 책, 內集 卷一 四書問辨 孟子問疑.

인간관에서 벗어나 개개 인간 개체간의 동등성을 강조하였다.

더 나아가 그는 "오륜(五倫)과 오사(五事)는 사람의 예의이고, 떼를 지어 다니면서 서로 불러 먹이는 것은 동물의 예의이며, 떨기로 나서 무성한 것은 초목의 예의이다. 사람의 입장에서 동물(物)을 보면 사람은 귀하고 동물(物)은 천하겠지만, 동물의 입장에서 사람을 보면 동물은 귀하고 사람이 천하게 마련이다. 하늘(조물주인 자연)의 입장에서 보면 사람이나 동물은 마찬가지로 동등하다"[66]라고 함으로써, 근본적으로 노장사상의 본질인 상대관의 시각에서 자연질서 안에서의 모든 생물 개체간의 동등성을 주장하였다. 이는 차별 불평등의 권위주의적 지배성을 본질로 하는 유학사상의 가치관과는 판이하게 다르며, 조선왕조의 차별적 신분질서에 대한 강한 비판 의식을 내포한다고 할 수 있다.

국제질서관에 있어서도 홍대용은 종래의 중국 한족문화지향의 사대주의를 벗어나 자주적인 민족의식을 지녔던 것으로 보인다. 특히 그는 다음과 같이 동양과 서양의 상대적 위치와 문화상대성(cultural relativity)의 시각에서 민족적 자주의식의 각성을 촉구하였다.

> 중국은 서양에 대해서 경도의 차이가 180도에 이르는데, 중국 사람은 중국을 세상의 중심(正界)으로 삼고 서양을 변방(倒界)으로 여기며, 서양 사람은 서양을 세상의 중심으로 삼고 중국을 변방으로 여긴다. 그러나 사실에 있어서 세상 어디에 사는 사람이거나를 막론하고 지역에 따라 다 자기 나라를 중심으로 여기는 것은 마찬가지이므로, 세계를 가로로 보거나 세로로 보거나 변방이란 없고 모든 나라가 세상의 중심이다.[67]

> 하늘이 낳고 땅이 길러주는 모든 혈기가 있는 자는 다 같이 평등한

---

66) 위의 책, 內集 補遺 醫山問答.
67) 위의 책.

사람이고, 여럿 중에서 뛰어나 한 나라를 맡아 다스릴 수 있는 사람은
다 같이 임금이다. 관문(門)을 굳게 지키고 해자를 깊이 파서 강토를 지키는
일은 모두 국가의 일이며, 장보(章甫, 은나라의 의관)이건, 위모(委貌, 주나
라 시대의 의관)이건, 문신(文身, 살에 글씨를 넣는 풍속)이건, 조제(雕題,
남만의 문신 풍속)이건 간에 다 같이 자기네들의 습속이다. 우주 자연의
입장에서 본다면 어찌 안과 밖의 구별이 있겠는가? 그러므로 각각 제
나라 사람에게 친밀하고 제 나라 임금을 높이며 제 나라를 지키고 제
풍속을 좋게 여기는 것은 중국이나 오랑캐나 마찬가지이다.[68]

이는 그가 노장학에 심취하였던 점으로 보아, "남의 몸의 입장에
서 남을 보고, 남의 가정의 입장에서 가정을 보고, 마을의 입장에서
마을을 보고, 국가의 입장에서 국가를 보며, 세계의 입장에서 세계를
보아야 한다"[69]는 노장의 상대주의 시각을 따르고 있는 것으로 보인다.
따라서 수신제가(修身齊家)의 궁극적 목표를 치국평천하(治國平天下)에
두는 유학의 개인(身), 가정(家), 국가(國), 세계(天下)에 대한 개념과,
노장학에서나 그가 보는 개인(身), 가정(家), 사회(鄕), 국가(國), 세계(天下)
에 대한 시각은 판이하다고 할 수 있다.

홍대용은 이러한 상대적 평등관의 시각에서 중국 중심의 국제질
서관에 사로 잡혀 중화(中華)와 오랑캐를 구별하는 중국 중심의 사대적
화이관(華夷觀)에서 탈피해야 한다는 점을 다음과 같이 주장하였다.

대저 자기의 것이 아닌데 취하는 것을 도둑(盜)이라 하고, 죄가 없는
데도 죽이는 것을 적(賊)이라 하며, 사방의 오랑캐(四夷)[70]로서 중국을

---

68) 위의 책.
69) "故以身觀身 以家觀家 以鄕觀鄕 以國觀國 以天下觀天下, 吾何以知 天下之然哉"(≪道德
經≫, 五十四章).
70) 중국의 다수민족인 한족(漢族)의 입장에서 동서남북 네 변방의 민족들을 사이(四夷)라
하였다.

침범하는 것을 구(寇)라 하고, 중국이 사방의 이민족인 사이(四夷)를 빈번하
게 치는 것을 적(賊)이라 한다. 그러나 서로 구(寇)라 하고 적(賊)이라 하는
것은 그 뜻이 한 가지이다.[71]

마지막으로 홍대용의 국제질서관에서 볼 수 있는 적극적 개혁성
은 대외정세를 파악하는 그의 철저한 객관적 현실주의적 시각이었다.
18세기 후반기의 중국은 다수민족인 한족이 만주족 정권인 청나라에
의하여 지배되었던 한편, 여전히 한족(漢族) 지식인이 만주족 지배에
저항하는 배청(排淸)의식이 높았던 시대이기도 하다. 이러한 상황에서
명분론적 사고에 사로 잡혀 명에 대한 의리감만 강조하는 한족 지식인
들의 태도에 대해서, 그는 "[현 중국에서] 오랑캐(만주족)의 운수가
날로 자라남은 곧 인사(人事)의 감응이기도 하지만 천시(天時)의 필연이
다"[72]고 하면서 보다 현실주의적인 태도를 가질 것을 충고하였다.
이러한 그의 현실주의적 시각이 그의 관직으로 보아 당시 조선의
대외정책에 반영되기는 어려웠을 것이다. 그러나 그는 본래 중국의
역사가 한족(漢族)과 다른 민족 간의 투쟁 갈등사라는 점을 인식했으므
로, 객관적 시각에서 국제관계 및 국내의 정치사회 문제를 파악하고
그에 대한 혁신적 개혁책을 제기하였다.

(3) 정치 및 사회개혁의 정책론

앞서 논의한 것처럼 홍대용의 이기론 및 국내외 질서관은 유학의
고정관·당위관·절대관·전체관의 시각에서 벗어나, 노장의 자연주의

---

71) ≪湛軒書≫, 內集 補遺 醫山問答.
72) 위의 책.

적인 상대관·실증관·기능관·개체관의 성격이 강하였다. 그의 개혁정
책론 역시 엄격한 차별적인 신분계급주의를 탈피하고 상대주의적
기능관에 토대를 두었다. 특히 그의 관직 임용제에 대한 개혁책은
당위론적 명분론보다 실증적 실적주의를 중요시한 대표적인 예이다.
아울러 그의 정책론은 부국강병과 백성의 생활안정을 위하여 모든
국민이 일할 것을 요구한 국민개로(國民皆勞) 사상에 토대를 두었으며,
사치 및 낭비를 배격한 묵학의 경제도덕론과 그 맥을 같이하였던
것 같다. 이러한 시각에서 전개된 그의 정치 및 사회경제적 개혁책이
≪임하경륜(林下經綸)≫에 집약되어 있는데, 예로 들면 다음과 같다.

첫째 양반계급의 비생산적 무위도식(無爲徒食), 노동천시와 관록
세습제의 폐지 및 능력에 따른 관직 배분 등 개혁 방안에 대하여
다음과 같이 제시하였다.

> 우리나라는 본래 명분을 소중히 하였다. 양반은 비록 굶주려 죽는
> 경지에 떨어지더라도 팔짱을 끼고 편히 앉아 농사를 짓지 않는다. 간혹
> 생산노동에 힘써서 몸소 천한 일을 달게 여기는 자가 있으면 모두 비웃고
> 비방하면서 종과 같이 여기므로, 노는 백성은 많아지고 생산하는 사람은
> 적은 꼴이다. 어찌 재물이 궁색하지 않으며 백성이 가난하지 않겠는가?
> 과전조목(科田條目)을 엄격히 확립해야 마땅하다. 특히 사민(四民: 士農工商)
> 에 관계없이 놀고먹는 사람(遊衣遊食者)에게는 관에서 일정한 벌칙을 마련
> 하여 사람들(世人)이 크게 벌하도록 하여야 한다. 재능과 학식이 있으면
> 농부나 상인의 자식이 조정에 들어가 앉더라도 분수에 넘치는 일이 아니고,
> 것이 없고, 재능과 학식이 없으면 재상의 자식이 종으로 던져진다 할지라도
> 한탄할 것이 없다.[73]

---

73) 위의 책, 內集 補遺 林下經綸.

이것은 "정신노동을 하는 사람은 남을 다스리고 육체노동을 하는 사람은 남에게 다스림을 받는다. 남의 다스림을 받는 사람은 남을 먹여주고, 남을 다스리는 사람은 남에게서 얻어먹게 되니 이것이 천하의 정의"[74]라는, 생산계급과 비생산계급의 철저한 차별성을 강조한 맹자사상과는 판이한 개혁성을 보여 준다. 아울러 이는 오로지 노서민에게만 생산을 담당하게 하면서 자신들은 놀면서 먹고사는(遊衣遊食) 양반계급의 유학적 사고를 강하게 비판한 것이다. 홍대용의 이러한 노동 중시와 능력에 따른 인권 평등관은, 그가 "여러 번 유학을 버리고 묵학에 들어가고자 하였다"[75]라고 토로한 점으로 미루어 보아, "재능에 따라서 벼슬을 주고 관직명에 따라 일이 정해지며 공로가 있느냐 없느냐에 따라 상을 정하고 공로를 헤아려서 봉록을 결정해야 한다. 그러므로 관직은 언제나 귀한 것이 아니며, 백성들은 죽을 때까지 그 신분이 천한 것은 아니다(官無常貴, 民無終賤). 유능하면 선발하여 관직에 임용하고 무능하면 귀족이라도 관직에서 제외하여야 한다"[76]는 묵학의 평등관을 깊이 수용한 것이라고 할 수 있다.

또한 홍대용은 비생산적인 사치 및 낭비에 대해서도 강력히 비판하였으며, 그러한 낭비와 사치의 근원이 노서민의 희생 위에서 이루어지는 양반계급의 무절제한 생활에 있음을 다음과 같이 비판하였다.

가정이건 국가이건 사치함보다 더 나쁜 것은 없다. 무릇 가옥과 일용품은 오직 튼튼하고 깨끗하며 정밀해서 용도에 맞게 쓰는데 힘써야 하고, 쓰는 데에 실용성이 없는 것은 일체 금지시켜야 한다. 무릇 금지하는

---

74) ≪孟子≫, 藤文公上.
75) "幾欲逃儒而入墨"(≪湛軒書≫, 內集 卷三 與人書).
76) ≪墨子≫, 尙賢上.

영(令)이 시행되려면 반드시 위로부터 시작해야 한다. 궁궐을 금은으로 장식하지 않는 한, 고위관직자가 집을 감히 산과 마름(山藻)을 그려 사치하게 꾸미지 못할 것이며, 비빈(妃嬪)이 수놓은 의복을 입지 않는 한, 선비와 서민들(士庶人)의 아내가 감히 명주옷을 입지 않을 것이다. 몸소 실천한 뒤에 영을 내리고 자신부터 다스린 후에 법을 가르친다면 백성치고 누구인들 따르지 않는 자가 있으랴?[77]

둘째 양반과 같이 무위도식(無爲徒食)하는 사람에 대하여는 형벌주의를 적용하고, 능력과 기능에 따라 모든 백성들로 하여금 노동하도록 하는 국민개로(國民皆勞)를 주장하였다. 따라서 "놀고먹으며 일하지 않는 사람은 군장(君長)이 벌하여 마을에서도 이를 내쫓아야 한다"[78]라고 하였다. 이러한 점은 그가 주장한 국방과 농업을 동시에 이루려는 일종의 병농일치제(兵農一致制)에도 잘 보인다.

험하고 높은 곳을 택해서 요새(治所)로 삼으며, 성을 높이 쌓고 도랑은 깊이 판다. 한 봄이 되면 농막에 나가 살면서 남자는 농사에 힘쓰고 여자는 누에치기를 부지런히 한다. 쉬는 날에는 효도와 공경하는 도리를 강론받고, 치고 찌르는 군사 훈련도 연습한다. … 50세가 된 다음이라야 명주옷을 입고 고기를 먹으며, 여유 있을 때 양식을 저축하여 수재와 가뭄에 대비케 한다. 군사를 점고(點考)하고 기예(技藝)를 겨루도록 하여 상과 벌을 밝히되, 개별로 그 재능을 시험하기도 하고 또는 단체로 그 진법을 연습시키기도 한다. 성에서 훈련하기도 하고 또는 들에서도 연습하기도 하며, 병기를 수리하고 군사를 장려하는데 항상 경보(警報)가 내린 듯이 하여야 한다.[79]

셋째 인권평등과 상대주의적 기능관을 바탕으로 모는 백성을

---

77) ≪湛軒書≫, 內集 補遺 林下經綸.
78) 위의 책.
79) 위의 책.

교육시키도록 하는 국민개육(國民皆育)과 각자에게 알맞은 직업적 역할을 줄 것을 주장하였다. 그는 모든 인간은 각 개인에게 적합한 독특한 기능과 유용성이 있다는 점에서 평등하므로, 각자에게 적합한 역할과 기능을 부여하고 인재를 적소(適所)에 등용해야 한다는 점을 다음과 같이 촉구하였다.

> 면(面) 내에 8세 이상의 자제들을 다 모아서 가르쳐야 한다. … 우수한 자는 차례로 뽑아 태학으로 보낸다. … 대개 인품에는 고하(高下)가 있고 재질에는 장단점이 있다. 그 고하에 따라 단점을 버리고 장점을 쓰면 천하에 전혀 못쓰고 버릴 재질이란 없다. 면에서 가르치는 데는 그 뜻이 높고 재질이 많은 사람은 위로 올려 조정에서 쓰도록 하고, 그 재질이 둔하고 용렬한 사람은 아래로 돌려 야(野)에서 쓰도록 하며, 그 생각이 창의적이고 솜씨가 재빠른 사람은 공업으로 돌리고, 이(利)에 밝고 재화를 좋아하는 사람은 상업으로 돌리며, 그 꾀를 좋아하고 용맹이 있는 사람은 무반(武班)으로 돌리며, 소경은 점쟁이로, 궁형(宮刑)[80] 당한 사람은 문지기로 돌리고, 벙어리 귀머거리 앉은뱅이까지도 각각 모두 일자리를 마련해 주도록 해야 한다.[81]

이렇게 홍대용은 사람들에게 품성의 고하, 재질의 장단이 있으므로, 관료·공인·상인·군인 등 각자의 능력과 기능에 맞는 적소에 배치하여 모두 생산적인 근로활동에 참여케 할 것을 제시하였다.

넷째 자주적 국제질서관을 지녔기 때문에 국가안위를 위한 국가보위 의식도 남달리 강하였던 것 같다. 따라서 홍대용은 지금의 민방위제와 유사한 병농일치제(兵農一致制)의 시행과 더불어 100만 양병책을 제시하였다. 다음은 그가 국토방위를 얼마나 중요시하였는가를 나타

---

80) 간통한 남녀에게 주는 형벌로서, 남자는 거세(去勢)하고 여자는 감옥살이 시키는 체형.
81) ≪湛軒書≫, 內集 補遺 林下經綸.

낸 100만 군대편성론이다.

국도(國都)를 나누어 구부(九部)로 만든다. 부에는 각각 장(長)이 있는
데, 장은 장군(將軍)이 겸직한다. 대장(隊長)은 9명의 병사를 통솔한다.
8명은 무기를 맡고, 1명은 짐 싣는 말 1필을 맡는다. 대(隊) 안에 의복
양식 병기와 나무하고 물 긷는 일을 맡도록 한다. 1대는 모두 10명으로
구성한다. 기총(旗摠)은 9명의 대장을 통솔하며, 8대는 외부에 주둔하고
1대는 내부에 주둔하여 기총을 호위하며, 1기(旗)는 모두 100명으로 구성한
다. 교위(校尉)는 9명의 기총을 통솔한다. 8기는 외부에 주둔하고, 1기는
내부에 주둔하며, 수하잡색(手下雜色)은 교위를 합쳐서 100명으로 한다.
1교(校)를 모두 1000명으로 구성한다. 장군은 9명의 교위를 통솔한다.
8교는 외부에, 1교는 내부에 주둔하며, 수하잡색은 장군을 포함하여 1000
명으로 한다. 1명의 장군은 모두 1만 명으로 구성한다. 대장군(大將軍)은
9명의 장군을 통솔한다. 8장군은 외부에 1장군은 내부에 주둔하며, 수하잡
색온 대장군과 합쳐 1만 명으로 하고 1만 명을 넘기도 하며, 대장군은
모두 10만 명으로 구성한다. 경(京)은 9명의 대장군을 통솔한다. 8명은
각각 그 도(道)에 두고 1명은 왕도(王都)에 둔다. 왕도 아래 9부에 소속된
낭좌(郎佐)·이예(吏隷)·효위(驍衛)·호분(虎賁)·환시(宦侍)·잡반(雜班)·여
군(餘軍)의 무리가 모두 10만 명으로 구성되는데, 9도를 합치면 100만
명이 된다. 도백(道伯)이 대장군, 군수가 장군, 현감이 교위, 사장(司長)이
기총, 면임(面任)이 대장이 된다.[82]

이 밖에도 담헌이 균전론(均田論)에서 전제(田制) 개혁으로 내수사
(內需司)·궁방전(宮房田)·둔전제(屯田制)·군포제(軍布制)의 폐지를 주장
하였을 뿐만 아니라, "우리나라는 길 닦는 정책이 시원치 못하여 수레가
통행할만한 넓은 길이 없으므로, 수레를 쓰는 데 있어서 중국만 못한
것이 당연하다. 지금까지 우리나라에 온 중국 군사로서 수레를 이용하

---

82) 위의 책.

여 전쟁을 이겼다는 말을 듣지 못했으니, 우리나라의 지세(地勢)는 결국 수레를 쓸 수 없다는 결론이 아니겠는가? 그러나 지혜로운 자가 계획한다면 변통할 술법이 반드시 있을 것이다"[83]라고 함으로써, 객관적 현실에 기초한 운송혁신의 필요성을 강조하였다.

3) 홍대용 정치사상의 의의와 영향

홍대용의 정치사상은 다음과 같은 점에서 그 의의를 찾아 볼 수 있다. 첫째 담헌의 정치 및 사회현실관은 근본적으로 피치자인 노서민의 입장에서, 유의유식(遊衣遊食)하면서 당쟁에 여념이 없는 양반귀족의 행태를 통렬히 비판함으로써, 현실의 객관적 모순과 과제를 직시한 점이다. 이러한 현실 판단은 주자학적 당위론의 입장에서 백성의 생활안정보다는 차별윤리의 강화에만 몰두했던 유학적 사고에 대한 날카로운 비판과 개혁의식이 그의 사상적 기조가 되었다는 점이다. 따라서 그의 사상적 개조노력이 현실안주가 아닌 현실극복을 요구하는 진정한 의미의 국가보위와 백성의 생활안정 및 복리에 토대를 둔 실학을 지향하였다는 점이다.

둘째 홍대용의 이기론(理氣論)은 봉건적 차별질서의 확립을 목표로 한 유학적 이기론에서 벗어나, 모든 개체가 생리력의 근원인 기(氣)를 중심으로 활동하며, 그러한 개체들이 각기 자존(自存)의 원리를 가지고 있다는 기능론적 평등관에 입각한 이기론이다. 이(理)와 기(氣)를 한 개체를 이루는 두 기능으로 파악하는 그의 이기론은 주자학에 반대하

---

83) 위의 책.

는 조선시대의 반주자학적 내지 반유학적 정치사상의 핵심을 이루는 우주론이었다. 따라서 근세 한국의 자주적 전통사상은 김시습과 서경덕 그리고 이이를 거쳐 홍대용에 이르러 그 독창적 기틀이 마련되었던 것으로 보인다. 특히 홍대용을 선두 주자로 하는 후기 실학이 한국 정치사상의 자주적 독창성을 보여 주었다는 점에서, 그의 정치사상이 지니는 선구자적 중요성은 매우 크다고 할 수 있다.

셋째 홍대용의 정치질서관은 대내적으로는 자연계에서의 인간을 비롯한 각 개체의 고유한 자존성을 중요시하는 가치관에 바탕을 두고 있으며, 대외적으로는 국제관계의 동등성을 지향하는 시각이었다고 할 수 있다. 이러한 그의 질서관은 서구 과학지식의 습득과 노장의 상대적 평등관에 바탕을 둔 것으로서, 궁극적으로 한민족(韓民族)의 자주성과 주체적 발전을 욕구했던 사상이 독창성을 보여 준다.

넷째 능력에 따른 인재 등용론과 모든 국민에 대한 교육 및 노동의 개방책 등 정치 및 사회 개혁론은, 무엇보다도 온 국민의 후생안민(厚生安民)을 위하여 중국을 통해 서구문물 및 과학적 지식을 과감하게 습득하고, 이를 평등관의 시각에서 노서민을 주체로 한 국가발전에 적용하려 한 발상이라고 볼 수 있다.

결론적으로 홍대용은 조선시대 후기의 급변하는 대내외적인 현실 속에서 서구 문물의 과감한 수용을 통해 부국강병을 달성하려고 했던 북학파(北學派)의 선구자로서, 근세 한국의 정치사상사에서 근대사상을 싹트게 한 획기적 계기를 마련해 주었다고 할 수 있다.

7장

종교적 사회운동기의 정치사상
동학 및 서교의 정치사상

이 상의 시대배경은 19세기로 조선왕조의 마지막 시대인 제5기이며, 책머리의 근세 이래 한국사의 시대구분에서 규정한 종교적 사회운동기로서, 조선왕조 순조(1801~1834) 초로부터 조선왕조가 멸망하기까지의 100여 년간이다. 이 시대는 실학적 개혁론이 본격화되었으나 아직은 그 한계성이 있었고, 세도정치로 인하여 백성들의 생활이 거의 빈사상태에 이르게 된 시기이다. 더 이상 버틸 수 없었던 서민대중을 기반으로 한 체제에 대한 도전이 종교활동을 통한 사회운동의 형태로 전개되었으므로 이 시기를 종교적 사회운동기로 규정하였다. 특히 서민대중을 바탕으로 한 사회운동이 동학(東學)을 중심으로 전개되었으므로 동학사상기라고도 할 수 있다. 서교(西敎)의 역할 또한 도외시할 수 없는 민중적 바탕의 종교활동이었으므로, 동학과 서교를 합하여 이 시대를 종교적 사회운동의 성격을 띤 정치사상기로 보았다.

이 사회운동은 민중혁명의 양상까지 띠었으나, 사대주의 수구세력의 위정척사론(衛正斥邪論) 및 강력한 외세의 침입으로 말미암아 그들의 개화자강(開化自强)을 통한 국가보위와 서민대중의 복리증진 목표는 이룰 수 없었던 것 같다. 이러한 측면에 유의하여 한국 역사상 유례가 없는 시련과 위기에 직면하여 종교적 형식을 통하여 전개되었던 동학 및 서교의 사회운동의 목표, 국내 통치질서관 및 국제질서관 등 정치사상적 위상이 어떠하였는가를 살펴보는 일이 이 장의 주제이다. 아울러 이들 종교적 사회운동이 사대수구(事大守舊)를 추구한 위정척사의 보수 정치세력과, 민중적 기반이 미약하면서도 자강(自强)에만 급급했던 외세의존의 개화 정치세력 사이의 항쟁이 도리어 국권상실을 재촉하는 결과를 초래하였다고 보기 때문에, 이들의 사상과 비교하여 동학 및 서교의 정치사상적 특성을 살펴볼 필요가 있다. 또한 근세 이래 한국 정치사상사의 제4기인 실학사상기와의 연계성을 고려하여 실학사상과의 연관성에 대하여도 유의하여 당시의 시대적 배경, 동학과 서교의 정치사상적 위상 그리고 여러 사상과의 관계 등에 관하여도 논의하는 것이 중요하다.

1. 조선왕조말 서교유입과 동학발생의 배경

1) 국내 및 국제정치상황

조선왕조의 마지막 시대이었던 종교적 사회운동기로 본 19세기는, 국내적으로는 조선왕조의 멸망을 재촉하는 외척의 세도정치로 인한 백성들의 궁핍은 극도에 달하였으며, 국제적으로는 서세동점(西勢東漸)의 위기와 그로 인한 서양 제국주의세력의 침투로 인한 굴욕의 시련기이었다. 이러한 대외적 위기 및 시련과 더불어 국내의 정치적 갈등과 그로 인한 사회경제적 피폐는 주자학적 유학의 통치사상을 수용한 조선왕조 정치의 불가피한 결과이었다. 지배학 또는 제왕학으로서의 유학정치론은 조선왕조 초기부터 동질성이 강한 한민족의 정치현실과는 괴리현상을 나타냈고, 왕권을 둘러싼 권력투쟁은 날로 심화되었다. 지배층 내부의 정치적 갈등은 국력의 약화를 초래하였으며, 그로 말미암아 임진왜란과 병자호란이라는 남북으로부터의 외침으로 인한 국토의 황폐화와 전국 경지면적의 대폭 감소현상을 초래하였다. 더욱이 병자호란 이후 대동법의 확대 실시를 비롯한 영조 및 징조의 여러 후생안민(厚生安民)의 개혁책과 탕평책에도 불구하고, 왕권 및 관권을 둘러싼 정치적 갈등의 심화와 수탈로 일반 서민들의 빈곤은 더욱 가중되었다. 마침내는 왕권의 장악은 곧 관권의 장악이었고, 관권의 장악은 권력의 독점을 통한 매관매직(賣官賣職)의 부패상을 초래하게 되었다. 따라서 순조(純祖, 1801~1834년 재위) 이후에는 왕권을 장악한 외척세력의 세도정치로 관리의 부정부패와 백성에 대한 수탈이 극도에 이르러 각지에서 민란이 끊이지 않았다.

안동 김씨의 척족(戚族) 세도정치로 시작된 19세기는, 척족 민씨 세도에 이르러 더욱 심화되었고, 그로 말미암은 전정(田政)·군정(軍政)·환곡(還穀)의 삼정문란(三政紊亂)을 초래하였다. 이는 동시에 서북인(西北人)의 차별대우에서 발생한 홍경래난(洪景來亂, 순조 11년/1811)을 비롯하여 대규모의 진주민란(철종 13년/1862)에 이르기까지 극도의 사회불안을 초래하였다. 따라서 재야의 뜻있는 사람들은 유학정치사상과 정치현실에 회의하고 부분적인 사회경제적인 제도의 수정이나 일시적인 미봉책으로는 내우와 외환을 극복하기 어렵다고 보았다. 그들은 근본적인 사회구조의 개혁이 필요하다고 보아 사회운동을 전개하기에 이르렀고, 그것은 서양으로부터 유입된 천주교와 내생적(內生的) 종교인 동학이 주축이었기 때문에, 종교적 사회운동의 성격을 띠게 되었다.

다른 한편으로는 조선에 밀려들어 오는 외세의 침투와 개방의 요구에 대한 대응문제가 심각하기에 이르렀다. 중국 중심의 국제질서관에 안주하던 한민족은 18세기에 이르러서는 중국을 통하여 서양의 문물을 접하면서 새로운 세계관을 형성하기에 이르렀고, 19세기에 들어서는 영국과 프랑스를 비롯한 서구세력의 중국 침입으로 점차 위기감을 느끼기 시작하였다.

중국의 경우 1704년 광주가 무역항으로 서구 상인들에게 개방된 이래 1800년대에 들어서면서 아편의 밀수입이 크게 늘어났고, 이를 둘러싼 청나라와 서양 제국주의 세력과의 충돌이 불가피하게 되었다. 드디어는 청나라의 아편에 대한 수입 및 흡연금지 정책과 영국의 상업 제국주의 정책의 대결로 나타난 아편전쟁을 초래하였다. 청나라는 1842년 남경조약을 체결함으로써 서양세력에 굴복하고 문호를 개방하기에 이르렀다. 특히 1860년 영국과 프랑스군의 북경 침입과 별궁 원명원(圓明園)의 소실 그리고 천진조약의 체결로 인한 중국의 시련과 위기는 조선에도 커다란 충격으로 다가오고 있었다.

한국이 서양에 알려지기 시작한 것은, 1653년(효종 4년) 제주도에 표류하여1) 14년간 억류 되었다가 일본을 거쳐 탈출한 네덜란드인 헨드리크 하멜(Hendrik Hamel)2)의 《조선표류기》가 1720년 출판되면서이다. 그 뒤 1787년(정조 11년) 5월 프랑스 해군 대령 페루즈(Perouse)의 제주도 및 울릉도 탐사, 1797년 9월 영국 군함 프로비던스(Providence)호의 동해안 탐사,[3] 그리고 1816년(순조 16년) 영국 군함의 서해안 측량을 목적으로 한 군산만 입항[4] 등 간헐적인 사건들이 있었을 뿐이다. 그러나 조선정부에 공개적으로 알려지기는 1832년(순조 32년) 영국의 동인도회사 소속의 상선 앰허스트(Lord Amherst)호가 충남 홍성군 고대도(古代島) 부근에 20여 일 정박하면서 교역을 요청함으로써 비롯하였다.[5] 그 뒤 1846년(헌종 12년) 프랑스의 동양함대 사령관 세실(Cecil) 소장이 군함 3척을 이끌고 7년 전 기해사옥(己亥邪獄)에서 살해된 프랑스인 신부 3인에 대한 문책을 구실로, 충청도 홍주군(현 홍성군) 외연도에 나타나 문책서한을 전달하면서 다음 해에 회답을 받으러 오겠노라 하고 돌아갔다.[6] 1847년 프랑스는 그 전 해의 말대로, 해군 대령 라피에르(La Pierre)를 출동 시켰으나 좌초하는 바람에 되돌아가고 말았다.[7]

이상과 같이 19세기 전반기 서양 각국의 군함 상선 등이 조선의 각 해안에 접근하여 측량함은 물론 기독교의 포교 및 통상 등을 요구함으로써 서양세력의 동양침식(西勢東漸)을 피부로 느끼기 시작하였고, 이에 대한 위기감과 대책 마련에 부심하였다. 그러나 집권 보수세력은 무력한 청나라에만 끝까지 의존하는 안이한 태도로 일관하였기 때문에,[8] 뜻있는 사람들에 의한 민족자존 운동이 전개될 수밖에 없었다.

---

1) ≪孝宗實錄≫, 卷十一 四年 八月 六日(戊辰).
2) ≪顯宗實錄≫, 卷十二 七年 十月 二十三日(庚午).
3) ≪正祖實錄≫, 卷四十七 二十一年 九月 六日(壬申).
4) ≪純祖實錄≫, 卷十九 十六年 七月 十九日(丙寅) 참조.
5) 위의 책, 卷三十二 三十二年 七月 二十一日(乙丑) 참조.
6) ≪憲宗實錄≫, 卷十三 十二年 六月 二十三日(丙子) 참조.
7) 위의 책, 卷四十三 十三年 八月 四日(庚戌) 및 十一日(丁巳) 참조.
8) 심지어 김정희(阮堂 金正喜, 1786~1859)까지도 걱정할 필요 없이 민심 소동을 막는데

물론 민족자존을 위한 태도에는 서양세력 및 서양사상에 대한 배척운동(斥洋斥邪論), 적극적 수용론(西學 西敎運動), 개혁적 보국안민론(保國安民論) 등 다양하였다. 이와 같이 19세기 조선의 민족자존 운동은 그 방법에 있어서는 차이가 있었지만, 그 근본방향에 있어서는 종교적 또는 사상적인 민족의식의 새로운 각성을 토대로 하였다고 볼 수 있다. 다시 말하면 보수적 위정척사운동(衛正斥邪運動)이든, 천주교의 전파와 같이 적극적인 수용론이든, 또는 동학과 같이 개혁적 사회운동이든 간에 그 궁극적인 정치사상의 목표는 한민족의 민족 보위였다고 할 수 있다.

2) 사회경제적 변화

앞 장에서도 언급했듯이 노서민에 대한 지배층의 수탈은 노서민으로 하여금 이농과 떠돌이생활(流民)을 촉진시킴으로써 농지의 대폭 감소를 초래하였고, 1591년(선조 24년) 150여만 결에 이르렀던 전국의 농지는, 1774년(영조 50년) 실제 세를 내는 출세실결(出稅實結)이 80만 7366결로, 그리고 1844년(헌종 10년)에는 78만 6976결로 감소함으로써,[9] 국력은 약화되고 백성들의 생활은 극도의 빈곤과 기아에 허덕이게 되었다. 더욱이 척족(戚族) 세도정치의 부패로 인한 매관매직이 극심하여 대구부(大丘府)의 경우를 예로 보면,[10] 비생산자인 양반 호수(兩班戶數)는 급속도로 늘고 생산계급인 노비 호수와 상민 호수가 급격히

주력할 뿐임을 말하였다.
9) 李相佰, ≪韓國史 近世後期篇≫, 293～294쪽 참조.
10) 위의 책, 295～296쪽 참조.

감소함으로써, 극소수의 노비와 상민이 절대 다수의 비생산계급인 양반들을 부양하게 되었으므로 일반 백성들의 곤궁이 가속화될 수밖에 없었다.

1690년(숙종 16년) 대구부 호수의 10% 미만이었던 양반 호수가

표 13. 대구부의 신분계급별 호구 변동상황

	양반호(兩班戶)	상민호(常民戶)	노비호(奴婢戶)	전체 호수
1690년(숙종16년)	290(9.2)	1694(53.7)	1172(37.1)	3156(100.0)
1858년(철종 9년)	2099(70.2)	842(28.2)	44(1.5)	2985(100.0)

1858년(철종 9년)에 이르러서는 무려 전체 호수의 70.2%로 급격히 증가함으로써 전체 호수의 2/3 이상을 비생산자들인 양반계급이 차지하였다. 따라서 전제 30% 미만의 상민계급(28.2%)과 노비계급(1.55%)이 2/3 이상의 양반계급을 부양해야 하는 꼴이 되었다. 특히 비생산자요 면세자인 양반이 많아지고 또 노비가 양반호적으로 산입되어 면세하여 버리면 남는 것은 일반 상민뿐이고, 그들도 생활이 곤궁하여 면세·면역하고자 권력자에게 의탁하는 자가 생기게 되었으므로, 그 나머지 의지할 곳 없는 극소수의 일반 상민에 대한 조세부담이 급격히 증가할 수밖에 없었다. 이것이 조선왕조 말기가 될 수록 일반 민중의 생활이 더욱 가속도로 곤궁하여져 가는 사회적 이유이었다.[11]

이러한 사회경제적 현상이 조선왕조가 멸망하기 50년 전의 상황이었다면, 우리의 선조 가운데 조선왕조 시대에 양반계급이었다는 것이 거의 신뢰할 수 없을 뿐만 아니라 결코 영광스러운 신분이었다고

---

11) 위의 책, 297∼298쪽.

보기도 어려울 것 같다. 더욱이 노비와 상민의 사회경제적 곤궁이 이와 같았으므로, 그들이 희망을 걸 데는 자연히 새로운 종교일 수밖에 없었을 것으로 보인다. 즉 현실의 차별 계급적 신분체제를 타파하고 새로운 사회체제를 형성할 신화와 사상에 매력을 느껴 의지하게 됨은 당연하였을 것으로 여겨진다.

따라서 천주교의 유입과 전파가 그에 대한 혹독한 탄압에도 불구하고 급속도로 확대되었으며, 1860년 동학이 민생구제와 새로운 사회체제의 형성(廣濟蒼生)을 내걸고 창도(創道)되었을 때, 서민대중이 이에 쏠리게 되었음은 불가피한 현상이었다. 동학을 창도한 최제우(崔濟愚) 자신도 당시의 시대상황을 "저 경신년(1860년) 4월에 온 세상이 어수선하고 어지럽고 민심이 흐리고 야박하여 나아갈 길을 알지 못하였다. 더욱이 괴상야릇한 풍설이 세상에 떠돌아다니고 있으니, '서양 사람이 도덕을 닦아서 터득함으로써 그 조화를 부림에 이르러서는 이루지 못하는 일이 없고 공격하는 무기에는 이를 맞서 당해내는 사람이 없기 때문에 중국이 망하여 없어질 것'이라고들 한다. 어찌 우리나라도 같은 운명에 빠질 우려가 없으리오?"[12]라고 당시의 절박한 위기를 절실히 느껴 민중에게 미래에 대한 확고한 희망을 주려고 하였던 것 같다. 따라서 그는 짓눌리고 수탈에 허덕이던 상민과 노비 등 노서민에게 "사람이 곧 한울"[13]이요, "천주가 있다면 우리의 자체에 있다"[14]고 설교함으로써, 그들에게 자부심을 넣어 주려고 하였다.

---

12) ≪東經大全≫, 論學文.
13) 吳知泳, ≪東學史≫(京城: 永昌書館, 1939), 5쪽 道問答.
14) 위의 책, 6쪽.

3) 사상문화적 동향

조선왕조의 통치이념인 주자학적 유학이념은 이미 17세기 이래로 사회 지도 이념으로서의 위치를 상실해 온 처지이었다. 18세기에 이르러서는 주자학은 물론 유학 자체에 대한 회의론이 크게 일어났으며, 실학의 선구자 홍대용도 앞 장에서 본 것처럼 유학을 버리고 묵학에 들어가고자 한다[15]고 토로하였다. 유학뿐만 아니라 "유(儒)·불(佛)·도(道) 3교가 사회적인 종교로서의 지도이념을 잃고 민간신앙의 주류를 이루지 못하자 샤머니즘 등의 미신이 더욱 성행하고, 이러한 전통사상의 혼미는 정감록(鄭鑑錄)·비기(秘記) 등과 함께 사회혼란을 촉진시켰으므로 민중의식을 건전하게 이끌고자 새로운 정신적 지주로서 동학이 창도되었다."[16]

이와 같이 전통사상이 급박한 국내외 위기에 대처할만한 정치이념으로서의 기능을 상실함에 따라, 다른 한편으로는 정치권력에서 소외된 재야 지식인들 사이에서 이미 서교인 천주교에 귀의하는 사람들이 늘어났다. 이렇게 서양세력이 밀려오기 시작하는 서세동점(西勢東漸)의 국제정세 아래서, 어떻게 민족을 보전하느냐, 유교주의적 차별체제가 낳은 정치 및 사회경제적 모순을 극복하고 민중의 생활안정과 복리를 도모하느냐 하는 등의 과제에 직면하여, 뜻있는 이들이 종교를 통한 사회 개혁운동을 전개하게 된 것은 당연하였다. 단지 외래 종교에 의존하느냐 그렇지 않으면 동학과 같이 새로운 종교를 창도하여 사회 개혁을 전개하느냐는 차이만 있었을 뿐이다. 따라서 종교를 통한 정치

---

15) 洪大容, ≪湛軒書≫, 內集 卷三 與人書.
16) 李鈜淙, ≪한국의 역사≫(서울: 대왕사, 1982), 346쪽.

및 사회운동을 전개할 때, 민족보위와 민생에 대한 태도에 있어서 외래 종교인 천주교와 자생 종교인 동학 사이에는 어느 정도의 차이가 있었으므로, 양자의 성격에 대하여도 논의할 필요가 있다.

2. 전통사상과 서교전파의 관계

1) 서교유입과 전통사상의 충격

서양의 문물이 조선에 전래되기는 북경을 왕래하는 사신들을 통하여 한문으로 번역된 서양의 서적(西學書)들이 조선에 유포됨으로써 비롯하였다[7]고 한다. 즉 1603년 북경으로 가는 사신의 한 사람이었던 이광정(李光庭)이 세계지도를 가지고 온 이후, 1784년 이승훈(李承薰)이 북경에서 천주교 신부로부터 세례를 받고 귀국하기까지의 180년 동안, 많은 서양의 서적들이 유입되어 이름 있는 벼슬아치나 선비들도 이를 읽지 않는 사람이 없을 정도였다.[18] 그럼에도 불구하고 그 뒤 100년이 지난 뒤에야 서교의 전도가 용인된 것은, 서교에 대한 유교주의 집권세력의 거부가 매우 컸음을 알 수 있다.

중국의 경우 명나라 말기인 1582년에 선교사 마테오 리치(Matteo Ricci)가 입국하여 1601년 북경에 천주교 회당을 건립함으로써 공공연하게 선교가 허용되었다. 그는 1610년 북경에서 병으로 사망할 때까지 28년간 선교에 심혈을 기울이면서 ≪천주실의(天主實義)≫를 비롯한

---

17) 李元淳, ≪朝鮮西學史硏究 II, III≫(서울: 일지사, 1986) 참조.
18) 위의 책, 89~90쪽 참조.

많은 한문 서교서를 펴냈고, 청나라 시대에 와서도 중국의 천주교는 더욱 전교가 확장되어 갔으며, 그것이 우리나라에 전하여 졌음은 물론이다.

조선의 경우 이승훈이 북경에 가는 그의 부친 이동욱(李東郁: 冬至使 黃仁點의 書狀官)을 따라가 북경의 남천주당에서 교리를 배우고 그라몽(Grammont) 신부로부터 세례를 받고 귀국한 1784년 이래, 천주교 전교활동이 권력에서 소외된 남인계 지식인들로부터 시작하여 서민들에게까지 계속적으로 확대되어 나아갔다. 비교적 개방적 사고를 지녔던 정조(1777~1800년 재위)는 천주교를 주자학과는 상반되는 육구연(陸九淵)과 왕양명의 사상 및 불교나 도가(道家)와 유사한 종류의 사상으로 생각하였기 때문에[19] 사교(邪敎)로 취급하였을 뿐 심한 탄압을 하시는 않았다. 그러나 1791년(정조 15년)의 진산사건(珍山事件)[20]으로 인한 신해사옥(辛亥邪獄)[21]으로부터, 1801년(순조 원년) 주문모(周文謨) 신부를 비롯하여 300여 명의 천주교도들이 처형된 신유사옥(辛酉邪獄), 1839년(헌종 5년)의 앙베르(Imbert) 주교와 모방(Maubant)·사스땅(Chastan) 두 신부를 비롯하여 수십 명의 천주교도가 처형된 기해사옥(己亥邪獄), 1846년(헌종 12년) 김대건(金大建) 신부의 참수형, 1866년(고종 3년) 병인사옥(丙寅邪獄) 등에 이르기까지 수많은 탄압이 있었다.

중국이 통치이념은 전통사상을 따르고 실용적 과학기술은 서양의 것을 받아들인다는 동도서기(東道西器) 또는 중체서용(中體西用)을

---

19) ≪正祖實錄≫, 卷二十六 十二年 八月 三日(壬辰) 참조.
20) 진산(珍山)의 천주교인 윤지충(尹持忠)이 자기 어머니의 상을 당하여 유교식 장례절차를 따르지 않고 조문도 받지 않았을 뿐 아니라 제사를 지내지 않은 사건.
21) 진산 사건을 계기로 천주교가 엄금되었으며, 이벽(李蘗)·이승훈(李承薰)·권일신(權日身)·정약전(丁若詮) 등 남인계 지식인들이 대거 천주교 신앙을 포기 당하였다.

표방하였음에 반하여, 조선의 경우는 서교 및 서학 등 일체의 서양문물을 배척하고 전통 유학만을 고수하려는 위정척사론(衛正斥邪論: 유학사상을 보위하고 서양문물을 배척) 또는 벽사위정론(闢邪衛正論: 서양문물을 물리치고 유학의 전통을 보위)을 고집하는 수구세력이 정치사회의 주도세력이었기 때문에, 그 만큼 천주교를 이단시하고 탄압하는 정도가 더 컸다. 이러한 점들을 고려할 때에 18세기 실학사상·위정척사론·천주교사상 등의 상호 이동점(異同点)을 살펴볼 필요가 있다.

16세기 말로부터 17세기에 이르는 민족적 시련으로 백성의 생활 안정이 무엇보다도 시급한 터에, 주자학의 공리공론에 따른 정치적 갈등은 주자학에 대한 반성과 비판을 노골화시켰고, 주자학적 통치이념을 바탕으로 한 정치사회제도는 실용성이 없는 허위로 여겨지게 되었다. 동시에 17세기 이래 서양 세계에 대한 지식이 알려짐으로써, 유학사상에 대한 비판과 제도개혁을 통한 대중의 생활 향상책 즉 이용후생(利用厚生)에 대한 주장이 본격화되었으며, 이것이 바로 조선왕조 후기의 실학사상 대두의 계기가 되었다. 따라서 앞 장에서도 논의한 것처럼,[22] 조선왕조 초기에 실학이요 바른 사상(正學)으로 주장되었던 주자학에 대하여, 한민족의 민족자존권 보위와 국민생활가치의 신장이라는 후생안민(厚生安民)을 위해서는 별로 도움이 되기 어렵다는, 회의론과 비판론이 대두되기 시작하였다.

이러한 주자학 내지 유학사상에 대한 회의론은 임진왜란과 병자호란 등 대규모 외침으로 말미암은 국토의 유린과 양반관료세력 내부의 갈등 심화로 인한 체제의 약화, 그리고 양반 지배계급과 노비 및

---

22) 6장 1)절 (2) 18세기 후반의 사상적 동향과 실학의 의미에서 논의하였음.

상민 등 피지배계급 간의 차별 불평등이 극심하였던 17, 18세기에 이르러 본격화되었다.

그러므로 조선왕조 건국 초기 정도전 등 개혁파가 주장한 정학(正學) 또는 실학은 주자학이었지만, 18세기 홍대용과 같은 이가 주장한 실학은 도리어 주자학에 반대하는 입장이다.[23] 그렇다면 후기의 실학파, 특히 18세기 이래의 북학파들이 주장한 실학의 정치적 목적은 무엇이었는가? 그것은 노서민의 생활안정과 향상 즉 후생안민(厚生安民)이었고, 서세동점(西勢東漸)의 대외적 위기에 대한 민족보위의 강구이었다고 볼 수 있다. 그러나 이러한 백성의 생활안정과 민족보위라는 안민보국(安民保國)의 정치적 과제는 19세기에 들어와 척족 세도정치로 말미암아 더욱 어려운 위기에 직면하기에 이르렀다. 특히 수구적 보수 세력은 유교주의를 고수함으로써, 위정척사사상을 더욱 깅화하고[24] 다른 사상에 대해서는 철저하게 거부 배척하였다.

이러한 시대적 상황에서 주자학 내지 유학적 통치사상에 회의 내지 비판적이었던 18세기의 실학자들은 위정척사사상과 새로운 서학 및 서교사상 사이에서 고뇌하게 되었고,[25] 장기적으로 새로운 사회체제를 이룩하려는 전망에서 종교적 사회운동을 전개하기에 이르렀다. 그렇다면 서교로서의 천주교는 어떠한 정치사상으로서의 위상을 지녔는가? 이 문제에 대한 해석은 한국 서교의 박해요인을 밝히는 데 시사하는 바가 클 것으로 보인다.

---

23) 金萬圭, ≪朝鮮朝의 政治思想研究≫(인천: 인하대학교 출판부, 1982), 287～288쪽 참조
24) 李晚采 編纂 金時俊 譯註, ≪天主教傳教迫害史 闢衛編≫(서울: 삼경당, 1984) 참조.
25) 신후담(愼後聃)·안정복(安鼎福) 같은 실학자는 벽위론(闢衛論)에 철저하였고, 홍대용·박지원·정약용 같은 이용후생(利用厚生)학파는 동도서기(東道西器)의 입장이었으며, 권철신·권일신·이벽·이가환·이승훈·정약종 등은 서교에 기울게 되었다(李元淳, 앞의 책 참조).

2) 한국 초기 서교의 정치사상적 성격

조선의 초기 서교인 천주교의 신앙 실천운동은 권력에서 소외된 남인계 지식인들로부터 시작되었다.[26] 특히 1784년 이승훈이 북경에서 세례를 받고 귀국한 이래 신앙운동을 전개한 사람들은, 1694년(숙종 21년)의 갑술옥사(甲戌獄事)[27] 이래 권력에서 소외되어 불우한 처지에 있던 남인들로서, 이익의 학통을 이은 사람들이며, 서로 사제관계 또는 혈연관계로 맺어진 서학파(西學派)들이었다. 아울러 이들의 활동 지역 또한 지리적으로 경기도의 광주와 양주를 중심으로 한 수도 한성에 가까운 곳이었기 때문에,[28] 그들은 국제감각도 적지 않게 지녔을 것으로 보인다. 물론 이들 "성호학파(星湖學派)의 흐름을 받은 서교 신앙실천 지도자들 및 몇 사람의 천주교 수용의식은 전통적인 유교사상을 바탕으로 한 보유론적(補儒論的) 입장이었다."[29] 동시에 이들은 유학사상의 본질인 신분 직업사회의 차별적 윤리관을 벗어나서, 반상체제의 타파를 지향하는 인간 존엄성에 바탕을 둔 새로운 인간상을 추구하였고, 새로운 사회원리를 수용한 것이다.[30]

그러나 천주교는 절대 유일신(唯一神) 하느님을 따르고 그를 무조건 믿고 따를 것을 요구하기 때문에, 개인 또는 개체 민족의

---

26) 李能和, ≪朝鮮基督教及外交史≫(京城: 朝鮮基督教彰文社, 1928), 117~119쪽 참조.
27) 숙종의 후궁 희빈 장씨(禧嬪 張氏)를 지지했던 남인(南人)세력이 폐비 민씨(廢妃 閔氏)의 복위를 꾀하는 서인(西人) 세력을 제거하기 위하여 옥사를 일으키려 하였으나, 도리어 장씨를 제거하고 민비를 복위시킨 숙종의 조치로 말미암아, 서인이 집권세력으로 득세하게 되고 남인이 정계에서 제거된 정쟁이 갑술년(甲戌年, 숙종 20년/1694) 3월에 일어났으므로 갑술옥사(甲戌獄事)라고 한다.
28) 李相佰, 앞의 책, 307~308쪽.
29) 李元淳, 앞의 책, 264쪽.
30) 위의 책, 265쪽 참조.

독자성 즉 개체성은 신(神)의 뜻에 묻혀버리게 마련이다. 따라서 조선 왕조 후기 천주교를 받아들이기 시작한 초기의 사람들은 서양 제국주의의 침투에 대한 민족보위의 입장과 태도가 모호하였을 뿐 아니라, 후생안민을 위한 적극적인 민생책의 구현보다는 사후(死後)의 구원이나 영생(永生)과 같은 비현실적인 사상을 강조하였으므로, 위정척사론자들의 배척이 더욱 컸다. 민족적 자각 의식에서 서학(西學)연구에 적극적이었던 실학자들까지도 천주교에 대한 신앙 실천에 있어서는 소극적이었을 뿐 아니라, 위정척사론에 끝까지 저항하지 못한 것도,31) 천주교(Catholicism) 자체가 내포하고 있는 종교 제국주의 성격 때문이었음을 부인하기 어렵다. 이는 서구의 민족주의가 천주교의 종교제국주의에 반발한 프로테스탄티즘(Protestantism)에서 출발하였던 점에 비추어 보면, 조선의 초기 천주교가 민족자존 의식이 미약하였음은 불가피하였을 것이다. 또한 한민족이 일제의 식민통치에 들어간 뒤에도, 한국의 천주교가 일제 침략에 대한 저항 운동에 있어서, 개신교(改新敎, Protestantism)보다는 상대적으로 소극적이었던 점도 유의할 필요가 있다.

어쨌든 한국에 있어서 초기의 서교 즉 천주교의 정치사상적 성격은, 국내 통치질서관에 있어서는 보수적 차별질서에 반대하는 근대지향의 종교 운동을 전개하였지만, 국제질서관에 있어서는 민족자존을 지향하는 국제적 동열의식(同列意識)이 미약하였던 것으로 보인다.

---

31) 신후담(愼後聃)의 서학변(西學辨), 안정복(安鼎福)의 천학문답(天學問答) 등 벽사위정론(闢邪衛正論)은 물론, 정약용(丁若鏞)이 자벽문(自辟文)을 제출하고 교회와 인연을 끊은 것도 이 점을 말하여 준다.

3. 동학의 정치사상적 성격

1) 동학창도의 특성

동학의 사상적 성격이 종교적 조직과 의식(儀式)을 통한 사회운동
이요 정치운동이었다는 데에는 큰 이론(異論)이 없는 것 같다. 다만
점진적 사회운동이었느냐 그렇지 않으면 혁명적 정치운동이었느냐의
논의는, 동학의 창도기와 종교적 발전기에 보여 준 사회운동 내용의
차이 때문에 제기된 문제이다. 즉 제1세 교조 최제우(崔濟愚)와 제2세
교주 최시형(崔時亨) 시대는 창도기로서 종교적 형식을 통한 사회운동기
이고, 제3세 교주 손병희(孫秉熙)가 주도하는 천도교로서의 종교적 위상
정립기는 근대 민족주의 성격이 두드러진 혁명적 정치운동기라고 볼
수 있다. 이러한 측면에서 보면 동학사상의 기본특성으로‘정치적 종교
사상’32) 또는 ‘현세성, 정치 지향성, 혁신성’33)을 드는 견해들은 타당하
다고 할 수 있다. 그렇다면 동학이 지닌 사회사상 또는 정치사상으로서
의 사상내용과 가치체계가 무엇이었는가를 밝히는 일은 매우 중요할
것이다. 따라서 동학사상을, 전통적인 주자 유학사상을 고수하려는
위정척사론, 사회경제 개혁을 지향한 실학사상, 그리고 서교로서의
천주교사상의 사회 정치적 가치체계와 연계하여, 해명할 필요가 있다.

우선 이와 같은 4대 사상적 조류에 대하여 그 본질적 특성들을

---

32) 申一澈, “東學思想의 展開: 侍天主 事人如天을 거쳐 人乃天思想에로,” ≪韓國思想≫,
제17집(서울: 천도교중앙총부 출판부, 1979), 76쪽, 그리고 申福龍, ≪東學思想과 甲午農民革
命≫(서울: 평민사, 1985), 306~311쪽 참조(신복룡은 의암(義菴)의 입장을 교정(敎政)병존
으로 보면서 그를 종교적 정치 지도자로 규정하였다).
33) 李輔根, “東學의 政治意識(上),” ≪新人間≫, 1971년 7월호.

개괄적으로 살펴보면 다음과 같다. 첫째 정통 유학사상에 바탕을 둔 위정척사론 또는 벽사위정론의 근본사상에 있어서, 정의(正義)를 보위한다는 뜻의 위정(衛正)에서의 정의는 중앙집권적 왕조체제요 신분적 차별질서의 고수이었고, 사악한 사상의 배척이라는 의미의 척사(斥邪) 또는 벽사(闢邪)에서의 배척해야 할 사학(邪學) 및 사교(邪敎)는 서학 및 천주교를 비롯한 일체의 서양문물이었다. 따라서 보위하려는 정의로서의 위정(衛正)의 사회목표는 양반과 상민을 차별지우는 불평등 신분질서의 유지이고, 통치질서상의 목표는 왕조체제였으며, 이 왕조체제를 유지하기 위한 방법으로 임금에게 충성하는 것이 곧 나라 사랑의 애국이라는 충군애국(忠君愛國)의 도덕률을 요구하였다. 동시에 국제질서의 지향목표는 중국을 대국으로 섬기는 모화사대주의였으며, 서양 문물과 종교 및 사상의 유입과 유포에 대한 철저한 배척과 서양 여러 나라에 대한 문호개방을 거부하는 척사척양(斥邪斥洋)으로 일관하였다. 따라서 위정척사를 주장한 집권 수구세력은 주자학의 통치이념과 한국 사회현실 간의 모순에 대한 불합리성을 극복하는 데 있어서나, 서양세력이 거세게 침입하는 서세동점(西勢東漸)하는 국제정세에 대응하는 데에 있어서도 무능하였다. 따라서 지나친 쇄국폐쇄주의(鎖國 閉鎖主義)로 말미암아 도리어 개명진보(開明進步)의 근대문명에로의 사회발전을 저해함으로써, 외세에 의한 식민지화를 촉진시키는 결과를 낳았다고도 볼 수 있다.

다른 한편 위정척사론 또는 벽위론(闢衛論, 闢邪衛正論)과는 상반되는 사회운동으로서의 종교활동이 초기의 서교 즉 천주교의 신앙 실천운동이었으며, 근본 지향목표는 서학 및 서교사상과 가치관의 적극적 수용이었다. 한국의 초기 서교 즉 천주교 신봉자들이 양반과 상민 간의 차별, 남존여비(男尊女卑), 적자(嫡子)와 서자(庶子)의 차별대우 등 봉건적인 차별적 신분윤리를 거부하고, 인간 존엄성과 만민 평등원리에 입각한 종교활동을 전개한 것은, 근대 사회를 지향하는 한국인의 가치관 형성에 크게 기여한 긍정적 측면이다. 동시에 중화주의를 탈피하려는 서교 수용의 자세 또한 중국문화를 최고로 생각하는 모화사대주의 의식을 청산하는 데 기여하였던 것으로 보인다.

그러나 한국 초기의 서교란 종교적 세계주의를 본질로 하는 천주교였으며, 그리고 서구 민족국가 형성의 기초가 천주교에 대한 저항인 프로테스탄티즘의 종교개혁이었다는 역사적 사실을 고려한다면, 개체 민족으로서의 조선의 민족자존과 천주교는 양립하기 어려운 측면도 적지 않았다. 대표적인 예로는 청나라의 조선 국왕에 대한 직접적인 감독과 보호, 청나라 황제로 하여금 조선에 천주교 신앙의 자유를 허용하도록 조선의 국왕을 타일러 줄 것, 무력으로 조선의 문호를 개방하여 주도록 청나라에 요청할 것 등을 내용으로 하는 이른바 황사영백서(黃嗣永白書) 사건[34]을 들 수 있다. 그리고 조선을 탈출한 리델(Ridel) 신부가 프랑스 동양함대 사령관에게 조선을 무력으로 응징하여 줄 것을 요청한 일 등은 일부 악의적인 천주교인에 의하여 야기된 우연한 사건으로 보기는 어려울 것이다. 더욱이 이와 같은 조선 천주교의 반민족주의적 성향은 그 뒤 일제의 식민지배에 항거하여 전국적으로 봉기한 3.1 운동에서도 동학의 후신인 천도교나 개신교에 비하여 매우 소극적이었던 데에서도 나타났다.

실학의 경우 그 사상적 시각이 근본적으로 동도서기(東道西器)의

---

34) 조선의 천주교도 황사영(黃嗣永)이 청나라의 수도 북경 주재 주교에게 보내려던 비단에 쓴 비밀 서한문.

입장이었기 때문에 개혁의 준거는 동도(東道) 즉 동양의 전통사상에 두었고, 백성의 생활안정과 복리증진을 위한 후생안민을 위한 이용후생의 방편으로 서학 즉 서양의 과학기술을 수용하려는 실사구시의 실용주의적 시각을 지녔다. 또한 실학론자 대부분이 양반 지배계급이었기 때문에 근본적인 사회개혁운동으로서의 민중운동적 성격을 지닐 수는 없었다.

이상과 같은 측면에서 본다면 동학이 창도 때부터 표방한 보국안민(輔國安民)·광제창생(廣濟蒼生)은, 대외 위기로부터 국가를 보위하는 과제와, 왕조체제의 모순으로 말미암아 도탄에서 허덕이는 노서민의 곤궁을 구제하는 문제이었다. 이러한 정치사회적 과제에 대한 새로운 종교적 가치체계를 구성한 것이 동학사상이라고 볼 수 있다. 따라서 동학의 사회 및 정치사상은 인간사회 및 사물에 대한 새로운 인식에서 출발하였다.

2) 동학의 인식체계

동학의 사회 및 정치사상은 동학 교주들이 인간·사회·사물을 어떻게 보았느냐 하는 그들의 인식체계를 파악함으로써 알아 볼 수 있다. 특히 종교적 형식을 통한 사회운동이었으므로 창도자를 비롯한 교주들은 새로운 종교적 가치체계를 확립함으로써, 민중의 의식개조를 통한 미래의 새로운 이상 사회를 건설하려 하였다. 그들 교주들이 꿈꾸었던 이상사회는 유교주의적인 신분적 차별을 타파하려는 사회개조였기 때문에, 교주들의 인간 및 사물에 대한 가치관이 어떠했느냐를 파악하는 일은 중요하다. 물론 동학의 교주들이란 제1세 교조인 창도자

최제우로부터 3세 교주 손병희까지를 말하지만 그들 사이에도 어느 정도 시각의 차이가 있었다. 그러나 여기에서는 이들 교주들에게 일관된 몇 가지 인식체계를 논의함으로써 동학사상의 사회운동적 성격을 밝히고자 한다.

첫째 동학은 인간을 포함한 모든 개체에 대한 생명존중의 가치관에서 출발하였다는 점이다. 이 생명 존엄성의 개체관은 제2세 교주 최시형이 "사람이 곧 하늘(人卽天)"이라는 새로운 가치관을 제기함으로써 더욱 강조되었고, 제3세 교주 손병희의 인내천(人乃天) 사상으로 연계되어 더욱 승화됨으로써, 인간의 존엄성을 근본으로 하는 가치체계로서의 독특한 형식을 이루었다. 특히 2세 교주 최시형의 포교활동은 사람과 사물(특히 생물)에 대하여 차별을 두지 않는 참된 생명존중의 가치관으로부터 출발하였다.

사물과의 교섭은 우리 도의 거룩한 가르침이니 여러분은 풀 한 포기 나무 하나라도 아무런 이유 없이 이를 해하지 마라. 도를 닦는 순서가 하늘을 공경하고 사람을 존경하고 사물을 존중하는 데 있으니, 사람이 혹시 하늘을 공경할 줄은 알되 사람을 존경할 줄은 알지 못하며, 사람을 공경할 줄은 알되 사물을 존중히 여길 줄을 알지 못하고 있으니, 사물을 존중하지 못하는 사람이 사람을 존경한다 함은 아직 도에 이르지 못한 증거가 된다.[35]

이처럼 사람과 사물 사이에 차별을 두지 않고 모든 개체의 존엄성

---

35) "接物은 우리 道의 거룩한 敎化이니 諸君은 一草一木이라도 無故히 이를 해치 말라. 道 닦는 次第가 天을 敬할 것이오, 人을 敬할 것이오, 物을 敬할 것에 있나니, 사람이 혹 天을 敬할 줄 알되 人을 敬할 줄은 알지 못하며, 人을 敬할 줄 알되 物을 敬할 줄은 알지 못하나니, 物을 敬치 못하는 者 人을 敬한다 함이 아직 道에 達치 못한 것이니라"(李敦化 ≪天道敎創建史≫(京城: 天道敎中央宗理院, 1933), 第二編 17～18쪽).

을 하늘과 같이 존귀한 것으로 보았다.

하늘을 공경함으로써 하늘을 먹고 사는 것은 온 천지 만물의 대원칙이다. 모든 사물이 나의 동포이며 모든 사물들이 또한 하늘의 표현이니, 사물을 공경함은 하늘을 공경함이며 하늘을 부양하는 것이니, 조물주가 사물과 더불어 변하고 움직이는 것이다. 여러분은 사물을 먹는 것을 하늘을 먹는 줄로 알며, 사람이 오는 것을 하늘이 오는 줄로 알라.[36]

이것은 사람과 사물이 곧 하늘과 같이 존귀한 존재임을 말한 것이며, '사람이 곧 하늘'임을 주장함으로써, 개체로서의 모든 개개인을 존귀한 하늘로까지 승화시킨 것을 의미한다. 이러한 하늘에 대한 새로운 개념 정의는 "하늘에 죄를 지으면 기도할 데가 없다"[37]고 말한 공자의 결정 의지의 하늘과는 판이한 뜻이다. 공자에게 있어서의 하늘은 인간 개체의 모든 일을 결정해 주는 절대의지의 존재이므로, 개인은 이러한 하늘의 뜻에 순종해야 하는 개체에 불과하다. 즉 유학사상에서 하늘의 법칙(天理) 또는 하늘의 명령(天命)으로서의 하늘은, 모든 개체의 존엄성이 하늘의 위력에 의하여 무의미하게 되고 단지 하늘의 아들(天子) 즉 제왕의 권위만이 절대권을 지니게 마련이다. 따라서 개개 사물로서의 사물 개체는 사람의 종속품에 지나지 않기 때문에, 사람과 사물 사이에는 차별이 없는 생명존중의 사랑이란 생각할 수 없다. 특히 마구간이 불에 탔다는 말을 듣고, 사람이 상하였는가를 묻고 말의 생사에 대하여 묻지 않았던 공자의 태도는, 인간의 우월성만

---

36) "接以天食天은 天地의 大法이라 物物이 또한 나의 동포이며 物物이 또한 하늘의 表顯이니, 物을 恭敬함은 한울을 공경함이며 한울을 養하는 것이니, 天地神明이 物로 더불어 推移하는 지라 諸君은 物을 食함을 天을 食하는 줄로 알며 人이 來함을 天이 來하는 줄로 알라"(위의 책, 第二編 18쪽).
37) "獲罪於天, 無所禱也"(≪論語≫, 八佾).

을 강조하는 차별적인 인애(仁愛)에 지나지 않는다[38]라는 비판을 받아
왔다.

그러나 모든 만물 개체의 존엄성을 뜻하는 동학에서의 하늘은,
천주교의 하늘처럼 모든 개체 즉 만물을 유일신인 하늘의 피조물로
보아, 일체의 개체가 하늘(하느님)의 섭리에 흡수되어 파묻히게 마련인
절대 권능자로서의 하나님과도 전혀 다른 개념이라고 할 수 있다.

이와 같이 사람과 다른 생물 사이에 차별을 두지 않는 동학의
개체관은, 유학사상이나 천주교를 비롯한 서교 또는 서학사상에서는
찾아보기 어렵다. 다만 "[남의] 몸(身)의 입장에서 [남의] 몸을 보고,
가정의 입장에서 가정을 보고, 지역사회의 입장에서 지역사회를 보며,
나라의 입장에서 나라를 보며, 세계의 입장에서 세계를 보는 …"[39]것과
같은, 노장학의 상대주의 인식논리에서 그 연원을 유추할 수 있다.
수신제가(修身齊家)의 궁극적 목적을 국민을 다스리려는 치국(治國)과
온 세상을 지배하려는 평천하(平天下)에 두는 유학의 지배학(支配學)
또는 제왕학적 사고방식에서의 개체인식과는 전혀 판이하다. 수신제
가치국평천하(修身齊家治國平天下)를 중요시 하는 유학의 정치사상에
서는 만물 개체의 존엄성이란 무의미하였으므로, 동학사상은 유학사
상에 대한 도전일 수밖에 없다. 따라서 최제우의 "내 마음이 곧 네
마음(吾心卽汝心)"[40]으로부터 출발하여, 최시형의 "사람이 곧 하늘(人卽
天)"[41]로, 그리고 다시 손병희의 인내천(人乃天) 사상으로의 승화 과정

---

38) "廏焚, 子退朝曰, 傷人乎, 不問馬"(≪論語≫, 鄕黨) 및 朴世堂, ≪論語思辨錄≫, 論語
鄕黨篇注.
39) ≪道德經≫, 五十四章.
40) ≪東經大全≫, 論學文.
41) 李敦化, 앞의 책, 第二編 38쪽.

을 통하여 형성된 동학의 인간 존엄성 사상은, 바로 모든 개체의 생명에 대한 존엄성에 제일의 가치비중을 두는 생명존중의 개체관에 있다고 할 수 있다.

둘째 동학사상에서의 인간 및 사회에 대한 인식은 본질적으로 미래지향적 개체관에 토대를 둔다는 점이다. 특히 동학 초기의 교주들은 종래의 유학적 고정관념에서 벗어나려 하였다. 본질적으로 유학사상은 가족질서로서의 가부장질서, 사회질서로서의 양반과 상민을 차별하는 반상 신분질서, 그리고 궁극적으로는 통치질서로서의 군신질서 확립을 목표로 하였다. 아울러 이러한 통치질서를 준수하게 하기 위한 정치사회화(political socialization)의 방법으로 순종의 미덕을 훈련하기 위한 도덕론을 전개하였다. 즉 유학은 가족집단 내에서의 가부장에 대한 순종의 미덕으로 효도를, 반상 신분질서를 유지하기 위한 양반에 대한 노서민의 복종의 미덕으로 제(悌)를, 그리고 신하의 군주에 대한 순종의 미덕으로 충성을 강조하였고, 이것이 바로 충효사상의 본질이기도 하다. 따라서 효도의 궁극적 목표는 군주에 대한 백성의 충성에 있으며, 효례(孝禮)의 요구는 제왕권적 통치질서의 유지를 위한 충성의 심정과 실천(忠禮)의 출발점이요 대전제이다.

왕조체제를 보위하기 위한 유학적 충효관(忠孝觀)에 도전하여, 2세 교주 최시형은 부모에 대한 효도 보다 자아실현과 자손에 대한 봉사로 그 가치관을 바꿈으로써 미래지향적 변천관을 지녔다. 이는 과거지향적 효도관을 바탕으로 왕조체제 보위에 정치사상의 궁극적 목표를 두었던 유학적 고정관념에 대한 혁신적인 시각이요 사상적 도전이었다. 이러한 최시형의 미래지향적 의식 개조론은 자기를 향하여 조상의 위패(位牌)를 모시라는 향아설위(向我設位)의 설법으로 대표된다.

예로부터 제사를 지낼 때 벽을 향하여 위패를 놓게 함은 진리에 어긋난 일이니라. 이제 묻노니 부모가 죽은 뒤 그의 정신과 혼령이 어디에 있다는 믿음이 이치에 맞을 것이냐? 생각컨대 부모의 정신과 혼령은 자손에게 전하여 왔으며, 교조 선생님의 정신과 혼령은 제자에게 전해 내려왔을 것이라는 믿음이 가장 이치에 합당하도다. 그렇다면 내 부모를 위하거나 선생님을 위하여 제사의 예를 올릴 때에, 그 위패를 반드시 자기 자신을 향하여 설치케 함이 옳지 아니 하냐? 누가 생각하든지 사후의 문제가 없다면 모르되 만일 있다고 한다면 미래의 인간을 버리고 그 정신과 혼령이 어디에 의거할 수 있겠느냐? 그러므로 자기 자신을 향하여 위패를 설치하는 향아설위는 직접 신령과 산 사람이 화합하는 이치를 표시하는 것이며, 천지만물이 나의 몸에 갖추어 있는 이치를 밝힘이니라. 42)

이와 같이 최시형은 그의 설법 중 가장 처음에 언급하였다. 그의 이러한 향아설위의 설법과 더불어 "사람이 한울이므로 사람 섬기기를 하늘 같이 하라(事人如天)"43) 는 가치관은, 새롭게 열릴 미래의 자유 평등사회를 이룩하려는 미래지향적인 개체관의 산물이라고 할 수 있다.

이러한 최시형의 미래지향적 개체관에 바탕을 둔 동학의 혁신사상은, 3세 교주 손병희의 인내천 사상으로 발전하여 천도교의 종지(宗旨)로 규정되었고, 수구적 고정관념에 사로 잡혀 무조건 서양 문물을 배척하는 위정척사파의 척양척사(斥洋斥邪)사상과는 다른 개명진보(開明進步)의 개화주의(開化主義)로 발전하였다.44)

셋째 동학에서의 인간 사물 및 사회에 대한 인식의 기틀은, 경험주의 현실관에 바탕을 둔다는 점이다. 대체로 한자문화권에서 감각으로 느끼는 경험에 대한 인식은 기설(氣說)로 표현하여 왔다. 특히 앞에서도

---

42) 위의 책, 77쪽.
43) 위의 책, 38쪽.
44) 위의 책.

여러 차례 논의 한 것처럼 한국과 중국문화의 경우, 정치 및 사회적 과제에 대한 전통적인 이론들은 이기론에 토대를 두었다. 유학사상에서의 이(理)는 차별의 원리이며, 현실의 군신관계 및 반상질서는 차별의 원리인 이(理)에 근거한다는 이선재설(理先在說)이 주장되었다. 이것이 주자학의 핵심이고 이일원설(理一元說) 또는 주리설(主理說)의 본질이기도 하다. 동시에 기(氣)의 의미는 힘(力也)을 뜻하므로 기력(氣力) 또는 정기(精氣) 등의 용어에서 보듯이 생물의 물리력 내지는 생리력을 의미한다. 그렇다면 기(氣=力)는 어디에서 근거하는가? 기(氣)는 의식주와 같은 현실의 감각적 환경 즉 경험적 현실에 좌우된다. 따라서 기(氣)를 강조하는 정치적 목표는 백성의 의식주생활을 근본으로 하는 생활안정과 복리증진인 후생안민에 있었다고 볼 수 있다. 사회가 혼란과 모순에 직면하였을 때 질서확립을 무엇보다 우선헤야 한다고 주장을 하는 사람들은, 질서원리로서의 이(理)만이 중요하다(理一元說)는 논리를 펴게 마련이다. 반면에 질서의 혼란과 백성의 저항은 그들의 의식주생활의 궁핍에 그 근본원인이 있다고 보는 사람들은, 백성의 기력(氣力)을 충족시켜줄 생활안정을 위하여 후생안민책의 강구가 무엇보다 시급하다는 논리에서 주기설(主氣說) 또는 기일원설(氣一元說)을 전개하였다.

동학의 창교자 최제우는 국내외의 위기와 백성들의 궁핍을 통감하였기 때문에, 강령축문(降靈祝文)에서 지기(至氣)를 제시함으로써[45] 주기설의 입장을 취하였다. 그는 "온 백성의 후생복리를 위하여 백성을 하늘처럼 모시는(侍天主) 지극한 기(氣)에 이르는 무욕(無欲)의 경지에 도달함으로써 일마다 깨달아 지혜를 얻게 된다"[46]고 하였다. 따라서

---

45) ≪東經大全≫, 附祝文.
46) 위의 책, 論學文.

그는 "우리의 도는 욕심을 지니지 않고 처신하기 때문에 자연히 이루어
진다(無爲而化). 각자 마음을 잘 지키고 기력을 바로 잡으며 자기의
자연 본성을 따르고 한울님의 교화를 받으면 자연히 모든 소망이
이루어진다"[47]고 보았다. 이와 같이 창교주 최제우가 주기설의 입장에
서 동학을 창도한 것은 당시 국내외의 위기 상황을 체험한 그의 경험적
현실관에서 비롯된 것으로 보인다.

3) 동학의 사회 및 정치론

앞서도 논의한 것처럼 유학은 본질적으로 제왕학이요 지배학이
기 때문에, 제왕권적 군신체제를 유지하기 위하여 원초적 사회집단이
라고 할 수 있는 가족집단에서 가부장체제의 차별질서를 확립하고,
다시 이 가부장체제를 반상 차별의 사회적 신분체제로 연장시키어,
이를 다시 군신 간의 제왕권적 통치질서로 유도하려는 정치사상이다.
조선왕조는 건국 이래 주자학적 유학 통치이념 아래 일체의 사회
및 정치제도를 유학적 차별원리에 따라 법제화하였고, 이 법제화의
산물이 건국 초 약 100년 걸려 완성한 ≪경국대전(經國大典)≫이다.
그러나 유학정치사상은 그 본질인 차별원리와 지배학의 특성 때문에,
동질성이 강한 한민족에게는 역기능적인 폐단이 더 많았다.

동질적 민족 구성원을 원초 집단인 가족집단 내에서부터 차별짓
게 되니 서로 차별받지 않으려는 데서 불가불 갈등과 불신이 생기게
마련이었다. 결국 이러한 가족집단 내부로부터의 불신과 갈등이 사회

---

47) "吾道, 無爲而化矣, 守其心, 正其氣, 率其性, 守其教, 化出於自然之中也"(위의 책).

와 국가 공동체로 연장되어, 각급 조직에서 상위자의 하위자에 대한 권위적 통제를 초래함으로써, 동질성은 파괴되고 민족의 응집력을 약화시키는 결과를 가져왔다. 따라서 조선왕조 500여 년 동안 외침을 당하였을 때마다, 국가 관료와 정규군이 국가를 제대로 보위한 적이 드문 것은 당연한 결과이었는지도 모른다. 그리고 드디어는 5000년 한국 역사에서 최초로 이민족이 통치권자가 되는 굴욕으로 마감하는 왕조가 되고 말았다.

따라서 18세기 이래 주자학 내지 유학정치론 전반에 대한 비판론이 일어나고, 서학이 유입되면서 새로운 정치질서관이 대두될 수밖에 없었다. 위와 같은 사회현실에 대한 동학의 상황인식은 새로운 정치질서관으로부터 출발하였으며, 유학적 가부장질서·반상질서·군신질서 및 중국 중심의 국제질서관에 대한 도전과 혁신론으로 나타났다.

첫째 동학의 가족질서관은 유학적 가부장질서를 타파하려는 공동체적 평등질서관이었다. 이것은 생명존중의 개체관에서 비롯된 가족질서관이며, 최제우의 "내 마음이 곧 네 마음"에서, 최시형의 "사람이 곧 하늘"로 그리고 다시 손병희의 인내천으로 발전한 동학의 개체 존엄성 사상에서 기인한다고 볼 수 있다. 물론 창교주 최제우는 조상 숭배의 제사 형식으로 나타나는 유학적 가부장 질서의 가족의식에서 벗어난 것은 아니었다. 그는 권학가(勸學歌)에서 "우습다 저 사람은 저의 부모 죽은 후에 신(鬼神)도 없다 이름하고 제사조차 안 지내며 오륜(五倫)에 벗어나니 오직 빨리 죽기만을 바라는 것은 무슨 일인가? …"[48]라고 함으로써, 서교를 유학의 오륜에서 벗어난

---

48) 위의 책, 勸學歌.

윤리관이라고 비판하였다.

그러나 2세 교주 최시형은 사람과 다른 생물 사이에 차별을 두지 않는 생명 존중애와 모든 만물을 하늘로 보는 "모든 생물은 하늘이요 모든 사물도 하늘(物物天, 事事天)"[49]이라는 시각에서, 모든 가족 구성원을 차별 없이 서로 존경하고 하늘 같이 사랑할 것을 주장하였다. 아울러 최시형은 내수도문(內修道文)을 지어 각 포(包)에 보내면서, "첫째 집안 모든 사람을 한울 같이 공경하라. 둘째 며느리를 사랑하라. 셋째 노예를 자식 같이 사랑하라. 소와 말 등 가축을 학대하지 말라. 만일 그렇지 못하면 한울님이 노하시나니라"[50]라고 함으로써, 모든 가족 구성원의 인격을 존엄하게 여길 것을 주장하였다. 특히 유학적 가부장질서에 따른 여필종부(女必從夫)의 윤리에 대하여도 과감한 의식의 전환을 역설하였다. 그는 "부부가 화합하여 따름은 우리 도의 초보이니, … 부인을 화합하지 못하면 비록 날로 소, 양, 돼지고기를 써서 성찬으로 하느님을 위한다 할지라도 반드시 감동을 주지 못할 것이니라. 부인이 혹시 남편의 명령을 쫓지 아니하거든 정성을 다하여 엎드려 절하라. 온화한 말로 한 번 두 번 절하면서 설득하면 비록 도적과 같은 악인이라도 감화가 되리라"[51]하면서 부부가 서로 인격을 존중할 것을 설법하였다.

둘째 동학은 가족질서상의 서로 사랑하고 존중하는 평등 질서의식을 사회질서관으로 연장시키려 하였다. 즉 동학은 양반과 상민을 차별하는 신분질서를 거부하고 인권 평등의 사회이념으로 승화시킴으

---

49) 李敦化, 앞의 책, 第二編 79쪽.
50) 위의 책, 40~41쪽.
51) 위의 책, 37쪽.

로써, 귀족과 천민(貴賤) 간 그리고 적자와 서자(嫡庶) 간의 차별을
거부하는 인권 평등의 사회질서관을 형성하였다. 따라서 최시형은
"사람은 한울이라 평등이요 차별이 없나니 사람이 인위적으로 귀천을
분별함은 곧 하늘의 뜻을 어기는 것이니 여러분은 일체의 귀천의
차별을 철폐하여 선사(先師, 崔濟愚)의 뜻을 잇기로 맹서하라"52)고 설법
함으로써, 차별적 신분질서의 타파를 강조하였다. 특히 "사람 섬기기를
하늘 같이 하라"53)는 최시형의 인즉천(人卽天) 사상과, 3세 교주 손병희
의 인내천(人乃天)의 교리는 유교주의적 차별질서를 거부하고 평등적
사회질서를 이룩하려는 동학사상의 본질을 나타낸 것이라고 할 수
있다.

　　셋째 통치질서로서의 왕조적 군신질서에 대하여 창도기의 동학
은 혁명적이기 보다는 온건 보수적이었다. 동학의 창도가 조선왕조
말기의 사회적 모순을 타파하고54) 새로운 사회를 건설하려는 이념에서
비롯되었지만, 창교주 최제우는 "평생에 하는 근심 희박한 이 세상에
임금이 임금답지 않고, 신하가 신하답지 않으며, 어버이가 어버이답지
않고, 자식이 자식답지 않은 것(君不君, 臣不臣, 父不父, 子不子)을 누구나
탄식하니…"55)라고 함으로써, 유학적 군신질서의 혼란을 걱정하였을
뿐 왕조체제 자체의 모순을 타파하려는 혁명성을 나타내지는 않았다.
2세 교주 최시형의 경우도 "선사의 학문은 오직 유학(儒學) 불교 선학(仙
學)의 도(道)를 합하여 임금에게 충성하고 부모에게 효도하며 지성으로
하늘을 섬기는 데 있거늘"56)이라 하여, 포교의 합법성을 주장하면서

---

52) 위의 책, 7쪽.
53) 위의 책, 38쪽.
54) 申一澈, 앞의 논문, 81쪽 참조.
55) ≪龍潭遺詞≫, 夢中老少問答歌.

창교주의 억울한 누명을 푸는 신원(伸寃) 운동을 전개하였다. 따라서 초기 동학사상의 통치질서관은 임금에 대한 충성(忠君)이 곧 애국으로 믿었던 위정척사파와 동일한 왕조적 사고는 아니라 하더라도, 군신질서의 타파를 적극적으로 전개하는 데까지는 이르지 못하였다. 따라서 양반과 상민(班常), 귀족과 천민(貴賤), 적자와 서자(嫡庶), 남자와 여자(男女), 사람과 동물(人物) 사이의 차별질서를 본질로 하는 유학적 사회질서관의 타파를 위해서는 강한 개혁성을 지녔던 동학도, 전근대적인 통치질서관을 폐기하려는 정치적 혁신성은 미약하였던 것 같다.

넷째 동학의 국제질서관은 창도기의 척양척왜(斥洋斥倭)의 배타적 쇄국주의로부터 개화주의적 근대 민족주의로 발전하였다. 특히 국권상실 후에는 국제적 동열의식을 자각하게 된 동학의 지도자들은, 국권의 회복을 위해서 모든 백성을 독립국가 국민으로서의 능력을 갖추도록 깨우쳐야 한다는 애국계몽운동을 전개하였다. 즉 1904년 러일 전쟁이 발발하였을 때에 일본에 체류 중이던 3세 교주 손병희는 나라를 보전하고 백성의 생활안정을 위한 개화책으로, "첫째는 일시에 혁명하여 혼미한 정국을 타파하고 새로운 사회를 이룩하는 길이 상책이요, 둘째는 악한 정부를 청산하고 신정부를 조직함이 그 중책이요, 셋째는 일로(日露) 전쟁에 간여하여 그 우승을 차지함이 하책이니라"[57] 라고 함으로써, 멸망 직전에 있던 조선왕조에 대한 정치체제 혁신론을 제기하였다.

그는 하책으로서의 제3책에서 "일본이 망하거나 러시아가 망하거나 한국이 이에 쫓아 망할 것은 명약관화(明若觀火)한 일인즉 이

---

56) 李敦化, 앞의 책, 第二編 48쪽.
57) 위의 책, 43쪽.

때에 있어 우리 도인(道人) 수십만이 궐기하여 전쟁에 참가하고 보면
일본이 위급하게 되었을 때 반드시 구원을 내외에 요청할 것이니,
내 이 때에 일본 당국과 한국 정치개혁을 위한 밀약을 굳게 맺은
뒤에 일본을 위하여 러시아를 치고 한편으로 국권을 장악한 뒤에
모든 정치현안을 혁신한다면 우리 한국이 다시 살아날 길이 바로
여기에 있을 뿐이다"58)라고 주장함으로써 친일노선을 취하였다. 그
결과 그가 신임하던 동학의 두령급인 이용구(李容九)·송병준(宋秉畯)이
일진회(一進會)를 조직하고, 드디어는 시천교(侍天敎)를 창립하여 매국
행위로 나아갔고, 그를 대신하여 대도주(大道主)의 직위를 물려받은
김연국(金演局)마저 시천교로 이탈함으로써, 손병희의 동아시아 국제
질서관은 좌절을 맛보게 되었다. 그 뒤 그는 동학을 천도교(天道敎)로
개편하고 교리 강습소를 설치하여 순수 종교활동을 전개함과 동시에
애국계몽운동을 통한 근대적 민족주의 운동을 펴 나갔다. 즉 기독교에
의한 근대교육의 확산운동과 더불어 천도교도 1910년 동덕여학교의
설립을 비롯하여 보성전문학교 보성중학교 보성소학교를 인수·경영
하였으며, 기타 지방에서도 여러 학교들을 인수하여 일반교육 확장에
주력함으로써 교도 300만인에 이르렀다.59)

아울러 동학을 개명한 천도교는 강압적 일제 식민통치에서도
계속적인 교세확장과 동시에, 근대적 학교교육과 언론활동을 통하여
애국계몽운동을 전개함으로써 민족독립의 자존운동을 계속하였다.
1909년에는 월보사(月報社)를 창립하여 잡지를 간행하였고, 1920년에
는 개벽사(開闢社)를 설립하고 잡지 ≪개벽(開闢)≫을 발행함으로써

---

58) 위의 책.
59) 위의 책, 62～64쪽.

언론의 권위를 선전하였으며, 그 밖에도 ≪신여성(新女性)≫과 ≪어린이≫ 등을 간행하였다.[60] 그 결과 천도교와 기독교가 주축이 되어 3.1 운동을 비롯한 독립 운동이 전개되었다.

따라서 동학의 국제질서관은 초기의 척양척왜(斥洋斥倭)의 폐쇄주의로부터 개화자강운동(開化自强運動)으로 발전하였고, 드디어는 민족 자결주의에 영향을 받아 3.1 운동을 일으키는 주축으로 나타났다. 이러한 측면을 종합해 보면 동학의 사회 정치적 성격은 종교적 활동방식을 통하여 한민족의 정치사회 의식을 각성시키고 민족주의 운동을 계발시키는 데 기여하였다고 볼 수 있다.

4. 종교적 사회운동의 정치사상적 특질

서양세력의 침투와 주자학의 통치이념이 지닌 본질적 모순으로 말미암은 19세기 말의 위기에 직면하여 급속도로 확산되기 시작한 서교 및 동학의 종교적 사회운동은, 수구 봉건세력과 강력한 외세의 탄압에 부딪혀 도리어 조선의 식민지화를 촉진하는 결과를 초래하였다는 비판론도 제기될 수 있다. 그러나 우리의 민주사상이나 근대민족주의의 발전과정이라는 측면에서 보면, 이 시대 종교를 통한 사회운동이 한국인의 민족 및 민주사상 발전을 위하여 중요한 정치사상의 바탕이 되었다는 점을 간과할 수 없다. 이러한 점은 국권을 회복하려는 3.1 운동의 주도세력이 바로 천도교 및 개신교 등 종교세력이라는 점에서

---

60) 위의 책, 第四編 衆議制 5쪽.

도 알 수 있으며, 3.1 운동 이후의 임시정부에서나 1945년 해방 후 한번도 왕조체제를 재건하려는 세력이나 징후가 없이 민주공화정을 기본으로 하였던 점에서도 알 수 있다.

더욱이 정치사상의 측면에서 보면 서교 및 동학의 사회운동 목표는, 궁극적으로 한국인의 정치 및 사회의식의 개조를 통한 개화자강(開化自強)이요 애국계몽이었다. 이러한 측면에서 19세기 한국인의 정치의식에 영향을 크게 미쳤다고 할 수 있는 정치사상들에 대하여 비교 정리할 필요도 있다. 즉 유학사상을 토대로 한 위정척사사상 또는 벽사위정사상, 반주자학적인 실학사상 내지는 개화사상, 천주교 및 개신교 등 서교 사상, 그리고 동학사상 등의 정치사상적 특성을 비교 종합할 필요가 있다. 이들 여러 사상들에 대한 정치목표, 국내 통치질서관 및 국제질서관 등 세 측면에서 그 특성을 비교 요약하면 다음과 같다.

첫째 위정척사사상으로 알려진 벽사위정론 또는 벽위론이다. 척사 또는 벽사에서의 배척의 대상인 사악은 서양문물과 외세이었고, 보위하려는 정의는 유학사상이다. 따라서 사악을 배척하고 정의를 드러나게 해야 한다는 척사현정(斥邪顯正)의 목표는, 군신간·부자간·부부간·친구간·노소간의 차별질서를 근본으로 하는 오륜의 확립이고, 차별원리에 바탕을 둔 통치질서로서의 군신질서 즉 왕조체제의 보위가 정치사상의 궁극적 목표이었다. 그리고 이 목표 달성을 위하여 가족집단에서의 가부장질서와 사회에서의 반상 신분질서의 확립을 당위로 하는 국내 통치질서관을 형성하였다. 이러한 차별적 통치질서의 확립을 실현하는 방법으로 가족 내에서의 순종의 미덕으로 효도를, 사회 내에서의 양반 지배계급에 대한 일반 상민의 복종의 미덕으로 제(悌)를, 그리고 국가체제에서의 임금에 대한 신하로서의 충성을 도덕률로 하는 효제충(孝悌忠)의 실천을 강조하였다. 따라서 효행(孝行)와 제행(悌行)의 궁극적 목표는 임금에 대한 충성의 실현에 있었다고 할 수 있다.

동시에 이러한 유학적 차별원리의 국제적 적용은 중화(中華=漢族)와 동이(東夷=韓民族)를 차별지우는 화이관(華夷觀)을 당위로 하였으므로, 중화 즉 중국에 굴종하는 사대적 국제질서관을 형성하였다. 조선은 소중화(小中華)를 자처하면서 조선왕조가 망할 때까지도 중국에 의존하는 대외관을 버리지 못하였다. 이러한 국제질서관은 수구적 쇄국론으로 나아갔고, 1894년 동학운동이 확산되었을 때 수구 집권세력은 청나라에 의지하려는 출병 요청으로 말미암아, 한반도에서의 청일전쟁을 유발시키는 계기를 초래하였을 뿐만 아니라, 드디어는 국권의 상실을 재촉하는 결과를 가져왔다. 일본에 의한 식민지화 과정에서 척왜(斥倭)의 의병항쟁을 주도한 이들도 그들의 애국심은 더없이 강하였지만, 그들의 사상적 바탕은 역시 위정척사사상이었다. 또한 의병 활동을 한 이들은 임금에게 충성하는 충군(忠君)을 곧 애국으로 여기는 근왕사상(勤王思想)의 가치관을 이어받은 사람들이기 때문에, 어느 누구 못지않게 전통적 충효의식은 강하였다.[61] 그러나 보위하려는 정의(衛正)는 유학적 차별원리에 바탕을 둔 불평등 윤리요 차별질서이기 때문에, 근대적 민족의식 또는 민주사상과는 양립하기 어려운 상충적(相衝的) 요소가 적지 않았다.

따라서 위정척사사상은 한국인의 의식구조에 미래지향적 가치관을 형성시키는 데 긍정적인 요소로 작용하기보다는, 과거 지향적이고

---

61) 위정척사(衛正斥邪)를 민족 보전의 애국심과 민중적지지 기반에서 근대 민족주의의 긍정적 가치관으로 평가하기도 한다(신복룡, "근대 한국민족의 갈등 구조: 1870~1910년대," ≪한국정치외교사학회 논총 제7집: 한국 민족주의와 민주주의의 갈등 구조≫(서울: 평민사, 1990), 42~45쪽 참조).

배타적 부정적 요소로서 더 많은 영향을 주었던 것으로 보인다. 더욱이 오늘의 충효 사상에까지 영향을 주었다고 할 수 있는 충군을 애국으로 생각했던 위정척사사상을 근대적 민주주의와 연계시킬 수 있는 긍정적 전통사상으로 평가하기는 더욱 어려울 것이다. 도리어 이러한 충군애국 (忠君愛國)의 사고에 바탕을 둔 충효 사상은 해방 후 현대적 권위주의 내지는 독재 정치를 뒷받침함으로써 한국의 근대 민주주의와 자주적 민족주의 발전에 역기능으로 작용하여 왔을 뿐이다.

둘째 실학사상으로 출발하여 개화사상으로 발전한 실사구시의 개혁론이다. 주자학을 거부하였음은 물론 유학사상 자체까지도 회의하고 비판하였던 북학파(北學派)의 실학사상은, 초기 실학의 동도서기적 (東道西器的) 입장으로부터 적극적인 개화자강(開化自强)의 개혁사상으로 발전하였다. 본래 실학은 상대적인 개념으로서 조선왕조의 후기 실학은 주자학에 대한 비판에서 출발한 반주자학의 의미를 지니고 있다. 특히 중국을 통한 서구문물의 적극적인 수용에서 비롯하는 북학파 의 사상은 유학의 차별원리에 따른 반상 신분질서를 강하게 비판하였다.

특히 북학파의 선구자 홍대용은 일찍이 차별 없는 노동의 개방과 인권 평등론을 전개함으로써,[62] 반상의 차별 신분질서의 타파를 주장 하였고, 모화사대의 화이관(華夷觀)을 벗어나 민족 자주성의 자각을 요구하는 국제적 동열의식에서 자주적 국제질서관을 주장하였다.[63]

---

62) 홍대용은 그의 노동 개방과 교육 평등의 개혁론을 임하경륜(林下經綸)에서 밝혔다(洪大容, ≪湛軒書≫ 內集 補遺 林下經綸).

63) 홍대용에 따르면, 앞 장에서 언급한 대로 "중국인은 중국을 정계(正界)로 삼아 서양을 도계(倒界)로 삼으며, 서양인은 서양을 정계로 삼고 중국을 도계로 삼으니, 모든 나라는 횡(橫)도 없고 도(倒)도 없어서 다 같이 동등하고 정계이다"(위의 책, 內集 補遺 醫山問答)라 하였다.

홍대용(洪大容)을 선두로 하는 북학파는 박지원(朴趾源)·박제가(朴齊家) 등의 선구자들로부터 이규경(李圭景)· 최한기(崔漢綺) 등으로 이어졌고, 다시 박지원의 손자인 박규수(朴珪壽)를 통하여 김옥균(金玉均) 등의 개화사상으로 연결되었다. 이들 실학 및 개화사상은 국내 통치론에서는 후생안민과 개명진보를 주장하였고, 반상질서의 타파에도 어느 정도는 개혁적이었으며 입헌군주제의 독립협회 활동으로 연계되었다. 이들 개화파는 국제질서관에 있어서도 개화자주(開化自主)를 근본 바탕으로 하였다. 그러나 그들의 개혁운동은, 적극적인 개화로 자강(自強)을 촉진시키려는 성급한 개혁의식 때문에, 지나치게 외세에 의존하는 결과를 초래하였다. 따라서 그들의 민족자강과 자주의식에 대한 비판론이 적지 않다. 그러나 그들이 추구한 개화를 통한 민족자강의 사상은 독립협회 활동의 애국계몽운동으로 연계되었고,[64] 그 뒤 한국의 근대적 민족 자주의식의 각성과 인권존중의 민주사상을 위한 밑거름이 되었다.

셋째 초기 서교의 사회운동을 들 수 있다. 한국에서의 서교의 종교활동은 1784년 이승훈의 세례에서 출발하는 천주교 활동과 1884년 개신교의 전교(傳敎)활동으로 나누어 볼 수 있다.[65] 천주교는 정치권력에서 소외된 재야 남인(南人)계 학자들에 의하여 전교가 시작되었으며, 유교 윤리에 대한 도전, 특히 조상 숭배사상에 대한 도전 때문에 100여 년간에 걸친 박해와 탄압을 받았다. 천주교는 하느님 앞에서의 만인의 평등을 교리로 하고 있었으므로, 유교주의 차별윤리에 따른

---

64) 韓興壽, ≪近代韓國民族主義硏究≫(서울: 연세대학교 출판부, 1977) 참조.
65) 李元淳, "初期 韓國그리스도敎史의 比較史的 一考," ≪韓國學報≫, 제23집(서울: 일지사, 1981), 2~51쪽 참조.

반상·적서·남녀 등 차별적 사회질서를 타파하고 평등질서를 추구하는 종교적 사회운동을 전개하였다. 따라서 천주교는 한국인의 인권평등의 근대적 가치관 형성에 크게 기여하였다고 볼 수 있다. 그러나 유일신인 하느님의 섭리에 의해서만 모든 개체가 그 존재의미를 지닌다는 교리 때문에, 개인 또는 개체 민족의 주체성은 하느님의 뜻(神意) 속에 파묻히게 마련이다. 특히 서양 중세의 암흑시대를 초래한 종교제국주의로서의 천주교는 개체민족의 주체적 발전을 지향하는 근대 민족주의 운동의 도전을 받았고, 이 도전으로 말미암은 개신교의 발생이 서구 민족주의의 출발이었다고 할 수 있다.

따라서 한국의 초기 천주교는 국내 통치질서관으로서의 인권평등의 가치관 형성에는 어느 정도 공헌하였지만, 천주교가 지닌 종교제국주의의 국제질서관 때문에, 한국 민족의 근대적 민족주의 발전에 대하여는 크게 기여하였다고 보기 어렵다. 즉 초기 한국의 천주교가 한국인의 민주적 사회 의식의 발전을 위해서는 긍정적 사회운동을 전개하였다고 볼 수 있지만, 민족 자결·자주 독립 등 한국의 근대민족주의 발전을 위해서는 사상적 한계성을 지녔음에 유의할 필요가 있다.

이에 반하여 한국 초기 개신교의 전교(傳敎)는 서양 선교사에 의한 질병 타파의 구제활동 또는 개명진보를 위한 교육사업으로부터 출발하였기 때문에, 재야의 의식 있는 양반계급은 물론 피지배 노서 상민의 민주적 개화의식의 각성에 기여한 점이 많았다. 아울러 천주교 사상(Catholicism)의 신성로마제국으로부터 각 민족의 자주성을 찾으려는 서구 민족주의의 사상적 기틀도 또한 프로테스탄티즘에서 비롯되었기 때문에, 개신교는 한국의 근대 민족주의 발전과 국제적 동열의식을 각성시키는 데 크게 이바지하였다고 볼 수 있다. 이러한 점은 3.1 운동을 주도한 민족 지도자 가운데 다수의 개신교 지도자들이 주축으로 참여하였을 뿐만 아니라, 일제 하에 민족 독립운동을 주도한 안창호(安昌浩)·김구(金九)·이승만(李承晚) 등 다수의 민족 지도자들 또한 개신교도라는 사실로도 알 수 있다. 따라서 한국의 초기 천주교 및 개신교의 종교활동은 한국의 근대 민족주의 운동과 민주 사상을 발전시키는 사회운동을 전개한 긍정적 역할을 하였다고 볼 수 있다.

넷째 동학의 종교활동이 새로운 정치사회운동에 크게 기여한 점을 들 수 있다. 동학은 최제우의 사회개혁 의식에서 출발하였기 때문에 사람이 곧 하늘(人乃天)이라는 인권평등을 사상적 본질로 하고 있다. 따라서 유교주의의 차별적 신분질서의 타파를 목표로 하는 혁신적 사회운동을 전개하였다. 절대 유일신의 섭리 속에 개체의 주체성이 매몰되어 운명론적 인간관에 흐르기 쉬운 서교와도 판이하게 다른 인간관이 동학의 인즉천(人卽天) 또는 인내천(人乃天)의 인권평등사상이다. 이 동학의 인내천 사상은 하늘이 모든 만물에 존재한다는 범재신론(汎在神論)66) 또는 모든 만물을 한울님 같이 섬기라는 만유신관(萬有神觀) 및 각유신관(各有神觀)을 토대로 한 참된 의미의 인권평등사상이라고 할 수 있다. 따라서 조선시대의 사회윤리 이념이던 유학사상과는 본질적으로 다른 혁신적 특성을 지닌 사회운동을 전개하였다. 다만 통치체제에 대하여는 왕조적 군신질서를 시인한 한계성을 벗어날 수 없었던 것으로 보인다. 그것은 창교주 최제우가 살았던 시대의 사상적 한계성과 체제의 제약 때문이었던 것으로 보인다.

---

66) 金敬宰, "東學思想과 韓國基督敎," ≪기독교사상≫, 1976년 10월호, 68~77쪽 참조.

표 14. 조선왕조 말기의 동서 사상의 특성 비교

	서학(天主敎)	서학(改新敎)	동학(東學)	실학(實學)	위정척사 (衛正斥邪)
개인관 (개체관)	신(唯一神) 앞에서 의 평등	신(唯一神) 앞에서 의 평등	생명존엄성으로서의 개체 평등	반상 차별질서상의 피치자 중심	반상 차별질서상의 치자 계급 중심
사회질서관	반상(班常) 신분제 타파	반상신분제 타파	반상신분제 타파	반상신분제 인정	반상신분제 유지
통치질서관	군신(君臣)질서의 인정	군신질서 타파 민주 질서	군신질서의 인정	군신질서의 보위	군신질서의 보위
국제질서관	종교적 세계주의	근대적 민족주의	척양척왜(斥洋斥倭) → 개화자강	동도서기(東道西器) → 개화자강	모화사대 → 수구쇄국

또한 동학의 국제질서관도 사대적 화이관(華夷觀)에 집착한 것은 아닐지라도, 위정척사론과 마찬가지로 초기에는 외세에 대하여 강한 부정적 저항 의식을 나타냈다. 초기의 동학운동은 척양척왜(斥洋斥倭)를 표방한 저항 민족주의적 성격을 띠었으며 수구 및 보수적 특성이 강하였다. 그러나 3세 교주 손병희에 이르러서는 서교 및 망명생활의 영향을 받아 민족자주와 자강을 위한 개화의 국제질서관으로 변화하게 되었다.

이상의 사상들이 종교적 사회운동기이던 19세기 한국인의 가치체계에 영향을 미친 정치사상의 특성이다. 그러나 종교를 통하여 한국인의 정치의식 변화에 가장 크게 영향을 준 사상은 역시 동학과 서교라고 할 수 있다. 이들 종교적 전교활동을 통한 사회운동의 목표는 국내통치론에서는 개화자강(開化自强)이었고 국제질서관에서는 민족 자주였다. 그러나 서교와 동학의 사상적 본질이 종교활동에 있었고 정치운동이 아니었기 때문에, 정치목표를 달성하기 위한 정치투쟁 측면에서는 한계성을 지닐 수밖에 없었던 것으로 보인다. 따라서 3.1 운동 후 일제 식민통치에서의 동학 및 서교도의 민족주의적 성격에 대한 회의와 비판론도 제기되었다. 그러나 종교적 사회운동기에 이들 종교가 전개한 개화자강의 사회운동과 그 실현을 위한 구국활동은 그 뒤 한국인의 근대 민족주의 및 민주 사상 발전에 크게 기여하였음을 부인할 수는 없다.

8장

근대국가 건설기의 정치문화
일제 식민지적 유산의 청산과제

8.15 광복과 함께 일본 제국주의가 뿌린 식민지적 정치문화의 유산이 얼마만큼 청산되었느냐는 문제를 재조명하는 일은, 그 뒤 한국 정치문화의 변화 및 앞으로 새로운 정치문화의 조성을 위하여 매우 의미 있는 과제이다. 특히 오늘의 한국 정치문화의 파행성이 식민지적 유산을 제대로 청산하지 못한 데에 그 요인이 있다고 보는 사람이 많기 때문에, 이러한 과제를 해명하는 일은 앞으로의 한국 정치문화의 발전을 위하여 매우 중요하다. 따라서 일제 이전의 조선왕조와 일제의 식민통치 아래 그리고 광복 이후를 연결하는 정치사의 변천에 따른 한국 정치문화의 특성과 변질에 대하여 조명하여 보는 일은 앞으로 한국 정치문화의 전망을 모색하는 길이기도 하다. 이와 같은 측면에서 다음과 같은 몇 가지 문제점들을 밝힐 필요가 있다.

첫째 지배학 또는 제왕학으로 알려진 유학의 정치문화가 일제 식민통치하의 한국 정치문화 및 해방 후 한국 정치문화에 어떻게 작용하여 왔는가? 특히 아시아의 정치문화에서 가장 중요하다는 도덕성에[1] 있어서 유학정치사상이 준 영향은 무엇인가 하는 점이다. 둘째 이른바 황국신민화(皇國臣民化)를 표방한 일제의 식민지적 정치문화의 특성은 무엇이며 유학적 정치문화와의 사상적 연관성은 어떠한가? 아울러 해방과 더불어 청산되어야 할 식민지적 유산이 해방 후 한국 정치문화의 변화에 어떻게 작용하였는가 하는 점이다. 셋째 현재 한국 정치문화의 과제가 무엇이며, 앞으로의 전망은 어떠한가 하는 점이다.

이상의 몇 가지 문제점들을 고려할 때, 오늘의 한국 정치문화의 파행성은 남북한을 막론하고 다같이 도덕적 정통성의 결여를 특징으로 한다고 볼 수 있다. 남한의 경우 자유민주주의의 이데올로기는 정치문화의 기형적 변질로 말미암아 유학적 자본주의(Confucian capitalism)를 낳았다. 그런가 하면 북한의 경우 사회주의 이데올로기는 유학적 사회주의(Confucian socialism)로 변질되어, 세계 역사상 그 유례를 찾아볼 수 없는 극도의 폐쇄적 가부장제 정치문화를 조성함으로써, 한국 역사상 최악의 정권으로 전락하였다. 이러한 남북한 정치문화의 파행적 변질은 진정한 의미의 민주적 정치문화에서 보면 도덕적 정통성이 결여되어 있다고도 할 수 있을 것 같다. 이러한 문제점들을 8.15 광복을 계기로 식민지적 정치문화의 유산과 청산 과제, 그리고 앞으로의 과제와 전망이라는 측면에서 해명할 필요성은 크다.

정치문화에 대한 논의는 다양하다. "정치문화(political culture)란

---

1) Lucian Pye는 도덕성을 중요시 하는 아시아의 정치문화를 도덕주의(virtuocracy)라고 하였다(Lucian W. Pye, *Asian Power and Politics: The Cultural Dimensions of Authority*(Cambridge, MA: Harvard Univ. Press, 1985), pp.22~23).

정치 과정에 질서와 의미를 제공하고, 그 정치체제 내의 행위를 규제하는 여러 규범과 책임을 마련해 주는 태도 믿음 및 감정의 총체"[2]이다. 따라서 정치문화는 정치이념(political ideology), 국민정신(national ethos and spirit), 국민의 정치심리(national political psychology) 및 국민의 근본적 가치관과 같은 전통적인 사고방식과 연계되기 때문에, 체계적이고 보다 명백한 이해를 필요로 한다.

이와 같은 정치문화의 일반적 개념에 비추어 본다면, 식민지적 유산으로서의 일제의 정치문화는 한국 사회의 핵심적 가치(core value) 즉 지배적 가치체계(dominant value system)였던 유학정치문화와 떼어놓고 생각할 수 없을 뿐만 아니라, 일제 식민지 유산의 청산 과제 또한 유학의 가치관과 떼어놓고 생각할 수 없는 불가분의 연관성을 지닌다고 할 수 있다. 동시에 8.15 광복을 계기로 한 새로운 민주 정치문화의 조성 또한 그 이전의 국민적 가치관 및 그 이후의 가치관의 변질과 관련지어서 생각하지 않을 수 없다. 이상과 같은 핵심적 가치체계로서의 정치문화를 전제로 할 때, 한국의 정치문화에서 식민지적 잔재의 청산도 그리고 서양 정치문화의 파행적 이식도, 우리의 의식구조를 오랫동안 좌우해 온 유학정치문화와 무관할 수 없다는 점에서 자성해 보아야 한다.

---

2) David L. Shills (ed.), *International Encyclopedia of the Social Science*, Vol. 12(New York: The MacMillan Co. & The Free Press 1968), p.218.

1. 조선시대의 유산과 일제의 식민지적 정치문화

일본 제국주의 통치 아래서 뿌려진 식민지적 정치문화의 잔재가 청산되었느냐 아니냐는 문제는, 조선시대 정치문화의 유산이 한국에 대한 일제 통치를 더욱 보강시켜 주는 결과 때문은 아니었는지 하는 것과 관련성이 있을 것으로 보인다. 일제의 식민지적 유산의 청산 여부의 관건은 그 유산을 물려받을 수밖에 없었던 우리의 국민과 지도자들에게 달려있기 때문이다. 정치문화를 어떤 사회 내의 시민과 엘리트가 다같이 지닌 태도 및 믿음의 복합체로 본다면,[3] 일제가 남긴 정치문화의 부정적 요소의 청산 과제는 바로 한국의 국민과 지도자들의 의식구조와 실천에 좌우되었던 숙제이기도 하다. 그러나 우리 국민과 지도자들은 일제가 악랄하게 왜곡시킨 식민지적 정치문화 못지않게 민족과 국가의 생활권 신장이나 국가보위와는 거리가 먼 조선왕조가 남긴 유학적 정치문화에서 탈피하지 못하였기 때문에 식민지적 정치문화의 청산이 쉽지 않았던 것으로 보인다.

그렇다면 조선시대가 우리에게 남겨준 정치문화의 유산은 무엇인가? 조선왕조가 건국 초부터 통치의 기본으로 삼았던 정치문화의 바탕은 유학사상이었다. 논어·맹자·중용을 거쳐 형성된 유학은 그 본질이 제왕권적 군신체제를 그 통치의 궁극적 목표로 하는 지배학이다. 따라서 유학의 정치적 본질은 국제질서상으로 중국대륙의 한족(漢族)이 주변의 이민족을 복속시키기 위한 한족 지배학이고, 국내 통치질

---

3) G. Bingham Powell, Jr., *Contemporary Democracies: Participation, Stability, and Violence*(Cambridge, MA: Harvard Univ. Press, 1982), p.67.

서상으로는 제왕을 정점으로 한 지배계급이 노예와 상민 등 피지배계급을 다스리기 위한 차별원리를 그 뼈대로 하고 있다. 따라서 이러한 정치적 목적을 달성하기 위하여 가족 집단에서는 가부장 질서를, 사회질서상으로는 상하차별의 신분질서를, 그리고 통치질서상으로는 군주를 중심으로 한 군신질서의 확립을 당위로 하였다. 그러므로 효제충(孝悌忠)의 도덕률은 왕조체제와 반상질서 및 가부장질서를 유지하기 위한 유학정치문화의 핵심을 이룬다 하여도 과언이 아니다.4)

조선왕조의 경우 쿠데타로 집권한 이성계는 정권 안정의 필요상 중앙집권적 제왕권체제의 확립을 목표로 하는 주자의 사상을 통치이념으로 삼았고, 주자학의 통치이념에 입각하여 일체의 정치, 경제, 사회제도를 법제화하였다. 그 제도화의 산물이 경국대전(經國大典)이다. 그러나 본래 주자학은 남송(南宋)이라는 피난정권이 중국대륙의 심장부를 만주족의 금(金)나라에게 빼앗기고 이를 수복하려는 정치적 목적에서 성립된 사상이기 때문에, 피난으로 약화된 왕권을 강화하려는 중앙집권의 강력한 왕권을 확립하는 것이 제일차적 과제이었다. 동시에 한족(漢族)은 비한족(非漢族)의 지배를 받을 수 없다는 중화사상을 당위로 하는 즉 중화민족(華夏)의 이민족(夷狄) 지배를 당위로 하는 국제질서관을 형성하였다. 따라서 주자학은 차별원리를 본질로 하여 중앙집권적 왕조체제를 목표로 한 정치사상이다. 5)

그러나 이러한 주자학을 조선왕조의 통치이념으로 채용함으로써, 우리 한민족(韓民族)에게는 정치문화상의 많은 문제점과 모순을

---

4) 유학사상의 본질에 대하여는 이미 1장에서 논의하였을 뿐 아니라, 조선왕조의 정치에 미친 영향에 대하여서도 앞 장들에서 여러 차례에 걸쳐 논의하였다.
5) 金萬圭, "理氣論의 政治的 照明: 儒家의 孔子 孟子 中庸 및 朱子를 중심으로," 제4회 合同學術大會論文集, 韓國政治學會, 1981, 76~77쪽 참조

초래하였다. 동질성이 어느 민족보다도 강하고 미래지향적 특성을 지닌 한민족에게 주자학의 차별원리를 적용하여 가정(家)과 나라(國)의 구성원을 상위자와 하위자로 차별 지우게 되니, 여기에 불가불 서로 차별받지 않으려는 데서 갈등과 불신, 부정과 배타의 정치문화가 형성되기에 이르렀다. 더욱이 조선왕조 말기에 이르러 주자학 또는 유학은 임금에게 충성하는 것이 나라 사랑(忠君愛國)으로 착각하게 하는 데 기여했을 뿐이다. 따라서 국민에 대한 봉사가 애국(忠民愛國)인 민주주의 및 민족주의와는 본질적으로 양립할 수 없는 사상이라고 할 수 있다. 아울러 중국 한족에게 이민족(東夷)으로 취급되어 온 한민족의 전체 역사를 볼 때, 중국대륙이 통일되어 강성해지면 한반도에는 위기와 시련을 맞이했고, 중국의 한족이 위기를 맞거나 분열되면 한민족은 번영과 발전을 구가했던 점은 이미 1장에서 밝혔다.

어쨌든 조선왕조의 유학적 정치문화는 그 말기에 이르러 위정척사를 내세우면서 수구와 쇄국을 고집하였고, 개화자강의 미래지향적 국민정신을 외면함으로써, 결국 망국의 길로 일제의 식민지 지배문화를 초래하고 말았다. 환언하면 중국의 한족이 스스로의 생존권을 보위하고 확장하기 위하여 강력한 국가체제를 확립하려는 정치적 목적에서 형성된 한족중심 사고의 유산인 유학은, 한반도에 들어와 모화사대의 소중화(小中華)를 자처하는 의식구조를 촉진함으로써 대외 의존적 정치문화를 낳았을 뿐이다. 그러므로 주자 유학은 건전한 개명의식의 민족주의를 발전시키기보다는 주자 유학사상이 지닌 본래의 배타적 복수의식 및 권위적 차별 의식 때문에, 동질성이 어느 민족보다 큰 민족 구성원을 차별 지움으로써, 갈등과 분열을 촉진시키는 역기능이 더 컸던 것으로 보인다.

한말(韓末)의 위정척사파로 대표되는 유림들 가운데 의병활동을 통하여 끝까지 국가보위에 헌신한 이들도 있지만, 그들의 순절(殉節)은 임금에게 충성하는 충군을 곧 나라를 사랑하는 애국으로 생각하는 수구적 정치문화에서 크게 벗어나지는 못하였다. 특히 불교사상의 여운이 남아 있었던 조선왕조 초기를 제외하면, 지배계급에게 심화된 모화사대의 유학적 의식은 정규군이 국가를 수호한 적이 거의 없었을 뿐 아니라, 드디어는 중국에 의존하려는 사대주의로 국권을 상실하는 결과를 낳았다. 국권회복을 위한 3.1 운동의 주도자들 가운데 유학자가 한 사람도 없었던 점에도 유의할 필요가 있다. 동시에 유학의 정치문화에 젖은 대부분의 보수세력들은 국가보위보다는 계속적인 정치권력의 확보 및 기득권의 유지에 급급하였기 때문에 친일 또는 부일파(附日派)로 전락하게 되었다.

결국 보수적 양반 지배계급이 남긴 조선시대 유학정치문화의 유산은 상하 간 차별주의와 중앙집권적 통치체제를 고수함으로써, 민족적 위기에 직면하여 민족성원의 동질성을 강화하고 민족 통합의식을 형성시키는 데 기여하기는커녕, 상호 불신과 갈등을 촉진시키는 의식의 밑바탕을 이루는 데 작용하였을 뿐이고, 한국인 본래의 미래지향적 개명진보(開明進步)의 정신과 개화자강 운동에도 부정적 요인으로 작용하였다.

따라서 중앙집권적 제왕권 확립을 궁극적 정치목표로 하는 유학 정치사상은 모든 한국인을 황국신민화하려 했던 일제의 식민지 정치문화를 위한 필요조건이 되었을 뿐이다. 특히 차별질서를 본질로 하는 유학정치원리는 제국주의의 일반적 패턴인 분리지배(devide and rule)와도 상통하기 때문에, 일제는 조선의 지식인 종교인 자산 급을 황국신민과 불령선인(不逞鮮人)으로 구별하여, 반민족주의자들인 황국신민을 보호하고 민족주의세력을 불령선인으로 취급하여 감시하고 탄압함으로써, 온 민족을 황민화(皇民化)하는데 주력하였다. 더욱이 3.1 운동 이후 반민족세력의 확대 즉 황민화의 진행은 "일제의 문화정치를 가장한 민족 분열정책의 결과이지만, 이 시기 일부 민족세력의 반민주 세력화는 3.1 운동의 열기를 냉각시키고 민족운동 전선에 심각한 타격을 주는 결정적 조건이 되었다."6) 이와 같은 일제의 황민화 정책은 조선시대 유학정치문화의 유산인 권위주의와 차별주의를 일본 제국주의 식민지문화로 연장시켜 한국인의 패배 식과 좌절의식을 촉진시킴으로써, 해방 후에도 미소 강대국의 냉전 체제에 어느 나라보다도 강하게 편승하는 현상을 나타냈다고 볼 수 있다.

일본 제국주의의 한국에 대한 식민통치의 목표는 한국의 일본화였기 때문에, 일제는 내선일체(內鮮一體)와 황국신민화를 표방하고 한국 민족의 주체성을 소멸시키는 데 주력하였다. 더욱이 일제는 한국인에 대한 문명개화와 동아공영(東亞共榮)을 내세웠지만, 실제는 이를 구실로 한 전통적 민족 주체사상의 말살을 통한 한국인의 우민화(愚民化)에 있었다. 이는 3.1 운동 뒤에 민족주의자들이 추진한 민립대학(民立大學) 설립기성회를 정치적 의도와 불령사상(不逞思想)의 개입이 있다는 구실로 묵살해 버리고7) 1945년 광복까지 4년제 고등교육기관으로는 단지 식민지 지배를 위하여 필요한 경성제대(京城帝大, 1924년 설립)만을 두었던 점으로도 알 수 있다.

---

6) 姜萬吉, "植民殘滓 淸算問題와 歷史," ≪殉國≫, 創刊特輯, 37쪽.
7) 金雲泰, ≪日本帝國主義의 韓國統治≫(서울 : 博英社, 1986), 308쪽 및 洪以燮, ≪韓國近代史≫(서울: 연세대학교 출판부, 1975), 186쪽 참조.

따라서 일제의 한국에 대한 식민통치는 한국인의 의식구조를 일제의 신민화(臣民化)하는 정치사회화에 주력하였다. 그들이 표방한 문화 정치도 궁극적으로는 한국인의 일본화에 있었다. 아울러 창씨개명을 통하여 조상과 후손 간을 단절시킴으로써, 창씨개명에 반대하여 전통을 고수하려는 사람들에게는 더욱 더 개명진보보다는 보수와 수구에 되돌아가도록 하는 복고 의식을 조성하였다고도 볼 수 있다.

여하간 일제의 식민지배가 우리에게 뿌린 정치문화의 피해는 인적 물적 수탈보다도 그 후유증이 더욱 컸다고 할 수 있다. 민족적 동질성이 어느 민족보다도 강하여 무수히 많은 국난의 위기에도 이를 극복한 한민족이 유학의 차별사상으로 말미암아 민족 구성원 상호 간의 갈등과 불신이 쌓이어 드디어는 한민족 역사상 최초로 이민족에게 통치권을 넘겨주고, 이러한 망국의 배타적 불신은 일제의 식민지 정치문화의 강요로 더욱 심화되는 결과를 가져 왔다.

아울러 일제의 식민통치에 의하여 조성된 또 다른 부정적 유산은 권력과 밀착하면 어떠한 정치적 격변에서도 생존권을 보위할 수 있다는 지배논리의 추구이었다. 이러한 지배논리는 유교주의의 폐단이었던 관존민비(官尊民卑)의식과 관직사유관(官職私有觀)을 더욱 합리화시켜 줌으로써, 해방 후 이승만의 독재체제를 뒷받침한 친일세력의 생존을 가능하게 하였을 뿐 아니라, 자유당 때는 물론 5.16 쿠데타 후 관료의 부정과 부패를 일반화 시키는 요인이 되기도 하였다.

조선왕조에서의 관직은 정치권력의 상징일 뿐 아니라 실제적으로 경제력의 기준이기도 하였다. 즉 과전법에 따른 과전 또는 직전(職田)의 지급은 정치권력의 강약을 의미하였고, 동시에 경제력의 대소를 말해 주는 것이기도 하였다. 따라서 고위관직은 대지주이고 한 가문의 족벌(族閥)을 부양할 수 있었다. 일문(一門)의 씨족 가운데 어떤 한 사람이 고위관직(顯官)에 취임하게 되는 것은 바로 그 가문의 번영을 좌우하는 일이기도 하였다.

일제는 이러한 권력과 토지와의 불가분의 지배 관계를 이용하기 위하여 일찍이 토지 조사사업을 통하여 일본인이 대토지 소유자가 됨으로써 한국의 경제력을 장악하였다. 동시에 어느 정도의 한국인 지주를 허용하고 그들로 하여금 일제의 식민통치에 협력하도록 유인하였다. 이는 다음의 표 14에서[8] 알 수 있는 것처럼 50정보(15만 평) 이상의 대토지 소유자의 증가에서 잘 나타난다.

표 15. 한국인과 일본인(토지세 납부 의무자)의 소유 면적별 인원

구분	소유자	1921년 말	1927년	1942 년
50~100정	한국인	1650	1617	1628
	일본인	519	683	733
100~150정	한국인	266	210	307
	일본인	213	239	254
150~200정	한국인	94	80	122
	일본인	108	122	148
200정 이상	한국인	66	45	116
	일본인	169	192	184

특히 1921년 말보다 1940년의 한인 지주의 수가 늘어난 것을 보면, 일제가 한국인을 전쟁에 동원하기 위해서는 한인 지도층의 협력이 그 어느 때 보다도 컸었기 때문에, 한인 대지주의 토지 확대를 허용함으로써, 그들로 하여금 일제의 식민통치에 협력하게 하였음을 알 수 있다. 따라서 이러한 일제의 식민 정책으로 대지주로서의 권력을

---

8) 金雲泰, 앞의 책, 427쪽.

유지했던 친일 및 부일파들은, 8.15 해방 후에도 미군정의 권력 및 이승만과 밀착함으로써 오늘날의 정경 유착의 정치문화로까지 지속되어 온 것으로 보인다. 따라서 일제의 토지 경제에 대한 식민정책은 정경유착을 통한 기득권 유지의 반민족·반민주적 정치문화를 조성하는 폐해를 주었다고 볼 수 있다.

2. 해방과 식민지적 유산의 청산과제

1945년 광복 후 한국의 제일차적 과제로 일제의 식민통치가 뿌린 유산의 청산을 들 수 있다. 이 문제에 대하여 몇 가지 과제가 제기된다. 우선은 무엇을 식민지적 유산으로 볼 것이냐는 문제이고, 다음은 누가 어떻게 청산했어야 하였느냐는 문제이다. 청산되었어야 할 식민지적 유산으로 지적되는 한국정치의 과제는 일제 유산의 인적 물적 청산을 들고 있다. 특히 인적 유산의 청산으로서는 친일파세력의 제거를 그리고 물적 유산의 청산으로서는 토지개혁을 지적하기도[9] 한다.

"식민지 피압박 민족의 식민 지배로부터의 해방은 그 자체가 곧 혁명적이어야 하며, 따라서 해방 후에 수립되는 정권이 철저하게 응징해야 할 부분은 반민족 행위부분이었다. 식민지배에서 해방된 민족사회가 최초로 수립하는 정권은 그 주체가 당연히 민족운동 세력이어야 하며, 그 경우 반민족세력에 대한 청산도 철저성을 기힐 수 있었을 것"[10]이란 당위론에도 불구하고, 광복 후 남한의 정치를 주도한

---

9) ≪월간조선≫, 65호, 1985년 8월 특집호, 526쪽 참조.
10) 姜萬吉, 앞의 논문, 38쪽.

세력은 도리어 친일 또는 부일 협력자들이었다. 즉 "40년 동안 민족을 배반하고 동포를 학살, 수탈한 친일분자들을 처단하는 것은 역사의 당위이다"[11]라는 주장에도 불구하고, 자유당 정권의 주도세력이 친일세력이었다. 이는 이승만의 최대과오로 지적되고 있다. 이승만 정권 12년간 친일세력은 각료의 31.3%이었고, 사법부의 경우 대법관 17명 가운데 12명이 일제의 판·검사 출신이었으며, 장면(張勉) 정권 때는 각료의 60%가 친일파였다.[12] 이에 비하여 자유당 집권시 각료 가운데 독립 운동자는 국내외에서 활동한 사람들을 합하여 12.5%에 불과하였고,[13] 그것도 집권 초기에 국한된 일이었다.

이러한 측면에서 본다면 광복 후 자유당 및 민주당 정권기의 집권 주도세력은 친일세력으로서, 일제에 의하여 보호를 받았던 지주층 출신의 보수세력이거나 일제하의 식민지 관리로서 한국의 수탈을 방조한 세력이었다고 할 수 있다. 이승만은 이들 친일세력을 비호함으로써 지지세력을 확보하였다.

여기에서 유의해야 할 점은, 8.15 광복 후 38선 이남 미군 점령하의 남한에서 많은 민족 지도자들이 백가쟁명(百家爭鳴)하고 이합집산(離合集散)하는 현상을 보였지만, 민족 지도자로서의 도덕성으로 보아 상해 임시정부의 초대 대통령이었던 이승만과, 그 뒤 임정(臨政)을 실질적으로 이끌어 온 8.15 광복시 임정의 주석 김구가 구심점이었던 것은 부인하기 어려울 것이다. 이 점은 좌익 사회주의 계열의 여운형(呂運亨)·허헌(許憲)·이강국(李康國) 등이 주동이 되어 조직한 조선인민공

---

11) 김상웅, "민족 정기를 좀 먹는 친일세력," ≪순국논단≫, 1990년 1, 2월호, 65쪽.
12) 위의 논문, 67쪽.
13) 위의 논문.

화국 즉 인공(人共)에서도 주석으로는 이승만을 내세우고 있으며, 임시
정부의 봉대(奉戴)를 선언하고 건준(建準)의 인공에 대항하여 창당한
우익계의 한국민주당도 영수(領袖)로 이승만과 김구를 추대한 점으로
도 알 수 있다. 따라서 이승만과 김구 그리고 두 사람을 둘러싼 정치세력
의 정치의식 내지 현실관은 광복 후 식민지적 유산이 청산되기 어려웠
던 요인을 밝히는 데 시사하는 바가 크다.

우선 이승만과 그의 집권을 가능하게 한 정치세력은 일제 잔재의
청산 보다는 정권의 장악 및 자기세력의 확보와 유지에 온 힘을 기울였
던 것 같다. 특히 이승만 박사 및 그의 추종세력이 지닌 이러한 정치행태
는 그들의 정치의식에 연유했다고 본다. 이승만의 경우 그의 의식구조
는 사회화 과정에서 매우 중요한 시기인 성장기에 습득한 전통적인
유학적 교양에 연유하였으리라고 보는 이들이 많다. 20세가 넘어 배재
학당에서 서양교육을 받기 이전 소년기에 그는 서당에서 유학적 교양
을 습득하였고, 유학적 문벌주의 사고에서 그의 가문에 대한 자만심이
매우 컸던 것으로 알려지고 있다. 그 때문에 "나중에 대통령이 된
이후의 그의 정치행태를 권위주의적이라고 보는 평가들은 그의 가문에
대한 우남 자신의 자만이 상당한 근거가 되었다"14)고 보기도 한다.

더욱이 그 자신이 이씨 조선왕조의 후예로 자부하였고, 유학적
사고방식과 행동양식이 상당히 배어 있었다고 말하는 이가 많았던
점, 1896년에 창립된 독립협회에서 활동한 신진세력의 중심 소장파이
었던 점, 고종의 양위로 7년간의 옥살이와 33년간의 해외 망명생활
및 임시정부의 초대 대통령이었던 점, 그리고 미국의 명문 프린스턴대

---

14) 金道鉉, "李承晩과 獨立促成會," ≪월간조선≫, 65호, 1985년 8월 특집호, 403쪽.

학에서 박사학위를 취득한 점 등 때문에, 그가 경험한 미국의 민주주의 현실과는 관계없이 유학적 권위주의의 정치의식을 지녔다고 볼 수 있다. 이와 같은 소년기의 사회화과정과 경력 때문에 이승만은 그를 추종하여 그 자신의 권력장악에 도움이 된다고 보는 세력이면 비록 친일세력이었다 하더라도 비호하고 중용하기에 이르렀다. 이 점에 비추어 보면 이승만과 그 추종세력에게 일제의 식민지적 잔재의 청산을 기대한다는 것은 처음부터 무리였다.

아울러 이승만은 미국과 소련 간의 국제 냉전체제에 편승하여[15] 미국세력으로 하여금 자기를 지원하도록 외교적으로 승리함으로써, 이미 미군정(美軍政)과 밀착되어 있는 한민당 세력을 최초의 지지기반으로 확보할 수 있었던 것으로 보인다. 특히 좌파세력으로 여긴 여운형의 건준 및 인공세력에 대항하여 우익 민족주의세력으로 자처했던 한국민주당은 그 주동 인물들의 대부분이 일제하의 지주층 출신들이었고, 어떤 면에서는 일제 하에서도 온존해 온 세력으로 가장 현실주의자들로 구성된 정당이었다. 그러므로 한국민주당은 "우리는 맹서한다. 재중경(在重慶)의 대한민국 임시정부를 광복벽두(光復劈頭)의 우리 정부로서 맞이하려 한다"[16]고 임정봉대(臨政奉戴)를 선언하였다. 그러나 이들 한국민주당은, 단독정부 수립을 반대하여 38선 이북의 공산당과도 합작하고자 하였고, 혁명적 수단으로서 원수(怨讐) 일본의 모든 침탈세력의 박멸과 매국적(賣國賊)과 독립운동을 방해한 자를 징치(懲治)하며, 그 재산을 몰수하여 국영사업에 충용(充用)하고, 토지는 국유로

---

15) 金榮作, "解放後 民族主義의 思想史的 葛藤構造," ≪韓國政治外交史學會論叢 第7輯: 韓國民族主義와 民主主義의 葛藤構造≫(서울: 평민사, 1990), 120쪽 참조.
16) 民戰事務局編, ≪朝鮮解放年譜≫(京城: 文友印書館, 1946), 213쪽.

할 것을 표방한, 한국독립당(韓國獨立黨) 주축의 임시정부 계열과는 양립하기 어려웠다. 그 때문에 친일파·민족 반역자·파쇼분자의 제거를 강령으로 내세운 인공[17])에 적극적으로 대항하기 위하여 창설된 한국민주당은 "봉건 파시스트 등의 일체 반민주의 경향을 숙청할 것을 내세운"[18]) 한국독립당 중심의 대한민국 임시정부와 등을 돌리고, 이승만의 집권을 도운 지지세력이 되었다. 국내에서 우파 지도자들로 8.15 광복을 맞은 한국민주당 결성 주도자들은 그들의 민족 주도세력으로서의 도덕성이 미약한 점을 인식하고, 기득권을 보위하기 위하여 미군정기에는 미군정에 참여하였으며, 이승만의 귀국 후에는 자기세력을 확보하려는 이승만을 지지하게 되었다. 이승만은 본래 지지기반이 미약함으로써 이들을 이용하였으나, 일단 집권한 뒤에는 사활의 기로에서 스스로의 생존권 확보가 보다 절실한 친일파세력을 최대한 비호함으로써, 4.19 혁명으로 권좌에서 추방되는 부정부패의 실정(失政)을 하고 말았다. 결국 이승만의 유학적 권위주의 지배는 국제적 냉전체제를 직시하여 권력을 장악하는 데는 성공하였으나, 광복 후 새로운 국가건설에 필수적인 식민지적 정치문화의 잔재를 청산하는 데는 씻을 수 없는 과오를 범하였다고 볼 수 있다.

따라서 이승만과 자유당의 주도세력은 우리 스스로의 힘으로 획득하지 못한 광복과 미·소 강대국의 점령으로 인한 국토분단의 한계를 극복하여 일제 식민지적 잔재를 청산하기는커녕, 반민족·반민주적 정치문화를 조성함으로써, 조선왕조 건국 이래의 유교주의 봉건적 정치문화와 일제가 남긴 제국주의적 분열지배(divide and rule)의

---

17) 위의 책, 87쪽.
18) 위의 책, 218쪽.

정치문화를 청산하지 못하였을 뿐 아니라, 정치세력 간의 공존과 관용의 민주 정치문화 보다는 배타와 분파를 조장하는 부정적 정치문화를 촉진시키는 결과를 가져왔다고 할 수 있다.

다른 한편 김구의 경우, 이승만과는 대조적인 인물이었고 그를 추종하는 대한민국 임시정부 요인들의 정치의식도 이승만 추종세력의 그것과는 판이하였다. 이승만을 둘러싼 우파세력들이 현실주의적이고 기회주의적 성향을 나타냈음에 반하여, 김구는 1945년 11월 23일 망명 27년만에 미군 수송기로 환국하였지만, 그가 철저한 민족주의자요 어떠한 독재정치도 반대해 온 민주주의 신봉자이었다는 데에는 많은 사람들이 동의하고 있으며, 권력 장악에 연연하지 않은 그의 애국애족의 정신에 이의를 제기하는 사람도 거의 없다. 그럼에도 불구하고 8.15 광복 후의 해방 정국에서 그가 취한 정치태도를 긍정적으로만 평가할 수 있겠느냐는 문제가 제기될 수도 있다.

우선 그의 사상적 특성으로 민족주의를 꼽는 경우, 고전적 민족주의와 저항적 민족주의로 파악하여 일체의 외세를 배격하는 정통 민족주의의 전형이라고 보기도 한다.[19] 그러나 김구의 민족주의의 한계점으로 민족의 발전을 위한 미래지향적 가치체계의 결여와 침략국가로서의 일본에 대한 정확한 세계 체계적 비교인식의 결여를 들며, 그의 민주주의에 대한 한계점으로는 민주주의를 구체적인 정치제도로 파악하기 보다는 현실적인 적용 가능성을 도외시하고 있다는 점과 독재의 위협으로부터 민주주의를 수호하여 이를 실현 가능케 할 단계적 성격에 대한 무시 등이 지적된다. [20]

---

19) 陳德奎, "金九와 韓獨黨," ≪월간조선≫, 65호, 1985년 8월 특집호, 424~426쪽 참조
20) 위의 논문, 426~427쪽 참조.

이와 같은 측면에서 보면 김구의 정치의식과 정치현실에 대한 논의는, 당시 그와 그의 추종자들이 일제의 잔재 청산을 적극 주장했다는 점에서 이승만과는 매우 대조적이었음을 알 수 있다. 이와 같은 그의 철저한 민족주의 정신과 민주사상의 주장에도 불구하고, 일제의 식민지적 잔재의 청산은커녕 도리어 그들에 의하여 제거되었다는 의심을 받는 비운을 겪게 되었고, 그 뒤 민족주의적 및 민주적 정치문화 형성에도 큰 영향을 미치지 못하게 되었다. 김구를 비롯한 임정계(臨政系) 정치세력이 결국 그들의 민족주의적이고 민주적인 정치이상을 구현하지 못하고 그 반대세력에 의하여 제거됨으로써, 식민지적 잔재의 청산에도 긍정적 기여를 할 수 없었던 정치문화적 요인은 무엇일까? 그 까닭은 "미군정의 점령정책, 국내 좌우익세력의 극심한 권력투쟁 그리고 김구 자신의 이상주의적인 비타협적 성격"21)에도 있지만, 보나 근본적인 정치문화적 요인에 있다고 볼 수 있다. 즉 김구를 비롯한 당시 해외에서 독립운동을 하다 귀국한 이들에게 공통적인 정치 의식에 그 요인이 있다고 할 수 있다.

특히 김구의 경우, 그의 성장과 활동경력은 그로 하여금 스스로도 뛰어 넘을 수 없는 가치욕구 때문에 당위론적 정치의식을 지녔던 것 같다. 그의 사상이 어떤 고정관념에서 벗어나 여러 사상과 종교관을 접촉함으로써 형성되기는 하였지만, 무의식중에 자기 가치관의 절대성을 고수하려는 당위론에 떨어지게 된 점을 부인하기도 어려울 듯싶다. 이 점은 김구가 남북 협상의 현실성에 관하여 회견한 다음과 같은 그의 확고한 태도로도 알 수 있다.

---

21) 위의 논문.

… 현실적이냐 비현실적이냐가 문제가 아니라 그것이 정도(正道)이냐 사도(邪道)이냐가 생명이라는 것을 명기(銘記)하여야 합니다. 비록 구절양장(九折羊腸)일지라도 그것이 정도라면 그 길을 택하여야 하는 것이요, 진실로 이것만이 인도(人道)인 것이니 여기에 있어서는 현실적이니 비현실적이니 하는 것은 전연 문제 외의 문제인 것입니다. 외국의 간섭이 없고 분열 없는 자주 독립을 쟁취하는 것은 민족의 지상 명령이니 이 지상 명령에 순종할 따름입니다.22)

이와 같은 백범의 당위론적 민족의식은 상민출신으로 동학·불교 및 기독교를 섭렵하는 동안에 형성된 스스로의 신념체계에서 연유하였다고 볼 수 있다. 그의 이러한 다양한 종교 및 사상 체험으로 이루어진 신념 체계는, 일제 식민통치 하의 민족 독립 운동 노선상의 이념적 갈등을 극복하고 임정의 정통성을 지키는 데 크게 기여하였다고 볼 수 있다. 그러나 국제정치의 냉엄성과 해방정국의 혼돈이라는 급박한 위기의 현실에 대처하여 그가 이상으로 하였던 민족 민주국가 건설을 위한 지도성의 발휘에는 미흡하였다.

김구를 비롯한 대부분의 임정 요인들이 결국 미군정 당국 및 미군정과 이승만의 비호를 받은 친일세력에게 정치적 도태를 당함으로써, 광복 후의 한국 민족주의가 파행하게 된 요인은 무엇일까? 이는 이승만과 마찬가지로 그들 대부분이 성장기에 습득한 유학적 교양으로 말미암은 정치사회화에 연유하였다고 볼 수 있다. 김구 자신도 거의 30세에 이를 때까지 유학적 교양을 쌓는 데 주력하였고, 그의 최초의 민족주의적 행위도 충군애국의 사고에서 비롯되었다.23) 따라서 그는

---

22) 白凡思想研究所編, 《白凡語錄》(서울: 사상사, 1973), 240쪽 및 白凡 金九先生記念事業協會 傳記編纂委員會, 《白凡 金九: 生涯와 思想》(서울: 교문사, 1982), 494쪽 참조.
23) 金九는 閔妃弑害에 대한 忠君愛國의 복수심에서 일본 육군 중위를 치하포에서 살해하였

미·소 강대국에 의한 한반도 분단이라는 냉혹한 현실을 거부하는 당위론적 명분 때문에, 미군정으로부터는 완고한 인물로, 그리고 임정 봉대를 내걸었던 우익 진영으로부터는 비현실적이고 독선적 지도자로 여겨져, 결국 그들에 의하여 제거되고 민족주의적 및 민주적 정치문화를 형성하는 데도 기여하기 어려웠던 것 같다. 만일에 그가 미군정이 망명정부로서의 임시정부를 인정하지 않고, 또 그를 비롯한 임정 요인들에 대한 개인 자격만으로의 입국 허용에 유의하였다면,[24] 아무리 강한 민족 통일의지와 신념을 지녔었다 하더라도, 한반도에 진주한 미·소 양국 군과의 갈등 속에서는 남북한의 완전한 통일 독립국가 건설은 물론 일제의 식민지 잔재의 청산도 불가능하다는 것을 인식하였을 것으로 보인다.

이러한 측면에서 보면 김구를 비롯한 임정계 주요 민족지도자들의 정치의식의 한계성은, 그들의 투철한 애국애족의 정신에도 불구하고 좌절될 수밖에 없고, 결과적으로는 식민지 유산을 청산하기는커녕 미군정과 이승만을 앞세운 친일세력의 온존을 가능하게 하였다고 볼 수 있다.

국제적 냉전 체제 속에서 북위 38선 이북에 진주한 소련군에 의하여 이룩된 김일성 정권은 어쩔 수 없다 하더라도, 38선 이남의 경우 우남과 백범을 중심으로 한 해외 독립운동자들이 서로 협력하고 국내의 우익세력들을 규합하였다면, 북한의 남침도 이승만의 자유당 독재로 말미암은 4.19혁명과 5.16쿠데타도 없었을 뿐 아니라, 민주주의

다(金九, 白凡逸志, 서울: 교문사, 1979, 75~76쪽 참조).
24) 이승만의 귀국 시에도 그가 미군 군용기를 이용할 수밖에 없었고, 민간인으로는 군용기 탑승이 안 된다는 미군 당국의 통제 때문에 이승만은 미국 군복 상의를 입고 탑승해야 하는 수모를 겪었다고 한다.

정치문화의 건설도 가능하였으리라는 가정도 배제할 수 없을 것이다. 결국 김구 중심의 민족주의적 정통성과 도덕성을 지닌 중요 정치세력의 약화는, 동시에 이승만의 독재와 친일세력 주도의 자유당의 무능과 부패를 촉진시킴으로써, 6.25 전쟁을 비롯한 정치위기와 파행적 정치문화를 촉진시켰을 뿐이다.

따라서 8.15 광복에 즈음하여 일제 식민통치의 인적·물적 잔재의 청산 못지않게 중요한 것은, 한말 정치세력들 간의 갈등과 일제 하 민족운동 노선상의 갈등을 비롯하여, 해방 후에도 민족지도자들과 그들이 주도하는 세력들 간의 갈등을 초래한 봉건적 정치문화와 일본 제국주의가 남긴 배타적·부정적 정치문화의 청산일 것이다. 더욱이 8.15 해방 후의 정치세력 간의 갈등은 사상적·이념적 갈등이라기보다는, 학연·지연·혈연관계의 중첩 속에서 권력과 명분을 둘러싸고 조선시대 양반세력들 간에 전개되어온 것과 유사한 유학적 의식구조로 말미암은 전통적 정치문화에서 연유하였다고 볼 수 있다.

이와 같은 시각에서 보면 8.15광복을 계기로 청산되었어야 할 식민지적 유산은, 가시적인 인적 물적 유산보다도 우리 의식 심층에 도사린 핵심적 가치의식으로서의 유학적 정치문화라고도 할 수 있다. 수신제가하여 치국평천하하는 것이 바람직한 유학적 도덕으로 강요받고 성장한 세대에게는, 수신의 궁극적 목표가 평천하에 있기 때문에 무의식중에 권력욕에 급급한 나머지, 공존과 관용보다는 배타적 갈등의 정치의식을 지니게 마련이다. 이러한 권력지향의 정치문화는 일제 식민통치를 통하여 더욱 심화되어 관존민비의식과 권위주의 지배윤리로 강화되었다. 이러한 권력지향의 윤리의식은 한반도를 둘러싼 국제환경의 악화에 편승하여 민족의 소망과는 무관하게 집권욕 추구의 반민족·반민주적 권력독점의 정치현실을 초래하게 되었다.

3. 해방 후 한국 정치문화의 변질과 과제

1945년 8월 15일의 광복은 일제 식민통치의 잔재를 청산하고 새로운 정치문화를 형성하는 전환점이 아니라, 그 뒤 정치 및 사상적 갈등과 남북 분단 그리고 남북의 전쟁으로까지 이어지는 사상 유례없는 민족적 살육의 참상을 빚은 반민족 파행적 정치문화를 낳았다. 관용과 타협 및 공존의 정치문화가 아니라, 갈등과 배타 및 부정의 정치문화를 이룸으로써 아직도 한국 정치의 가장 중요한 과제가 되고 있다.

8.15 광복 이후의 한반도 내에서의 사상적 혼돈과 정치적 갈등은, 국제적인 강대국의 냉전체제의 위기에 직면하여서도 한말의 망국적인 정치 갈등과 유사한 혼란과 불안정을 나타냈다. 해방 3년 또는 5년 및 8년사란 단적으로 이러한 배타와 부정의 정치문화로 점철되어 왔다고 하여도 과언이 아니다. 좌익세력과 우익세력의 대립을 비롯하여, 여운형을 중심으로 한 건국준비위원회(建準)와 송진우, 김성수 등의 한국민주당, 사회주의 및 공산주의 계열의 인민공화국(人共)과 민족주의 계열의 임정봉대세력, 여운형·박헌영을 중심으로 한 좌익계의 민주주의 민족전선(民戰)과 이승만 등 우익계의 독립촉성국민회(獨促), 신탁통치 찬성의 공산계 찬탁세력과 신탁 통치 반대의 민족주의 반탁세력, 김구·김규식 등 남북 타협 추진세력과 이승만 중심의 단독정부 수립세력, 김구의 통일 원칙론과 이승만의 분단 현실론 등 해방 후의 정국은 일제 식민통치에서 겪은 수탈에 아랑곳하지 않고, 독선과 아집, 상호

부정과 배척으로 혼란과 갈등의 정치문화적 파행성을 보였다.

이와 같은 갈등과 대결 속에서 누구에게 이득과 손실이 있었을까? 해방과 더불어 새로 태어나야 할 반민족적 친일세력과 사대 보수세력에게는 이득이, 압제에서 벗어나 새로운 민족 민주국가를 열망하는 국민에게는 손실만 있었다고 볼 수 있다. 당시 정치권력은 미군정에게 있었고, 실질적인 사회경제적 힘을 장악한 세력은 일제에 협력함으로써 일제하에서도 온존해 온 지주층출신 세력과 일제의 하급관리 노릇을 하였기 때문에 적산(敵産)을 장악한 친일세력이었다. 따라서 정치혼란과 갈등의 소용돌이 속에서 친일 및 부일세력은 미군정 및 이승만에게 밀착하여 그들의 생존권 보위에 성공하게 되었다. 즉 미군정에 의해 1946년 12월 12일에 구성된 입법의원(立法議院)25)이, 1947년 7월 2일 통과한 '민족반역자 부일협력자(附日協力者) 간상배에 관한 특별조례'26)가 최종 결재권자인 미군정 장관의 승인을 받지 못하여 폐기됨으로써,27) 이들 반민족주의자들의 일차적 생존권 보위책략은 성공을 거두었다. 그 뒤 제헌의회에 의하여 1948년 9월 7일 반민족행위처벌법이 가결되어 정부에 이송되고, 9월 22일 법률로 공포되었다. 국회는 반민족행위 특별조사위원회(反民特委)를 구성하고, 특별재판부 재판관과 검사관을 선출함으로써 중앙청에 사무국을 설치하여 활동을 개시하

---

25) 임시 조선 민주정부의 수립을 기하며, 정치적 경제적 및 사회적 개혁의 기초로 사용될 법령초안을 작성하여 군정장관에게 제출할 목적으로 관선 의원 45명과 민선 의원 45명, 합계 90명 정원으로 구성되었다.
26) 전문 4장 12조로 이루어진 이 특별법은 민족반역자 부일협력자의 범위를 구체적으로 규정하고 해당자에게 무기 또는 사형까지 처할 수 있도록 규정하였다.
27) 미군정의 입장에서 보면, 사회를 관리한 경험이 없고 주체성이 강한 민족주의자들보다는, 일제 하에서 하급관리나 치안유지를 담당했던 순사 보조원이나 헌병 보조원 출신의 반민족주의자들인 친일파가 고분고분하고 어느 정도의 치안관리 경험도 있었기 때문에, 점령지의 치안과 사회 안정을 위하여 더 필요하였을 것이 분명하다.

였다. 그러나 당시 대통령인 이승만은 특별담화를 통하여 계속적으로 반민특위를 견제하였고, 결국 이승만을 지지하는 보수세력에 의하여 반민법 공소시효를 1949년 8월 31일로 단축시키는 개정안의 국회통과와 함께 친일파의 청산은 실패하고,[28] 정치문화는 반민족적 비도덕성으로 변질되기에 이르렀다.

이와 같이 남한에서의 정치문화가 반민족적으로 변질되는 과정에 있었는가 하면, 북한에서는 그보다 앞서 소련군의 비호 아래 1946년 2월 7일 김일성 중심의 북조선 임시인민위원회의 결성으로 공산정권이 사실상 수립되었고, 38선 이남에 대한 공산화 활동에 착수하였다. 이러한 남한에 대한 공산화 활동은 1948년 5월 10일 총선거를 방해할 목적으로 일으킨 제주도의 4.3 사건(1948년 4월 3일)과, 같은 해 10월 여수·순천의 군(軍) 반란 사건을 들 수 있다. 드디어는 1950년 북한의 6.25 남침으로 사상 유례없는 동족상잔의 민족적 비극을 낳았고,[29] 휴전 후 김일성 체제는 휴전선 이북의 북한 사회를 일제 하의 식민지 지배보다도 더 자유롭지 못하고, 세계 최빈국 중의 하나로 전락시킴으로써 한민족 역사상 최악의 정권이 되고 말았다.

이상과 같은 8.15 광복 이후 남북한의 정치상황과 갈등 구조에

---

28) 이헌종, "8.15 이후 친일파 척결실패와 오늘의 과제," ≪순국≫, 1989년 11-12월호, 72~74쪽 참조.

29) 6.25 전생은 1945년 제2차 세계 대전이 종결 된 이후 20세기를 마감하는 현재까지의 55년간 지구상의 전쟁에서 최대의 전사자를 낸 전쟁으로서, 3년간(1950. 6. 25~1953. 7. 27)의 전쟁에서 군인 150만과 민간인 150만을 합하여 300만의 전쟁 사망자를 냈으며, 10년간의 월남전(1965~1975)의 전사자 205만 8,000명(민간인 100만명 + 군인 105만 8,000명 = 205만 8,000명)보다도 약 100만 명이나 더 많은 전사자를 초래한 한민족 최대의 비극적 전쟁이었다(Ruth Leger Sivard, *World Military and Social Expenditures 1991*, 14th ed., (Washington, DC: World Priorities, 1991), pp.22~25). 따라서 6.25 전쟁의 전범자는 그 어떤 명분을 내세운다 하여도 한민족사에서 영원히 용서 받을 수 없을 것이다.

비추어 볼 때, 결국 우리가 유의해야 할 점은 사상적 갈등과 이념적 대결에서 초래된 정치문화의 결과를 긍정적으로 평가하기 어렵다는 점이다. 국제적 냉전 구조에 대한 착각으로 초래된 남북한 정치문화의 이질화는 말할 것도 없고, 남한에서도 민족주의와 반민족주의의 상호 배타적 시각과 차별의식 때문에 도리어 친일세력의 득세를 돕는 결과를 낳았는지도 모르겠다. 결국 8.15 광복을 계기로 한 일제 식민통치의 정치문화적 청산문제는 한말 및 일제하의 정치문화적 갈등구조를 낳은 조선왕조의 통치이념 즉 유학정치문화의 개조(改造)문제에 귀착된다고 볼 수 있다. 이러한 측면에서 새로운 민족통합과 민주적 정치문화 형성의 과제로 전통 정치문화에 대한 문제점들을 재조명할 필요성이 크다. 특히 현재까지도 한국인의 정치의식 심층에 도사리고 있어서 정치현실에 크게 영향을 미치는 전통 정치문화의 유산으로서 유학사상의 공과(功過)에 대하여 유의할 필요가 있을 것으로 보인다.

흔히 동아시아 즉 한국·일본·대만의 경제적 성공 요인의 문화적 배경으로 유학사상의 전통을 든다. 홉하인즈(Hofheinz)와 칼더(Calder)는 동아시아에서의 경제적 성공을, 다른 문화체제가 모방할 수 없는 유학적 전통이라는 문화적 특질 때문이라고 주장하면서, 유학적 전통의 특성으로 강력한 중앙집권적 관료제, 계서적(階序的) 사회구조, 확고한 주종관계, 강한 교육열 등을 들었다.[30] 그러나 이러한 주장은 동아시아 사회에 대한 피상적 관찰의 결과일 뿐이며, 특히 한국·일본·중국 가운데 유학적 전통의 뿌리가 가장 깊은 한국의 경우에는 더 적절하지 않다.

---

30) Roy Hofheinz, Jr. & Kent E. Calder, *The Eastasia Edge*(New York: Basic Books, Inc., 1982).

사회, 경제, 정치문화적 전통으로서의 유학사상은, 생산성 자유 및 평등과 같은 근대적 핵심가치와는 상반되기 때문에, 한국의 경제 및 정치 발전에 있어서 역기능적으로 작용해 왔던 것으로 보인다. 이는 앞에서도 언급하였듯이 동질성이 어느 민족보다 강한 한민족에게 유학사상의 본질인 노동 천시, 억압적 지배 및 차별원리를 적용함으로써, 민족 구성원 사이를 남자와 여자(男女), 적자와 서자(嫡庶), 양반과 상민(班常), 서울과 지방(京鄕) 등으로 차별지어 이질화시켰기 때문이다. 동시에 수신제가하여 치국평천하할 것을 강조하는 지배 윤리와 중앙집권적 왕조사상을 근간으로 하는 유학적 정치문화는, 후생안민과 국가보위 그리고 민족보존보다는 권력욕구와 가치욕구의 충족을 지향하는 정치풍토를 조성하여 왔다. 따라서 이러한 정치문화의 가치관이 우리의 정치의식에 깊은 영향을 주었기 때문에, 민족적 위기나 변혁기에 직면하여 이를 극복하기 위한 긍정적 노력 보다는 부정적 배타와 상호갈등을 나타내는 일이 많았다. 8.15 광복을 맞아 우리가 직면한 위기와 가능성 앞에서 나타낸 좌익과 우익의 대결, 남북 협상파와 단독정부 수립파의 갈등 등은 결국 식민지적 유산의 청산은커녕 새로운 정치문화의 형성마저 저해하는 결과를 초래하였다. 이러한 점을 고려하면 이제 식민지적 유산의 청산과 새로운 정치문화 형성의 과제는 우리의 전통사상에 대한 재조명과 개조에 있으며, 다음으로는 민주적 가치관의 확립을 위한 의식개조와 훈련 그리고 합리적 제도의 정착에 있을 것으로 보인다.

따라서 앞으로 밝은 민주주의 정치문화의 조성은, 일제 식민통치를 통하여 더욱 심화된 권위적 지배, 차별 불평등 및 비생산적 당위론을 근간으로 하는 유학정치문화의 개조에 있다고 볼 수도 있다. 물론 한국의 전통정치문화를 유학사상만으로 설명할 수 없고, 유학적 전통만이 전부라고 볼 수도 없다. 그러나 한국인의 정치의식을 좌우해 온 가장 중요한 전통문화로 유학사상을 꼽을 수 있고, 또 민주주의 정치 발전의 측면에서 유학사상의 역기능을 부인할 수도 없을 것이다. 특히 조선왕조의 건국 이래 한국의 정치문화는 유학사상이 지배하여 왔으며 그 결과는 한국 역사상 최초의 국권상실과 식민지화를 초래하였다. 동시에 해방 뒤에는 왕조적 권위주의에서 벗어나지 못한 이승만 독재체제와 그로 인한 4.19 혁명과 희생, 그리고 5.16 쿠데타 이후의 유학사상에 근거한 충효논리에 입각한 군사 문화적 독재 등도 그 정치문화적 배경을 본다면 유학적 전통에 연유했다고 볼 수 있다. 이와 같은 관점에서 8.15 광복을 중심으로 한 해방의 정치문화적 의미를 재조명할 때, 다음과 같은 몇 가지 점들에 주목해야 한다.

첫째 유학사상의 핵심인 권위적 지배의 정치문화로부터 벗어나는 일이 중요한 과제라는 점이다. 우리는 수신제가 치국평천하를 강조하는 사회화과정을 통하여 자신(身)·가족(家)·국가(國)를 통치하려는 권력지향의 의식구조를 형성해 왔다. 이러한 사고에서 독선과 배타의 정치문화가 이루어졌고, 권력의 주체가 어떻든 그것이 식민통치 권력이든 미군정이든 또는 군사독재이든 이에 밀착하려는 비도덕적 정치문화의 파행성을 보여 왔다는 점이다. 누구보다도 나라에 가장 많이 봉사해야 할 대통령을 제왕적 대통령으로 그리고 대통령의 부정직을 통치행위로 보는 의식구조에서는 국민을 하늘 같이 받드는 인내천의 민주사회 조성이 그만큼 늦어질 것으로 보인다. 이러한 치국평천하의 정치의식이 관존민비의식과 관직사유관(官職私有觀)을 낳았을 뿐 아니라, 공동체 의식과 공존의식을 저해하고 있으며, 아직도 한국사회

민주화의 최대 걸림돌이 되고 있음도 부인할 수 없을 것이다.

둘째 개체의 존엄성과 개체간의 균형과 조화가 자유민주주의의 본질적 가치라는 점에 유의하여 남의 입장에서 남을 보고, 상대 가정의 입장에서 그 가정을 보며, 공동체의 입장에서 공동체를 보고, 다른 나라의 입장에서 다른 나라를 보는[31] 자신(身), 가족(家), 공동체(鄕), 나라와 국민(國) 그리고 세계에 대한 상대주의적 시각에서 인식하려는 의식 개조가 필요할 것 같다. 따라서 무엇보다도 우선해야 할 일은, 한국인의 동질성을 파괴하고 갈등을 조장해온 차별원리를 본질로 하는 유학적 윤리관으로부터의 탈피를 지적하지 않을 수 없다. 앞서도 지적한 것처럼 이러한 차별윤리관은 일제의 황국신민화와 내선일체라는 미명 아래 실질적으로는 창씨개명과 한글 말살정책을 통하여 한인 열등화를 심화시켰다. 특히 관존민비의식과 관직사유관이 일본의 식민통치에서 더욱 강화되었고, 아직도 한국 정치민주화의 최대 걸림돌이 되고 있음도 부인할 수 없다. 차별은 서로 차별받지 않으려는 데서 배타와 독선의식을 낳게 마련이다. 따라서 해방 직후 지나친 민족주의 특권의식이 도리어 반민족주의자들의 권력 향의 정치의식을 조장했을 가능성에도 유의해야 한다.

셋째 1945년 해방을 계기로 한국의 새로운 정치문화를 조성하는 경우, 중요한 과제 중의 하나는 당위론적 명분의식으로부터 탈피이었다. 일제의 식민통치로 말미암은 다양한 피수탈의 체험 그리고 서로 다른 악조건 아래에서의 민족 독립운동의 경험 등은 사상과 이념의 다양성과 갈등의 잠재적 요인이었던 것으로 보인다. 따라서 각자의

---

31) "以身觀身 以家觀家 以鄕觀鄕 以國觀國 以天下觀天下"(≪道德經≫, 五十四章).

특수한 체험과 경험에 따른 당위론과 명분에 집착하기보다는 상대관적 시각에서 상호 공존공생(共存共生)의 현실적 민족통합과 민주적 관용성을 발휘하였다면, 광복 후 한국 정치문화의 반민족 반민주적으로의 파행적 변질을 어느 정도 제약했을 가능성도 있다.

이제 1945년 8.15 광복을 중심으로 한국의 정치문화를 그 반세기 이전인 한말, 그리고 반세기 이상을 지난 21세기에 이르러 돌이켜 보면, 광복 직후의 정치적 갈등과 정치문화의 혼란은 한말 및 식민통치 정치문화의 반영이었고, 오늘의 정치적 가치관의 혼돈 또한 조선시대 및 일제 식민통치가 뿌린 정치문화의 부정적 요소에 기인함을 부인할 수 없을 것이다. 이러한 측면을 고려하면 유학적 당위론에 집착하지 않고 우리의 정치문화가 직면한 객관적 현실에 대한 냉엄한 시각에서, 8.15 이후 한국 정치문화의 문제점 및 앞으로의 과제와 전망에 대해서도 재조명할 필요가 있다.

참고문헌

姜志元. 近代朝鮮政治史. 서울: 대학생활사, 1950.

具本明. 中國思想의 源流體系. 서울: 대왕사, 1982.

金九. 白凡逸志. 서울: 교문사, 1979.

金萬圭. 朝鮮朝의 政治思想硏究. 인하대학교 출판부, 1982.

金時習. 梅月堂詩集 梅月堂文集. 韓國學文獻硏究所 選編. 梅月堂集 上
　　　下. 서울: 아세아문화사, 1973.

金雲泰. 日本帝國主義의 韓國統治. 서울: 박영사, 1986.

金堉. 潛谷遺稿(潛谷先生遺稿). 서울: 아세아문화사, 1974.

金宗瑞 撰. 高麗史節要. 서울: 아세아문화사, 1973.

金宗直. 佔畢齋先生文集. 대구: 금기홍 편집 겸 발행, 예림재, 1917.

金宗直. 佔畢齋集. 民族文化推進會 編. 韓國文集叢刊 12. 民族文化推進
　　　會, 1988.

南宮濬 編集. 正本集註 周易. 경성: 유일서관, 1913.

唐敬杲 選註. 墨子. 臺北: 臺灣商務印書館, 1965.

大川周明. 中庸新註. 東京: 大阪屋號書店, 1927.

朴世堂. 南華經註解刪補(漆注刪補). 筆寫本, 返還文化財, 國立中央圖書
　　　館, 1964.

朴世堂, 新註道德經. 高麗大學校 民族文化硏究所 譯註. 花潭集新註道德
　　　經. 高麗大學校 民族文化硏究所, 1971.

朴世堂. 西溪先生全書 上(西溪先生集, 新註道德經, 南華經註解刪補). 서
　　　울: 태학사, 1979.

朴世堂. 西溪先生全書 下(思辨錄: 大學, 中庸, 論語, 孟子). 서울: 태학사, 1979.

徐敬德. 花潭集, 高麗大學校 民族文化研究所 譯註. 花潭集新註道德經. 高麗大學校 民族文化研究所, 1971.

徐敬德. 花潭集, 張可順 等. 花潭及門諸賢集 上下. 서울: 여강출판사, 1985.

徐敬德. 花潭集, 民族文化推進會 編. 韓國文集叢刊 24. 民族文化推進會, 1988.

蕭公權. 中國政治思想史(一) (六). 臺北: 中華文化出版事業委員會, 1954.

孫詒讓. 墨子閒詁. 上海: 商務印書館, 1923.

申福龍. 東學思想과 甲午農民革命. 서울: 평민사, 1985.

安炳周 李雲九等 譯解, 具本明 校閱. 孟子. 서울: 현암사, 1965.

吳知泳. 東學史. 경성: 영창서관, 1939.

王陽明. 王文成公全書(王陽明先生全集). 서울: 동양문화사, 1976.

王 弼 注. 老子. 臺北: 新興書局, 1965.

柳成龍. 西厓文集. 成均館大學校 大同文化研究院, 1958.

李家源. 論語新譯. 서울: 통문관, 1956.

李肯翊. 然藜室記述 上中下. 서울: 경문사, 1976.

李能和. 朝鮮基督教及外交史. 경성: 조선기독교창문사, 1928.

李晩采 編纂, 金時俊 譯註. 天主教傳教迫害史 闢衛編. 서울: 삼경당, 1984.

李丙燾. 資料 韓國儒學史草稿. 서울대학교 문리과대학 국사연구실, 1959.

李相佰. 韓國史 近世前期篇. 서울: 을유문화사, 1962.

李相佰. 韓國史 近世後期篇. 서울: 을유문화사, 1965.

李穡. 牧隱文藁, 李奭求 譯. 國譯 稼亭集牧隱集. 서울: 稼亭牧隱文集編纂委員會, 1980.

李彦迪. 晦齋先生文集. 慶州: 玉山書院 木版本, 1926.

李彦迪. 晦齋集, 民族文化推進會 編. 韓國文集叢刊 24. 民族文化推進會, 1988.

李元燮 譯註. 新譯 墨子. 서울: 현암사, 1974.

李元淳. 朝鮮西學史研究. 서울: 일지사, 1986.

李珥. 栗谷全書. 成均館大學校 大同文化研究院, 1958.

李珥. 醇言. 서울: 여강출판사, 1984.

李瀷. 星湖先生全集 上下. 서울: 경인문화사, 1974.

李瀷. 星湖僿說 上下. 서울: 경인문화사, 1970.

李瀷. 星湖僿說類選. 서울: 조용승, 1976.

李鉉淙. 한국의 역사. 서울: 대왕사, 1982.

李滉. 退溪全書 一 五(退溪先生文集, 續集). 成均館大學校 大同文化硏究
     院, 1971.

張湛 注. 列子. 臺北: 廣文書局, 1960.

張志淵. 朝鮮儒敎淵源(原本 1922年 刊行). 서울: 아세아문화사, 1973.

鄭寅普. 薝園國學散藁. 서울: 문교사, 1955.

張洪陽 註解. 新刊道書全集 老子道德經. 臺北: 廣文書局, 1960.

錢穆. 論語新解 上下冊. 臺北: 臺灣商務印書館, 1965.

鄭道傳. 三峯集. 國史編纂委員會 編纂發行, 1974.

趙光祖. 靜菴集, 民族文化推進會 編. 韓國文集叢刊 22. 民族文化推進會,
     1988.

趙芝薰 校閱, 李東歡 譯解. 大學 中庸. 서울: 현암사, 1965.

陳安仁. 中國政治思想史. 臺北: 臺灣商務印書館, 1966.

千寬宇. 韓國土地制度史 下(韓國文化史大系 II: 政治 經濟史). 高麗大學
     校 民族文化硏究所, 1965.

焦竑 撰. 莊子翼. 臺北: 廣文書局, 1963.

崔東熙 역. 東學經典. 서울: 고우사, 1961.

馮友蘭. 中國哲學史. 香港: 文蘭圖書公司, 1967.

韓永愚. 鄭道傳思想의 硏究. 서울대학교 한국문화연구소, 1973.

韓興壽. 近代韓國民族主義硏究. 연세대학교 출판부, 1977.

洪大容. 湛軒書 上下. 서울: 경인문화사, 1969.

洪以燮. 韓國近代史. 연세대학교 출판부, 1975.

朝鮮古書刊行會本. 大東野乘. 서울: 경희출판사, 1969.

光學館 編輯部編. 大學中庸. 東京: 光學館, 1937.

國史編纂委員會. 朝鮮王朝實錄 1 48. 國史編纂委員會 影印復刊, 1973.

民戰事務局編. 朝鮮解放年譜. 경성: 문우인서관, 1946.

仿宋 版. 易經集註. 臺北: 文化圖書公司, 1957.

白凡 金九先生記念事業協會 傳記編纂委員會. 白凡 金九: 生涯와 思想.

서울: 교문사, 1982.

白凡思想硏究所編. 白凡語錄. 서울: 사상사, 1973.

延世大學校 東方學硏究所 纂. 高麗史 下 列傳. 서울: 경인문화사, 1961.

韓國經濟史學會篇, 韓國史時代區分論. 서울: 을유문화사, 1970.

韓國文獻硏究所 編. 東學思想資料集 壹(東經大全). 서울: 아세아문화사, 1979.

Fung Yu-Lan. *A History of Chinese Philosophy*, Vol. 1, II. Derk Bodde (trans.). London: George Allen & Unwin Ltd., 1952.

Hofheinz, Roy, Jr. & Calder, Kent E. *The Eastasia Edge*. New York: Basic Books, Inc., 1982.

Powell Jr. & G. Bingham. *Contemporary Democracies: Participation, Stability, and Violence*. Cambridge, MA: Harvard Univ. Press, 1982.

Pye, Lucian W. *Asian Power and Politics: The Cultural Dimensions of Authority*. Cambridge, MA: Harvard Univ. Press, 1985.

Shills, David L. (ed.) *International Encyclopedia of the Social Science*, Vol. 12. New York: The MacMillan Co. & The Free Press, 1968.

Sivard, Ruth Leger. *World Military and Social Expenditures 1991*, 14th ed. Washington, DC: World Priorities, 1991.

<논문>

姜萬吉. "植民殘滓 淸算問題와 歷史," 殉國 創刊特輯.

具本明. "老莊의 意識構造論," 人文科學 第31輯. 서울: 연세대학교 인문과학 연구소, 1974.

具本明. "老莊哲學," 哲學. 서울대학교 교양과목교재출판위원회, 1958.

金敬宰. "東學思想과 韓國基督敎," 기독교사상, 1976년 10월호.

金吉煥. "栗谷의 老子觀 -- 傳栗谷作 醇言을 중심으로," 韓國學報 第五輯 겨울호. 서울: 일지사, 1976..

金道鉉. "李承晩과 獨立促成會," 월간조선 65호, 8월 특집호, 1985.

金萬圭. "老莊의 政治思想," 석사학위 논문, 연세대학교 대학원, 1966.

金萬圭. "理氣論의 政治的 照明: 儒家의 孔子 孟子 中庸 및 朱子를 중심으
로," 제4회 合同學術大會論文集, 韓國政治學會, 1981, 76~77쪽.
金萬圭. "朝鮮朝 前期에서의 民族意識의 展開過程," 韓國精神文化硏究院,
民族意識의 探究, 硏究叢書 85~7. 韓國精神文化硏究院, 1985.
김상웅. "민족 정기를 좀먹는 친일세력," 순국논단, 1, 2월호, 1990.
金榮作. "解放後 民族主義의 思想史的 葛藤構造," 韓國政治外交史學會
論叢 第7輯: 韓國 民族主義와 民主主義의 葛藤構造. 서울: 평민사,
1990.
李丙燾. "徐花潭과 李蓮坊에 대한 小考," 震檀學報 제4권. 京城: 震檀學會,
19 37.
李丙燾. "李晦齋와 그 學問," 震檀學報 제6권. 京城: 震檀學會, 1936.
李輔根. "東學의 政治意識(上)," 新人間, 7월호, 1971.
申福龍. "近代 韓國民族의 葛藤構造: 1870~1910년대," 韓國 民族主義와 民
主主義의 葛藤構造, 韓國政治外交史學會 論叢 第7輯. 서울: 평민
사, 1990.
申一澈. "東學思想의 展開 侍天主 事人如天을 거쳐 人乃天思想에로," 韓國
思想, 제17집. 서울: 천도교중앙총부 출판, 1979.
申一澈. "崔水雲의 歷史意識," 李炫熙 엮음, 東學思想과 東學革命. 서울: 청
아출판사, 1984, 29~39쪽.
李元淳. "初期 韓國그리스도敎史의 比較史的 一考," 韓國學報 제23집. 서울:
일지사, 1981.
李鉉宗. "高麗後期의 對外關係," 한국사 8. 국사편찬위원회, 1974.
陳德奎. "金九와 韓獨黨," 월간조선 65호, 8월 특집호, 1985.
千寬宇. "磻溪 柳馨遠硏究(下): 實學發生에서 본 李朝社會의 一斷面," 歷
史學報 第三輯. 歷史學會, 1953.
韓永愚. "鄭道傳의 人間과 思想," 제8회 한국고전심포지움, 1981.
韓沽劤. "李朝實學의 槪念에 대하여," 震檀學報 第十九號. 震檀學會, 1958.
阿部吉雄. "日鮮明じおける主理派の系譜とその特質," 朝鮮學報 第十四
輯. 東京: 朝鮮學會, 1959.

찾아보기 · 인명

서울시 관악구 봉천2동 7-78 한립토이프라자 6층
Tel 02-887-3561 Fax 02-886-4600 jdso@joins.com

근세동아시아의 개혁사상

지은이 김정호
페이지 472쪽   **판 형** A5신(양장)
ISBN 89-90618-32-0 94910 **정 가** 24,000원
발행일 2003년 12월 1일
분 류 사회과학>정치학

책소개

동아시아 3국(한국·중국·일본)의 개혁사상을 통하여 서구와는 달리 동아시아의 사상가들이 추구하려고 하였던 개혁의 내용과 성격을 밝히고 있다. 그리고 그들의 개혁론이 오늘날 우리가 고민하고 있는 개혁의 방향과 크게 다르지 않았음을 지적하고 있다.

오늘날 '개혁'이라는 단어는 우리에게 매우 친숙하다. 정치가, 학자, 언론, 시민단체, 일반 국민 등 각기 자기가 처한 현실을 바탕으로 개혁에 대하여 고민하고 있다.

올바른 개혁이란 인간 본연의 자유성과 평등성을 기초로 국민 대다수의 이익과 국가발전을 목표로 국민 스스로 참여하는 철저하고 점진적인 것이 되어야 한다. 동아시아의 개혁사상은 이러한 개혁의 의미를 구상하고 실천하려는 노력이었다. 사상이 오늘을 이해하고 미래를 조망할 수 있는 것도 이와 같은 가치 때문이다.

차례